我们没有暗示
人人都应该遵从一个
拥有精神气质的城市。
有些人更愿意生活在同质化的社会里，
他们湮没在人群中默默无闻。

GENERAL PREFACE

知行书系总序

洞察世界
寻路中国

PERCEIVING THE WORLD
QUESTING IN CHINA

陆建德 | 知行书系编委会主编

知行书系缘起于我们对当下中青年知识阶层精神需求的关注。

　　当下中国的中青年知识阶层敏感于自身正处在多重维度的过渡与转型中,对于外部世界和自我的关照角度也随之变得多维和复杂化:从世界格局来说,全球化浪潮席卷了整个世界,我们身处的社会不是一座孤岛,而是地球村中与其他部分紧密相连的一员。不同国家与地区的人们,所面临的问题越来越具有共通性。世界的热点与难题,大多也是中国急需解决的课题。如何打破地域与时代的界限,关照宏大至地球的未来、人类的续存、世界的和平、生态平衡、国家发展和人性完善,重新审视人与自然、国与国、人与人之间的关系,是时代的趋势与必然。从个体角度说,外部世界的每一个变动都深入个人生活与选择中,我们所经历的发展变化,无论从程度上还是从速度上来说,都是前所未有的。价值多元化,选择多元化,困惑与迷茫在所难免。如何辨识自己的身份认同,寻找到归宿感；如何以自我的小革命为社会添加向上的力量，在世俗和精神上都找到信仰和自在？

这些"如何"令我们寻找洞察世界的窗口。我们发现，当下急需探讨的种种问题很多曾被欧美思想家深入研究过，他们为后世留存了不少传世的著作，给当今中国的读者以重要启示；当今国内思想文化界也活跃着不少积极的学者，他们探讨的范围涵盖了从社会现状分析到个人精神重建的方法和方向，提出的问题切中社会与个体之关键，不少作者与作品都值得我们参照。

知行书系正是基于上述缘由而生，我们将尽量保有大人文的视野，从国内外学者纷繁复杂的著作中探察真知灼见；我们将不拘学科和作者身份，深入经典与前沿，寻找契合当代中国社会及个体处境的著作。知行书系集思想性和可读性于一身。它们经典，但绝不会面目严肃、高高在上，也许深奥但绝不枯燥；它们不是对历史与文化的简单描述，而有着更深远的探索；它们会满足追求文明与自由的阅读者对各种根本问题和时代动向的追问，也可满足对创新和人生意义的探索。

基于上述的多重维度，我们通过三个子系列建构知行书系：

"经典"系列包涵中外不同时期重要学人与文化大家的著作；

"视界"系列包涵思想学术界紧扣现实意义的各种学术观点的著作，特别是中西方思想文化前沿著作；

"问道"系列遵循不拘于作者专业和身份的原则，无论哲学、历史、宗教甚至自然科学，只要观点和内容本身对当今社会在宏观和微观上有重要意义即可，它涵盖了国内外知名学者的论著和小品。

身为编者和深度阅读者，我们能做的是不断发现和深入地阅读，将能够深刻影响和指引我们的好书集结起来，建构成洞察世界的窗口，给予你我以启发和思考。

这或许能现出知与行的真义吧。

在撰写本篇导言之际，美国正在经历一场有关移民的激烈讨论，欧洲刚刚决定改变移民政策，从而减少进入欧洲大陆的移民数量。然而，移民问题对欧洲或美国本土居民产生的影响不可一概而论。在前往美国的移民中，有将近一半最后都定居在了五个大都市中，分别是迈阿密、纽约、芝加哥、旧金山和洛杉矶；前往欧洲的移民选择的最终落脚点是慕尼黑、柏林、马尔默、布鲁塞尔、伦敦等城市。移民人数太多，因此，德国几座城市（首先是慕尼黑）的市民称，他们的城市已经吸纳了足够多的移民，现在应该允许他们的城市限制移民，从而使移民转向其他地方。之所以出现这种情况，主要原因在于这些城市希望保留他们独特的城市身份[1]。如此说来，城市真的有身份吗？如果真的有，那这又意味着什么？城市要有身份，就需要拥有其他城市不具备的特质，同一个州中的城市尤为如此。现今城市化进程快速发展，超过五成的世界人口都居住在城市中，而在19世纪，这个比例只有3%，在有些欧洲国家，比如比利时、荷兰和英国，绝大多数人口（68%~71%）都居住在城市中——新的社区拔地而起，看起来多多少少都有些相似，让人觉得这些城市都是一样的，但这也许只是臆测而已。这些城市不仅各有不同，我们还认为，应该鼓励城市去发展它们自己的特质。

对于城市能够拥有当地特色这个说法，中国貌似构成了一个特别的挑战。这个国家经历了人类历史上最快速的城市化发展：从1982年到2011年，城市人口占全国总人口的比例从20.6%上升到了51.3%。据预计，这个趋势未来还会加速提升：到2025年，预计中国将拥有15个特大城市，每个城市的平均人口将达到2500万。中国的大型城市似乎消弭了所有差异；城市死气沉沉，样式相同，毫无多样化可言。但正是因为多样化，人类的社交生活才具有价值，才有意思。中国的城市经历了30年的苏联式现代化发展，而在随后的30年中，又采用了美国式的现代化发展模式。这两种建筑模式都没有以不同的中国城市所具有的特定历史与文化为基础。

从一方面来看，中国对"城市各有不同"这一说法构成了挑战。但从另一个方面来看，中国迫切需要建立以特性为基础的社群意识，因为以农为本的传统已经弱化，人们广泛认为需要在城市化快速发展的时代建立全新的社会责任感。如果人们认同他们的城市（如果能感觉到自己的城市表现出了特别的身份，就更有可能认同），那他们就更有可能产生社会责任感，更有可能关心和文明礼待其他市民。自从我们的第一本书《城市的精神：全球化时代，城市何以安顿我们》[2]（该书被翻译成中文，似乎在中国尤为引起共鸣）出版以来，中国的几座城市便开展研究，提出了它们自己的"精神"，正是这些精神构成了千篇一律的建筑风格的基础；推动建立以特性为基础的社群意识，是建立责任感的关键。

北京进行了民意调查，以确定其"精神"，调查结果对城市规划乃至文化遗产的保护都产生了影响。北京的主要干道上张贴有主要城市口号，即爱国、创新、包容、厚德。上海的城市口号则与此形成了鲜明对比，这让我们想到，我们往往会把"市民精神"（也就是城市所具有的自豪感）设定得与其他城市不一样,以表达具有明显对比的价值观。贝淡宁在北京和上海都任教过,他不可避免地遇到了"你更喜欢哪个城市"这一问题。甚至在他开始回答这个问题之前,在北京提出这个问题的人就会说起他们有多爱北京,有多不喜欢上海;而在上海,这种情况正好相反。这两个城市显然具有截然不同的社会和政治价值,这一点体现在二者的城市布局、不同形式的经济活动、对外开放程度,甚至是出租车司机的对话中。贝淡宁现在在济南和青岛教书,人们与他的对话不可避免地转变到了这两座城市之间的对比(即便不是竞争)上。中国的其他城市同样是乍一看十分相似,但事实并非如此。较小的城市专门发展土特产,大型城市则在夸耀它们的教育能力和文化吸引力。无论这些企划有何起源,包括外来人口在内的"市民"往往都会为他们所在城市的成就而骄傲。

在本书中,我们收录了一系列讨论城市及其特殊身份的文章。本书有关城市的身份,还有关城市居民的身份,而这一点正是我们想要讨论的。数百年来,一个人的身份由何构成,这个问题一直是学术界研究的课题。心理学家、政治学者、社会学家、哲学家和城市规划专家等学者都这样问过:哪些社会关系构成了一个人的身份,这些社会关系是如何塑造一个人的社会责任感的?当然了,在20世纪,国家成为政治身份的主要来源,以及集体成员自决的场所。一个爱国主义者为他们的国家骄傲,是因为国家在其历史、政治和制度方面表现出了特别的方式。但国家发现越来越难以提供这种独特的感觉,因为它们必须迎合市场和国际协定的需要,因此,在根据其自身的价值和对善良的理解来制定政策方面,它们就少了几分自主权(除非它们像朝鲜或不丹那样与世隔绝)。

到了21世纪,关于全球身份和世界主义上升的文章有很多。随着移民、劳动力和资本的自由流动、互联网、新社交传媒、习俗交流等的发展,越来越多的人体会到了世界主义。"达沃斯人"是这一趋势的极端体现。所谓"达沃斯人",是指有的人超越了对国家的忠诚,自视为国际主义者,自诩为"世界公民"(从更为负面的角度来说,这样的人将全世界看成他们用来获利的地方)。³但"达沃斯人"有多少？事实证明，即便是在达沃斯，也很少有人把自己只看成(或是主要看成)"世界公民"。2012年，我们在世界经济论坛的年度会议上介绍了我们的第一本书，并且在互为竞争城市的支持者之间引发了激烈讨论：比如约翰内斯堡和开普敦，比如华盛顿和纽约。城市似乎也能塑造现代男性与女性的身份。想要经历独特感的愿望似乎深深扎根于人类的天性中。随着对国家依附程度的降低，想要找到补充(或替代)，最好是"向下"去城市中找寻，而不是"向上"，把整个世界作为基地。

　　那么城市如何提供替代呢？它们能否提供独特感，能否提供特别的政治身份？随着大都市成为商业、文化和政治活动的中心，城市当局开始挑战国家所具有的优先和优越的地位，那么城市成为重要的研究区域，或许就不是什么新鲜事了。相比小镇和乡村生活，大多数关于城市的理论往往会关注是什么使城市生活显得不同：城市允许经济发展和低人均碳排放，城市是创造和创新的场所。"智能"城市或"理想"城市会根据成功矩阵，实现这些优势的最大化。主张城市生活具有综合优势的理论非常重要。然而，很少有理论从规范的观点出发，谈到是什么促使城市与众不同，互有差别，为何城市身份如此重要。因此，我们在第一本书中就这两个问题进行了探讨。我们游走于美洲、欧洲和亚洲这三大洲的不同大城市中，采访了这些城市里的数百位市民，我们了解了关于这些城市的文献和历史，并且得出了两个主要结论。第一，"市民"会感到特别的自豪感，不仅仅是因为他们生活在独具特色的城市环境中，还因为相对于其他城市，他们所居住的城市是独一无二的。也正是有了这些特点，城市生活才比乡村生活更令人满意。换句话说，他们为他们的城市骄傲。我们称这种骄傲为市民精神。人们若是觉得一座城市与众不同，便会产生这种市民精神；如果一座城市高度推崇全球化，与其他地方别无二致，那么人们是很难感觉到骄傲的，就好像人们不会为了街区上有麦当劳而骄傲。社群意识似乎与对个人自由的追求一样，都深深植根于人类的天性之中，通常都需要依附于一个表现出特性的社区。因此，我们的第二个结论便是，很多当代大都市都具有我们所谓的"特性"或"精神"。但我们的研究和论点有一个限制，那就是为了创作《城市的精神：全球化时代，城市何以安顿我们》，我们研究的城市仅限于我们会讲通用语言的地方。因此，书中出现的是蒙特利尔、纽约、牛津、巴黎、柏林、耶路撒冷、北京、中国香港和新加坡这些城市。我们自然很想弄清楚我们的论点是否适用于其他城市。出于这一目的，我们邀请一些杰出的知识分子写一写他们个人很熟悉的城市，这些城市来自不同的国家，具有不同的文化。这些人士熟悉他们所写的城市，或是因为他们曾经或现在居住在那里，或是因为他们多年来一直在研究那些城市。我们委托他们撰写文章，并在上海和耶路撒冷举行了研讨会，这就是本书的来历。书中涉及上海、曲阜、青岛、成都等中国城市，还涉及大型国际化城市，比如东京、孟买、伊斯坦布尔、伦敦、阿姆斯特丹和迪拜等，此外，我们还写到了丹佛、普罗旺斯地区艾克斯、塞萨洛尼基和槟城，这些城市虽小，却在周边区域中发挥了重要的市场功能。所有这些城市都具有独树一帜的身份，对"城市化不可避免带来同质化"的论断发起了挑战。

当然，我们很清楚，我们的论点将面临一场硬仗。过去，社会批评家撰写文章称，相比小镇和乡村生活，大城市里的生活非常孤独，人们彼此疏远。格奥尔格·齐美尔（Georg Simmel）于1903年创作了一本有关城市的书《大都市与精神生活》（*The Metropolis and Mental Life*），被世人多次引用。在书中，他写道，现代生活的最深层次问题在于个人尝试在社会的主权权力之下，在历史遗产和外部文化及生活技能之下，维持自身存在的独立和个性；所有这些问题都出现在城市里，因为在城市里，现代的人们可以表达其自主权，但这是要付出代价的，那就是必须忍受孤独。城市就是"自主权"与"平淡无奇"进行斗争的地方。正如马克·吐温在1867年所称："一个人每天都要无聊地在同一条漫无尽头的路上走数英里，挤过嘈杂的人群，却看不到一张熟悉的脸孔。"或许城市生活在很多方面都很吸引人，但以特性为基础的社群意识似乎并不在其列。如果在现代城市中有任何共同的生活，那似乎就是对最新高科技产品的高度个人主义追求。当城市化与貌似不可阻挡的资本主义力量相结合，就有可能将各种文化转化成单一的消费主义文化。

但现代城市中出现了一种不同形式的社群意识。越来越多的人都体会到了越发强烈的世界主义，但他们也想感觉与众不同。我们认为，城市能让世界主义和以特性为基础的社群意识互相结合。确实，我们看到市民往往为他们的城市及其所代表的价值观感到骄傲，同时还会促进独特的市民文化和生活方式。蒙特利尔人努力推动他们的语言身份，耶路撒冷人努力宣传他们的宗教身份，而且，尽管经历了一个世纪的"反传统主义"，曲阜的居民仍以保存下来的儒家文化遗产而骄傲。伦敦人以人文传统和对外开放为傲，而相比之下，英国的乡村居民就显得有些故步自封了。阿姆斯特丹人的骄傲在于他们的开放和包容，尤其是在整个荷兰都表现出排外态度的时候。"我爱纽约"是现代最有名的市场营销口号，或许并非巧合。全世界的城市都在模仿这一口号。在中国的首都，常常能看到人们穿的T恤衫上印着"I love Beijing"（我爱北京）。或许可以讽刺地说，这一切不过是受到金钱的驱动，但这种口号确实体现了真实的感情。

人们确实热爱他们的城市。纽约的特性在于众所周知的个人主义（我们称之为"抱负"），但作为基础的社群意识和城市自豪感在"9·11"这样的危机中体现得淋漓尽致。之所以出现这样的市民精神，部分原因在于纽约与美国的其他地方并不相同。纽约人常说，相比整个国家，他们对纽约这座城市的依附感更强烈。其他美国城市则在努力将它们自己和纽约区别开来。2011年，拉姆·伊曼纽尔当选为芝加哥市长，在对芝加哥居民的讲话中，他提到："我们和纽约人不一样。"纽约以身为移民磁铁而自豪，芝加哥则因为它们在美国大型城市中拥有的移民人数最少而骄傲：在芝加哥出生或移民到那里的人往往都会终生居住在芝加哥。因此，我们可以说，城市若是能表现出特殊的身份或特性，往往就可以催生出最强烈的城市自豪感。

那看起来相对类似的中国城市又如何呢？外国游客常说中国的城市看起来都是一个样子。事实上，中国城市的相似外观掩盖了每一座城市对特性和社群意识的追求，而这种追求深植于每一座城市的独特历史和文化模式中。不管是在中国还是在其他地方——在这里我们提出了一个普遍的说法——我们的书主要基于一个乐观的信念：城市能够将全球化和以特性为基础的社群意识结合起来。而且，我们认为城市作为身份认同的场所，具有国家的其他优势。最重要的是，在城市层面上追求特性，不大可能造成强烈的憎恨和战争。事实上，市民精神能够抑制过度的民族主义。除了新加坡这样的城市国家，城市并不拥有军队，因此，市民的自豪感就不太可能具有危险形式。如果城市能提供形式丰富的社区和独树一帜的身份，就会使一些民粹主义政客无言以对，这些政治家正是利用了人们对现代世界社群意识降低的担心。因此，最好在城市这个层面上追求以特性为基础的社群意识。

现而今，首都城市的居民往往都是民族主义者。还有一个事实，那就是在危机期间，人们往往会聚集在国旗周围，比如遭遇外国发起的严重恐怖袭击。但本书中的文章显示，大多数"市民"都拥有认同感，而这种认同感无须完全延伸到国家的层面。这并不是在否定民族主义所具有的合法作用，举例来说，把树立强烈的中华民族感当成一项共同项目来推动，有助于人们更加努力地把财富和资源从中国东部沿海地区重新分布到西部贫困地区。然而，民族主义若是没有受到较为强烈的市民精神的遏制，就更有可能导致危险，因为民族主义煽动者发现更容易从未婚单身男性中得到支持，因为这样的人没有强有力的家庭纽带。总而言之，我们的观点并非市民精神能够并且应该取代民族主义，成为政治认同的来源（不过未来或许会如此），我们只是想提出一个建议，那就是，市民精神融合了地方自豪感和对外开放性，为人们提供了心理基础，从而使人们成为更为温和的民族主义者。

拥护城市特性，还有一个原因，即具有特性的城市还能完成令人满意的政治目标，而若要在国家层面上来完成这些目标，就比较困难。在美国，联邦政府对移民的态度越来越严苛，而这片大陆上的几个城市则宣布要做"庇护城市"，这些城市的主要政策否定了国家的政策：它们避免施行与非法移民有关的联邦法律，并且不会迫害这些非法移民。

同样，或许要等上很长一段时间，美国的政客才可能执行应对气候变化的重大计划，当然了，特朗普现在已经当选为美国总统。但城市正在寻找替代性的政治合作，可以说是在执行它们自己的"外交政策"。2005年12月，时任京都市长桝本赖兼创立了全球市长级气候变化委员会，这个委员会现在由首尔和波恩两市的市长负责管理。如同中国杭州这样的城市以它们的环境特性为傲，它们在环境保护方面比国家做得都要好。纽约市自封为"世界之都"，可以利用其抱负的这一特性来有效执行其外交政策：时任市长的布隆伯格邀请全世界数百位市长关注城市领袖如何能够共享政策举措和技术，从而减少碳排放。而且，城市建设现在能够评价其政策的相对成功率：2010年，世界城市论坛在里约热内卢举行，会上宣布，世界上的城市现在有了一个通用办法去计算合法界限内的温室气体排放量。这并不是否定国家合作和国际环境计划的需要，毕竟这些计划的预算是城市承担不起的，但具有类似特性的"姐妹城市"之间的合作能加强国家合作的基础，并为之提供支持。

推动城市特性的发展，还有充分的经济理由。城市形成明显的身份，有助于振兴衰退的经济。一座漂亮的博物馆让西班牙的毕尔巴鄂不再是走下坡路的工业城市，反而一举成为艺术世界的"麦加圣城"（顺便说一句，请注意我们用来表达政治理想的城市比喻）。在中国，文化游客受到曲阜的吸引，因为他们想要了解儒家文化的发源地，而这有助于带动当地的经济发展。一个城市的成功范例可以推广到该国的其他地方。对中国而言，有一个不那么出名的方面，那就是中国允许城市拥有大量财政和立法自治权（这与美国和印度的城市形成对比，在这两个国家，权力更多地掌握在中央政府手中），而城市之间的竞争是中国经济繁荣发展的重要推动力之一。作为第一个"经济特区",深圳在1979年时只是一个小渔村,现已发展为拥有千万人口的大都市,经济发展得欣欣向荣。从广州到上海,其他很多城市很快就开始效仿深圳的市场改革之路。大连和天津互相竞争,都希望举办世界经济论坛"冬季达沃斯"年会(最终决定由这两座城市轮流举办),这两座城市都对基础设施进行了升级改造,施惠于民。成都和重庆这样的大城市互相竞争,实现社会正义,降低城乡居民收入差距。成都的办法是依靠长期的努力,采取自下而上的协商民主和公共参与,重庆则更多地依靠国家的力量和对数百万人进行拆迁安置,从而实现类似的目标。若是事实证明成都的"温和"模式能更为有效地降低收入差距,就能为全国树立经济典型,就如同将深圳设为市场改革样本一样。

即便是在国内政策方面,城市也有很多贡献。一方面,城市的税务机构受到限制,对收入不均衡的现象没有重大影响;另一方面,城市确实减少了收入的差距,它们采取的办法是向较为贫困的社区投资,发展教育和基础设施,吸引资本和企业进入特定的社区,等等。哈罗德·沃尔曼(Harold Wolman)研究了23个发达国家重要公共服务方面的地方财政支出占该方面中央政府支出的比例,他的研究结果十分惊人。环境保护占66%,娱乐文化和宗教占57%,住房和社区设施建设占44%,这些方面的比例都很高。[4]这是因为城市承担了部分责任,城市感觉应该这么做,部分原因是他们认为自己能够做到。城市拥有"创意阶层",所以往往能做到国家做不到的事。无论我们是从狭义(经济领域内的创新),还是从广义(将艺术家、科学家等都包括进来)去解读理查德·佛罗里达(Richard Florida)的概念,城市都吸收了很多人,而正是这些人的创新观点和措施使得全世界更快地向前发展,或者,正如巴伯(Barber)所说,城市是文化、社会和政治创新的主要孵化器,由此才有了我们现在这个星球。[5]

作为政治理论家,我们希望一座城市的特性还能激励社会和政治这两大领域去思考全球重要性。想想古代吧:我们都知道,雅典和斯巴达的竞争模式为柏拉图和亚里士多德的政治理论提供了知识素材，中国社会和政治思想最具创造力的一个时期出现在战国时代，当时的城市中涌现出了很多的思潮。约翰·洛克（John locke）能创作出《论宽容》（*A Letter Concerning Toleration*），主要是因为他生活在阿姆斯特丹，而在17世纪的欧洲，阿姆斯特丹是思想最开放和最宽容的城市。还有一点也并非巧合，当代加拿大哲学家查尔斯·泰勒（Charles Taylor）在蒙特利尔受到启发，创作出了关于多元文化主义和语言权力的理论，在这座城市，其复杂的语言政治不可避免地受到居民的影响。

当然，一个城市应该树立特性这一观点是基于一个假设，那就是这个城市确实具有特性。因此，我们在本书中讨论了14个城市的特性，它们各有各的不同和非凡之处。各个章节的作者进行了大量的阅读，并且试图做出历史解读，但他们也在很大程度上以他们个人的经历为基础，同时还以"漫步城市"这种方式获得的感想和对当地居民的采访和讨论为创作基础。采访对象涉及不同城市里的不同阶级、民族和性别；城市内的地点都是随机选择的，并随机选择陌生人进行交谈。在我们的第一本书中，我们说明了这个办法如何能调整和改善对城市特性的假设。我们从沃尔特·本杰明的"巴黎拱街"计划中吸取了灵感，想到了"漫步城市"这个办法，有系统地在一段时间穿行于一个城市的不同区域，旨在收集当地人讲述的故事，描绘出更为全面的城市特性画卷。

第一本书的这种方法引起了一些批评意见，让我们不得不对反复出现的批评做个简要回应。有些批评家认为我们的方法仅凭印象，过于主观，他们还认为我们需要更多的定量分析。事实上，我们认为，定量分析可能会有所帮助，这本书中的几位作者就利用了调查机构公布的民意调查结果和数据，但问题在于，大多数调查只是在国家层面上进行对比，并没有涉及城市。

其他批评往往十分矛盾。一方面，批评家指责我们把"城市的特性"描述得太简单了；事实上，城市更为复杂、多样、多变并且呈现出多元化，远远不是一个价值或一系列价值可以概括的。我们确实意识到，我们的假设或许更多地揭示了一座城市的核心，比如"包容"这一特性更符合住在阿姆斯特丹中心区域的居民的想法，而住在郊区和城市边缘的人并不是这么想和这么做的。而且，随着我们远离青岛的市中心，理想主义和异国情调这些特性变得不那么明显了……我们也同意，随着时间的推移，城市的特性会发生改变，我们这种以历史为依据的方法旨在说明这样的改变是如何发生的。但是，重要的是要解释清楚一点：与其说特性强调的是一系列价值，还不如说是在强调一个论点。我们有责任"入乡随俗"，这表示在罗马，就要按照罗马的规矩来进行讨论。身为政治理论家，对于规范性问题，我们所做的就是参与这些讨论；在每一章中，作者都力求对"特性应该是什么"这一问题，提供道德上站得住脚的解释。他们讨论故事和印象，讨论什么是特性，以及关于那一特性在道德上站得住脚的解释是什么。举例来说，曲阜的特性应该是打造进步和男女平等的儒家文化。

另一方面，批评家还指责我们是伪装的道德相对主义者。除了不多的几项基本人权之外，我们主张，不管城市的特性是什么，都应该得到尊重。如果甲城市的市民喜欢某一价值，那么来到这座城市的移民就应该适应这一价值，如果这些移民选择搬去乙城市，而这座城市的市民对另一个价值青睐有加，那么这些移民就要再次适应。如果曲阜的当地官员打算把城市及其周边区域打造成"儒家文化特区"，儒家学者反对在曲阜建造比孔庙还要高的基督教堂这个计划，那想要建造教堂的基督徒就需要去别的地方建教堂，就好像儒家信徒不能在梵蒂冈建造比圣彼得大教堂还高的孔庙一样。换句话说，我们的方式似乎是在为城市管理者打着城市特性的旗号推行备受争议和歧视性政策而辩护。大多数国家都不敢推行这样的政策，不然马上就会被议会叫停，那为什么城市可以这么做？我们的回答是：国家确实需要更加公平无私，但相比国家，城市可以并且应该被允许表现出更为"不透明"的善念或生活方式，前提是它们能做到尊重人权。此外，我们的研究显示，市民确实希望他们的城市能够这么做。而且，有时候，这么做的结果比国家所做的决策更为开放和宽容。举例来说，2012年，德国最高法院规定，对年纪很小的人实行割礼是非法行为，因为这相当于"严重身体伤害"。无须多言，遵守教规的犹太人和穆斯林会认为这一规定难以遵守。柏林市认为它们对宽容的热衷和对传统的承认比这个法庭决定重要，于是便允许进行割礼。总而言之，在现代，城市是人类福祉的中心，从某种意义上说，它们提供了以特性为基础的社群意识，而这是国家做不到的，因此，城市就应该拥有更多的余地来推行表现其身份的政策。

在这篇导言的最后，我们要说，这本书"只是一个开始"。通常而言，这样的话会被当成假谦虚，不会有人理会。然而，我们是当真的，我们惊喜地看到《城市的精神：全球化时代，城市何以安顿我们》触发了更多类似的思考。因此，我们骄傲地将这本书献给中国读者。越多地了解城市的精神和身份，那么，我们的很多城市或许就能帮助全人类(尤其是中国)去面对21世纪最棘手的种种挑战。

本书简介

本书分为三个部分。第一部分包含中国的重要城市：有大上海，还有小曲阜，这些城市在规模上各不相同，而且具有不同的身份，让市民为之骄傲。

了解上海精神，从上海人如何看待自己，如何看待别人入手，不失为一条方便的路径。他把自己看成上海人，而其他的人都是乡下人，这不免太过自大，但有意思的是，多数自大的上海人，原本也是乡下人，只是因为先来了大上海，自己时髦了，看人就自大了。但更有意思的是，一批批的乡下人，最终都成为上海人，这就是上海融汇人影响人塑造人的城市力量。四面八方的乡下人(移民)曾经成就了大上海，今天的新上海人，或续写上海人的认同，从而续写其前辈的光荣。从这样的角度来看，一百七十多年上海人自我认同的种种恩怨也成为这个城市的精神传统的一部分。

曲阜是古代中国最重要的思想家孔子的故乡。世界上再也没有哪个城市像曲阜这样，同时兼具上古文明、轴心时期伟大思想家及其后代家族这三大元素。这座城市的历史和孔氏家族的历史交缠在了一起。更为重要的是，这座并不大的城市，生动地体现出儒家文化的现当代命运，在经历激进的反传统主义、商业主义等威胁之后，儒家文化圣城似乎正迎来它的春天。

青岛是一座有着悠久理想化历史的城市。在设立这座城市之前，这片区域名叫崂山，是政治领袖、思想家和艺术家理想化地表现出各种精神理想的地方。20世纪初，青岛市成立，这里激发出了中国改革者的政治理想。近年来，人们在这座城市里寻找爱和浪漫。这些理想为什么会随着历史的发展而发生了变化？理想与现实之间有何关联？汪沛和贝淡宁在他们关于理想之城青岛的文章中讨论了这些问题。

安逸不仅仅是成都人的休闲方式，更是成都的城市精神和文化渊源。这一精神或源于战国时期兴建、泽被后世数千年的都江堰，长于道教发祥地之一的青城山，流淌在岷江支流府南河的河水之中，并贯穿于成都大街小巷市民文化的毛细血管里，从熊猫、川菜、茶铺、小吃、蜀锦、散打评书到"超女"身上皆有体现。它是在富庶农业社会基础上经过两千三百多年安定发展形成的"自得、自信与包容"之心——儒释道在这里杂糅，东西方在此交会，社区的纽带以此维系。同时，安逸的自然人文生态又为新的创造力与城市发展提供着养分，并化解着城市化带来的都市压力与"劳动异化"等副作用，守护着市民们内心的花园。

第二部分是一些中国以外的大城市，这些城市具有全球联系和远大抱负。所有这些城市都深深扎根于全球市场之中，而且长久以来大都是世界城市（迪拜除外）。

东京是一座国际性城市，与此同时，当地文化对国际性构成了挑战。琳恩·小笠原称，东京很大，有很多面貌，很难定义其特征。小笠原仔细思考了她在这座城市里的经历，指出很多东京以外的人都对这座城市有所误解。东京经历了巨大的混乱，但东京是乐观的，具有强大的恢复能力。她在文章的最后称，让城市拥有发言权这一点十分重要，城市的声音更为理性和温和，是对现今复杂大都市的刺耳声音的替代。她称，城市其实"犹如一座座花园，里面有独特的文化敏感性和价值观结出的花朵和果实"。

法拉赫·哥德瑞吉关于孟买的文章，质疑了关于知识精英分子不断讲述的有关新旧孟买的故事。据说，孟买更名代表着世界主义之死和近来兴起的反世俗和原教旨主义政治等力量的胜利，这些力量呼吁对孟买城中的少数族裔进行种族大清洗。通过历史和文学上对孟买的描述来思考上述说法的来源，通过审视外部情况与她个人经历之间的交会点，哥德瑞吉分析了这一神话创造。她的分析中既提到了城市的历史，也提到了她的个人经历。这篇文章告诉我们，对于城市"精神"的思考如何使人们进一步自我理解。

凯特瑞·卡莫拉描写了多层次的伊斯坦布尔。人们常用"多层次"这个词来形容伊斯坦布尔，表示这座城市在考古和历史方面是多层次的，在文化方面自然也是多层次的。这里是三大文明的首都：罗马帝国、拜占庭帝国和奥斯曼帝国。这座城市或许是世界上最受欢迎的旅游地之一，是文明和大陆的交会处，是一个"处于中间地带"的城市：从地理上而言，伊斯坦布尔处在大海之间；从政治上而言，它处于现代和传统之间。卡莫拉称，这样的情况赋予了这座城市"模棱两可"的特性，而这座城市可以毫不费劲地带着这一特点发展下去。

马克·贝维尔对伦敦的特性进行了探索，讲述了伦敦的历史、文化和他自己的体验。伦敦自然也是权力的中心。这座城市很久以来便是全球金融中心之一。王室、议会和内阁都位于伦敦西区，在过去是大英帝国的中心。大多数伦敦人口都居住在这一中心周围的城市村庄，很多人每天都要去该中心区上班。他们的日常生活展现出了喧闹的人文主义，从街市的栏杆上、从欢闹的酒吧中、从乔叟和狄更斯的文学中，都可见一斑。伦敦的人文主义精神时常会起来反对伦敦市和议会的权力。

艾维纳·德夏里特在关于阿姆斯特丹的文章里提到，一座城市几个世纪以来都是犹太人和其他少数族裔的避难所，为何会在犹太人大屠杀期间反而成为犹太人被杀最多的城市，并且在这之后再次成为同性恋、穆斯林和其他少数族裔的避难所？他的回答是，阿姆斯特丹的宽容特质分为两个阶段。第一个阶段是因中立而包容。只要"其他人"安守本分，不影响别人，那么这座城市就不会出面干涉。这表示，在纳粹占领阿姆斯特丹的时候，这座城市的第一反应是保护犹太人，因为这座城市相信多元主义和宽容，但当它意识到这么做会带来麻烦，这座城市及其居民便对犹太人的遭遇睁一只眼闭一只眼了。然而，近来，阿姆斯特丹学到了教训，采取了完全不同的宽容态度，也就是宽容的第二个阶段：因好奇而包容。该市居民现在自称混合人，将"别人"的文化当作那些人的一部分。这就使得阿姆斯特丹成为现在的真正多元化城市。

迪拜近来跻身"全球化城市"行列，是越来越重要的货物、服务、资本、人员和数据流通的中心和通道。迪拜在很多外人眼里如此独特，是因为这里不像伦敦和纽约那样，拥有丰富的历史厚重感。然而，身在迪拜，从很多方面都能感觉到这里和其他地方没什么不同。在这篇文章里，帕拉格·康纳要表达的观点是，正是这种与其他身份的相连性（而非独特身份），使得迪拜独一无二，也正是因此，才需要理解迪拜的特点。

第三部分讲的是中国以外的较小城市。这些城市与世界城市不同，只对周边地区发挥市场功能，但它们为其特有的精神而自豪，还能吸引来自世界各地的游客。

美国的科罗拉多州丹佛市同样实现了快速发展。苏珊·E. 克拉克在她的文章中称，丹佛的精神是地方主义和合作精神。克拉克称是地理和历史造就了这一精神。而且，丹佛不得不走这条路，毕竟这座城市距离美国的政治和经济中心比较远，却是一座生机勃勃的城市，秉持着乐观进取的生活态度。这种态度是19世纪淘金者留下的遗产，他们出于务实的目的，必须彼此合作，才能生存下来，进而大发横财。

吉勒斯·坎帕尼奥洛对法国城市普罗旺斯地区艾克斯的描写言辞犀利，却又不失诙谐幽默，他在文章中提出了两个重要问题。第一，他将城市品牌化推广和当地人眼中的真正城市特性区分开来；第二，普罗旺斯地区艾克斯一方面堪称鱼米之乡，主要出产红酒和橄榄油，同时也是一个很复杂的地方。这两点结合在一起：城市要么将自己宣传成为第一种或是第二种，从而吸引游客或是达到其他商业目的，但事实上它们的历史有着很大的不同，而且更为深远。举例来说，艾克斯具有地方主义精神，他认为艾克斯没有超越其所在省的界限。从这个方面来说，艾克斯"是一种体验的中心，能将你带回到现实"。

在关于塞萨洛尼基的文章中，德斯伯纳·格拉罗和艾维纳研究了这座正在经历危机的城市：这座城市及其所属国家正处在经济危机之中，超过三分之一的市民失业，同时还面临着巨大的移民潮：来自叙利亚的难民和寻求庇护者。让格拉罗和艾维纳极为惊讶的是，他们竟然看到整座城市都联合起来，坚持"爱陌生人"这一特性。而且，他们对"爱陌生人"这一重要的城市精神无比热爱乃至根植于心，以至于城市居民的行为和思想都由这些特性来决定。

彼得·扎别勒斯克伊斯从主观、个人经历和有些武断的角度，讲述了槟城（位于马来西亚槟榔屿）这座城市如何以及为什么是这样一个在文化上充满活力的地方，还讲述了如何以及为什么当地居民这么爱这座城市。这篇文章以多年来对这座城市的城市结构实地研究为基础。文章讨论认为，槟城具有如此成功的多元文化城市环境,原因在于各种族群的居民都有很多机会公开表达他们自己的文化,而这些机会有些是有形的,有些是无形的,比如食物和节日,比如官方不会通过集中规划这样的方式来指定或控制文化资源。这样的因素结合在一起,就使得人们在很大程度上保留了亲自做事和为了自己做事的能力,同时他们也会按照自己的意愿做事,具有自我意识的政府政策或开发目标是无法促成这一结果的。

1 我们将城市定义为一个人口稠密的区域和连续的居住区,并且施行单一司法权(联合国人居署2009),包含正式和非正式的关系、公民要素和利益,体现的是城市居民以及在城市里工作的人的需要。(关于城市中正式和非正式的关系,详见 Stone C.N., "Power, Reform, and Urban Regime Analysis", *City & Community*, 2006, Vol. 5, pp.23-38. 若要看评论文章,详见 Smith R., Beyond the Global City Concept and the Myth of "Command and Control", *International Journal of Urban and Regional Research*, June 2013.) 在这里我们也指的是大都市,即在政治、经济和文化方面都很重要的大型城市,拥有比普通城市更多的人口,作为这些人的中心。大都市一般都拥有人口稠密的城市中心和人口较为稀少的周边区域,往往设有郊区或小镇,这些周边区域虽在政治上独立,但在医院、大学、市场、港口或机场等重要服务方面依靠大都市。

2 《城市的精神:全球化时代,城市何以安顿我们》简体中文版获得了由新华网和《中国图书商报》联合评选的"2012年度中国影响力图书"大奖。这个奖项是根据读者网络投票和专家评估评选而出的。

3 "达沃斯人"这个词起源于在瑞士达沃斯举行的年度会议。在该会议上,世界领导人和世界经济界的重要人物齐聚一堂,交换意见,讨论紧迫的经济问题。

4 详见 Wolman(2012)"What cities do: how much does urban policy matter?" in Mossberger, Clarke and John(eds.)*The Oxford Handbook of Urban Politics* OUP.

5 本杰明·巴伯(Benjamin Barber),《如果由市长管理世界:功能紊乱的国家,崛起的城市》(*If Mayors Ruled the World: Dysfunctional Nations, Rising Cities*,纽黑文,耶鲁大学出版社,2013年)。有一点应该注意,本杰明·巴伯提出了一个愿景,即"由城市及其市长管理地球"。他认为,这样的管理模式比"功能紊乱的国家"更有可能发挥作用,因为城市采取的是"务实且互相依存"的系统。我们在很大程度上认同巴伯的分析,对他的理论产生了共鸣。与此同时,我们也相信,不能在不看重意识形态差异的情况下去管理城市。而和巴伯不一样,我们并不赞同纽约的拉瓜迪亚机场提出的口号:疏通下水道,可不分民主党或共和党。

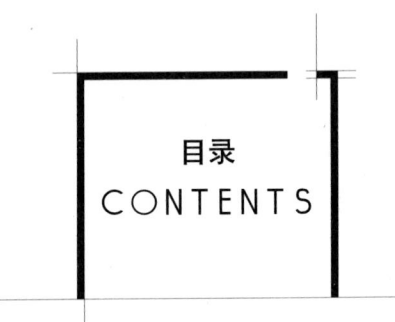

第一部分 中国城市
SECTION CITIES IN CHINA

上海 Shanghai
by 于海 Yu Hai

融汇人塑造人的城

THE SHANGHAINESE PEOPLE AND THE CITY OF SHANGHAI

了解上海精神，从上海人如何看待自己，如何看待别人入手，不失为一条方便的路径。他把自己看成上海人，而其他的人都是乡下人，这不免太过自大，但有意思的是，多数自大的上海人，原本也是乡下人，只是因为先来了大上海，自己时髦了，看人就自大了。

曲阜
by 孔新峰 贝淡宁 Kong Xinfeng and Daniel A. Bell

儒家文化之城

THE CITY OF CONFUCIAN CULTURE

曲阜是古代中国最重要的思想家孔子的故乡。世界上再也没有哪个城市像曲阜这样，同时兼具上古文明、轴心时期伟大思想家及其后代家族这三大元素。这座城市的历史和孔氏家族的历史交缠在了一起。

 by 汪沛 贝淡宁 Wang Pei and Daniel A. Bell

理想之城
THE CITY OF IDEAL

青岛是一座有着悠久理想化历史的城市。在设立这座城市之前,这片区域名叫崂山,是政治领袖、思想家和艺术家理想化地表现出各种精神理想的地方。

 by 丛牧 Cong Mu

安逸包容的花园之城
A GARDEN CITY OF LEISURE, INCLUSIVENESS

安逸不仅仅是成都人的休闲方式,更是成都的城市精神和文化渊源。这一精神或源于战国时期兴建、泽被后世数千年的都江堰,长于道教发祥地之一的青城山,流淌在岷江支流府南河的河水之中,并贯穿于成都大街小巷市民文化的毛细血管里。

第二部分
SECTION LARGE GLOBAL CITIES
大型全球化城市

东京 by 琳恩·小笠原 Leanne Ogasawara
Tokyo 花与火之城
CITY OF FIRES AND FLOWERS

东京很大，有很多面貌，很难定义其特征。小笠原仔细思考了她在这座城市里的经历，指出很多东京以外的人都对这座城市有所误解。东京经历了巨大的混乱，但东京是乐观的，具有强大的恢复能力。

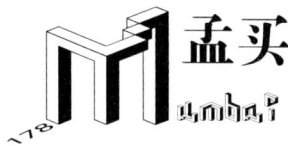

by 法拉赫·哥德瑞吉 Farah Godrej
孟买 理想化的世界主义
Mumbai THE TALES WE TELL: BOMBAY, MUMBAI AND I

据说，孟买更名代表着世界主义之死和近来兴起的反世俗和原教旨主义政治等力量的胜利，这些力量呼吁对孟买城中的少数族裔进行种族大清洗。通过历史和文学上对孟买的描述来思考上述说法的来源，通过审视外部情况与她个人经历之间的交会点，哥德瑞吉分析了这一神话创造。

伊斯坦布尔
Istanbul
by 凯特瑞·卡莫拉 Kateri Carmola

多层次和逆流之城
THE CITY OF LAYERS AND COUNTER-CURRENTS

这座城市或许是世界上最受欢迎的旅游地之一，是文明和大陆的交会处，是一个"处在中间地带"的城市：从地理上而言，伊斯坦布尔处在大海之间；从政治上而言，它处于现代和传统之间。

伦敦
London
by 马克·贝维尔 Mark Bevir

人本主义和权力之城
A CITY OF HUMANISM AND POWER

大多数伦敦人口都居住在这一中心周围的城市村庄，很多人每天都要去该中心区上班。他们的日常生活展现出了喧闹的人文主义，从街市的栏杆上、从欢闹的酒吧中、从乔叟和狄更斯的文学中，都可见一斑。

阿姆斯特丹

by 艾维纳·德夏里特 Avner de Shalit

一个属于所有人的地方
THERE IS PLACE FOR EVERYBODY

一座城市几个世纪以来都是犹太人和其他少数族裔的避难所,为何会在犹太人大屠杀期间反而成为犹太人被杀最多的城市,并且在这之后再次成为同性恋、穆斯林和其他少数族裔的避难所?他的回答是,阿姆斯特丹的宽容特质分为两个阶段。

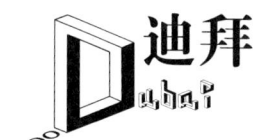
迪拜

by 帕拉格·康纳 Parag Khanna

从贝都因村庄到全球大都市
FROM BEDOUIN VILLAGE TO GLOBAL CITY

迪拜近来跻身"全球化城市"行列,是越来越重要的货物、服务、资本、人员和数据流通的中心和通道。迪拜在很多外人眼里如此独特,是因为这里不像伦敦和纽约那样,拥有丰富的历史厚重感。

第三部分 SECTION III SMALLER CITIES
小城市

丹佛 Denver

by 苏珊·E.克拉克 Susan E. Clarke

地方主义、合作和后政治时代前景
LOCALISM, COLLABORATION, AND POST-POLITICAL PROSPECTS

丹佛的精神是地方主义和合作精神。克拉克称是地理和历史造就了这一精神。而且，丹佛不得不走这条路，毕竟这座城市距离美国的政治和经济中心比较远，却是一座生机勃勃的城市，秉持着乐观进取的生活态度。

普罗旺斯地区艾克斯 Aix-en-Provence

by 吉勒斯·坎帕尼奥洛 Gilles Campagnolo

地方主义之城
THE CITY OF PROVINCIALISM

吉勒斯·坎帕尼奥洛对法国城市普罗旺斯地区艾克斯的描写言辞辛辣，却又不失诙谐幽默，他在文章中提出了两个重要问题。第一，他将城市品牌化推广和当地人眼中的真正城市特性区分开来；第二，普罗旺斯地区艾克斯一方面堪称鱼米之乡，主要出产红酒和橄榄油，同时也是一个很复杂的地方。

塞萨洛尼基
Philoxenia

by 德斯伯纳·格拉罗　艾维纳·德夏里特 Despoina Glarou and Avner de Shalit

爱陌生人的社会融合模式
THESSALONIKI'S MODEL OF SOCIAL INTEGRATION

这座城市及其所属国家正处在经济危机之中，超过三分之一的市民失业，同时还面临着巨大的移民潮：来自叙利亚的难民和寻求庇护者。让格拉罗和艾维纳极为惊讶的是，他们竟然看到整座城市都联合起来，坚持"爱陌生人"这一特性。

槟城
Penang

by 彼得·扎别勒斯克伊斯 Peter Zabielskis

东方之珠与物质主义精神
A PEARL OF A PLACE AND THE SPIRIT OF MATERIALISM

槟城具有如此成功的多元文化城市环境，原因在于各种族群的居民都有很多机会公开表达他们自己的文化，而这些机会有些是有形的，有些是无形的，比如食物和节日，比如官方不会通过集中规划这样的方式来指定或控制文化资源。

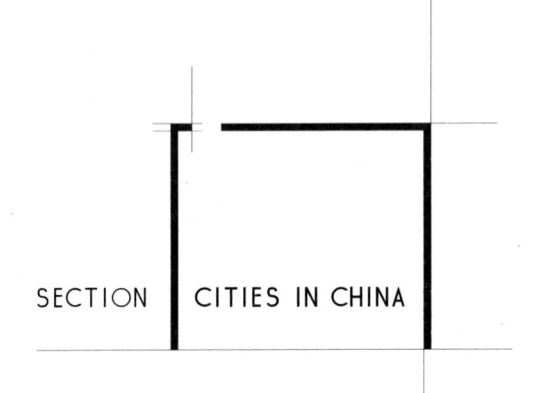

SECTION CITIES IN CHINA

第一部分 | **中国城市**

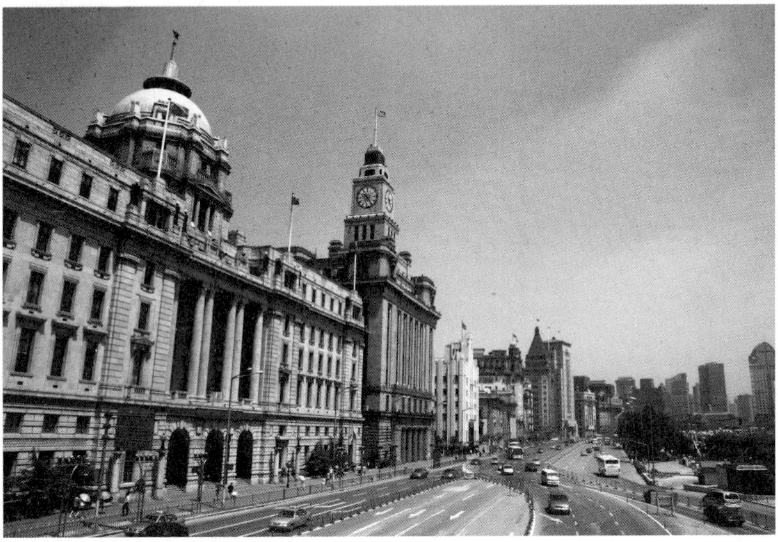

上海 Shanghai

融汇人塑造人的城

THE SHANGHAINESE PEOPLE
AND
THE CITY OF SHANGHAI

by 于海 Yu Hai　复旦大学社会发展与公共政策学院教授，博士生导师。任复旦大学北欧中心研究员、上海慈善基金会荣誉理事。主要研究领域：西方社会思想史、城市社会学、社区与志愿组织研究等。主要著述有《西方社会思想史》《西方社会学文选》(中、英文版)《城市社会学文选》(英文版)等，其中《西方社会思想史》获国家教委第三届优秀教材一等奖、"十一五"国家重点教材等荣誉。主持多项复旦大学与欧美大学合作课程，其中与加拿大女王大学的全英文课程"development studies"，2009年获教育部"全国双语教学示范课程"。主持国家社科基金项目"社会理论的核心范畴"等多项课题。近年来因教学成就上海市育才奖，被评为上海市教学名师、上海《东方讲坛》最受欢迎的讲师。

木心说，上海是个暴起的城市，五口通商，上海不过是五口之一，《南京条约》百年过去了，最终兴起的世界级大都市，只有上海一口。论者喜欢说鸦片战争前的上海不过是个三等小县城，这些评论忽视了上海地理位置的重要性。早在1835年，一个英国传教士就对上海有了如下的评论，上海紧邻着富庶的苏杭地区，"虽只是一个三等县城，但却是中国东部海岸最大的商业中心"[1]。在美国人罗兹·墨菲的名著《上海：现代中国的钥匙》(Shanghai, Key to Modern China)中，贯穿全书的论点就是，"上海的经济领导地位在地理上的逻辑，很可能会证明比任何政治论据更强大有力，更令人信服"[2]。地理上的逻辑引出上海的"以港兴市"，一座买卖的城市，"它是为这个目的而建立起来的，而买卖始终是它的主要特征"[3]，上海人的精明，是否也是从这个买卖的城市基因而来？这个问题留给文化人类学家吧，我们关心的是，上海的城市精神中，上海人对自己的看法或认同，在超过170年的上海近现代历史中是如何演变的，从而也成为外人观察上海精神一条可行的线索。

我们从上海人最容易为人所道的"精明"开始，了解上海的性情。木心说"上海人在'格算（划算），不格算'中耗尽毕生聪明才智"[4]，木心说得狠且准，但也是木心，说上海人混迹十里洋场，最要紧的是"牌头、派头、噱头"。不说上海人闻听大场面上的事，即使普通人家乡下来了亲戚朋友，上海人最想也最常带亲朋去的地方不是外滩，就是南京路、霞飞路。去的全是近代历史上的租界区，那里的万国建筑与灯红酒绿也与上海百姓的生活无甚关系。再底层再卑微的地位，不妨碍上海人将这座城市最耀眼最光鲜最西化的景象定义为上海形象，并认同这个本与自己的日常体验差了十万八千里的城市形象，并因此而获得属于上海人的自恋和自我肯定。朝代更替，霞飞路变成淮海路，上海人与上海的这种认同关系延续下来，如像我这样一个生在新中国长在红旗下的社会主义时代的上海人，也一样最喜欢向人炫耀外滩和"法租界"。这种炫耀几乎是所有上海人的偏好，甚至可以说是通病，这体现了怎样的城市精神？怎样的城市力量和过程塑造了上海人的自我形象？这形象是一直如此，抑或是不断变化的？上海开埠已近170年，经历晚清、民国、新中国，而新中国的上海也有前30年的计划经济模范生和后30年市场经济龙头两个迥然不同的城市角色，其间风云际会，大开大阖，上海人与上海的认同议题需要历史、社会、政治与空间分析的多重维度。

1 上海人/乡下人

上海人看人，一上来就是区分上海人和外地人，而外地人就等同于乡下人。因此，在上海人眼里，中国人就是两类，上海人和乡下人。上海人辨别乡下人十有八九不离谱，所以"乡下人"的称呼随口吐出。有趣的是，在外地人眼里，上海人一样容易辨认，不仅是因为上海人到哪里都喜欢旁若无人地大声说上海话，还有上海人的衣着、做派和腔调，更有上海人对合理性的敏感和追求。公交车拥挤，车门被堵关不上，在上海一定是司乘人员与众乘客一同劝说吊车人下去等下一班车，或是挤不上车的乘客从后推一把帮助关上车门；而在北京，大概既不会有车上劝说的，也不会有车下出力的，大家耗着，耗到后车驶来，吊车的老兄遂从容下车后改上后车[5]。1978年我到北京师范大学读书，到学校的当天我去学校商店买一种叫桃酥饼的点心，看到营业员先用秤来称分量，又用纸和线绳来包装，觉得又费时又费力，禁不住问她为什么不能按个计价并事先糊好装点心的纸袋。营业员没有回答我的问题，只直直地问我是不是从上海来的，并且告诉我这样提建议的不止我一人，而且都是上海人。我当时纳闷的是为什么这么简单的改进都不被采纳，同时又惊奇上海籍学生为什么都这样"好为人师"。在外地人眼里，国人有n+1类，这独一无二类的就是上海人。上海人动不动斥人是乡下人时，实际上也让外地人不仅辨认了上海人，更评价了上海人，无须多说，这些评价多为负面的。上海学者许纪霖说"上海人"和"中国人"有时是一对冲突的概念，他讲了晚清重臣李鸿章的故事，李鸿章欣赏上海地方贤达李平书，对他说"你不像一个上海人"，这是李鸿章对李平书的最高评价，许先生由此断言上海身份对中国人来说是一个很另类的概念[6]。我是上海人，我也经常被人说不像上海人，我知道这说法多少是恭维，但我自己并不认同以这种否定的句式来肯定上海人，因为我也经常在被人认真欣赏时说你就是一个上海人。上海人有许多的理由让其他地方的中国人讨厌，也有同样足够多的理由让人称赞和羡慕，但无论烦上海人还是喜欢上海人，上海人一定是中国最遭人忌恨也最容易被人辨认出来的一群人，换言之，上海人的认同无论是对上海人还是对外地人都是最少有悬念的。为什么如此？理由需要细细叙说。

　　上海人何时开始将外地人都称为乡下人已不易考证，有人说是清末或民国初年，但无论如何，有一段时间来上海的除了外国人都是乡下人。上海作家王安忆曾这样描写最初来上海的乡下人，"然后就有一群为土地抛弃或者抛弃了土地的无家可归又异想天开的流浪汉来了。他们都不是好好的、正经的、接受了几千年文明教养的中国农民，他们一无所有，莫不如到这个冒险家的乐园来试试运气"[7]。王安忆是对的，来上海冒险的不只是外国流氓，当然也不只是农民，从19世纪末刊行的上海最有影响的大众传媒《点石斋画报》可知，还有为逃避当地惩罚而逃入租界的罪犯；或并非罪犯，但为当地道德所不容的人；还有被人拐骗来沪者；为躲避战乱来上海避难者和为了寻找发展机会的各式人等。最初来上海的或做工或经商或投机有成，总之，待他们脱尽乡下人的品貌，再看源源不断奔上海而来的无论何种人物，在他们眼里岂非都是"乡下人"？上海人将他处人都叫作乡下人是招人忌恨，但离事实不远。上海开埠后的第一个百年，是兵荒马乱的一百年，中国沦为殖民地半殖民地，内忧外患连绵不断，百业凋敝，农村破产，活不下去的农民、流民为了一条活路拥向"大上海"，乡下人来到光怪陆离声光电化的大世界，完全惊愕而不知所措，被原本的乡下人如今的上海人鄙视，是自然不过的。上海的神奇在于，曾几何时，乡下人很快也变成了上海人，现在轮到他们对新来的移民斥一声"乡下人"了。来的人无论何种来路，都把上海看成一个机会场，怀着最卑微的愿望来上海的自有一条活路，而最具野心的移民里，弄出大光景的也为数不少。但无论是成就各业大王（如煤油大王、棉布大王等）的成功者，或只是挣得一份温饱的小职员或出卖苦力的三轮车夫，一批批的乡下人都成为上海人，"最愚蠢的人到了上海不久，可以变为聪明；最忠厚的人到了上海不久，可以变为狡猾；最古怪的人到了上海不久，可以变得漂亮；拖着鼻涕的小姑娘，不多时可以变为卷发美人；单眼皮和扁鼻的女士，几天后可以变成仪态大方的太太"[8]。现在明白了，叫人乡下人的自有一份对上海的认同；而被人叫乡下人的更有一番对上海的追求，于是成就和强化着上海人的自我形象。怎样的力量能够如此迅疾和有力地将乡下人改造成上海人？上海人的认同与上海这个城市究竟是怎样的关系？

1 租界与上海人

近代上海的历史是从租界开始的，上海人的自我形象和上海城市精神的发育也离不开租界的母体。上海学者余秋雨说上海文明的一种心理品性，是发端于国际交往历史的开放型文化追求[9]；许纪霖说上海的自我认同是在全球化的过程中确立的[10]；美国学者杜维明定义上海价值是海派(乃至洋泾浜)特性，有现实感(未必有历史意识)，有海洋视域(不必有中原气象)，也有广结善缘向世界学习的雅量[11]。以上诸位谈上海精神只字未提租界，但"国际交往历史""全球化过程"和"海洋视域"云云不都是租界开启的历史、过程和视域吗？不提租界不是无心而是有意，因为租界烙有殖民主义的印记。租界是中国人的耻辱，对中国民主革命的先驱孙中山来说，租界代表着双重的屈辱，一是丧失主权之辱，二是华界样样不如租界，中国的一无是处带给他的屈辱更大[12]。上海及上海人之所以能独异于全国，在上海学者唐振常看来租界之力最大，"全国多有租界，天津的租界且多至八个，但为什么上海租界的作用与影响特大？究其原因，无外乎在诸通商口岸中，上海最受列强注目。上海租界所具备的行政、立法、司法俱全的政治结构，较之其他同类型租界最为完整有力。上海西人的数目远多于中国其他通商口岸，他们的投资、兴办的实业最多，因此，西人的利益实与上海关系最大，而在中国通商口岸中，西人所最着力经营者亦非上海莫属。"[13] 上海人接受西人，接受租界，首先是因为西方物质文明和市政服务是从租界开始的，诸如自来水、电灯、电话、煤气、污水处理系统、消防、公园、公共交通等，都是当时中国城市闻所未闻的。上海人被公认是近代中国最物质主义的，这是有由来的。租界的移民都是为了活路或寻求新的机会，自然不同于以维护传统为己任的士大夫。上海人自觉优异于他处乡下人的，首先和主要的也是上海的物质文明；认同租界的物质文明，进而认同租界的文化。租界的中国人对西方文化始则好奇，继而涉猎，终于热衷。《点石斋画报》描绘了租界的中国人如何热衷西人组织的各种体育活动，如赛马和马戏。至于租界当局组织的各种庆祝活动，如法国国庆、女皇生日等，街上总是人山人海，万人空巷。1893年租界举行开埠五十周年纪念活动，中国各帮商人踊跃参加，扎灯结队，敲锣打鼓游行。第二年为慈禧生日，商人和市民的热情远不及开埠纪念活动[14]。余秋雨说上海人崇洋不媚外，我看说得客气了。至少在半个多世纪的时间里，上海的市民没有明确的政治意识和民族主义诉求。但另一方面，正是在租界的上海，"第一次成规模地萌生了中国历来所缺乏的市场规则、自由多元、公共治理等现代社会运作机制，第一次成规模地培育起中国人历来所普遍缺乏的市场意识、契约意识、法治意识、公民意识、公共意识"[15]。租界的繁华，在许多批评者看来就是以魅惑的方式盛开的"恶之花"，但确实构成了上海人，或普通上海人城市认同的一个经久的根源，尽管1949年以后租界及其符号在社会主义的话语中作为殖民主义的象征和中国人丧权辱国的耻辱而被全面地批判和清除，包括关闭跑马场和跑狗场，但上海人意识中的租界认同和租界情结似乎从来没有完全消失过，20世纪90年代的上海怀旧风，钟情的竟然仅仅只是十里洋场的上海，就是一个直接的证明。

社会主义与上海人

上海人的认同曾经主要来自第一个作为百年通商口岸的历史。1949年上海的解放根本改变了上海人生活的世界，上海的境况正如帕梅拉·亚茨科（Pamela Yatsko）所描述的，外国人走了，本地的精英也走了。一系列荡涤旧社会的污泥浊水的政治运动，在不断清除这个城市先前资产阶级生活方式和资本主义道路的任何残余的同时，成功地塑造出一个社会主义的城市[16]。社会主义革命从根本上改变了上海人的生活方式。上海的洋场文化，上海带旧时代标记的空间，原来构成上海认同的租界元素和制度，为革命的意识形态所取代，如关闭跑马场和跑狗场，关闭百乐门舞厅等；曾给上海租界带来风情和浪漫的白俄侨民走了，统治上海的帝国主义分子走了，许多资本家走了。总之，上海人认同的租界因素在一场根本的社会变革中被消解，上海人的认同面对新的城市生态。

另外，社会主义的城市战略改变了上海原有的历史路径：第一，国家实行苏联式的中央指令性经济制度，一切主导的权力和机构集中到北京，上海不仅失去了世界级的金融和贸易中心及中国经济中心城市的地位，也失去了原有的自主和自由的城市地位。第二，国家实行优先发展重工业以实现独立的社会主义工业化体系，在此战略下，上海的产业从以服务和轻工业为主向综合工业并优先发展重工业调整，并从一个以消费为导向的城市变为以生产为导向的城市。第三，国家实行优先发展内地的战略，上海不仅得不到国家的资金支持，反而为国家税收和支持内地建设做着最大的贡献。国家意志压过了个人意志，集体利益压过了对个人利益的精明估算，以至于杜维明会说那时的上海人十分委屈。

革命将原本另类的上海变成社会主义中国的一个城市，人们自然会推想原来的上海人与外地人的对立应该趋于消解。然而，上海人的城市认同却在社会主义城市实践的30年间不仅保留下来甚至更为自觉和强烈。这一切是如何形成的？原因是，第一，计划体制关上了上海的大门，上海不复为移民城市，这不仅丧失了这座城市最具活力的来源，也终止了上海曾经川流不息的人员流动，上海人从此沉淀下来，上海人的地方意识得以固化和强化，却是以最没有进取心的方式形成了自我满足的上海人的认同和上海人意识的畸形结构化，也强化了上海人的优越意识。第二，上海的封闭只是相对于迁入而言，却从来没有停止过向外地的迁出。社会主义的上海已是全国的上海，是全国一盘棋上的一颗棋子，上海人迁往外地并非个人行为，而是国家行为，是上海在计划经济时代长期执行国家动员式的支持内地和边疆的人口迁出。上海是全国大城市中流出各类人士如专业人士和工人最多的城市，30年间，上海内迁的工厂300家，工人和技术人员超过百万，人口机械负增长的年份有20年[17]。从上海出去的上海人，所到之处，无论是经济文化还是城市建筑和市政设施，与上海相比都处处落后。上海人在外地很少有安心扎根落户的，上海的先进和外地的落后无不在支持着上海人的失落和优越，失落的是离开上海，优越的是上海人对于外地人即乡下人的优越感。上海人的认同既得到在上海的上海人的固化，更得到上百万外地的上海人的强化，上海人与乡下人的对比从上海转移到了全国。第三，上海丧失了昔日的荣耀，但很快又在新制度下获得了足以重获新荣耀的资本。30年间，上海经济在全国占据十个第一的位置，其中工业总产值占全国的1/8，出口总值占全国的1/4，财政收入占全国的1/6，向外地输送技术力量为全国之最等。上海人的自大骄傲不免遭人忌恨，但上海造的东西大多为全国人民所喜欢。上海人的意识正是在这种缩小地区差别的社会主义公平政策中得以自觉和强化；北京学者杨东平说在长达30多年的时间里，上海仍然是富裕、繁华、时髦、现代、文明、优秀这些词汇的代称。"在全国各地都可以见到趾高气扬的上海人，可以听到他们旁若无人、大声谈笑的上海话；而全中国的'外地人'都保持着对大上海传统的尊敬、谦恭和嫉妒。"[18]上海从一个被列强用武力打开的通商口岸城市跨入社会主义的上海，上海人很快表现出超强的适应性，"上海人在外国人治下养成的能干、适应性和守纪律的性格，也让他们在共产党的新政权下应对自如，进而将一个资本主义的上海转型为国家计划体制的模范生"[19]。

上海人心智地图上的"上海"

上海人自认是上海人，实际上是有空间界定的，上海人不仅将外地人叫乡下人，也将1949年时上海建成区80平方公里以外的人都叫乡下人。上海人是在一个高度稠密紧凑的中心城区耳濡目染大上海的文明都市生活的，现代文明的一切这里应有尽有，一旦离开这个都市引力圈，上海人就认为离开了上海，来到了乡下之地。上海多市民或小市民，而上海的市民气也是集中在原租界地的石库门弄堂里孕育发酵滋生和泛滥的。上海学者朱大可说："狭小的石库门竟然以博大的胸怀收纳过三分之二的上海市民，囊括了从破落资本家、捐客、小业主、手工业者、小布尔乔亚、旧知识分子、大学生、乡村难民、城市流氓、舞女或妓女等各种驳杂的社会细菌。它盘踞在城市的商业地理中心（租界），成为构筑上海平民意识形态的秘密摇篮。"[20] 离开了上海弄堂，无从寻觅和安放上海的小市民。甚至上海人的小器、上海人的敏感、上海人的精瓜（精明）等，都与上海人生活在极其狭小的空间有关，"上海人蜗居在弄堂，在螺蛳壳里做道场，为一寸两寸的空间与邻居明争暗斗，被全国人民讥笑和不屑，这能全怨上海人的小器吗？上海人对空间的敏感和精明是上海逼仄的环境塑造的能力，不是本能，而是技能"。[21]

棚户区被上海人视为下只角，或最下只角的下只角，棚户区不是乡下，大多分布在老的建成区，但在大部分上海人眼里几近乡下。上海人看不起棚户区，不仅嫌棚户区破烂，不合上海人的面子观；还因为棚户区的人多为苏北人，苏北人是上海人中的被歧视群体。上海人区别他们的首先是上海话，在上海人看来，苏北话不是上海人应该说的话，因此苏北人的后代在家和家人、邻居说苏北话，走出棚户区与同事、同学、外人一定要讲上海话，而且还得努力掩饰自己上海话中的苏北口音。区别还在于职业，上海的码头工人、三轮车夫、澡堂的搓背工、修脚工和理发工等多为苏北人。有人说三个地方的上海移民最有势力，宁波人、广东人和苏北人[22]，苏北人的势力一是人多，解放初有100万人口，二是他们占据着几乎所有的重体力工作，在最下层也最团结，这是面对歧视的自卫性的团结。但苏北人仍然不想被打上苏北人的烙印，因为这是污名化的身份印记，他们希望从苏北人的棚户区走出去，他们想抛却这苏北人的名分[23]。他们努力学习上海话，并且努力说得地道，听不出苏北音来。

20世纪90年代以来，随着旧城改造而来的大动迁，几百万上海市民告别弄堂，实际上是告别上海，告别一个塑造了上海人种种或被人忌恨或被人羡慕或被人称道或被人模仿的性格的上海城市空间，上海人认同的根。一百多年前乡下人离根来到上海，终在上海扎根成为上海人。20世纪90年代上海城市内的大移民，老里弄的上海人再次离根，我担心被人一眼可辨认的上海人的特点和上海人自以为傲的性格，都将随之

上海里弄的日常互动。对于上海人来说,里弄是噶珊瑚(闲聊)的重要空间。

而消失。今天上海人的居住空间,无论从面积还是设备都比原来的石库门住房优越,但上海人勾搭的空间、噶珊瑚（闲聊）的空间、刮香烟牌子和打弹子的空间等已经不复存在了,上海人的做派、上海的卖相、上海人的腔调、上海人的face、上海人的噱头也都没有了观众、没有了喝彩。迁出"上海"到乡下的上海人仍会有今天的自我形象和自我想象,但我们熟悉的那个上海人肯定是在消失中。迁离市区的上海人在新的城区安顿下来而且生活也已经超过一代人,他们也很少去南京路、淮海路、人民广场,他们习惯了自己家门口的联华超市和华联超市,习惯了欧尚和大润发,但直到今天,他们依然顽强地定义自己是住在乡下,多少无奈地承认自己也在逐渐变成乡下人,他们记忆中的上海弄堂生活、三阳南货店、西区老大房恐怕也渐渐淡漠。今天他们会把自己看成怎样的上海人？比上不足比下有余？无论如何,上海人原来在弄堂里的招摇过市,弄堂口的左顾右盼和彼此模仿,暗中较劲的社会互动,在新的街坊里是大大减少甚至不见了。今天人们不在邻里间攀比,没有了流行的学习和模仿,也没有了那种上海人分享的时髦和做派,上海人作为一个特殊的人群,一个动辄称别人为乡下人的人群在我看来是在消失中。

老上海怀旧是精英主义而非普通人的城市认同

上海20世纪90年代开始的持久而强劲的老上海怀旧风,在上海学者熊月之看来乃是伴随新一波中国城市化运动的想象产物。为上海认同和上海阐释提供足够丰富素材的还是十里洋场,"上海由此成为各式体验、情绪进行想象与思考的奇异场所"。[24] 上海怀旧,从上海社会科学院出去的美国学者卢汉超的阐释广被引用,他说,"老上海"的怀旧有着特殊的含义,与大多数反主流文化的怀旧不同,"老上海"的怀旧正是主流的成分;与通常做出抗议现状的怀旧不同,"老上海"的怀旧是颂扬现状的;与怀旧常常是否定性的不同,"老上海"的怀旧是积极的、进取的和肯定的。[25]老上海怀旧反复抖落的是十里洋场，这一方面反映30年革命意识形态没有完全扫清上海人意识深处的洋场文化情结，另一方面也如熊月之所说，"对许多老上海人或者有着强烈上海情结的人们来说，未来即是过去"。[26]但怀旧却是选择性的，王晓明尖锐地批评道："怀旧仅仅钟情于十里洋场的上海，而有意无意地忽略了里弄小市民的上海及苏州河两岸工人区、棚户区的上海。"怀旧的意识形态一上来就是前殖民主义的，完全没有对殖民主义的批评，更没有对后殖民主义的警觉。这是精英的运动，与本文前面的作为上海认同主体的普通上海人基本没有关系，后者是在消灭石库门和里弄社会的城市大开发浪潮中从上海人认同的核心地带消失了。一代人的时间，上海小市民的声音已经听不到了，小市民也逐渐失去了原来的特征。上海人认同的几个关键因素，市中心的居住和市民空间，上海人借以趾高气扬的现代文明的一枝独秀等，都已经不复存在。我曾在一篇关于上海怀旧的札记中写道：

90年代从文学艺术和影视作品中刮起的上海怀旧风，很快在以石库门为号召的新天地和田子坊中火起来，进而在旧城改造和城市景观建构中大行其道。但我仍然认为这场怀旧还只是精英的运动，并未进入普通上海人的日常生活。我们对城市记忆因为里弄意象的大规模生产而复兴的期待并没有从市民那里获得回应。一场以恢复或接续集体记忆为旨的"老上海怀旧"，集体却是缺席的。里弄生活的大多数为什么沉默，是他们无话好说，还是无人倾听他们的回忆？我担心没有社会志意义上的民间叙事，上海怀旧终究只是少数人的"记忆复兴"，而无法重现里弄世界造就的上海人的集体意识。这个城市的市民品相恐已失魂落魄。

上海出去的画家陈丹青在《闲话上海人》的演讲中，说在今天上海的街头看不到资本家，看不到工人阶级，也看不到能摆平各方的流氓了，没有了这些曾经叱咤风云的大人物，上海也不复为大上海了。[27]我想补充的是，没有了动辄称呼他人为乡下人的上海小市民，那个能不断改造乡下人、怀抱着热烈的世俗追求、充满着精明估算的"阿拉上海"也不复存在了。上海人的城市认同也许有待一个新崛起的中产阶级来续写，但无论如何，那一定是别样的上海认同故事了。

1 朱弘，《近代上海的兴起1843—1862》，刊于汪晖、余国良主编的《上海：城市、社会与文化》，香港：香港中文大学出版社，1998年，第6页。

2 罗兹·墨菲，《上海：现代中国的钥匙》，上海：上海人民出版社，1986年，第249页。

3 汪晖、余国良主编，《上海：城市、社会与文化》，第6页。

4 木心，《哥伦比亚的倒影》，桂林：广西师范大学出版社，2006年，第129页。上海话的"格算"意为"合算"，"格算，不格算"是上海人精于计算的传神写照。

5 文中所叙不是虚构，而是我在北京坐车的日常经验。

6 许纪霖，《上海文化的反思》，载于《中国青年报·冰点》，2003年11月12日。

7 王安忆，《"上海味"和"北京味"》，见《漂泊的语言：王安忆自选集之四》，北京：作家出版社，1996年。

8 陈旭麓，《说"海派"》，《解放日报》，1986年3月5日，转引自杨东平《城市季风：北京和上海的文化精神》，北京：东方出版社，1994年，第123页。

9 余秋雨，《上海人》，见《文化苦旅》，上海：上海知识出版社，1992年。

10 许纪霖，《上海文化的反思》。

11 杜维明，《全球化与上海价值》，《史林》，2004年第2期。

12 Y.M.Yeung and Sung Yun-wing（Edited）, *Shanghai: Transformation and Modernization under China's Open Policy*, The Chinese University Press, 1996, p.502.

13 唐振常，《市民意识与上海社会》，刊于汪晖、余国良主编《上海：城市、社会与文化》，香港：香港中文大学出版社，1998年。

14 叶晓青，《〈点石斋画报〉中的上海平民文化》，见汪晖、余国良主编《上海：城市、社会与文化》，香港：香港中文大学出版社，1998年。

15 熊月之，《上海的可能》，见黄树森主编《上海九章：中国奇迹的历史场景与未来宏图》，上海：华东师范大学出版社，2011年。

16 Pamela Yatsko, *New Shanghai: The Rocky Rebirth of China's Legendary City*, John Wiley & Sons, Inc., 2001, p.13.

17 参见《上海2000年统计年鉴》。

18 杨东平，《城市季风：北京和上海的文化精神》，第312页。

19 Pamela Yatsko, *New Shanghai: The Rocky Rebirth of China's Legendary City*, p.14.

20 见http://forum.home.news.cn/thread/84758037/1.html

21 于海、邹华华，《上海的空间故事：从毛泽东时代到邓小平时代》，《绿叶》，2009年第9期。

22 熊月之、宋钻友，《到上海去》，见黄树森主编《上海九章：中国奇迹的历史场景与未来宏图》。

23 参见林拓等合著，《现代城市更新与社会空间变迁》，陈映芳著，第二章，上海：上海古籍出版社，2007年。

24 熊月之，《上海的可能》，见黄树森主编《上海九章：中国奇迹的历史场景与未来宏图》。

25 Lu, Hanchao, Nostalgia for the future: The resurgence of an alienated culture in China, *Pacific Affairs*, 75(2), pp.169-186.

26 熊月之，《上海的可能》，见黄树森主编《上海九章：中国奇迹的历史场景与未来宏图》。

27 见http://www.kaixin001.com/repaste/844995_1246350080.html。

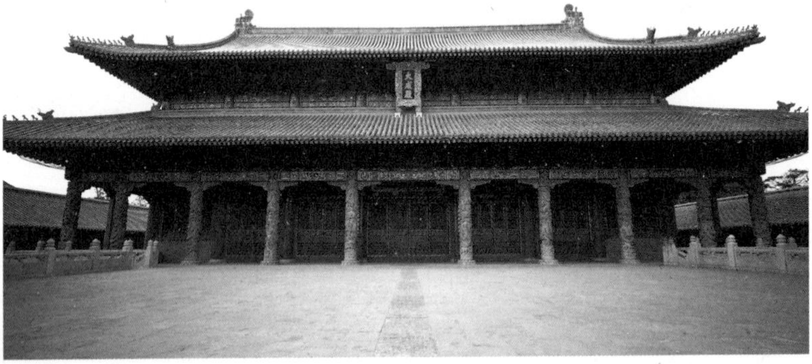

曲阜

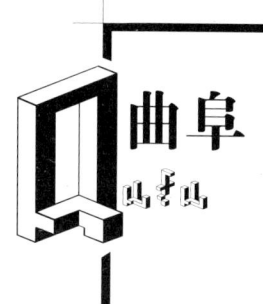

儒家文化之城

THE CITY OF
CONFUCIAN CULTURE

by **孔新峰 Kong Xinfeng**　山东曲阜人，孔子嫡裔76代孙。1998 — 2009年就读于北京大学，政治学博士；曾赴英国伦敦政治经济学院（LSE）研修。现任山东大学政治学与公共管理学院齐鲁青年学者特聘教授、博士生导师。兼任中国行政体制改革研究会行政文化委员会理事、国家行政学院中国特色社会主义理论体系研究中心副秘书长。研究方向：中西政治思想史、国家理论、政治哲学与政治人问题、中国边疆民族问题。有《从自然之人到公民：霍布斯政治思想新诠》《政治学的故事》《东方遭遇西方》《当代英国政治》《处世之道》等著译作多部；在《哲学研究》《文史哲》《中国行政管理》《光明日报》等刊文60余篇。

by **贝淡宁 Daniel A. Bell**　山东大学政治学与公共管理学院院长，清华大学哲学系与苏世民书院教授、博士生导师，拥有牛津大学哲学博士学位，曾任斯坦福大学、普林斯顿大学、新加坡国立大学以及希伯来大学的研究员。其著作包括《贤能政治》《城市的精神：全球化时代，城市何以安顿我们》《中国新儒家》《超越自由民主》《东方遭遇西方》《社群主义及其批评者》等。

曲阜世界知名，却只是一个县级市。

说它是座城"市"，但撤县建市仅仅30年[1]而已。但要论其历史，却有四五千年之久。

这座小城位于中国山东省西南部，北距省会济南135公里，而从首都北京乘坐高铁到曲阜大约只需要两个钟头。它位于鲁西北平原和鲁中山地的结合带上，背负泰岱，面引凫峄，东连尼防群山，西俯平原千畴，泗水北枕，沂河南带。曲阜的面积为895.93平方公里，比新加坡略大，比中华人民共和国香港特别行政区稍小。它在经济上远远不如新加坡和中国香港繁荣，也比不上山东省的不少县级市区，却拥有丰厚傲人、以千年计的历史文化遗产，堪称"东方耶路撒冷"与"儒家圣城"。1982年，国务院公布首批24个国家级历史文化名城，这座县城赫然在列。1991年，被国家旅游局评为中国旅游胜地40佳；1994年，所谓"三孔"即孔庙、孔府、孔林列入联合国《世界遗产名录》。

曲阜是孔子故里和儒家文化发源地，但在孔子诞生前的古代中国，中原地区的居民就对曲阜十分熟悉了。城南城北，沂泗二水，其两岸陆续发现的大汶口文化、龙山文化遗址确凿可证，早在四五千年前，华夏先祖即已在此地休养生息，创造出了发达的文化。[2] "炎帝自陈营都于鲁曲阜，黄帝自穷桑登帝位，后徙曲阜，少昊邑于穷桑以登帝位，都曲阜。"[3]在商代（约前17世纪—前11世纪），曲阜一度成为国都。盘庚十四年迁都于殷之后,曲阜之地为奄国。周灭商后,曲阜成为鲁公封地,"封周公旦于少昊之墟曲阜,是为鲁公"。周公姬旦因在中央朝廷辅政,无法东行赴封,遂派其子伯禽到鲁就封,营造都城。"曲阜"之名,亦始于此际,其原意为"蜿蜒的山丘",最早见于《礼记》,东汉应劭解释道:"鲁城中有阜,委曲长七八里,故名曲阜。"[4]春秋时代,曲阜是鲁国国都,当时不仅包括现今(明代修建的)这座城墙围绕的城市,也包括其东北部的很大一片区域。后历经因革,在唐朝和宋朝初期,曲阜以现今位于城市东北角的周公庙为中心向外延伸。1012年,曲阜更名为仙源县,并迁到新址,也就是现今这座城市以东4公里处,据说,富于传奇色彩的黄帝的诞生地和他的儿子少昊的陵墓就在新址附近。当地建有纪念黄帝的灵宫,现在只剩下两根巨大的石柱(寿丘遗址)。1129年,金朝废除了仙源县这个名字,重新使用曲阜之名,但依然沿袭其在宋朝时的位置。1522年,明代的嘉靖皇帝掌权,这之后才建起了现在的城墙。这座城市在1012—1522年的所在地是现今的旧县村。之所以县城迁址、高建卫城,是因为明正德六年(1511年),刘六、刘七农民军攻占曲阜县城,焚毁县衙,乃至移师孔庙,"秣马于庭,污书于池",使得朝廷震骇,遂有"移城卫庙"之举。

一座城,是为了守卫一座庙。一座庙,是为了缅怀一个人。这座庙供奉祭祀的不是别人,正是帝制中国时代的"万世师表"孔子(前551—前479)。而2500多年来,行辈70多代、数以10万计的孔子后人,也正是在这座城里繁衍生息的。

"城"与"家"

孔新峰于1980年出生于这座小城,并在那里长大。直到1998年,他通过竞争激烈的高考,并以山东省济宁市文科第一名的成绩考入北京大学政治学系。他姓孔,是世界闻名的中国古代思想家、儒家思想创始人孔子的直系后人。不管何时何地，只要有人问他"你的家乡在哪里"，新峰总是骄傲地回答："我是曲阜人。"有时候，他还会自豪满满地说："我是孔子的第七十六代孙！"

实际上，新峰在北大从本科到博士，求学十一年，他的专业，是西方政治思想史与政治哲学。这些学问，大致可列入所谓的"西学"之列，然而在内心深处，他对以儒家为中心的"国学"，有着深厚的温情和礼敬。他已在离家乡千里之远的北京学习、工作和生活了近二十年，然而在他的身份认同体系中，"山东人"尤其是"曲阜人""孔家人"仍然占据极为重要的权重。

其实，关于儒家圣城曲阜的璀璨历史与博大气象，新峰的姑父、曾任曲阜市委宣传部常务副部长的孔令绍先生曾经撰有一篇美文——《曲阜赋》，曾在《光明日报》发表。在新峰看来，此文一出，鸟瞰曲阜之文，可谓叹为观止矣！2013年，中共曲阜市委责成相关单位将该文刻碑立于沂河广场"悬思亭"内。碑文计1001字，由著名书法家、曲阜师范大学书法学院原院长、全国书法家协会会员李开元先生书写。征得孔令绍先生同意，现将全文敬录如下：

泱泱中华，煌煌传统，寻本溯源，在我曲阜。上古之时，太昊伏羲肇人文之先，构屋庐于斯，创大庭之国[5]；炎帝神农开粒食之源，立日中市廛，启商贸之端[6]。黄帝[7]降乎寿丘，图腾以龙；少昊以鸟纪官，图腾以凤[8]。龙飞凤舞，树起万代华夏标志；轩辕玄嚣，奠定九州文明之基。颛顼[9]生十年而佐少昊，发轫于斯地；二十登帝位，功德及四海。唐尧[10]四岳招贤，集天地日月合其德；虞舜寿丘作器，纳山川林池济其民[11]。至若三代，商为奄国之治，周为鲁国之都。周公受封于鲁，伯禽代为就国，德行正，业绩彰，史称"礼仪之邦"。逮孔子出，览天下之势，集先圣之道，创儒家学说，为生民立极；泽被万世，誉满五洲，曲阜遂成东方文化发祥地，举世翘首之圣城。

夫曲阜者,终因孔子而闻名于世也。春秋之世,天下汹汹;礼崩乐坏,骨肉相残。孔子删《诗》《书》,订《礼》《乐》,赞《周易》,修《春秋》。祖述尧舜,宪章文武;游说诸侯,收授生徒。倡导仁义学说,呼唤人性升华;主张克己复礼,重整社会秩序。以人为本,以和为贵;中庸至德,万事真谛;哲思如海,博大精深;德侔天地,道冠古今。广纳三千弟子传播六艺,文行忠信萃拔七十二贤。千秋学人仰之为圣,万世帝王尊其为师。天宇之大,时空之遐,而中国居四大文明古国之一;斗转星移,时过境迁,唯华夏文明巍然独存不隳。今之圣城,杏坛[12]侧畔,国人高声诵读《论语》;孔子像前,外宾肃然顶礼膜拜。先圣睿思宏轨,将自我曲阜而流布全球,惠及寰宇。

夫曲阜者,地无汉穗之广,民无沪渝之众。然则,南携江淮,北枕泰岳。东临黄海之浩瀚,西眄中原之辽阔。洙泗流贯,沃野万顷。尼峄滴翠,回峰千重。白云舒卧,紫霞纵横。实乃凝天地之灵气,聚山水之精华;往圣先贤,生于斯,家于斯,创业于斯,良有以也。《礼记》曰:"鲁城中有阜,逶曲长七八里",故名曲阜。入斯城也,历代古迹,应接不暇;先贤遗泽,触目皆是。明故城墙,古称万仞;森森孔庙,纵贯南北。大成殿美轮美奂[13],孔圣受祀于内;十龙柱双龙戏珠,庆云缭绕其间。红缠杏坛,先师讲学之声悬想在耳;绿映泮池[14],诸生弦歌之状默思入目。奎文阁奎星高照,藏书万卷;御碑亭飞檐耸翠,钩心斗角。成化碑,赞先圣思想膏泽天下;玉虹楼,誉孔子后人绍继箕裘[15]。于城前,则九龙跨蹯,汉代墓林林总总;于城后,则九仙盘踞,孔子石傲然挺立;于城东,则尼山蜿蜒,夫子洞清气氤氲;于城北,则石门逶迤,《桃花扇》余韵萦回[16]。丘山之中,巧匠鲁班留佳话;春秋庙前,至圣孔子书华章。

夫曲阜者,仲尼桑梓也,人心噬噬[17],世道醇厚。构建和谐,修身养性；诚信儒雅，自强创新[18]。设坛兴教，孔子开先河；文运繁昌，庠序遍城乡。"至今齐鲁遗风在，十万人家尽读书。"[19]古城新机，文脉长存。观光游、寻根游、修学游，游者击毂摩肩；谈《论语》，辩儒学，讲诸子，学界俊彦咸聚。明故城、鲁故城、黄帝城，城城人气旺盛；圣尼山、九龙山、九仙山，山山生机盎然。

　　古之曲阜，祥瑞蔚集；今之曲阜，气象万千。沂泗放歌，群山起舞。今朝更胜往昔，明日灿烂可期！

　　既然"前人之述备矣"，当亦师亦友的贝淡宁教授邀请新峰共同撰写这篇关于曲阜城市精神的文章时，新峰甚是踌躇，写作中也是费尽思量而难以着墨。原因何在？一是由于"兹事体大"，究竟用哪些核心词汇来概括这座具有数千年历史文化传承的古城才不失偏颇？二是由于"当局者迷"，一个生于斯长于斯的曲阜人，如何能够在概括其精神气质时保有某种审慎清明的距离感？辗转反侧，搜索枯肠，新峰想起在北大读书时读过的两部西方政治哲学史的书名——《城邦与人》[20]以及《人与社会》[21]，进而灵感迸发，虑及"家的价值"（family values）之于中国儒家思想的枢轴地位，决定不妨将自己眼中的曲阜精神概括为"家之城"——这里的"家"，并非"故乡"或"老家"（hometown），而意味着中国式家族与家庭；这里的"家"，既是情感之港、休养之堂，亦是成人之厂，乃至邦国之氧。中文中与英文 country、state、nation 等词相对应的"国家"一词，其蕴含着"家是最小国，国是最大家"意蕴的"国-家"构造，《大学》昌言的"修齐治平"、传统中国人魂牵梦萦的"家国情怀"，莫不证明着"家"之于中国人的丰厚伦理-政治含义。

　　如前所述，儒家文化是一种带有浓郁"家"色彩的文化，在传统中国，"家"是最基本、最稳固的社会单位；而"国"不过是"家之天下"，是"家"的集聚与放大。蔡元培先生的《中国伦理学史》亦曾提出过"齐鲁殊途"之说，周天子的王家贵胄周公封于鲁，异姓功臣太公封于齐（国都在今山东淄博市临淄区），而齐鲁两国之政治风俗，大相径庭。鲁以"亲亲尚恩"为施政之主义，齐以"尊贤尚功"为立法之精神。[22] 曲阜与中国古代最伟大的思想家孔子及其后世子孙（或称孔氏家族）有着十分密切的联系。自古以来人们就认为孔子出生于曲阜境内的尼山，更因坐拥著名的"三孔"，曲阜成为最热门的旅游景点之一。如果没有孔子，就不会有从汉代到清代绵延约21个世纪的对孔子和儒家学说的推崇乃至崇拜，那么，曲阜在中国历史上只能是个名不见经传的小地方。曲阜全境大约有65万居民，几乎五分之一的人都姓孔！在曲阜，有句话几乎无人不知无人不晓，那就是"无孔不成村""无孔不成宴"。或许世界上再也没有哪个城市像曲阜这样，同时兼具历史古韵、伟大思想家及其后代家族这三大元素了。因此，这座城市的历史和这个家族的历史交织在一起。

孔氏家族乃名副其实的名门望族，在中国古代大多数时期都享有盛誉。事实上，在将近1000年的时间里，孔氏家族都享有"天下第一家"的盛名。皇帝生生死死，王朝兴起覆灭，对孔子的尊崇却不曾有丝毫改变。从11世纪到20世纪初，中央政府不断为孔氏家族提供优待，比如嫡长子孙的世袭封号衍圣公，御赐种植园，免收租金或低税收政策，以及赐予"圣裔"（孔子及孟子、颜子、曾子的后代，特别是直系子孙）的特殊精英教育分支（"四氏学"）。当然了，随着最后一个王朝——清朝在1912年瓦解，上面提到的所有优待也都陆续被废除。

曲阜明故城内孔庙东北侧的孔府（衍圣公府）门口，有一副著名的对联，堪称这"天下第一家"地位的绝佳注脚："与国咸休安富尊荣公府第，同天并老文章道德圣人家。"

对联的撰写者、清代名臣纪昀（纪晓岚），还有意将上联的"富"字写成"冨"，将下联的"章"字中间的一竖写得直顶上半部分的"立"字，分别意味着所谓的"富贵无头"与"文章通天"。

前面提到的"衍圣公"，为孔子嫡系后裔世袭封号。西汉元始元年

(1年），平帝封孔子后裔为褒侯。之后千年，封号屡经变化，至宋仁宗至和二年（1055年）改封为衍圣公，其后千年，世袭罔替。1935年，民国政府取消"衍圣公"，改为特任"大成至圣先师奉祀官"。末代衍圣公孔德成先生改任祭祀官，后又任台湾"考试院"院长。2008年底德成先生去世，"衍圣公"的封号就此画上句号。衍圣公长子继承爵位，成年后住在孔府（圣公府），弟弟们则要搬出去分别住在外面的十二府里。十二府类似清代的亲王府，但十二府并不是十二个府，而是当初修造时按大排行叫起来的，排行第几就称几府，其实只有九个府：大府、二府、三府、四府、五府、七府、八府、十府、十二府，其中大府指的是当时的庶出长子。这九个府有个通称，叫"孔府"，而一般百姓常讲的孔府，则是特指嫡裔居住生活的衍圣公府。十二府之外还有个一贯堂，在衍圣公府内，因为当初分出去时外面没有房子，就盖在了衍圣公府中，但生活待遇与外十二府一样。这十二府与衍圣公府之间的来往规矩很严，不能像普通亲友邻居那样随便串门，一切关系都典章制度化了。十二府各府都有堂号，到清末与衍圣公府关系最近的，是五府凝远堂、十府凝道堂、十二府凝静堂，此外还有一贯堂，再加上衍圣公府（凝绪堂），这五府就有一个总称，叫"五凝堂"。

新峰所属的宗族，正是这"五凝堂"之一的十府凝道堂。嫡长继嗣，历2300余年而罔断，家族血胤，亘古亘今。至清雍正元年（1723年），六十八代嫡长传铎公袭封衍圣公，是新峰的八世祖。六十九代继汾公，传铎公四子，是有清一代饮誉国中的人文巨子，著作等身，亦一度为政坛新星；奈何命运多舛，遭谗被乾隆帝流放于新疆伊犁。迄今曲阜亦有民间传说，孔继汾因谴责当时衍圣公孔宪培夫人（实系乾隆帝之女，改汉姓嫁入孔府为衍圣公夫人）进退失据、不合家仪而获罪，卒不得葬于孔林，初葬于新峰出生所在地、曲阜城西三里的犁铧店村南。而孔继汾的次子广森德业卓群，师从名儒戴震，是有名的经学家兼数学家。自广森公起，新峰支系始世居犁铧店村，老宅以南半里，即孔广森墓群。七十代广册公，系继汾四子，袭太常寺博士，有九子。七十一代昭谅公，广册公之六子。七十二代宪崧公，昭谅公之次子，是新峰的高祖。七十三代庆鎕公，乃新峰曾祖。庆鎕公仙逝后，末代衍圣公德成先生来村吊唁，抚棺痛哭。七十四代繁珍公（1916—1989年），是新峰的祖父，又名繁佩；续修族谱之时，年方弱冠；育有一子，即新峰的父亲祥伦公（1953—2014年），已于甲午年仙逝。新峰是家中独子。

以上拉拉杂杂的新峰家族世系貌似流水账，然而对于绝大多数中国人而言，能够将世系说个清清楚楚明明白白，实乃一件极其困难的事情。当然，这份造化，要归功于孔氏后裔拥有世界上最为悠久完备的族谱——《孔子世家谱》。事实上，就连新峰的父执辈，数十年都未能弄清楚第七十三代祖上的准确名讳了。这也可以理解。当2010年春节，新峰利用互联网检索出在线的《孔子世家谱》，从"大宗户长支"的《初集卷三之二》一册，由祖父繁珍公上溯、自族人确知的八世祖衍圣公传铎公下行，准确找出自六十九代至七十三代的传承与名讳，进而与两千五百多年前的始祖孔夫子建立起代代可考、历历在目的家族世系乃至"永恒的生命之链"（the eternal chain of life）之时，新峰的父亲为何激动得热泪盈眶而无语凝噎了！"家族"正是"永恒的生命之链"，慎终追远，知所从来，很大程度上养成了中国人的时空感、锻造出中国人的"存"与"在"！

当然，新峰父亲的激动，实际上折射出曲阜孔氏后裔的家族观念，在20世纪波诡云谲的时代激荡之下，在激进的反传统运动与快速市场化、城镇化的变迁中，所呈现出的不绝如缕的真切境况。

孔子八代单传，至九代方有男丁三人，此时人丁稀少，较易管理，且家谱官修，只录长孙，所以尚无统一的行辈。随着族人日众，为使代次有序，便于管理，宋代开始采用辈字或取同偏旁字为名，但并未推广到孔氏全族。自明代开始，衍圣公着手制定统一的辈字。根据《衍圣公府

祭孔大典上的少年表演者。曲阜政府为推行儒家文化，在所有公办学校尤其是小学中开设课程教授儒家思想。

告示》，明洪武三十三年(1380年)定十字："希言公彦承，宏闻贞尚衍"；清乾隆五年(1740年)二月十七日定十字："兴毓传继广，昭宪庆繁祥"；道光十九年(1839年)定十字："令德维垂佑，钦绍念显扬"；民国八年(1919年)，七十六代衍圣公孔令贻又续立二十字，自八十六代至一百〇五代辈字为[23]："建道敦安定，懋修肇彝常。裕文焕景瑞，永锡世绪昌。"

在2008年新修订的族谱上，新峰按世家谱以行辈起名的传统将名字写作"孔令(新)峰"；而新峰亦给他的女儿按照行辈，起名为"孔德琮"[24]。辈分所能提供的，正是一种身份的认定。

曲阜孔姓千百年来自觉坚持了"耕读继世""诗书传家"的传统，并以"家规"予以固化。1583年(明万历十一年)，衍圣公府向全国孔姓族人颁布《祖训箴规》，共十条。如"不学诗，无以言。不学礼，无以立"；"崇儒重道，好礼尚德"；"祖训家规，朝夕教训子孙，务要读书明理，显亲扬名，勿得入于流俗，甘为人下"；"婚姻嫁娶，理论守重。"；"孔氏裔孙，男不得为奴，女不得为婢，凡为职官者不可擅辱"；等等。[25]

这种家规与家风，与帝制中国时代国家崇儒的意识形态工程相辅相成，使曲阜呈现出尊师重教、崇文隆礼的历史风貌。举例言之，曲阜有着"敬惜字纸"的风俗，不可随意丢弃纸张，不可用写有字的纸张生火点炉子；不管家境如何，春联纸质与书法务必讲究，务必延请村中读书人书之；教书先生备受敬重，毕恭毕敬地叫人一声"老师(丝音)儿"代表一种至高的敬重……

前文已述，新峰向来研习的大致属于"西学"，他更没有接受过幼时发蒙、读经等传统学问的系统训练；然而，似乎在潜意识里，似乎是一种隐秘的文化DNA，他和他的孔氏族人、曲阜乡胞，无论文凭高低，都对儒家传统有着一种温情与敬意。

7 何种儒家思想

儒家思想是中国古代的官方意识形态。尽管从中国历史看，帝制时代的列朝列代统治者，未必尽然全心全意地拥抱儒家传统。法家传统更为务实的权力政治就算没有取代，也是常常削弱了具有"软实力"的儒家思想。因此，对于从汉代开始的帝制中国政治史，一个常见的说法就是"外儒内法"或"阳儒阴法"。

儒家思想在20世纪还经历了空前的挫折。面对"三千年未有之大变局"，许多具有不同意识形态背景光谱、拥有迥异政治改革方案的知识分子与政治活动家，纷纷将中国的"落后"归咎于儒家传统，而温和的乃至激进的反传统主义，则在20世纪的漫长岁月中甚嚣尘上。在这些思想家与实干家看来，中国人不应该回头接续儒家思想这种"封建"传统，而应该接受各式各样的"现代化"方案，在一张白纸上拥抱光明全新的现代性。到了"文化大革命"时期，这样的反传统主义走向了极端，当时，"红卫兵"被鼓励去毁灭"旧"社会的所有残留物。

现而今，这种反传统主义似乎与历史背道而驰。身为中国人，有一个不争的现实，那就是对悠久历史文化的归属感。2011年，在中国共产党第十七届六中全会上，通过了一个以文化建设为主旨的《决定》(《中共中央关于深化文化体制改革推动社会主义文化大发展大繁荣若干重大问题的决定》)。在这一《决定》中，执政党史无前例地宣示："中国共产党从成立之日起，就既是中华优秀传统文化的忠实传承者和弘扬者，又是中国先进文化的积极倡导者和发展者。"可谓体现出消解传统文化与现代政治张力、审慎接续中华文明的高度自觉。美国儒学研究者安娜·孙（Anna Sun）指出：2004年9月，国家在曲阜举行庆典，庆祝孔子诞辰2555年，从此开始大力宣扬儒家思想。在古代中国，政府官员负责在曲阜的孔庙主持每年的孔子祭奠活动，但在1911年清朝覆灭之后，这种仪式就中断了。2004年9

月28日的祭孔庆典,是中华人民共和国成立之后,第一次由政府官员组织的祭孔活动,还有官方代表主持仪式。

几个星期后的2004年11月16日,教育部副部长向记者宣布,中国政府计划在未来几年内在全球设立孔子学院,推动外国人对汉语和中国文化的学习。从此之后,中国越发重视儒家文化。2008年的北京奥运会便非常注重凸显儒家思想这个主题,无论是在开幕式上,还是在送给记者的宣传册上,都引用了《论语》,借此作为代表性的中国文化符号。2013年11月26日,习近平总书记亲自来到曲阜,并在讲话中高度赞扬儒家文化,批评"文化大革命"不该破坏儒家文化。他参观了"试运行"的孔子研究院,学院院长送给他两本儒家经典著作,他说他会认真拜读。

2014年6月,孔新峰带着贝淡宁和他的妻子宋冰去了曲阜市副市长的办公室。他们来得有点早,便在异常闷热的会议室里等候。为了大力反腐,传递清廉的信息,政府机关都节约使用空调。这位副市长是一位女性,这在中国的政治环境中并不常见。她个子高挑,穿着优雅,面带灿烂的微笑,似乎并不觉得热。我们询问墙上的书法,是儒家四大经典之一《大学》的头几句。这是否意味着曲阜的儒家传统在社会和政治方面有更深层次的重要性呢?她解释道,中央政府选择曲阜作为经济文化特区,其部分任务在于弘扬儒家文化。

中国政治制度的优点之一在于,中央政府常常通过地方政府来检验哪些政策可行,然后在全国推广。在国际上最著名的例子就是深圳特区,一些备受争议的政策都是在那里先试验进行的,比如土地拍卖、独资企业和劳动力市场自由化,然后将这些政策在中国的其他地方推行。"分级制试验"的好处十分明显——政府可以在敏感区域率先实行市场改革的初步尝试,从中发现隐藏的问题,并进行调整,再在全国推广,这样一来,经济发展就不会遇到重大的意识形态问题和社会冲突。但过

去30年持续的经济发展，带来了越来越多复杂的管理挑战，比如不公平现象，对社会保险的需求持续增加，又比如环境污染和腐败。作为回应，地方政府率先实行的各种政策创新从经济领域扩展到了行政、社会和政治领域。在曲阜的实验是文化领域最引人注目的实验之一。

我们问那位副市长，政府为推行曲阜的儒家文化，都在哪些方面做了努力。她解释道，所有公办学校中都有教授儒家思想，特别是在小学。孔子研究院进行儒家传统的学术研究，组织专题会议。中国尊崇儒家注重孝道的传统，看一个人是否孝顺，就要看他是否经常探访年迈的父母等，政府官员能否晋升也受此影响。此外，游客参观孔庙，只要能背诵出三十则《论语》，就可免费入场。副市长骄傲地说，已有1.7万人通过这种方式得到了免费门票，这些人的年龄从3岁到80岁不等。很显然还没有外国人成功背诵出来，贝淡宁开玩笑地说他希望成为第一个，只是很担心他的记忆力退化了。我们询问副市长儒家文化对女性歧视的历史。她说如今对女性的歧视已经减少，女性可以参加祭祖仪式。孔新峰又说，女性(妻子、女儿)的名字在最近一次族谱大修[26]中已经进入了孔氏族谱，这是千百年立谱以来的第一次。

儒家文化因为政府的支持而逐渐有复兴的趋势。曲阜主要的"观光"圣地是孔庙，以及孔氏家族的宅院孔府和陵墓群孔林，但门票价格相对较高，因为地方政府负担了大部分养护成本。官方对儒家思想的支持对整个国家都有好处。政府能够并且应该在学校里开展儒家思想的教育：儒家伦理注重社会责任，有助于抵制中国经济现代化中所带来的超级个人主义。腐败可谓持续不断的烦恼之源，而儒家传统含有丰富的资源，可以据此思考如何对官员进行道德教育；相比之下，马克思主义经典著作则缺乏有关官员自我修养的内容。孔新峰本人就曾长期在中国国家行政学院为政府官员教授公仆意识即所谓"官德"(政治伦理与行政伦理)，也被济宁政德学院（中国国家行政学院也在该学院建立了现场教学基地）聘为兼职教授和学术委员会秘书长，致力于将更多的儒家道德观纳入政府官员的教育培训课程之中。

贝淡宁与孔新峰以及孔新峰高中时代的同学们一起参观了曲阜的周公庙。孔子认为周公建立的礼乐社会是理想的政治模式，建造周公庙就是为了让世人膜拜周公。那天天气很好，但只有我们几个游客。周公庙看起来有些荒凉，像是在"文革"中遭到了严重的破坏。孔新峰发现了一块牌匾，牌匾上书写的内容是极尽谴责红卫兵"摧毁孔氏家族"的企图。1966年，红卫兵将孔子墓夷为平地，推翻了孔庙中的孔子雕像，还抬着雕像在曲阜游街，肆意辱骂诋毁，烧毁或捣毁了10多万部儒家经典著作，其中1700多本都是古籍善本。在接下来的十年浩劫里，成千上万的教师和其他知识分子被红卫兵迫害而死。贝淡宁想到了1820年诗人海因里希·海涅的话："凡书被烧，人终将被烧。"周公庙的那块牌匾提到，领导红卫兵进行破坏的人叫谭厚兰。贝淡宁提出应该想办法去采访她，问问她可曾觉得后悔。孔新峰通过网络搜索查了一下，才知道她患了癌症，1982年就已经去世了。或许她已经得到了应得的报应。儒家弟子不应该一味容忍；作恶的人应该带着最大的诚意悔恨去道歉，如果他们不思悔改，就没有必要同情他们。

但是，儒家思想（或许诸多道德传统都是如此）还需要政府以外的坚定支持者，不管外界环境如何变化，他们都会想办法弘扬他们坚持的传统。

贝淡宁希望能在曲阜停留的几天四处"漫步"，孔新峰便安排了十分具体的行程，其中就包括会见政府官员，与曲阜社会各界学者和教育家见面。为了方便走路，贝淡宁只带了双运动鞋，现在则担心这样穿不够正式，不适合参加正式的会面。儒家弟子并不会区分表象世界和"真正"

的柏拉图的形式世界，但若是不尊重适当的形式，礼仪就没有了任何意义。所幸贝淡宁想起他的朋友普林斯顿大学教授斯蒂芬·莫西多（Stephan Macedo）在上个月与自己一同来曲阜的时候，无意中落下了一双正装皮鞋。贝淡宁从酒店的失物招领处找到了那双鞋。莫西多教授的鞋太大，但聊胜于无。宋冰一想到贝淡宁穿着大鞋子在会见政府官员时可能会跌倒，就不由得暗暗发笑。

荀子（约前313—前238年）是继孔子和孟子之后最具影响力的早期儒学大师，不过其重要地位与影响长久以来被帝国历史所忽视。他睿智地为"礼"提出了充分的理由。他假设"人性本恶"，这与孟子的"人性本善"假设正好相反。在荀子看来，如果人按照身体的本能，沉溺于自然倾向，攻击性和剥削这两种特质肯定就会发展出来，从而导致残酷的暴政和贫穷。幸好这并非故事的结局。人类通过有意识的努力，就能变好。他们可以学习控制天生的欲望，享受平和与合作的社会存在所带来的好处。转变的关键就是礼。通过学习礼，人们就能学会控制欲望，人们的真正欲望和社会中的良善就能更好地融合，就能创造平和的社会与物质财富。礼提供不仅仅以亲属关系为基础的纽带，还允许人们体验合作的社会存在所带来的好处。但礼到底是什么？礼就是以传统为基础的社会实践，最重要的是，礼与情感和行为有关："故至备，情文俱尽。"[27]礼的关键点在于控制我们的动物性，让我们变得有教养，在参与者之间创造出团队意识。如果人们不带情感地行"礼"，就不可能转变本性。礼需要涉及或触发情感的反应，从而在参与者行"礼"之际和之外对他们产生影响。没有任何情感的"空泛的礼"不是荀子所指的礼。此外，礼的细节会随着背景而改变："文理繁，情用省，是礼之隆也；文理省，情用繁，是礼之杀也；文理、情用相为内外表里，并行而杂，是礼之中流也。故君子上致其隆，下尽其杀，而中处其中。"[28]相对聪慧的人意识到了礼的关键点，也就是教化人类的欲望，在参与者之间创造出爱心和团

队意识,他们就能根据实际情况调整礼的细节,从而使礼为这一关键点服务。然而,荀子称,礼不应该经常或在没有充分理由的情况下改变,不然,礼就会被视作反复无常,完全取决于个人的选择。[29] 如果将限制看成深植于悠久传统的元素,那么礼就会有更大的效果(荀子解释道,礼是由过去的"神圣"统治者创造和传承的。不过没有必要必须相信他的话)。而且,我们用不着太担心社会等级,因为礼有助于制造出情感因素,让掌权者关心贫苦大众的利益。荀子说,在没有礼仪的环境中,"强者害弱而夺之,众者暴寡而哗之,天下之悖乱而相亡不待顷矣"。[30] 真正做到礼,就是要"贵者敬焉,老者孝焉,长者弟焉,幼者慈焉,贱者惠焉"。[31] 举例来说,在村庄里的酒礼中,首先由备受尊重的长者饮用公用酒杯里的酒。但到最后,所有人都要参与酒礼,包括年轻人和村里相对"受冷落"的成员[32]。通过这样的方式,就能在整个村子里建立起和谐的关系。

在对曲阜进行"研究性参观"的第一天,宋冰和贝淡宁受邀,与孔新峰的朋友、政府官员一起用餐。大家围坐在一张圆桌边,不知情的人根本看不出官阶品级如何,但每个人都坐在"合适"的位置上。贝淡宁作为贵宾,受邀坐在首座——背对墙,面冲门——但他按照惯例婉言谢绝,但后来还是接受了,这同样是按照惯例。曲阜市委党校的一位年轻的副校长坐在贝淡宁右首,孔新峰坐在左首。饭菜都是放在公用盘子里的,孔新峰用公筷给贝淡宁夹了点菜。几分钟之后,贝淡宁礼尚往来,也给孔新峰和副校长夹菜。贝淡宁被称赞很懂中国文化。随后,酒礼就开始了。一上来喝的是一瓶浓香型52度白酒。每个人都有一个杯子,在座者被告知,根据曲阜的酒礼,必须分八口把杯里的酒喝光,每次喝完一口,就要由不同的人来祝酒。祝酒的次序似乎是由参与者的年龄和(或)社会地位决定的。贝淡宁问:"为什么要祝酒八次?"他得到的答案是,这就是曲阜的规矩(别的地方有别的规矩)。在每次祝酒之间,党校副校长都会告诉贝淡宁,他希望能不断进步,不断学习新事物,根据儒家训诫,人活着就

是要不断地自我完善。当时,这位副校长正在看一本有关中国哲学史的书,作者是20世纪初的思想家胡适。哎呀,贝淡宁意识到他在最后一个祝酒的时候喝了一大口,看起来用不了八口,他的酒就会喝光了。

别人告诉他,不用担心,可以把规矩改为六口。贝淡宁准备好了一番话,就问孔新峰能否在第二次祝酒后说,但孔新峰不无"严肃"地告诉他还不是时候。贝淡宁想弄清楚他是不是在开玩笑,但显然不是玩笑。贝淡宁最关心的是,要是他最后一个祝酒,肯定连话都说不连贯了。吃了几道菜之后,众人分成几个小团体,围着酒桌单独敬酒。在这样的情况下,人们可以较为轻松地谈话和表达感情。孔新峰称,这种酒礼可以取代城市"漫步"(strolling)方式:所谓城市"漫步",就是允许用随意和意想不到的事件来质疑之前对城市"精神"的假设,而酒礼则鼓励表现出真诚和出乎意料的思想,这在功能上是一样的。但贝淡宁担心他会忘记自己想说的话。

幸好宋冰身为女性,用不着喝很多酒来应酬,就由她来做记录。最后,在喝了两瓶白酒和几杯啤酒之后,贝淡宁终于得到允许可以发言了;或许作为贵宾,他就应该排在最后一个。他准备好了各种儒家名言以示幽默,只是这会儿已经忘了该说什么。饭后,众人去唱卡拉OK。儒家弟子很注重音乐,因为音乐是在表达情感,强化参与者的团队意识。孔子本人就曾哀叹,周朝那个礼仪和音乐盛行的理想社会在他的时代已经不复存在,他也不抱希望这个社会能在未来重现,但他可能太悲观了。为了避免和贝淡宁夫妇的"代沟",孔新峰硬着头皮敞开嗓门唱了一首硬摇滚歌手崔健的歌《一无所有》,这首歌很振奋人心,由此证明了孔氏家族的人也可以是好的歌者。宋冰唱了王菲的《我愿意》,歌声超凡脱俗。贝淡宁(再一次)承诺会去学唱歌,但他至少参与了酒礼。他跌跌撞撞地走回酒店,踉跄的脚步可不都是因为莫西多教授那双鞋……

中国的城市都很相似,这一点掩盖了对特殊性和社群精神的追求,而中国迫切需要这两点，因为传统的农村归属感已经式微，现在的广泛需要是在一个快速城市化的时代建立全新的责任感。如果人与他们的城市产生共鸣（如果他们感觉到他们的城市表现出了特殊的精神，他们就更可能这么做），就更可能拥有社会责任感，以市民精神（civicism）去关心和对待其他"市－民"（"city-zens"）。因此，中国有若干城市政府确认了所在城市的精神，而不同的城市精神却隐藏在明显千城一面的建筑风格之下。这再一次印证了一个观点：推动以独特性为基础的社区感，是弘扬责任感的关键。

翌日早晨，我们在杏坛宾馆见了几位政府官员，宾馆正面立着一座巨大的孔子雕像。我们感谢几位官员拨冗前来见面——当时是周日早晨——并且请他们谈一下曲阜的"精神"究竟是什么。他们说，曲阜市官方提出的"曲阜精神"是"诚信儒雅，自强创新"，前两个词正好与曲阜传统的儒家文化遗产相呼应，而后两个词指的是曲阜市需要以自强不息的面貌推进现代化。我们之前已经将问题清单提交给了这些官员，于是便按照清单询问。曲阜与基督教和穆斯林的关系如何？对于儒家文化歧视女性的历史，曲阜都采取了哪些办法？中央政府的官员是否支持曲阜重视儒家文化？孔氏家族（占曲阜人口的五分之一）和其他人之间的关系如何？这些官员很明显对儒家传统有着发自内心的尊重，我们对此印象深刻，但他们的回答似乎平淡无奇，我们又有点儿失望。这次会面提前一个钟头结束。

下午去见学者和非官方的儒家活动分子（其中包括曲阜师范大学专研儒学的宋立林教授以及长年坚持民间办学、建立了曲阜国学院的段炎平先生），气氛更能启发思考。一个学者对给城市贴上独特标签这个整体概念提出了质疑。他说，这么做其实是说明一个城市缺乏的是什么，而不是有了什么。他还举了个有趣的例子来说，我们听了哈哈直笑。那个学者继续说道：为什么不能只是信守丰富和多样的儒家传统，为什么需要那些口号？我们当然需要创新，但应该以儒家传统为基础进行创新。我们就儒家思想中的"女性问题"向他们做了询问。一位男性学者用一句儒家名言回答了这个问题，他说"男女有别"，但重要的是女性在她们自己的领域内是否得到了很好的待遇和尊重。举例来说，在日本和韩国，女性往往都待在家中，并且安于做家庭主妇。宋冰也发言说，如果家庭以外的工作需要体力，女性做家庭主妇才讲得通，但现如今外面的工作更需要的是智商和情商，所以留在家中就没什么意义了。因此，儒家思想就不应该强调女性必须留在家中这一点。没人对此明确表示反对。

2010年12月12日，据新华社报道，曲阜即将建造一座高达40米的新教教堂。一篇名为《曲阜将建教堂：耶稣遇到孔子》的文章称，曲阜有基督徒近万人，这将是他们的第一座"真正的教堂"。新教堂巍峨耸立，比孔庙还要高，可以容纳3000人。2010年12月22日，10位知名儒家学者发表了一封公开信，反对建造教堂，他们在公开信中说曲阜是一座"圣城"，是孔子的诞生地，有着世界上最庄严宏伟的孔庙。这封公开信得到了10个儒家学会和10个儒家网站的支持。两天之后，政府以新华社社论的形式做出回应。这篇社论称，曲阜以前就建造过基督教堂。这样的回应并没有平息这场越来越强烈的暴风雨，政府最后只得取消建造基督教堂的批文。

我们请这些知识分子和民间人士就"曲阜建教堂风波"谈谈他们的看法。在过去，儒家思想是一个相对宽容并蓄的文化传统，然而，西方的一神论宗教在他们自己的价值观和制度与其他宗教的价值观和制度之间画出了明确的界限，儒家思想便转而与其他道德传统交会，中国的"孔庙"往往也会吸收佛教和道教的元素。那么在曲阜建教堂有什么不妥吗？一个与会者答道，当地政府建教堂是出于经济目的：他们把土地出租给基督教会是为了从中赚钱，没想到会闹得沸沸扬扬。但这样的混乱从道德方面说得通吗？另一个与会者说，当然说得通！他不是曲阜人，不过他讲了小时候让他很失望的一个故事：福音派基督教强迫他的父母不要祭奠先祖，还把他祖父母的相片从墙上扯下来。贝淡宁对宋冰说，大多数基督教徒都不会这么傲慢专断。我们问，你们会反对在中国其他地方建教堂吗？当然不会了，几位知识分子如此答道，但曲阜是儒家文化的发源地，而教堂是对曲阜珍贵的儒家传统的直接攻击：首先，拟建的教堂比孔庙高出很多，而且可以容纳3000人这一点显然是在暗示孔子"弟子三千"这个传说，因此对儒家传统的价值形成了直接的攻击。贝淡宁想了想，认为儒家弟子反对在他们的城市建造这样一座大型教堂是对的。毕竟，如果儒家弟子计划在梵蒂冈建造一座比圣彼得大教堂还要高的孔庙，天主教徒同样会怒不可遏，但他们不会反对在其他地方建造孔庙。为了保护地方特色，城市用不着像国家那样，非要一碗水端平。

自从与基督教有了交集之后，儒家弟子就必须问一问他们自己——"儒家是宗教吗？"表面上来看，儒教思想似乎完全是世俗的。儒家思想最重视的是有形世界里的社会生活方式。儒家著作不管多么丰富和多样化，对于在来世继续存在的精神实质，谈到的并不多。关键原因在于，儒家思想认为美好的生活就在当下，死后的生活不会变得更好。《论语》是儒家传统的经典著作，其中的内容之一是我们应该如何与其他人沟通。一方面，人是主要的快乐之源，《论语》开篇就说道："有朋自远方来，不亦乐乎？"另一方面，人的快乐受到限制，主要是因为我们对其他人负有责任，而不是对超世俗的对象（比如神）或动物负有责任。关心他人这一美德首先是要和家庭成员交流互动，其次是通过其他公共生活方式延伸出来的对其他人负有的道德责任。

但儒家思想也具有宗教的特点。儒家弟子长期以来一直实行祭祖仪式，宋朝的新儒家弟子还发展出了精妙的形而上学的理论，远远地超出了对这个世界"世俗"理解的范围。

我们询问与会的教育工作者，儒家是否是宗教，还说中国报纸上的

文章有时候会把曲阜称为"东方的耶路撒冷"。一位推崇儒家思想的学者给出了否定的答案。这首先与政治有关。如果将儒家思想设为宗教(与印度尼西亚类似)，那中国政府就不能像现在这样重点发展儒家传统，最终会导致其政治价值被削弱。一位儒学教育工作者还说，儒家学说对普通人和知识分子有着不同的功能。普通人相信像祭祖这样的仪式能让他们和死者建立真正的联系。人们用精美的食物做供品，烧纸钱，希望他们的祖先在死后的世界［确切地说，是"来世"（the adjacent life）[33]］，也能享受同样的物质和商品经济带来的好处。如果是这样，就不要驳斥他们，不然他们就会转而相信基督教和佛教等宗教，接受他们提供的一次性的简单"启蒙"办法。知识分子自然对这种形而上学的解释有诸多的怀疑。儒家思想不应该提供精神慰藉：生活就是不断努力进行自我改善，我们通常都可以从别人身上学到新东西，学习没有终点。纪念祖先，给祖先供奉供品，假装他们还和我们在一起，这都无可厚非。此外，通过我们的学术作品，通过我们为政治共同体和全人类(天下)做出的贡献，我们也能让别人记住我们。

　　儒家伦理的一个基本假设，是只有在特殊的个人关系背景下，道德生活才有可能。最重要的关系就是家庭关系：我们履行对家庭成员的责任，借此学习道德，进行道德实践，我们对那些与我们有着最紧密联系的人最感激。但道德必须扩展到非家庭成员，正如孟子所说，"老吾老，以及人之老；幼吾幼，以及人之幼；天下可运于掌"。[34]但如何将我们的道德实践延伸到非家庭成员呢？正如我们在这里所讨论的，就要通过"礼"这种途径。另一种办法就是将家庭式的标签和规范应用到非家庭成员身上。这一点在汉语中就有体现。比如"好兄弟"("哥们儿")这个词，意思就是把对方当成自己的手足同胞。

　　宋冰有事先回北京了，但孔新峰和贝淡宁留下来在曲阜开展(理论上应该是)最后一天的"研究"。那天,他们首先去了一所私立学校(曲阜国学院),孩子们在学校里学习儒家经典,以及六种儒家传统技艺:礼、乐、射、御、书、数。他们见到了校长段炎平先生,并请他介绍一下学校的相关情况。学校里一共有50个不同年龄段的孩子,在这里进行全日制学习。大多数孩子并非来自贫困家庭,毕竟这所学校要靠学费才能运转。学校还依靠各个企业的慈善捐款,政府虽然不提供任何资助,但至少没有设置障碍。家长将孩子送到这所学校,因为他们相信学习儒家经典,对孩子们的道德发展十分重要。学生们不参加高考,不上大学,却能找到编辑和茶道导师之类的工作。校长希望能借开办学校弘扬儒家文化。孔新峰和贝淡宁参观了教室,孩子们看起来很友善也很乖,见到老师都会鞠躬。到了课间休息时间,他们也很快乐,有说有笑。整个教育结构看起来十分传统,除了男生和女生都接受相同的培训这一点之外。

到了中午,贝淡宁和孔新峰的家人一起吃午饭。2004春节,贝淡宁和宋冰去过孔新峰家,和他的家人一起用餐,但这次是在酒店,规模也更大。吃饭之前,贝淡宁和孔新峰的姑父孔令绍先生聊到了儒家文化。令绍先生曾在曲阜市委宣传部任职,前文提到的曲阜市官方版的城市精神就是他在退休前想出来的。贝淡宁询问当时凝练出的"曲阜精神"现在是否依然在用,令绍先生说,并不是每一个曲阜人都这么关心儒家文化。他显然很为儒家思想骄傲,乘兴把他五岁的小孙子叫了过来,让他背诵《论语》。那孩子张口就背,可以说是倒背如流。太不可思议了!只可惜小家伙急着要去和新峰可爱的三岁女儿玩。大家围坐在一张巨大的圆桌边,贝淡宁坐在新峰的父亲和姑父之间。他们进行了酒礼,但与此前的那次酒宴不同,这回每杯酒要在四次祝酒后喝完。第一个祝酒的人是孔新峰刚过六十岁的姑姑。贝淡宁问新峰的姑父,曲阜官方都在哪些方面弘扬儒家文化,因为之前曾倡导反孔运动,现在却大力弘扬儒家文化,这难道不矛盾吗?"一点也不,"新峰的姑父这么回答,"如果你看过《毛泽东全集》,就该知道,里面也大量引述过孔夫子的观点。毛泽东除了是一位伟大的马克思主义者，同时也从中国传统文化中受益良多。"贝淡宁接着问，那为什么毛泽东没有更加明确地说明他对儒家思想的推崇？答曰："对待中国传统文化，毛采取了一种有破有立的方式，既要取其精华，又要弃其糟粕嘛。"结果是两人改换了话题，而在从饭店出来之际，贝淡宁无意中听到姑父告诉新峰，"西方人真是头脑简单"。

吃完午饭，孔新峰和贝淡宁来到曲阜一个规模很大的初中——这所中学同样以"杏坛"命名，新峰的一位高中同学在那里教书。他们应这位高中老师的邀请，要去回答他做班主任的班上学生们的问题。那个班里一共有68个学生，教室里的气氛让人感觉十分融洽：课桌上摆满了教科书，学生们听到新峰打趣他的老师朋友的外表，全都哈哈大笑起来。贝淡宁吃午饭时喝了酒，感觉有点儿不舒服，但孩子们让他振作了起来。贝淡宁问学生对曲阜和儒家文化有什么看法，但他们的问题则有些出人意料。第一个问题：你上高中时的梦想是什么？贝淡宁答：成为一名职业冰球运动员，却被逼安于第二选择去教书，但他并没有放弃梦想(大家都没笑)。他本来还想说，孔子本人也是将教书育人视作第二选择，因为他没能成为幕僚。但该轮到孔新峰回答问题了。他说他来自农民家庭，但学习刻苦，在高考时取得了优异成绩，上了一流名校北京大学。但他又说，并非所有人能或应该走这条路，每个人都应该努力去实现各自的梦想。一个学生问了一个更具挑战性的问题：如果我们会忘记我们在学校学到的大部分知识，那么为什么还要费力去学呢？贝淡宁一时语塞，正准备说他在高中唯一学过的有用的课就是打字，很希望能接受更多这种实用的训练。但他还是让孔新峰来回答这个问题，而孔新峰给出的回答是：我们需要不断地累积知识，以免自己忘记，如果没有基础，我们就不可能进步。在和学生们见过面之后，贝淡宁只想喝杯咖啡，或是去睡上一觉，但他们又去见了校长和几位老师。校长和老师解释说，他们通过各种方式为学生们教授儒家思想，包括在课本里通过儒家故事教英语。最后，孔新峰提议和其他老师踢一场足球友谊赛。贝淡宁50多岁了，已经

25年没有踢过足球了（因为中午的酒礼，到现在他的酒劲还没过去），但他还是欣然同意了。事实证明，孔新峰的球技十分了得，他顶进几记漂亮的头球。不过没人数他到底进了几个球。所有人都很努力，不过友谊赛打得相当文明。贝淡宁踢得并不好，可队友还是会把球传给他。新峰让贝淡宁踢了不同的位置，最后贝淡宁终于发现他踢左边锋最游刃有余，他打冰球就是这个位置。事实证明，贝淡宁把冰球的技能用到了足球场上（事实上，贝淡宁心想，在草地上控制大球要比在冰上控制小球容易多了），上演了帽子戏法。嘿，曲阜真是一座伟大的城市！只是孔新峰和贝淡宁意识到他们错过了去北京的火车。于是贝淡宁给宋冰打电话，说都怪他的小兄弟小孔，他们才会这么倒霉。

儒家文化在中国的地位如何，只要看曲阜就知道了。儒家文化处在巅峰之际，曲阜就被推举为儒家文化中心；当儒家文化跌到谷底，曲阜就成为中国最饱受批评的地区。毫无疑问，儒家文化在曲阜再度兴盛起来。不管是在政界，还是在整个社会范围内，人们都为儒家文化骄傲不已。大部分曲阜市民都衷心信奉儒家思想，孔氏家族自觉肩负着传播儒家文化的特殊责任。跟往常一样，现实和理想之间存在着巨大的差距，但几十年来，现实正迈着坚定的脚步，越发靠近理想。只要环境允许，我们是否可以期待中国的其他地方也会推崇（或重新推崇）儒家文化呢？在曲阜"尝试"推行儒家文化，这种做法会扩展到中国的其他地方吗，就好像深圳的市场改革最终能在全国推行一样？甚至更坦率地说，我们是否可以期待儒家思想与共产主义实现更为实质性的融合？

第二天早晨，孔新峰和贝淡宁去了曲阜的穆斯林街区。在一家穆斯林小饭馆吃了早餐，吃的是辛辣的羊汤。贝淡宁便问是否可以和饭馆老板聊聊曲阜的"精神"，但孔新峰询问后，反馈说老板娘正在忙，所以不愿意谈。过了一会儿，老板娘的女儿又端来了一碗美味的羊汤，并用英

语告诉贝淡宁她是穆斯林,还骄傲地指了指墙上的麦加图片。这时老板娘也过来了,我们便说起了汉语。她女儿是个非常聪明的小姑娘,名叫马海蒂(音),刚刚参加完高考,正在等分数。老板娘开玩笑说,淡宁应该收养小姑娘,把她带到清华大学去。贝淡宁问小马对儒家思想有何看法。小姑娘答,她很感谢儒家思想对教育的重视,还引用了《论语》中的"有教无类"这句话。她还因为身为曲阜人而感觉荣幸,每次去孔庙,都觉得很骄傲。她赞同儒家弟子那充满理想主义的政治抱负,以及为使社会进步而进行的不断努力。贝淡宁问了她的信仰,及其与儒家思想的关系。小姑娘说到了儒家的"大同"理想,她说,先知穆罕默德就是"大同"最终形式的典范。那曲阜人对伊斯兰教有何看法?从总体上而言,这二者之间的关系还算和谐,但小姑娘补充道,她经常要和误解做斗争。穆斯林依旧感觉与主流之间存在着一定的疏离感。

的确,总体观之,儒家与伊斯兰、儒者与穆斯林,在曲阜城中、孔庙近侧,呈现出和谐共处的局面,似乎暗暗契合了中国社会学大师费孝通先生的愿景,亦即"各美其美,美人之美,美美与共,天下大同"。然而,在当前中国所谓"国学热"的背后,或许存在某些未必正当的倾向性——将"儒学"作为"国学"的同义词,忽略道、释等本土(或本土化)宗教与法、墨等先秦学派,抑或未能说清中国的"边陲"之于"中心"在历史中的互动,未能说明"国学"之"国"的多元一体性。儒家是普世的道德观,可以涵盖各种种族。尽管如此,在接续与振兴儒家传统之际,确实有必要防范某种"大汉族主义"或中原中心主义的风险。

在曲阜的最后一顿晚餐,坐在贝淡宁旁边的是一位来自曲阜的儒学教育工作者。这位教育界人士有一份令人钦佩的工作,其中就包括给犯人讲儒家伦理。他称,文化缺失是社会道德沦丧的主要原因,儒家思想有助于填补这一空白。这位教育工作者有着浓重的曲阜口音。说来也怪,

贝淡宁在酒礼中喝了一些酒之后，竟然能听懂更多的曲阜方言。贝淡宁问起曲阜方言，他说这种方言只在曲阜这一地区流行：山东省会济南距离曲阜大约只有200公里，那里的人却说着不同的方言，而且他们很瞧不起曲阜口音，还会加以嘲笑。他稍后解释道，这是因为在春秋战国时期，它们分属两个不同的国家：济南属于更好斗的齐国，而曲阜则属于比较重文的鲁国。这位教育工作者一直对2500年前的战国文化遗产印象深刻。

的确，直至今日，即便是在汉族之间，不同的城市和地区也以不同的文化和价值观为傲，曲阜的"鲁国"人（更不用提还有孔氏家族）努力将他们的生活方式和价值观推向全国，或许不会被其他地区所接受。就算不被设立（重立）为官方宗教或政治意识形态，儒家文化也能够并且应该继续发扬光大。在可以预见的未来，在一个幅员辽阔、呈现多样化的国家，儒家思想不作为官方宗教，似乎是更好的选择。

商业主义之患？

宋冰和贝淡宁第一次去曲阜是在2004年，当时感觉那里像个小镇，萧条沉闷，尘土飞扬，而他们住的酒店号称是三星级酒店。他们信步来到孔庙，沿着城墙逛了逛，第二天就离开了。对于短途游客而言，这座市镇的魅力或许不算什么——这种情况似乎至今依然如此。十年后，曲阜完全变了样。尘土飞扬的巷道不见了，取而代之的是宽大整洁的公路，曲阜市内酒店和旅游商店林立，商业步行街也陆续建成，城墙外正在进行庞大的房地产开发项目。现在从曲阜到北京或上海，可以乘坐高铁直接到达，车程只需要两三小时（2004年，宋冰和贝淡宁不得不乘飞机从北京到济南，再花上大半天，开车沿狭窄的乡村公路到曲阜）。游客来到曲阜高铁站，可以看到一座孔子雕像，车站商店销售一款孔府家酒，瓶身很像卷轴，上面镌有《论语》篇章，里面装的是白酒。宋冰和贝淡宁住在市中心最显眼的建筑里——

比孔庙大成殿高出很多的香格里拉酒店。

批评商业主义很容易。曲阜显然是利用儒家文化发源地这个美誉来吸引游客，各种各样的民营企业家纷纷跟随潮流。审美效应并不总是令人愉快，但要拒绝接受经济效应就难了，就业机会有很多，相比十年前，曲阜市民的生活水平提高了。儒家思想和经济发展之间也没有明显的矛盾。《论语》说，政府有责任保证人民的基本生活资料以及智慧和道德发展。若是遇到冲突，应以前者为重："子适卫，冉有仆。子曰：'庶矣哉！'冉有曰：'既庶矣。又何加焉？'子曰：'富之。'冉有曰：'既富矣，又何加焉？'子曰：'教之。'"[35]

关心物质财富，并不代表盲目追求国民生产总值，主要义务在于帮助最贫穷的人："君子周急不济富。"[36] 帮助有需要的人，一个重要的原因在于贫穷会导致负面情绪，而有了财富，就更容易合乎道德标准："贫而无怨难，富而无骄易。"[37] 孟子也持有类似的观点。人必须受教，从而培养道德本性。然而，政府首先必须提供基本生活资料，以免人们道德沦丧："若民，则无恒产，因无恒心。苟无恒心，放辟邪侈，无不为己。及陷于罪，然后从而刑之，是罔民也。焉有仁人在位罔民而可为也？是故明君制民之产，必是仰足以事父母，俯足以畜妻子；乐岁终身饱，凶年免于死亡。然后驱而之善，故民之从之也轻。"[38] 如果人们连下一顿饭都没有着落，弘扬道德行为是没有意义的。现而今，经济发展是确保人们享有基本生活资料的最佳方式。如果儒家思想的"商业化"是推动曲阜经济发展的最好办法，那孔子本人或许也能安息了，而非难安于九泉之下。

宋冰和贝淡宁在香格里拉酒店办理入住手续，他们和服务员闲聊了几句。原来服务员也是孔氏家族的后代，他听说贝淡宁正在写关于儒家文化的文章，觉得很惊讶，还骄傲地称他坚定信奉儒家文化。宋冰和贝淡宁参观了酒店。这里更像是一座生动的博物馆，而不是酒店。大厅就像大教堂那样壮观雄伟，以《论语》六艺为设计主题。立柱就像参天的竹子，灯做成了鸟巢形状。孔咖啡馆里挂着书法，写的是关于饮食的儒家箴言。这本来有可能很俗气，但事实并非如此。啊，这倒是个小问题。孔咖啡馆的书架上摆着很多书，书皮上写着儒学经典的名字，内页却是空白的。这让宋冰想到了巴黎拉丁区的一家麦当劳餐馆，那里的塑料书上也写着经典著作的名字。

在曲阜进行经济开发之初，政府官员对儒家文化的复兴采取了更为工具化的方法。正如曲阜旅游局局长在2005年接受采访时所说，"祭孔大典"旨在"利用媒体和当地遗产来推动经济发展"。这也难怪学者们会批评祭孔大典，因为它成为一个旅游项目，而不是向孔子及其学说致敬。一位孔子后裔感叹，人们（除了乐舞生）参加祭孔大典，却穿着西服，打着领带，没有穿传统的祭奠服装。这是对孔子和中国传统的不敬，是无知的表现。自此之后，曲阜市政府就想方设法把祭孔大典办得"更正宗、更传统"。祭孔大典现在努力以史料为基础，使用传统器皿来盛放食物祭品，所有参与者都身着传统汉服。一位孔子后裔在仪式中担当主祭，曲阜市长朗读了由曲阜师范大学学者起草的发言稿，"尝试解释儒家观点，包括人与环境的关系、传统文化、社会或道德标准的建立、中国经济复苏及政治理论"。祭孔仪式并非没有商业元素：一位孔氏后裔把现在的祭孔大典和很久以前的仪式进行了对比。当时，"祭孔大典是一件欢天喜地的活动。如今把经济利益当成这一传统的基础，人们还会像古代那样怀有敬畏之心吗？"但相比几年前，祭孔大典的商业色彩少了几分粗俗，而其教育功能更重要。

2014年5月，贝淡宁在第一次（和莫西多教授一起）入住香格里拉酒店的时候，把这座富丽堂皇的酒店转了个遍，发现一栋附属建筑里正在举行由

华商书院组织的研讨会。一位华商书院的代表解释道，他们正在给企业主管讲《论语》。在现今的中国，关键问题在于赚钱没有道德约束。在西方，人们信仰上帝，相信人权，这二者都对商业行为有约束，使其以道德为基础。而在中国，儒家思想也能起到同样的作用，当然还是有不一样的地方。在西方，契约是最重要的。而在中国，我们必须在商业伙伴之间建立互信和友谊。儒家思想阐明了信任和友谊的意义。贝淡宁十分感动，询问华商书院在中国是否有其他分会。"当然有"，那位代表这样回答，"比如说，在毛泽东的家乡，我们就讲毛泽东思想。"

经济发展有一个缺点：对社会地位和物质资源的竞争变得越来越激烈，社会责任感却越发缺失，人情冷漠。因此，儒家思想在中国复兴，部分原因在于必须在一个极端个人主义的时代里，推动建立社会责任感等道德观。现在很多企业都鼓励员工学习儒家经典。这么做当然在一定程度上（即便不是主要原因）是出于商业考虑：员工将对企业更加忠诚，企业可以投入更多时间培训员工，提升员工技能，而且不用担心留不住人才，这样一来就能获得更多收益。但如果可以推动更多以社会责任感为基础的商业行为，谁能反对呢？企业主管既不是纯然的学术求真者，也不是宗教原教旨主义者；如果他们依靠其他道德传统来实现类似的目的，也无可厚非。

在两次入住香格里拉酒店的时候，贝淡宁几乎是一个人独享整个酒店。说来也怪，酒店里竟然没有人住。贝淡宁向经理询问了入住率，得到了大约五成这个回答：这或许是多年以来他听过的最大的谎言了。孔庙的导游给出了一个似乎很有道理的解释。香格里拉连锁酒店的马来西亚籍华裔老板郭鹤年将这座酒店作为礼物送给了自己的母亲，而他的母亲极为推崇儒家传统。这家酒店是孝道的象征。没人希望这家酒店能做到不赔不赚，其他地方的香格里拉酒店赚到的利润会用来贴补这家酒店。在贝淡宁第二

次入住香格里拉酒店的时候，一个酒店经理确认确有其事。但这家酒店暴露出了另一个更严重的问题。在曲阜停留的最后一天，贝淡宁和孔新峰乘车去了市郊。街道两旁矗立着无人居住的高层公寓楼，以及建到一半的传统中式大厦。户外广告牌上写着儒家名言，宣传住在一个有着丰富文化的城市里有诸多好处。但买家在什么地方呢？孔新峰从没来过市郊的这个地方，他说这大概是中国房地产的另一个泡沫。

乐观主义者会这么说：没错，中国有很多"幽灵城市"，但在未来二三十年里，预计有两亿人从乡村迁入城市，到时候这些幽灵城市将住满人。但这对曲阜而言真的是一个乐观的情景吗？经济发展带来了巨大的物质利益，但正如孔子所说的，民康物丰之后，现在的焦点应该在"教（育）"之上。在曲阜，教育有着更深远的意义，可以使这座城市变得特别和独具魅力，甚至还意味着传承儒家生活方式的更多可能性。要是有数百万来自齐国等不同"（古代）国家"的新居民，酒礼还能继续存在吗？"有朋自远方来，不亦乐乎？"儒家弟子太欢迎来自他乡乃至异域的来宾了！

1　1986年6月，曲阜改为县级市，始由曲阜县改称曲阜市。

2　孔祥林，《曲阜历代诗文选注》，济南：山东人民出版社，1985年，"前言"第1-2页。

3　(唐)张守节，《史记正义》转引《帝王世纪》。

4　(西晋)司马彪，《续汉书·郡国志》。

5　太昊。太昊伏羲氏是传说时代中最早的帝王。刘道源《通监外纪》曰："太昊命大庭为居龙氏，造屋庐。"《左传·昭公十八年》载："梓慎登大庭氏之库以望之。"杜注曰："大庭氏，古国名。在鲁城内，鲁于其处作库。"

6　炎帝。《太平寰宇记》曰："曲阜，炎帝之墟。"清修《阙里志》曰："神农祠在鲁城归德门外，今村名犁铧店，神农试耕之所也。旧有坊曰'粒食之源'，今废。又神农开市处坊曰'日中古市'，在曲阜城内城隍庙之南里许。"

7　黄帝。《史记·五帝本纪·集解》曰："帝轩氏，母曰附宝……生黄帝于寿丘。"《曲阜县记·古迹》

曰："宋大中祥符元年闰十月，宋真宗以始祖黄帝生于寿丘之故，下诏改曲阜县名为仙源县，并徙治所于寿丘。诏建景灵宫于寿丘，以奉祀黄帝。"寿丘在曲阜。

8 少昊，《尚书正义》曰："少昊金天氏，名挚，字青阳，一曰玄嚣，姬姓，黄帝之子。"据古籍记载，少昊有圣德，王天下，其立，凤鸟适至，故以鸟纪官。

9 颛顼，《帝王世纪》曰："颛顼生十年而佐少昊，二十而登帝位。"颛顼为中国上古五帝之一，黄帝之孙。

10 唐尧，帝喾次子，初封于陶，又封于唐，其号曰"尧"，史称唐尧。在位百年，有德政，后让位于舜。古有尧祠，在曲阜境内。

11 虞舜，姓姚，号有虞氏，故称虞舜。《史记·五帝本纪》曰："舜耕历山，渔雷泽，陶河滨，作什器于寿丘，就时于负夏。"

12 杏坛：传说中孔子讲学的地方。

13 美轮美奂，《礼记·檀弓下》曰："晋献文子成室，晋大夫发焉。张老曰：'美哉轮焉，美哉奂焉。歌于斯，哭于斯，聚国族于斯！'"轮：指轮囷（qūn），古代的一种圆形高大的谷仓，此处指高大。奂：众多，盛大。古时形容房屋建筑高大华丽。

14 泮池，鲁国学宫。在今曲阜城内。

15 玉虹楼，书斋名，孔子六十九代孙孔继涑在此摹刻书法丛帖，整理历史文献。箕裘：《礼记·学记》载，"良冶之子，必学为裘；良弓之子，必学为箕。"后以比喻祖上的事业。

16 九龙、九仙、尼山、石门，为曲阜境内4座名山。跨蹑：占据。《桃花扇》余韵萦回：指《桃花扇》作者，孔子六十四代孙孔尚任在石门山读书及写作。

17 喵喵，敦厚状。

18 "诚信儒雅，自强创新"，为曲阜市委、市政府确定的"曲阜精神"。对它的讨论请参详后文。

19 "至今"两句，传为宋代著名文学家苏轼居鲁时名句。另说为其弟苏辙所作。

20 Leo Strauss，*The City and Man*，University of Chicago Press，1978.

21 John Plamenatz，*Man and Society: A Critical Examination of Some Important Social & Political Theories from Machiavelli to Marx*，（2 vols），London：Longman，1963.

22 蔡元培，《中国伦理学史》，上海：上海书店，1984年，第53页。

23 参见孔祥林，《曲阜孔氏家风》，北京：人民出版社，2015年，第136-138页。

24 语出《道德经》第二十一章，"孔德之容，惟道是从"，取其谐音。

25 孔祥林，《曲阜孔氏家风》，北京：人民出版社，2015年，第198-199页。

26 《孔子世家谱》的最近一次续修从1998年开始，历经10年收集整理完成，共80卷，新增孔氏后裔130余万人，其中包括女性20余万人。参见《20万女儿"迈进"新版〈孔子世家谱〉》，新华网，http://news.xinhuanet.com/local/2017-04/14/c_129534135.htm。

27 《荀子·礼论篇》。

28 《荀子·礼论篇》。

29 《荀子·礼论篇》。

30 《荀子·性恶篇》。

31 《荀子·大略篇》。

32 《荀子·乐论篇》。

33 换言之，这种说法假定祖先会和我们这些后辈过着某种平行的人生。2014年清明节，贝淡宁读到这样一些报道：人们焚烧仿制的护照与信用卡，以保证其祖先得以在阴间享受出国旅游的便利。

34 《孟子·梁惠王上》。

35 《论语·子路》。

36 《论语·雍也》。

37 《论语·宪问》。

38 《孟子·梁惠王上》。

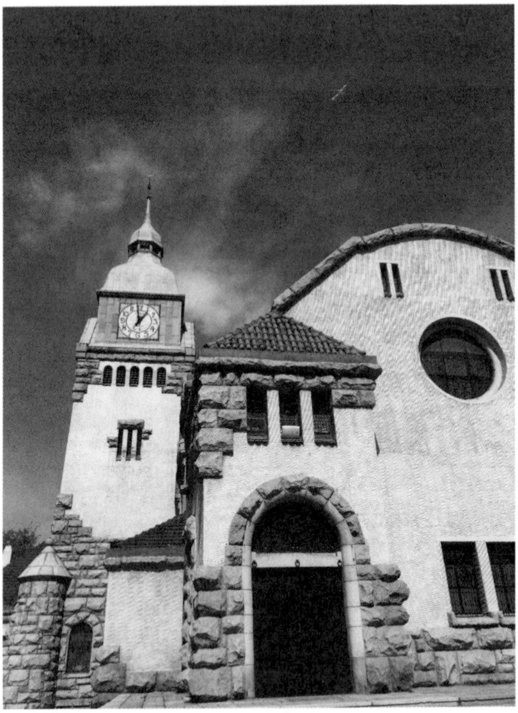

青岛
Qingdao

理想之城
THE CITY OF IDEAL

by 汪沛 Wang Pei　清华大学哲学系博士，现为清华大学历史系博士后。专治法国哲学。

by 贝淡宁 Danid A. Bell

青岛，作为一个城市被创造出来，是非常晚近的事情。

在这里，似乎存在一个地理学上的错位。在浩如烟海的典籍之中，我们能够看到的，与现在的青岛地区相关的名称往往不是"青岛"，而是即墨、不其、东莱、琅琊，或者崂山。离作为行政区域划分的青岛城最近的名称，是清朝光绪十七年（1891年）六月设立海防之时所确立的"胶澳"。直到当时，青岛仍旧还是一个小渔村的名字。

明朝万历年间，许铤赴即墨任知县，他亲自调查了全县的地理与人文风貌，做《地方事宜议》一文。在他的勘察报告里，我们得知"青岛"指的是罗布在海湾中诸多小岛中的一座。万历年间还有一位喜好游历与考证的士大夫王士性。在他的《广志绎》中也提到，胶莱海上群岛密布，其中一座便是青岛。传说这座小岛"山岩耸秀，林木蓊郁"，被冠之以"青"字，这片北面的海湾则因循小岛的名字，被称为青岛湾，湾边的村庄叫作青岛村，村内的小河叫青岛河，河流源头的山也叫青岛山。

真正以青岛来指称青岛市区，是在德国派兵侵占胶澳之后，用"青岛"来为胶澳租借地的新市区命名。第一次世界大战以后，日本取代德国占领青岛，青岛主权再次沦陷。1919年，就是以收回青岛主权为直接诉求，"五四运动"爆发了。作为中国近现代史上最令人瞩目的事件之一，它的影响一直持续到今天。1922年，北洋政府终于收回胶澳租借地，定名为"胶澳商埠"。直至1929年国民党政府撤销胶澳商埠局，设青岛特别市，青岛才取代了胶澳成为全市区的名称。

青岛的早期城市建设与那段被殖民的历史息息相关。德国选中青岛作为自己的殖民地主要也是因为青岛得天独厚的战略位置。就在1897年德国入侵胶澳之后，在德国海军的主持下，德国人很快把青岛变成了中国东海岸沿线最重要的港口之一。德国在青岛布置了他们的远东海军中队，使得舰队能够在整个太平洋进行活动，这也为后来的历史设立了模板：第二次世界大战之后，国民党允许青岛作为美国海军西太平洋舰队的总部（1945年），而今天青岛是中国海军北方舰队的总部。然而，青岛并不仅仅以军事要塞著称。两千多年来，这片土地也已经与一座近乎"神圣"的山紧密联系在一起，就是我们之前提到的崂山。直至今日，崂山依旧是青岛最为热门的景点。前来崂山参观的不仅有游客，还有信徒，以及一些介于这二者之间的人。[1]

灵性的理想

贝淡宁与汪沛准备着他们去崂山的行程。他们从市中心的宾馆租了一辆出租车，司机刘先生是非常友好的当地人。他们虽然是作为研究者去的，但对这座仙山也怀着敬畏之情。出发前一周，他们参观了北京的白云观。时值农历二月初三，正是道教神祇文昌帝君的生日，观内香客如织。白云观内供奉着各路道教神仙，包括道教与佛教共同供奉的慈航真人（观世音菩萨）。让他们有些诧异的是，在文昌殿的文昌帝君两侧，立着孔子与朱熹的像——与西方一神论形成了多么优美的比照！在西方，宗教之间总有明确划分的界限，大部分宗教组织根本不敢想象在自己的殿堂之内供奉那些信仰"伪神"的宗教的神祇。在崂山的太清宫，不仅供奉慈航真人，还有供奉三国时期名将关羽与宋代名将岳飞的关岳祠，在这里关公不再是以民间财神崇拜的形象出现，而是与岳飞一起成为"忠义"的化身，似乎展现了太清宫所具有的一抹政治色彩。

崂山的历史访客列表读起来好似一本中国文化历史的名人录。传说秦始皇三次登临崂山，汉武帝两次巡游不其，逢萌隐居，郑玄讲学，李杜共游崂山，直至近代的康有为、孙中山、蔡元培也都在此留下足迹。

说起崂山的历史，往往都会从秦始皇巡游开始讲起。与此有关的记载要追溯到司马迁在《史记·秦始皇本纪》里的描述，秦始皇三次巡幸琅琊。第一次是始皇二十八年（前219年），秦国兼并天下的第三年，"于是乃并渤海以东，过黄、腄，穷成山，登之罘，立石颂秦德焉而去。南登琅邪，大乐之，留三月"。秦国发端于西陲，而终究能将疆域扩展至东海。作为中国历史上第一次实现统一全国、建立如此丰功伟业的皇帝，巡游天下有独特的意义。通俗地想来这是至高权力的彰显，略微理想化地来说，是要把帝国的文明美德播撒遍及每一寸土地的意思。想必登上琅琊，东临大海的始皇帝非常迷醉于自己的成就，"乃徙黔首三万户琅邪台下，复十二岁。作琅邪台，立石刻，颂秦德，明得意"。嬴政命令三万户百姓迁移到琅琊台下，免除他们的税赋十二载，修筑琅琊台，立碑刻石，歌颂秦的功德。这次的碑文非常长，与之相比的是比较简短扼要的泰山刻石。

之所以把这两块碑刻放在一起讲，是因为秦始皇东巡最重要的目的是泰山封禅。当是时，始皇从阳坡登上泰山的顶峰，积土成坛，祭祀上天，报天之功，这叫"封"；从阴坡下泰山，到梁父山上，辟地为基，禅祭大地，报地之功，这叫"禅"。这也不是秦始皇的发明，根据司马迁引《尚书》的记载，早在舜的时候就有巡狩的传统，二月祭祀岱宗，也就是杜甫《望岳》诗"岱宗夫如何，齐鲁青未了"中的"岱宗"，就是泰山的意思；五月巡视南岳衡山；八月巡视西岳华山；十一月巡察到北岳恒山；中岳嵩山五载一巡狩。巡狩不仅仅包括会见当地的诸侯，还要"合时月正日，同律度量衡，修五礼五玉三帛二生一死贽"，意思是，正时令，统一声律与度量衡，修饬五礼以及各等级的赟见礼。

封禅这种仪式具有政治和宗教的双重属性，它不仅仅要表达帝王对于天地山川的敬畏，也是帝国礼仪的一种展现。帝王通过礼乐来展现自己对于诸神的礼敬，这对于他治下的子民来说是至高的典范。所以司马迁在《史记·封禅书》中引用："三年不为礼，礼必废；三年不为乐，乐必坏。"礼乐不是空洞抽象的形式，而是需要通过活生生的人去践行，才能够存留在历史之中，与时代精神相激荡，不断焕发出新的生命力。对于秦始皇来说，崭新的激情不仅仅在于疆域的辽阔，更是设立郡县，统一文字，统一货币，统一车轨，统一度量衡，重农抑商，申明法令，整饬民风，从生活的各个方面体现帝国森严的礼法，试图通过这样明确的等级制度和严峻的法令把每一个臣民牢牢捆绑在一起。这种心情完全体现在了泰山刻石上：

皇帝临位，作制明法，臣下修饬。二十有六年，初并天下，罔不宾服。亲巡远方黎民，登兹泰山，周览东极。从臣思迹，本原事业，祗诵功德。治道运行，诸产得宜，皆有法式。大义休明，垂于后世，顺承勿革。皇帝躬圣，既平天下，不懈于治。夙兴夜寐，建设长利，专隆教诲。训经宣达，远近毕理，咸承圣志。贵贱分明，男女礼顺，慎遵职事。昭隔内外，靡不清净，施于后嗣。化及无穷，遵奉遗诏，永承重戒。

琅琊台刻石首先很像泰山刻石的续集，因为其中提到皇帝东巡已经基本结束才来到海上，看起来已经与严肃的宗教仪式没有多大的联系，但碑刻据传仍是丞相李斯所写的小篆，作为文字书写的典范竖立在帝国的边陲；其次，琅琊台刻石的内容像是泰山刻石的扩充，对于秦始皇勤政爱民的渲染更为充分，对于秦朝礼法的记叙也更为具体。值得注意的是，琅琊台刻石更加强调了秦朝礼法所波及的疆域之广大：

维二十八年，皇帝作始。端平法度，万物之纪。以明人事，合同父子。圣智仁义，显白道理。东抚东土，以省卒士。事已大毕，乃临于海。皇帝之功，勤劳本事。上农除末，黔首是富。普天之下，抟心揖志。器械一量，同书文字。日月所照，舟舆所载。皆终其命，莫不得意。应时动事，是维皇帝。匡饬异俗，陵水经地。忧恤黔首，朝夕不懈。除疑定法，咸知所辟。方伯分职，诸治经易。举措必当，莫不如画。皇帝之明，临察四方。尊卑贵贱，不逾次行。奸邪不容，皆务贞良。细大尽力，莫敢怠荒。远迩辟隐，专务肃庄。端直敦忠，事业有常。皇帝之德，存定四极。诛乱除害，兴利致福。节事以时，诸产繁殖。黔首安宁，不用兵革。六亲相保，终无寇贼。骧欣奉教，尽知法式。六合之内，皇帝之土。西涉流沙，南尽北户。东有东海，北过大夏。人迹所至，无不臣者。功盖五帝，泽及牛马。莫不受德，各安其宇。

"日月所照，舟舆所载。皆终其命，莫不得意。"这大概算是完整意义上的"天下"了。只要太阳与月亮的光芒所能照耀到的地方，只要是车船所能达及的所在，帝国的法令都能得以施行，没有不符合它的意志的。始皇的意志通过绵密的法令与郡县制的配合，能够渗入天底下任何一寸土地。我们甚至可以反过来理解，并不是法令遍及天下，而是始皇帝的意志所能达及的地方，犹如日月光辉所能照亮的地方，秦朝的法度与自然、与天地可以等量齐观。并不是一个地方等待被光芒照亮，而是光明照耀之处才真正存在。"皇帝之德，存定四极。""六合之内，皇帝之土。"大抵就是这个意思。

秦始皇在泰山立碑祭祀之时的激情似乎在琅琊台刻石上得到了完整的表达，祭祀时还保有的敬畏之心随着渤海的浪涛声轰鸣至整个天地。我们还应该注意到，在泰山刻石上更多强调的是时间上的永恒，然而在琅琊台刻石上却没有时间的维度，只是强调空间上的无限。我们并不想不严谨地做出泰山与时间性、渤海与空间性这样粗糙的关联，但是从碑文上来看，似乎呈现出了这种状况。

然而，渤海所激发的只是对于无限空间的想象吗？这需要我们联系当时（直到现在也赫赫有名）的一件大事，就是在这一次出现了民间故事"徐福东渡"的原型："既已，齐人徐市等上书，言海中有三神山，名曰蓬莱、方丈、瀛洲，仙人居之。请得斋戒，与童男女求之。于是遣徐市发童男女数千人，入海求仙人。"就在秦始皇立琅琊台碑之后，齐人徐市，也就是我们所知道的徐福，给始皇帝上书表示要去海上仙山寻访仙人。虽然没有明确说是求长生不死之药，但是和其他方士求不死药的事迹并提，其实是一样的性质。所以，在琅琊台刻石上没有公开表达的对死亡的恐惧和对永生的渴望，反而通过徐福东渡这样一件处于礼法之外的事件体现了出来。

我们似乎也可以看出公理与私情的某种区隔。哪怕贵为中国历史上第一个一统天下的皇帝，当他要公开地（也就是带有政治意味地）表达自己对于无限长的时间的渴望时，他也只能祈求自己所确立的礼法教化能够延续到无穷无尽的子孙后代，不仅不敢说祈求自己永生不死、长命百岁，甚至不敢直接说但愿秦朝的统治能够持续千秋万代。虽然秦朝因苛政为后世所诟病，但是当我们回过头来看当时的文字，似乎始皇帝并不敢赤裸地表达对于权力的欲望和迷恋。

始皇二十九年（前218年），嬴政再度东巡至大海，登上芝罘，再过琅琊。

到了始皇三十七年（前210年），嬴政开始了最后一次巡游，他又一次来到琅琊。根据太史公的记载，秦始皇"还，过吴，从江乘渡，并海上，北至琅邪"。这一次还出现了传奇性的一幕，因为徐市出海访仙耗资巨大，又一无所获，怕被怪罪，所以编了个故事骗始皇说，仙山不是不可及，只是海里鲨鱼凶猛，没有办法。于是始皇真的梦到了与海神交战，而且海神是人一样的形状。始皇问占梦的博士，博士说："水神不可见，以大鱼蛟龙为候。今上祷词备谨，而有此恶神，当除去，而善神可至。"就是说，水神是没有可见的形体的，一般以大鱼或蛟龙作为征候。现在笔下的祷告和祭祀周致又恭谨，却有这样凶恶的神煞，应当将其除去，那么有善意的神将会到来。于是始皇帝真的相信了，他亲自带着连弩，希望能射杀大鱼，从琅琊北直达荣成山，都没有见到大鱼。直到芝罘才看到大鱼，并且射死了一条。没过多久嬴政就病死了，即使射杀了心中所投射的凶恶海神，以为方士可以去仙山采到长生不死的药，他仍旧逃脱不了生而为人的终章。

关于秦始皇东巡的故事到这里就结束了。或许对崂山有所了解的读者会问，为什么不提顾炎武？确实，是顾炎武在《日知录·劳山考》中考证了《史记》中的"荣成山"乃是传写之误，应当是"劳成山"，也就是劳成二山。其中的劳山，也就是我们今天所熟知的崂山了。然而，我们要给出的不是一个文献上的资料，而是始皇巡狩琅琊的总体叙事。千百年来，大部分人都会希望长生不老，在这一点上秦始皇与我们的区别在哪里？他所依赖的方法与渠道与我们有何不同？他通过怎样的方式来表达这种诉求？秦始皇东巡是不是就是为了求仙？我们希望通过以上的阐发能够引起大家的反思与联想，人性与礼法究竟哪一个更为幽微复杂？庞大法度中的个体，哪怕是拥有至高权力的个体又有多少随心所欲的可能？崂山似乎不仅仅是传说中求仙访道的所在，似乎更是人类试图冲击限度却又失败的证明。

人类的限度究竟是什么？根据太史公的记载，秦始皇害怕听到"死"这个字，任何人都不可以说到这个字。兼并天下、纵横四海，这样的人难道还不够勇敢吗？运用各种方式完成了历史上第一次统一（想象中的）天下的生活方式，这样的人难道还不够突破限度？如果说秦始皇所害怕的仅仅是生命终结的一瞬间，也似乎有点太简单了。哪怕这种富有直接性的答案或许有时候就是历史的真实，那我们也可以问一问自己，人类的限度是不是仅限于存活于世的数十年光阴？崂山被现今的导游们鼓吹为"海上仙山"，仅仅是因为曾经有古人（或许现在依旧有人）认为山林里蒸腾的雾气中有采药的仙人？我想大概并不完全是这样。求仙的君王不止始皇帝，据说夫差早就有访仙的故事，而汉武帝却似乎真正与神人打过照面。夫差的故事据说是后人附会的，汉武帝的故事也很难让人相信就是真的。如果我们假设武帝真的见过神仙，那么在他濒死之际会不会更觉得人神之间所不能跨越的界限让他更为苦痛？

　　大体上，人们来到崂山"访仙"之际，本来就抱有作为人类必须面临死亡的常识吧。我们所探访的，更像是心中一种指向不死或者长生的可能性。不死或长生究竟又有什么值得追求呢？发秃齿豁地看日升日落怎么享受荣华富贵？永葆青春地看着所爱的人一个一个凋零如何能带来幸福？不死或者长生，说到底，只是为了能够维持一种幻觉，以为快乐和荣华会永远持续，疾病、衰老、分离、死亡永远不会降临，躲进避免痛苦的一种可能的想象中沉醉片刻，好像经历过的磨难都完全值得，再继续活下去，或者无奈，或者积极，最起码有过那样忘我的片刻。崂山求仙的意义大概就是这样。

　　刘先生开车带贝淡宁与汪沛从市中心前往崂山，沿途是一条风景优美的海岸线。在半个多小时的车程之后，他们到了崂山脚下。三月初青岛的暖气还没停，潮湿的海风让山间的林木也发出波涛的声响。冬季的尾巴也是冬季，那是不折不扣的寒冷的一天。刺骨的寒风让游人望而却步，景区里非常空旷。开车上山需要非常烦琐且昂贵的手续，车上的每个人都要交100元的费用，而且还需要排两个窗口的队才能拿到许可证。他们不得不雇一个当地的导游带他们去太清宫。据说旺季的时候导游费是200元，现在游客稀少，导游费也降到了100元。导游带着浓重的口音，但是为人非常亲切友好。奇怪的是，作为当地人，她对于这片"圣地"没有太多的激情。导游很谨慎地问了一下贝淡宁的信仰，他半开玩笑地表示自己差不多算是儒家吧，导游看上去有点儿困惑，但过了一会儿她表露了自己基督徒的身份。

道观内古木郁郁葱葱，两株大山茶尤美，一株深红，一株浅白，饱满的圆形花朵掩映在墨绿的叶片下，看起来又热烈又温柔。导游介绍说，这株红色的山茶就是蒲松龄笔下美丽的爱情故事里的绛雪姑娘。绛雪的故事来源于蒲松龄《聊斋志异》中的《香玉》篇，大意是说胶州一个姓黄的书生住在崂山脚下，崂山太清宫的白牡丹被黄生的情诗所打动化为美人，名为香玉，夜夜与书生同宿。有一天，白牡丹被即墨蓝姓的人家挖走，移植之后没多久就枯死了，而香玉也随之死去。与香玉从小长大的姐妹是太清宫中的一株大山茶，能够幻化为艳丽的红衣女郎，名叫绛雪，她常去白牡丹从前的生长坑穴哭泣，而书生也终日痛哭凭吊。他们的诚意感动了花神，使得香玉复生归来。最后黄生寿终，化为牡丹花下的赤芽，后来被小道士无意间砍去，白牡丹也憔悴枯死，没过多久山茶也死了。

故事梗概听起来像是展现了一种坚贞凄美的感情，然而如果仔细对照蒲松龄的原文，我们就会发现其中隐藏着许多有意思的细节。首先，在故事的叙述中，人与花妖的结合其实是对人世间男女结合的一种模仿。胶州黄生并不是没有家庭，在故事的结尾我们知道，他有妻儿，妻子过世之后，他才干脆住在崂山里不回去了。他的儿子也在最后出场，为他料理后事。但是香玉与黄生又以夫妻相称，给我们的感觉像是，虽然人妖殊途，人与妖的感情在礼法之外，但如果真的要给予对方某种承诺，又需要参考人间的礼法。

其次，除了多情、重情之外，黄生这个角色在故事中没有展现出其他可能会让人觉得有魅力的品质。他的情诗写得糟糕，用典还很不吉利。[2]他见到美人就急色如同强寇[3]，根本没有读书人的仪容。香玉委身与他之后，他还非常遗憾为什么绛雪不能够像香玉这样与他做伴。在绛雪与他同哭香玉之际，他还毫不掩饰自己的色欲，对绛雪提出要求，扬言如果不与他作陪他就烧了山茶树。甚至香玉花魂既归，只是不能同床共枕，黄生竟然很明显地表现出闷闷不乐。香玉复生需要一年的光阴，黄生竟然向香玉表示如果这段时间绛雪不能陪他，他会很苦痛。极为诧异的是，香玉帮书生想办法强迫绛雪来侍寝，由于绛雪对香玉情深义重，才答应了。很难区分香玉对于黄生来说是枯寂书斋生活的唯一宽慰，还是色欲上的极大震撼，蒲松龄自己在故事里也借香玉之口以"得陇望蜀"的成语来开黄生的玩笑。书生的才德表现除了一首不入流的情诗之外更无长处，传说中还有哭花诗五十首，但估计是一样的不入流。香玉何以能够钟情于他呢？

还要说到第三点，蒲松龄在这个故事里对于女妖的想象是什么样子？香玉和绛雪共同拥有的美德是美貌、贤达、重情，香玉性格热烈，绛雪相对孤高。虽然我们都不太懂黄生究竟好在哪儿，但香玉就是爱他。绛雪恰恰分享了我们作为局外人的一种不理解，有趣的是她也是"香玉-黄生"中的局外人，但她又与黄生一样对香玉有深厚的感情。绛雪从一开始就不愿意与黄生多接触，只是因为看黄生对香玉情重，才开始理会他。令人印象最为深刻的是，绛雪对黄生的一再拒绝，又温柔又坚定，与香玉的奔放形成了鲜明的对比，蒲松龄虽然篇名定为"香玉"，但是这位艳丽骄傲的绛雪姑娘却不经意间十分抢镜。

那么，故事所推崇的德行究竟是什么？如果是突破礼教的个体灵性（色欲）的大胆表达，那么为什么又要以模仿礼教中的夫妻之纲来以示对彼此的至情？如果是歌颂有情众生都有灵且美，为什么要把一个看不出什么美德的人类与花朵之中最为美好的精灵配在一起？故事所暗含的逻辑就是自然在存在的等级上比人低一些，牡丹、山茶变成人形乃是一种提升。香玉自报家门说自己隶籍平康巷，"平康"是古代妓院的意思，我们也不是很明白为什么花妖等同于贱籍，好像就是为了满足色欲才出场。

但要在此补充，绛雪作为香玉的义姐，对于黄生求欢行为的一再拒绝，说"相见之欢，何必在此"，实在是整个故事里最超凡脱俗的表达。黄生虽有至情却不专一，时而滑脱入色欲之中。香玉活泼忠贞，却也不离情欲二字。这对情人自有其可爱之处，却在欲海之中沉沦太深。很难说究竟是太像人,还是太不像了。唯有绛雪真正以超脱的姿态面对情欲的纠葛,又饱含对挚友的深情,已经超脱了我们对于花妖的想象,而更像花仙了。绛雪虽然不愿意委身黄生,却仍旧能够与之为友,这或许是某种暗喻。人类可以对自然强取豪夺以满足自己的私欲,但自然并不就真的比人类更低一头,自然也可以与人类保持一种友好的距离,也可以拒绝人类过分的要求。

如果我们还记得之前秦始皇东巡的故事,在此还可以做一个浅显的对照。秦始皇梦里的海神化为人形,与秦始皇交战。在那时,占梦的博士表示海神化作大鱼或者蛟龙时反而会比较自然,而化为人形则太凶残了一些。可见,当时的人对自然的认识是,自然最好还是呈现为自然本来的样子会比较吉利,自然中的生灵化为人形不会更为高级。到了清代的蒲松龄,在故事里让狐狸艳花幻化为人形,是在表示它们已经比其他的同类更为高级了。

与之形成鲜明对照的另一点是,始皇帝贵为四海之尊,也不敢公开地在刻石上袒露自己心中长生不死的愿望。然而到了聊斋故事里,直白而反复地暴露私人的欲望——不止色欲——已经成为很惯常的事情。作为天子,始皇帝对于崂山的情结在于,实现四海归一的满足与永葆这一满足的奢念,蒲松龄的崂山故事则似乎想要表达,哪怕你是凡夫俗子之中最为平庸的一个,也有从自然的精灵之中获得欲望满足的时刻,而有些时候这种欲望会被认为就是至情。

我们并不想从突破礼教束缚、展露自我灵性这个角度来进行这种对比,也不打算对礼法的崩解做任何哀叹。天子与穷书生都有私念,寄希望于仙山灵药与寄希望于花妖狐仙其实没有太大区别,都是对于灵性世界的一种想象与终归徒劳的索取。然而,带有敬畏的想象毕竟不同于带有轻狎的想象,付出大量人力物力的远航也不同于直接反复的要求。可以看到,虽然崂山仍旧是"仙山",但人类对它的态度却发生了剧烈的翻转。倘若只能用以满足人类的私欲,那么再神圣的地方都会因为沾染了人的贪念而渐渐失去灵性。

导游跟他们讲，道观之所以维持得还不错，是因为"文化大革命"时期，有一个非常机智的道长在红卫兵破"四旧"之际，在观内的墙上抄写了毛主席语录，这使得它幸免于难。汪沛与贝淡宁参拜了诸位神祇，并且在救苦殿前为贝淡宁的母亲请了香，她现在在蒙特利尔的医院里，他们希望她能够早日恢复健康。他们大约参观了45分钟就出了道观，刘先生似乎有些诧异于他们的"高效"，尽管他们很明白，对于参观宗教景点来说，高效并不是用来判断一趟成功旅途的恰当标准。

千百年来，崂山在中国宗教史上有着举足轻重的地位。如果我们真的从"吴王夫差尝登崂山得灵宝度人经"算起的话，崂山从春秋战国时期就聚集了一批求仙问道的方士。接下来是我们刚刚讨论过的秦皇汉武巡幸崂山，以求长生不死。然而，崂山真正出现道教的传播则是从汉武帝建元元年（前140年）开始，道士张廉夫搭茅庵供奉三官，并且开始授徒拜祭。到了元代，成吉思汗敕封丘处机，崂山道教大兴。到了清代，崂山道观多达百处，有"九宫八观七十二庵"之说。

佛教在崂山的传播相对晚一些，毕竟佛教东来，传入中原是西汉末年、东汉初年的事，再从中原传播到东海就更加需要些时日。崂山最早的佛教寺院崇佛寺，建于魏元帝景元五年（264年）。隋唐两代，佛道并重。宋元两代佛道也一直和睦共处。明朝万历年间，憨山和尚南下崂山，在太清宫三清殿前耗费巨资修建宏伟的海印寺，牵扯出一段与道教的纠纷，这段故事以朝廷"毁寺复宫"结束。从此之后，崂山道教的风头一直盖过佛教，直至今天也是同样的状况。

然而，崂山如今更像是旅游景区，很少有人还认为能够在这里偶遇仙人，其作为宗教朝圣地的时代似乎也渐渐远去。很难想象当代中国的文人还会像李白、李商隐那样为崂山写求仙诗。就像在其他地方一样，现代化进程或许"世俗化"了人们看待世界的角度。不过，就青岛而言，还有殖民历史所留下的特色：对天主教、基督教的信仰似乎把道教都边缘化了。

同时，值得注意的是，晚清时期，面对西方气势汹汹的军事与政治的压力，这种被迫的西方化也引发了一系列反弹；文人志士都把注意力集中到政治之上，他们满怀热情与理想，希望能够找到与外国势力相对抗的方法。奇怪的是，他们有些理想，却来自青岛。

政治的理想

汪沛与贝淡宁观看了一个关于青岛殖民史的中文纪录片，它讲述的是一段颇为悲惨的历史。根据这个纪录片，德国对青岛的侵占意图首先是为了部署军队。殖民者不仅奴役中国劳动力，让他们在奴隶般的条件中去做城市的基础建设，并且还把城市划区分治。城市中最美的沿海部分留给德国人，德国人在此处施行德国的法律。离海边较远的区域划给中国百姓，在那里德国人以极为残酷的惩罚压制当地的百姓，尤其是捣乱的人。德国人甚至引进了断头台来维护秩序。他们对当地的文化极其不尊重，德国军人摧毁了即墨孔庙的圣像，还挖出了孔子塑像的双眼，似乎如此这般便能声张他们在文化上的权威。在纪录片中，青岛被描绘成一个被德国殖民者欺凌的"无辜少女"，完全是一段赤裸裸的贪婪与压迫的历史。

纪录片对青岛殖民史的描绘，让贝淡宁与汪沛对这段历史义愤填膺。他们有点儿担心德国在青岛遗留下的痕迹，然而乍一看，似乎这些德国的遗存都被扔进了历史的垃圾桶。他们本来以为青岛会有很多德国企业或者德国游客，可是真正到了青岛之后，目之所及，看不到一个德国人，哪怕连一个德国游客也没有。很显然，唯一的遗产就是青岛啤酒了，100

年之后仍旧是非常有名的啤酒品牌。[4]但是,哪怕遗产也未必是积极的:青岛啤酒本身淡而无味,企业对于啤酒行业的操控近乎垄断,使得小的啤酒生产商很难发展甚至生存。中国人喜欢他们的啤酒,但是较之于德国醇厚而多样的啤酒来说,青岛啤酒就显得有些逊色。为什么殖民者没有为酿造好啤酒而提供基础?相对来说,在越南,法国人也是同样残酷压迫原住民的殖民者,但是他们最起码留下了烘焙好法棍的基础,越南人也爱上了这种面包。

德国殖民者在很多方面非常恶劣,但是他们在这座城市投入的基础建设绵延留存至今。德国殖民青岛的历史只有十六年(1898年到1914年),然而他们为这座城市所建设的基础工程是当时全中国最好的。德国人希望与当时英国人殖民的香港,和法国人殖民的上海进行竞争,德国殖民政府对这片崭新的殖民地的基础设施建设倾注了大量的投资。他们从德国请来最优秀的城市规划师为青岛设计方案,由最出色的工程师付诸实施。事实上,他们做的是99年的规划,确保基础设施质优且美观。现代的排水与照明系统就是德国殖民者设置的:排水系统在百年后的今天仍旧发挥着功能,是中国最好的排水系统之一。青岛的城市道路系统也是如此。德国殖民政府还建立了新式教育系统,部分参照了德国的系统,恐怕也是当时最为先进的。他们还建立了新式的公共图书馆,藏书有中文、德文与英文的。更不用说直到今天还在使用的胶济铁路了:对于贝淡宁与汪沛来说,火车太慢了,不知道百年前的火车是否大约是这个速度(据说高铁轨道要到2020年才能铺完,修通后,青岛到济南三个半小时的车程可以缩减到一个小时)。

贝淡宁与汪沛在青岛市中心漫步,对于在青岛的德国遗产的先见渐渐有了些变化。大部分德国建筑依旧保留了下来,这恐怕也是中国现在保存得最完善的殖民风格的建筑,它们现在大多成为市政机构的办公场所、博物馆,还有咖啡馆。在路上,他们依然没有遇到哪怕一个德国人,

但是青岛市民似乎很喜欢这样的建筑。教堂式样的建筑随处可见，有些确实是德国人留下来的教堂，而有些却是有意要做成德式风格的新建筑。这一点在市南区表现得尤为明显，而且这片区域异乎寻常的干净：他们漫步了三天，鞋子还是很干净，一点儿也不需要擦。

贝淡宁与汪沛参观了江苏路的基督教堂，不过需要10元的景区门票。一般说来，教堂是不会收门票的，贝淡宁决定试探着问问情况，比如说如果是基督徒的话需不需要买门票。售票处的人告诉他，对于信徒来说，教堂当然是免费的。贝淡宁比较满意这个答复，于是付了门票钱。教堂的钟楼是开放的，于是他们沿着陡峭的楼梯爬到了顶层。在他们面前的是放置于玻璃柜中的硕大的金属齿轮机械，在阳光下沉沉地泛着光泽。从齿轮上的刻字看来，这些金属机械是1909年的德国钟，机芯看起来保养得非常好。橱窗里保留下来一些保养机芯的小工具，我们猜测应该有相关的工作人员定期来上油和校准。看起来体量巨大甚至有些笨重的齿轮却借由纤细的零件精确地运转着，不紧不慢地指示物理时间——时间真正地被空间表达了出来——这难道不够惊心动魄吗？齿轮的每一次咬合都是当下，它是每一个瞬间。脑海中一闪而过的太多念头在这样的物体面前全都被震碎了。它已经存世百年，借由青岛市民的爱护和保养，它还会继续存在下去很久很久，就像时间本身一样。不一会儿，悦耳的钟声响了起来，果然是整点！显而易见，德国人留在青岛的不只是举目可见的基础设施建设，或许还有一些更深层次的东西。

当天晚一些时候，司机刘先生带着贝淡宁和汪沛来到城外一个颇为隐秘的餐馆。海鲜出奇的新鲜，每一盘的菜量都非常大，而且价格也很公道。刘先生非常自豪地介绍说，只有在青岛才能喝到最好的青岛啤酒，可能主要是因为水质优良的缘故。夏天会有新鲜的扎啤供应，即使是当下时节的青岛啤酒在本地也与别处不同。刘先生说点啤酒的时候要点瓶装的"青岛一啤"，比一般罐装的好喝。贝淡宁和汪沛有一点点怀疑，不过他们尝了一下，果然很特别！很醇厚也很清新，就像在德国喝到的啤在德国殖民者快要撤出青岛之时,青岛市的状况已经惊艳了当时中国的很多知识分子领袖。"中华民国国父"孙中山于1912年访问青岛,他当时称这座城市是中国其他城市的榜样。孙中山在青岛做了英文演说,参观了基督教堂,还劝说当地的中国学生停止抗议德国殖民者的活动,希望他们能够专注学业而不是革命政治。[5]

贝淡宁和汪沛参观了原胶澳总督府。这座建筑外形看上去是德式的,然而内部有很多中式的装潢元素。他们还参观了另一个没有尖尖塔顶的教堂,据说这是与中国"风水"文化妥协的结果。这种形式不仅避免了与当地老百姓的冲突,也更便利中国人皈依基督教。[6]也许,没有任何殖民地的建筑会像青岛的德式建筑这样,能够这么大程度地适应当地的文化。

康有为在1917年第一次来到青岛,就盛赞青岛是"中国第一"。1923年随即购得福山支路五号院为住宅,名为"天游园"。康有为还为此作诗《赞新居》:"截海为塘山作堤,茂林峻岭树如荠。庄严旧日节楼在,今落吾家可隐居。"[7]这首诗读来有点黄庭坚《松风阁》的意味,不过康有为并没有像从前不得志的文人那样退而隐居在青岛崂山一带,反而积极地促成了很多社会活动。康有为不仅在青岛、济南两地成立孔教会(万国道德会)[8],"昌明孔教,救济社会";而且他尝试办大学,彼时康有为计划在曲阜创办大学,在青岛开设预科。尽管康有为的设想没能实现,但是当青岛大学成立之时,康有为为这所私立大学捐献了价值约10万大洋的图书。[9]同时,就在我们惊诧于天游园丰富的藏品时,谁能想到康有为当时是怀抱着设立博物馆的理想来收集各个国家的宝物的呢?而且定居青岛之后,他也确实举办了配有文字说明的博物展览,以期传承文

原胶澳总督府。[12] 外部是德式风格，内部装潢是中式风格。

明、开启民智。[10] 我们也能感受到，虽然古代文人或避乱世，或不得志退居崂山，但是，同样身处乱世且不得志的康有为却在重重困难之中，以其满腔的热诚，凭借着对美好未来的信念，仍旧试图寻觅能够发光发热的任何可能。

贝淡宁和汪沛参观了康有为在青岛的故居——天游园——现在是康有为纪念馆，主要展示了康有为的书法和周游世界的经历。上楼梯之后，对着走廊的门厅里摆放的是康有为的塑像。塑像背后是毛主席《论人民民主专政》中的一段："自从一八四〇年鸦片战争失败那时起，先进的中国人，经过千辛万苦，向西方国家寻找真理。洪秀全、康有为、严复和孙中山，代表了在中国共产党出世以前向西方寻找真理的一派人物。"康有为对于具有浓厚儒家色彩的大同世界的构想，或许对共产主义乌托邦也有些影响。纪念馆展览了康有为从世界各地带回来的纪念品，包括一尊哥伦布的雕像，还有从埃及带回来的三角镜。康有为每到一处都会留下评论，比如说世界上最好的博物馆在巴黎，而巴黎最好的博物馆则是罗浮宫。但也有很令人怀疑的，比如他说匈牙利男人尤为貌美。纪念馆中有一间专门展览了康有为的书法，同时几乎每间展厅中都挂着他的字。汪沛从小练习书法，但她并不是很喜欢康有为那种很独特的风格。展览中介绍到，康有为在瑞典的时候把瑞典南部的一整个岛买了下来，贝淡宁和汪沛对此颇为诧异。不过，康有为选择晚年回到青岛，或许他认为这是中国最接近他所描绘的"大同"乌托邦的地方。

1914年，日本在青岛空投下第一枚炸弹的时候，德国在青岛的殖民统治终结了（青岛被描绘为远东唯一卷入第一次世界大战的无辜城市）[11]。日本对青岛的侵占持续到1922年。青岛人每每提到德国殖民者，总会想起他们毕竟做了很多基础设施建设，但是一谈到日本侵略者，他们都满腔愤怒地指责日本人对这座城市的破坏和摧残。

贝淡宁见了柯若朴（Philip Clart），他是德国莱比锡大学的教授，研究中国宗教，现在是清华大学苏世民书院的访问教授。柯若朴的曾祖父从前是一个驻守在青岛的普通德国士兵，他在青岛拍了很多美丽的照片，其中有些照片能看出他对于青岛老百姓普通生活的同情与理解。柯若朴给贝淡宁看了这些他存在电脑里的照片，他说正是这些照片引发了他对中国研究的兴趣。

卫礼贤（Richard Wilhelm）的一生或许展现了一种"好的"殖民主义。他以基督教传教士的身份来到青岛，但是很快便迷上了中国文化和哲学，最后反过来成为中国文化的传教士，致力于将中国的文化和美德介绍到西方世界。[13]就像他的英译者早在1931年所说的那样，"就像很多与卫礼贤的谈话所展示的，他对于中华民族的精神气质，对于西方文化对中国的影响，都有一种非常极端的态度，哪怕在最为激进的头脑中也很难达到这种地步，他坚信中国人可以拥有在知性、政治、审美和社会自决等各方面的权利。"[14]也有中国学者指出这一点："卫礼贤在青岛办教育，与德帝国主义统治者的根本目的有一定区别……曾培养出一批新式知识分子，在促进中德文化交流方面做出过一定努力，既向中国介绍西方，又向西方介绍了中国。"[15]

卫礼贤翻译了很多中国典籍，尤其是他翻译的《易经》直到今天还是非常流行的版本。卫礼贤的翻译与同时代其他人相比，风格迥然不同，他总是尽自己最大的努力如实展现经典本身要传达的意思——在当时，这实在是不可多得的大胆尝试。要知道，他的苏格兰前辈理雅各（James Legge）已经因为其对中国文化的过分"同情"而招致各方面的批评。他自己也因这种同情而遭到了众多非议，也恰恰是这份同情使得他能够观察到中国人、中国文化、中国传统的幽微之处。[16]卫礼贤的另一个特色是，他会引用相当多的当时中国著名知识分子——比如康有为和梁启超——对于经典的新诠释。[17]

翻译中国古代典籍，仅凭卫礼贤一己之力是不可能的，劳乃宣是这段故事中的另一重要角色。当时，山东巡抚周馥以真诚坦率的作风与胶澳租借地的德国殖民者维持了极好的互动。也正是因为1902年周馥访问胶澳礼贤书院，这位大清帝国的巡抚才能结识德国传教士卫礼贤。正是他，向卫礼贤推荐了劳乃宣。周馥对卫礼贤说："你们欧洲人只了解中国文化的浅层和表面……原因在于你们从未接触过真正的中国学者……欧洲人有关中国的知识只是一大堆垃圾，我给你引荐一位老师，他的思想真正根植于中国精神之中……你就能翻译各种各样的东西，自己也写一写，中国也就不会总在世界面前蒙羞了。"[18]

劳乃宣，就是这位真正的老师。这个我们如今已经不太熟悉的名字，在当时可是非常知名。劳乃宣不仅担任过浙江大学堂总理与京师大学堂总监督，还出任过袁世凯内阁学部副大臣，学问与人品都为时人所称道。卫礼贤与劳乃宣的合作堪称至真至诚。卫礼贤对孔子有着深厚情结，他希望能够不带偏见地去贴近孔子的心灵，他动情地写道："穿越了世间诸多时代，我遇见了孔子；穿过凌乱的岁月和欧洲种种关于他的蹩脚材料，他现身在我的面前，活灵活现，笼罩他的仁爱的伟大，我翻译他的名言时，常常为他在场而感动。"[19] 而且，对孔子的评价直接关系到卫礼贤如何认识中西文化之间的差异，他赞扬道："对于自己的民族——一个父权制度下的农耕民族——来说，他已经足够伟大了。我们的基督教文化形成于完全不同的基本前提，所以那种就个别特征对这两种文化进行比较的做法肯定是不可取的。"[20] 同时，卫礼贤的翻译工作并不是单向的。劳乃宣帮助卫礼贤翻译中国经典这件事举世皆知，然而卫礼贤也帮助劳乃宣翻译康德的著作，这一点却往往为历史叙述所遗漏。

卫礼贤在青岛开办了新式学校，不仅传授西方知识，也教授中国经典。值得一提的是，礼贤书院于1905年增设了女子书院，除了教授知识，他们还积极宣传，不让中国女孩子裹脚。[21] 卫礼贤在日本侵占青岛期间也坚守在青岛，那时候他将自己办的学校改造为红十字医院，自己担任红十字青岛分会会长。就在组织会员庇护妇女儿童、救治伤员、掩埋死者尸体的那段炮火连天的岁月里，卫礼贤也没有中断他的翻译事业。[22]而这段悲伤而恐怖时期的故事被他以日记的形式记录在册，如今已经翻译过来，名为《德国孔夫子的中国日志：卫礼贤博士一战青岛亲历记》。[23]

卫礼贤于1920年回到德国，在法兰克福大学教授中国经典，他认为欧洲已经沦陷在贪婪无度的帝国主义和战争之中，中国文化的精神对于挽救这一局面至关重要。卫礼贤对于他同时代的欧洲知识分子有着直接而深远的影响，其中包括海德格尔、黑塞和荣格。作为20世纪西方最具影响力的东方思想支持者，荣格称赞卫礼贤是"来自中国的信使"，并且承认"他从卫礼贤那里获得的教益最多，远远超过从别的任何人那里所能获得的"[24]。

贝淡宁和汪沛打算参观卫礼贤的学校，但是已经不允许访客参观了。他们在门口看了一下那幢建筑——比较明显的德国风格建筑，远远看起来仍旧保持着很好的外观——门卫解释说现如今这里属于一所语言学校，而学校已经搬到了黄岛，留下这个校区，还不知道以后怎么处置。晚些时候他们问司机刘先生，他是怎么看待卫礼贤的。刘先生回答说，青岛的每个人都知道卫礼贤，而且"我们都很敬重他对青岛的贡献"。

回到济南，贝淡宁和一些青岛大学的教授聚餐。他们展现了山东典型的饮酒礼仪，首先是大家一起举杯，然后会有单独的敬酒。贝淡宁问起关于"青岛精神"的话题，来自青岛大学的教授们认为这座城市融合了传统与现代精神中最好的部分。一方面，青岛是个非常开放的城市，不仅是沿海而且是国际贸易的重要港口（尽管没有任何人提到青岛的殖民历史）。另一方面，青岛又深深地扎根于山东相对保守的文化，也深受儒家礼教的影响。相对而言，济南——山东的省会，也是山东第二大城市——就完全根植于传统；而上海就完全是很现代的城市——跟20世纪之前的文化没太大联系。但是青岛大学的教授们却认为上海才更应是中国其他城市需要效法的对象。

随着日军的侵占和中国民族主义的觉醒，青岛作为中国政治典范的日子也渐渐结束。中国著名的反帝国主义运动——"五四运动"——就是《凡尔赛和约》引发的，在青岛遭遇围困之后德军放弃了青岛，日本继而侵占青岛。1919年5月4日，北京的学生公开抗议民国政府的软弱回应，引发了全国性的抵抗运动，这也标志着中国民族主义的兴起。然而，德国自己的历史却不这么乐观。作为两次世界大战中的侵略者，德国都遭受了失败，这样一来，曾经的德国殖民地也很难继续作为中国城市建设的典范了。

贝淡宁在北京见了一群德国大学的学生，这些年轻人异常好奇中国的社会和政治制度。贝淡宁问他们有没有去青岛旅游的打算，而他们却没有这方面的打算。有个学生对贝淡宁说，他来中国不是为了探寻德国。或许这些年轻的德国人有点儿不好意思说他们想去看一看那座当初由德国建造的城市；与此相反的是，很少有英国人对于去香港旅游，或者法国人对于去上海观光有这样大的心理压力。当德国在中国的土地上扮演着极为恶劣的殖民者角色的同时，身处欧洲历史中的德国也并不光彩，或许因为如此，而今的德国人很难以他们从前的历史为骄傲。

如今，青岛是一个有着碧海蓝天的美丽城市，却再也没有人认为这是乌托邦式的政治社群了，也没有人认为中国其他的城市需要参照青岛来建设。或许这也不是坏事。政治理想在社会动荡时期会比较流行，当知识分子需要理想来鼓舞政治运动的时候，这些理想可以投射到那些真实存在的不那么完美的城市中去。然而，当海晏河清的时代来临，大家都聚焦在经济建设上,城市需要好的管理者和建设者,而不是理想主义的政治革命领袖。

当然,这并不意味着青岛作为理想城市的时日也终将结束。哪怕是完全寄托于物质舒适的一生,也需要对更为伟大的理想有诉求;毕竟,金钱只是好的生活的一种手段,并不是它的目的。马克思所说的"高级共产主义",即当我们的基本需求都能得到满足,每个人都将有机会在工作中实现他们的创造性才能。然而,一种同等深厚的人类需求是爱,而青岛也逐渐成为旨在实现这种爱的城市。

爱的理想

根据数据统计,青岛的经济一直在蓬勃发展。到2006年,青岛已经成为世界银行所认可的六大"金牌城市",这是世界银行按照投资环境和政治支持等方面综合考虑,从全球120座城市中排列出的名次。青岛的经济主要由贸易和制造业支撑,然而第三产业,主要是旅游业也功不可没。游客不仅为了青岛的山光水色而来,更有一些是"爱的朝圣者",他们来青岛度蜜月,在如画的海岸线上拍婚纱照。贝淡宁从前与太太宋冰来青岛的时候,就吃惊于海岸线上每十五米就有拍婚纱照的壮观景象。新娘们满脸妆容,基本上都穿着白色的婚纱,也有少数穿着红色的中式传统婚裙。对于中国的新人们来说,青岛就是中国的尼亚加拉瀑布。

贝淡宁和汪沛想要找一些新人采访,他们想问一问:他们为什么选择青岛来拍婚纱照?这座城市对于他们来说意味着什么?他们沿着城内蜿蜒的小径步行,希望能够走到沙滩,然而道路太窄,交通又极其混乱,路面上甚至没有人行道。汪沛有点儿抱怨,南方城市的路面就不会像这样一团糟。这不是他们原先所预期的轻松漫步。最后他们还是打车去了沙滩。

已经大约是晚饭时间了，他们停在一幢漂亮的海边建筑边，打算先吃晚饭。原来这是从前德国军官的俱乐部。一位经理非常友好地向他们介绍了这座建筑，并且带他们大致参观了一下。这座建筑在"文化大革命"的时候遭到了很大的破坏，并不是因为它本来是殖民地的军事遗产，而是因为与基督教的关系。不过，它还是在当地政府的帮助下得到了很好的修复，如今这是一个中德合营的德国餐馆。经理很骄傲地指给他们看墙上德国鹰的标志，这是整栋楼唯一没遭到破坏的一面墙；不知道为什么没有遭受任何破坏。贝淡宁有一点点敏感于他的犹太血统，并不确定这是不是一个很友善的标志；而汪沛也觉得这种标志看起来很凶。无论如何，这里的德式菜还不错，酒水也出乎意料的好。他们听到外面响起教堂的钟声，不过他们忘了数究竟敲了多少下，也不知道当时是几点了。

贝淡宁和汪沛原本打算去采访一些在夕阳西下的海边拍照的新人，但他们忘了这是3月初，海风太猛烈，而太阳落山也太早了。当他们用完晚餐时，暮色四合，海面已经刮起冰凉的风。海滩上一片空旷。难道青岛作为爱的理想的时日也到了尽头？

一个城市经济迅猛增长的代价往往是房价的一路飙升，那些收入不太高的市民会因此而离开这个城市。青岛也不例外。"小青岛"——老城中以德式建筑为主的区域——房价已经高到不可思议。一流的经济需要一流的大学支撑，青岛政府成功地劝说山东大学的六个学院（包括贝淡宁所在的学院）"搬回"青岛（1909年至1958年，山东大学的校区都在青岛）。不过，山东大学新的校区位于青岛东北方向一小时车程的地方，也就是我们之前提到的即墨，多半也是因为那边的地价相对可以接受。然而，即使是在即墨，房地产的走势也在持续攀升，近五年来几乎翻了一番。司机刘先生跟他们讲，他觉得青岛给年轻人的机会越来越少了：这里物价太高，或许是有钱人退休的好地方（或者死在这儿也不错，贝淡宁自己想，跟尼亚加拉瀑布比起来

更像佛罗里达）。

青岛已经失去作为理想之城的身份了吗？随着经济的发展，一切都褪去了吗？贝淡宁和汪沛在青岛老城中继续着他们的探寻。海风潮湿而猛烈，这里的温度比山东其他城市更低一些，难怪是旅游淡季。他们决定先喝杯咖啡暖和一下，路边的这家咖啡馆像是德式建筑，招牌上画着小猫。一推开门，有好几只娇软可爱的猫一起望向他们，还有几只蜷在沙发里的小猫动了动耳朵。咖啡馆所在的楼原来是一位德国牧师的寓所，内部已经看不太出从前的装修风格了。贝淡宁和汪沛注意到咖啡馆放的歌都是英文的，就像他们之前去的好几家咖啡馆一样。而且很奇怪的是，崂山茶还是比较出名的，但是青岛的咖啡馆似乎只有咖啡，没有茶（中国其他城市，比如北京，咖啡馆里是可以点茶的）。他们问咖啡馆的主人——一对可爱的年轻夫妇，很明显能看出来他们彼此相爱——关于青岛的精神，他们回答说青岛对于陌生人来说并不是很友好。然而，司机刘先生之前却给过他们完全相反的回答：青岛人特别好客！或许这就是不同年代的人对于他们共同生活的城市的不同感受：对于年轻人来说，青岛太过保守；对于年纪大一些的人来说，这座城市已经过于开放了。

喝完咖啡，他们觉得稍稍有些振奋，便继续他们的漫步。走了没多久，他们来到了曲阜路，以孔子故乡来命名的这条路的尽头立着一尊孔子像。在曲阜路与浙江路的路口，能够看到青岛天主教堂，它原来叫圣弥厄尔教堂，也是德国殖民时期留下的建筑。贝淡宁和汪沛非常诧异地看到，教堂门前的广场上还有很多新人顶着凛冽的海风在拍照。虽然天气很好，但室外实在是太冷了。这些新娘的裙子都是绸缎薄纱的质地，很难说能有多保暖，但她们的妆容一丝不苟，看起来也完全无惧寒冷，汪沛推测她们或许贴了暖宝宝来保暖。或许激情也能够抗拒严寒？贝淡宁和汪沛采访了刚刚拍完一个场景的一对新人，问他们为什么来青岛拍照。"因为自然景观非常优美，而且青岛的建筑都很有异国情调，"新郎说到这里的时候指着教堂说,"我们特别喜欢这儿!""但是你们不觉得冷吗?""一点儿也不!"

如今在微信朋友圈得以大肆疯传的一些老生常谈,莫过于"激情需要陌生感,爱需要的是安全感"。乍一看似乎真是这么一回事,然而果真如此吗?比如说,我们跟外星人不熟,我们对自己恐怕也未必熟悉。仅凭一种最为抽象的普遍陈述怎么可能击中我们真正的生活呢?

不过,最为抽象的普遍陈述也有正确的向度。比如教堂门口的新人说的,拍婚纱照需要来这种有异国情调的地方。青岛之所以美,不仅仅在于碧海蓝天的自然景观,更是因为这里富有"异国情调",让人们能够从一般熟知的生活中稍稍跳脱出来,提醒人们还有与当下生活完全不同的可能。"异国情调",就是离开自己熟悉的环境,一下子投入完全陌生的地方,而这地方未必美,但它够陌生,够与众不同,与自己曾有过的经验并不相同,足以称之为"异国",就在这种探索过程中,"情调"徐徐摇曳开来,寻常事物在此时看起来更美。作为相异的经验,这大抵算一种"陌生感"?但是寻常事物怎么解释?算不算陌生海洋中的一叶"安全"之舟?这或许契合一般人的普遍经验——"幻想"如果和当下生活有些关联或许更容易维持。陌生中混杂着熟悉的旋律,几近完美!什么都想要,人类的贪婪简直是阻碍他们获得幸福的最大障碍。

然而我们并不能把什么都牢牢抓在手里,很多时候弃绝固有的意见,才是让自己自由地追求幸福的唯一可能。当我们来到一座像青岛这样的城市,又该如何面对它的"异域风情"呢?青岛的"异域"指向的是完全不同的文化风貌——那些陌生的德国人和他们建造的教堂,也指向我们不再熟悉的过去——早期那些宽袍大袖的儒者和他们所践行的烦琐讲究的礼仪。建筑以凝固的史诗的方式默默保存了时间所横亘的距离,青岛似乎像是这个距离本身,我们身处其中,能够感受到全然陌生的气息,却又触摸不到陌生者本身,而我们也已经离本来的日常生活很远了。

在教堂前拍婚纱照的新人。优美的自然景观，具有异国情调的建筑，让青岛成为年轻人心目中爱的理想之所在。

爱情也是这样。众所周知，关于爱情，最著名的莫过于柏拉图《会饮篇》中阿里斯托芬对于爱的本质的解读：人总要寻找自己的另一半，使得自己变得完整。事实上，很多人抱着这样美好的希望去做了，他/她确实找到了另一半，也确实完整了——彻底陷入了完整的孤独。那些没有找到"另一半"的人或许也会经历孤独，但那种孤独与处在"完整"之中的孤独相比，根本不值一提。一个"有待完整"的人还有"成为完整"的人的希望，希望有人做伴而不至于孤独。但是，一个真正自认为处于完整状态的人却没有任何别的可能了，他/她只能孤独。或许，他们还会发现别的愿意与自己共在的人，重新坠入爱河，再去与别人建立"完整"的关系，但他们还是孤独，因为这毕竟不是爱。以"完整"为爱的诉求的行为，怎么可能是爱呢？只是兼并而已。达到兼并最高境界的莫过于我们文章开篇提到的始皇帝，但他大概是整个国家里最孤独的人。所以，这种以吞没对方，或者被对方吞没，或者相互兼并为旨趣的"爱情"没有善终的可能。千万不要误以为征服陌生者就让人激情澎湃，而安于熟悉者就很有伦理感。用权力关系类比玷污爱，实在是人类历史中出现的几大奇想之一。

　　爱永远是伦理的，而激情确实只是感官的。犹如人饿了要吃饭，渴了要喝水，色欲的满足也是一种需要。正如我们之前谈到的蒲松龄《香玉》篇里所直白展现的那样，黄生就是有需要，这种需要事实上不分对象，它投射在香玉身上，也投射在绛雪身上，也许可以投射在他能够触及的一切女性对象身上。需要，如同抽象陈述一样，是普遍的。就像抽象陈述一旦说出，就成为落在实际中的死去文字或者声音一样，需要一旦获得满足，也就立刻消失。对于激情而言，无所谓陌生或者熟悉，它的投射基本等同于暴力。一个明显的例子是，黄生因为绛雪不从他，就要拿艾草去烧山茶树，当然也可以认为这是在开玩笑，但是考虑到故事里人与植物的力量悬殊，我们不认为对于绛雪来说这是个有意思的玩笑。

　　爱情之中没有投射。两个——或者完整或者破碎的——人相遇，在对方面前呈现自己本来的样子，在彻底的真诚之中相爱，以让对方真正获得展露自己本来面貌的自由为初衷。爱这个陌生得让自己大吃一惊的人，从不自满于自己的了解，渐渐觉得熟悉却永远仍然陌生：陌生于他/她的独特之处，任何人（包括自己）都不会拥有的独特的那一点；熟悉于他/她的其他一切，这里的一切都是细节。我们或许可以这么看待新人们热衷于去寻找不那么日常的场景拍摄婚纱照的原因，他们愿意想办法让自己与对方的共同存在置身于"异域"，强行在亲密之中加入陌生的成分，提醒自己这不是日常的爱情，而是独一无二的、鲜活可爱的真挚情感。虽然他们未必真的对自己的选择有所反思，或许拍照场景也只是市场化运作的熟悉套路，但是哪怕是无意识的选择，背后大抵还有这样的一层含义。

两个因为色欲的需求而紧紧缠绕的人未必是陌生人，他们只需要相互熟悉与需要有关的一切就够了，所以大概是最为熟悉的了。彻底的爱需要真正的陌生者，当我们说陌生者的时候，并不是地球人与外星人这样的陌生，意识到这种陌生才是关键。对于独特性的陌生的探求与这种探求的不可能，让我们意识到爱人的独一无二，只有独一无二才真正触及爱的本质。与独一无二者建立的联系才可能是独一无二的，这种个别性反过来让我们确认了自己——原来"我"也是这样独一无二的人哪！这一瞬间，一切爱情之中的细节，都纡徐曲折化为涓涓溪流，而如果这份爱很幸运没有被任何一方兼并掉的话，那么，经年累月，原本只是浅浅一脉的山泉就能汹涌而成宕丽的江河，盈盈一水间，每朵浪花的歌声都袒露出彼此的心迹，每片贝壳的异彩都混入大海的轰鸣。这种陌生性从来没有消失，它隔断出来的距离从未被跨越，它只是更为幽深神秘。

恰恰是这种幽深神秘，保护爱不被权力吞没。亲密之中的陌生，并不意味着总要靠强行把自己与对方都抛入"异域"之中才有可能，而是真的把对方当作独一无二的人去爱，每一次面对都是如此，不去强加，没有勉强，小心翼翼持守着最为亲密的关系中那难能可贵的陌生感，也就是这种日复一日的陌生感——而不是日复一日的熟悉——才有可能带来爱情，而这种彻底的爱所带来的激情，也远非一般的需要可比了。

贝淡宁和汪沛继续他们的漫步，这一次他们在一家装修非常讲究的咖啡馆停下脚步，和身边的两个顾客聊了起来。他们看上去深深地相爱着，一直在轻轻啄着对方的脸颊，相互逗对方开心。他们在一起快一年了，想想那些"多少个月之后激情就会消逝"之类的江湖传说，看到他们这样如胶似漆的情形，真是令人觉得不可思议。他们不是青岛本地人。"那你们为什么来青岛呢？"原来他们是来这里工作的。"那你们觉得青岛的精神是什么呢？""我们也不知道，并不太了解这座城市。但这里确实很美，建筑都很漂亮，"他们笑着回答道，"难怪我们的心情一直都挺好。"

或许我们不该把青岛——或者其他任何城市——视为爱的理想之所在。爱总是关联到两个人对一些更为深层的承诺的表达：长相厮守的愿望，保护彼此的决心，并且（很多时候）打算共同组建家庭。然而，一座城市的独特精神气质无法为爱情提供那么多的支持。尽管如此，一座极具异域风情的美丽城市，仍然能够为人们指出除了平淡庸俗的生活方式之外还有其他可能，也恰恰就是这种可能，帮助那些相爱的人们维系甚至再次点燃激情的火苗。

这就是青岛作为理想之城的故事了。宗教或许未必是精神上的鸦片，但在物欲横流的时代，它所能提供的支持与金钱所能提供的相比，很难说谁会更胜一筹。本来应该是理性的政治成为一种激情，幸运的是，这也只是发生在乱世。在相对和平的年代，就让这些理想主义的激情流向其他方向吧。只不过，爱情也不是一座城市能够给出的；它来自相爱的两个人在相对稳定的日常生活中细水长流地表达承诺和责任。但无论如何，青岛还是有着独特的美感，它夹杂着不同向度的异域之美，当相爱的人们置身"异域",他们从彼此那里探索出新的魅力,无论是温柔还是激情,都会焕然一新,而还有很长的生命在前面,等着这座城市,也等着他们。

1 据崂山统计局统计公布,2012年崂山区接待海内外游客995万人次,其中国内游客863.5万人次;2013年接待海内外游客1147万人次,其中国内游客1119万人次,入境游客28万人次。转引自窦秀艳、杜中新《崂山文化名人考略》,北京:人民出版社,2015年,第2页。

2 "无限相思苦,含情对短窗。恐归沙咤利,何处觅无双。"当然,这大概是蒲松龄的诗谶设定,后两句都是所爱之人被他人夺去的典故,与香玉被蓝家移植走这一后来事件息息相关。

3 香玉与绛雪游园之际,"生暴起。二女惊奔……"黄生突然从树丛中蹿出来,把两位美人吓跑了。

4 青岛的拼音是 Qingdao,这是在1958年第一届全国人民代表大会第五次会议正式批准颁布《现代汉语拼音方案》之后才确定下来的拼写。在此之前,青岛啤酒用的是威妥玛式拼音,即Tsingdao,不过青岛啤酒在当时已经以Tsingdao驰名中外,所以至今沿用了它的威妥玛式拼音。

5 刘宗伟,《案卷里的青岛》,青岛:青岛出版社,2016年,第93-99页。

6 托尔斯藤·华纳,《近代青岛的城市规划与建设》,南京:东南大学出版社,2011年,第271页。

7 王桂云,《青岛崂山闻人觅踪》,北京:中国戏剧出版社,2009年,第6页。

8 康同璧,《南海康有为先生年谱续编》,转引自青岛市文化遗产保护管理委员会《山海之间的诗意栖居:青岛文化名人故居概览》,青岛:中国海洋大学出版社,2015年,第17页。

9 青岛市文化遗产保护管理委员会,《山海之间的诗意栖居:青岛文化名人故居概览》,青岛:中国海洋大学出版社,2015年,第19页。

10 青岛市文化遗产保护管理委员会,《山海之间的诗意栖居:青岛文化名人故居概览》,青岛:中国海洋大学出版社，2015年，第20页。

11 刘宗伟，《案卷里的青岛》，青岛：青岛出版社，2016年，第200页。

12 图中就是我们在前文提到的外部是德式风格，内部装潢是中式风格的原胶澳总督府。可以看出，这座府邸在当时的青岛看起来格外突兀。这张照片是保罗·普拉瑟于1907年至1909年间拍摄的，由格哈德·普拉瑟数字化。感谢柯若朴教授与我们分享这些珍贵的照片。

13 "missionary in reverse"，引自http：//svenrus.dk/hellmutwilhelm2.pdf。

14 Richard Wilhelm, *Confucius and Confucianism*, Translated into English by George H. Danton and Annina Periam, London：Taylor & Francis Ltd，1931，p. iii.

15 周东明，《德占青岛时期的教育策略及其实施》，载于刘善章、周荃主编《中德关系史论文丛》，青岛：青岛出版社，1991年，第147页。

16 王学典、孙虹，《卫礼贤〈中国的精神〉和〈中国人的经济心理学〉读后》，载孙立新、蒋锐编《东西方之间：中外学者论卫礼贤》，济南：山东大学出版社，2004年，第211页。

17 Richard Wilhelm, *Confucius and Confucianism*, Translated into English by George H. Darton and Annina Periam Danton, London：Taylor & Trancis Ltd，1931，pp. 116-117，128-129.

18 刘宗伟，《案卷里的青岛》，青岛：青岛出版社，2016年，第46-69页，第56页。

19 刘宗伟，《案卷里的青岛》，青岛：青岛出版社，2016年，第46-69页，第55页。

20 卫礼贤，《孔子在人类代表人物中的地位》，载于蒋锐编译、孙立新译校《东方之光——卫礼贤论中国文化》，北京：外语教育与研究出版社，2007年，第139页。

21 刘宗伟，《案卷里的青岛》，青岛：青岛出版社，2016年，第46-69页，第53页。

22 刘宗伟，《案卷里的青岛》，青岛：青岛出版社，2016年，第46-69页，第201-217页。

23 卫礼贤，《德国孔夫子的中国日志：卫礼贤博士一战青岛亲历记》，卫礼贤编著，秦俊峰译，福建：福建教育出版社，2012年。

24 C.G. Jung, "Commentary,"，in Richard Wilhelm, trans. *The Secret of the Golden Flower: A Chinese Book of Life*, London：Kegan Paul, Trench, Trubner & Co. Ltd. 1931, trans into English by Cory F. Baynes，pp. 149-151.

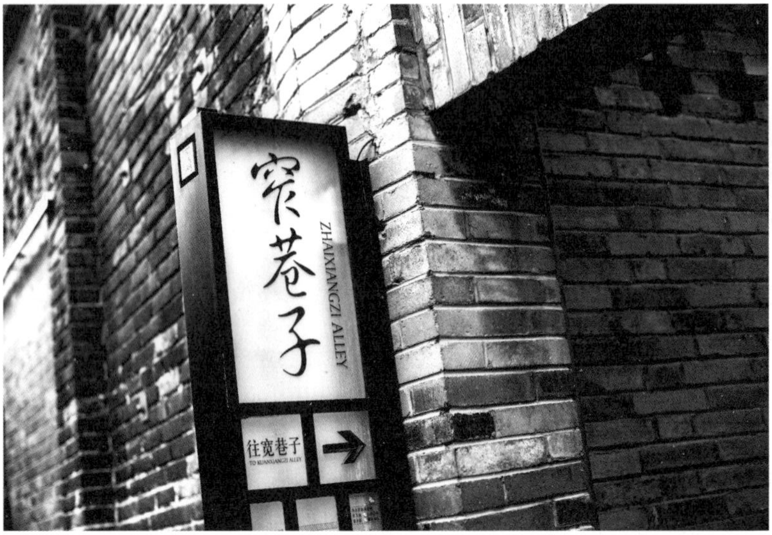
窄巷子
ZHAIXIANGZI ALLEY
往宽巷子
TO KUANXIANGZI ALLEY

成都
Chengdu

安逸包容的花园之城

A GARDEN CITY OF LEISURE, INCLUSIVENESS

by 丛牧 Cong Mu 英国诺丁汉大学英语系博士研究生，生于天府之国四川成都，本科毕业于北京广播学院英语播音专业，长期在英文类媒体从事跨文化的财经和商业类报道，曾供职于《环球时报》英文版、道琼斯通讯社和中国国际广播电台（实习），并于在职期间获得过日本富士通–JAIMS 基金会提供的"东西方知识领袖"项目中国区的奖金。其目前为网易公司一档财经类在线广播节目的特约撰稿人。

成都是中国西南部四川省的省会，是我的家乡。我自小在成都长大，2002年去北京上大学。通过回忆我近来和过往在成都的经历，再加上从其他成都人那里采集来的故事，我尝试通过本文捕捉这座中国重要的二线城市的精神，并仔细探究其人文精髓和价值观。

我相信，正是这些价值观吸引了很多外地人、外国人谈论成都，也让每一个当地居民都为成都骄傲。我的个人之力十分绵薄，或许达不到全面而彻底，但我会尽我所能来展示这座温和却不失辛辣的城市，让你体会到她的风味。

1 寻找成都味

比起北京这种我现在工作和生活的北方特大都市，成都要小很多，更为安逸从容，也不那么"国际化"。成都拥有它自己的标志性香气。每次回到成都，我都能立即从空气中分辨出那股熟悉的气味。那股气味融合了自然的恬静、茶的清新、香火的虔诚和美食的诱惑。我一直都热爱着这种味道。

成都的空气十分特别。它湿润润的——到了夏天又很潮湿——空气中弥漫着新鲜泥土和绿树的香气，至于北京，现在人人都知道那里雾霾严重，十分干燥。

每次走出成都南郊的双流国际机场,吸一口成都的空气(尤其是雨后),我就会情不自禁地想到在成都周边生长的苍翠繁茂的绿竹,以及成都的吉祥物大熊猫——它们喜欢吃竹笋和竹叶。

成都人也很喜欢"叶子",不过自然不是用来吃,他们喜欢喝茶叶。成都的茶馆数量在中国排第一。据美国德州农工大学历史系教授王笛〔著有《茶馆:成都的公共生活与微观世界(1900–1950)》等书〕估计,1942年,成都约有30550人每天都去茶馆。现在,公园、商业区和住宅区里都有茶馆。

茶是成都人的咖啡。茶香淡雅,却和咖啡一样让人唇齿留香。茶坊里,人们总是用新鲜的开水沏茶,等茶泡一会儿不那么烫了就可以品尝了。在泡茶的这段时间里,淡淡的茶香随着杯中的热气飘散开来,缓缓地弥漫整个房间,而人们则坐在那里聊天、打麻将或是谈生意。

据说,很多私人生意其实都是在茶坊而不是在办公室谈成的。原因之一或许是,去茶坊喝几杯茶要比花钱租个办公室更划算。对于自由职业者和做小本生意的人而言,的确如此。但或许还有另一个更重要的原因,那就是待在这种安逸的环境里,人们可以放松下来,自在地交流想法和洽谈。茶坊可以说是一种有形的社交网络。

喝茶之前,先用手触碰茶杯测试温度,并轻轻吹一吹茶水表面,让更多蒸汽一下冒出来,借此了解茶水是否依然烫嘴。与此同时,热气扑到脸上,钻进鼻孔,让人感觉温润清香——在美丽的四川山区,春天的绿茶园里就飘荡着这样的香味。

成都人喜欢大自然,喜欢从容闲适的生活,同时也很注重精神追求,因为他们所居住的这座城市几千年来一直深受道教和佛教的影响。每逢传统佳节,他们就会前往当地的宗教场所,比如中国最古老的道观之一青羊宫,还有唐代佛寺文殊院,该寺供奉的是有大智慧的文殊菩萨。有时候,香火实在太旺,弄得寺庙里烟雾弥漫,看起来就跟着火了一样。

自从我去北京上大学,每到春节,父母都会去青羊宫,点一盏油灯，为我祈福（或许其他成都的父母也是如此）。他们希望这样做能保佑我平安健康、事业顺利。在我离家期间，他们用这种方式继续表达对我的关爱和思念。毕竟，只有把独生子养大到18岁的父母才明白，在面临空巢综合征之际有多大压力。

来到文殊院，能看到寺外有几个衣衫褴褛的乞丐，有些还身有残疾。看到这些乞丐，再加上寺内的宗教雕塑和画作，总是能够强化我们日益弱化的道德意识，提醒我们在这个盲目乐观的时代里，生活中仍有诸多苦难和残缺。正如哲学家阿兰·德波顿在《写给无神论者：宗教对世俗生活的意义》一书的第六章《论悲观主义》中所告诫的那样，世俗之人或许可以从宗教的悲观主义中学会接受现实和人类自身的不完美，以获得更为清醒的认识。

就在这些让人回忆起痛苦和艰辛的建筑旁边，兴建了许多休闲娱乐场所。青羊宫旁边有一座大公园，叫劳动人民文化宫，人们可以在那里打打太极、喝喝茶。

文殊院旁边有一片巨大的商业区，叫文殊坊，占地超过33万平方米，用来展示当地的川西民间文化特色以及贩卖声名远扬的地道成都小吃。这片商业区是近来才发展起来的旅游景点，于2010年完工。区域内所有的建筑都是仿造旧时川西坝子典型民居式样建造的，只有两三层楼高。

享有"天府之国"美誉的成都正在不断扩张它的边界和天际线。日复一日，当越来越多的玻璃摩天大楼和高层住宅从城市里拔地而起时，能重建和保留这样一些低矮的古风建筑，让人们怀念过去，或许还可以畅想未来，岂不是很好？

成都市区里还有其他几处类似的仿古旅游景点，比如锦里古街和宽窄巷子。然而，这些地方并不只是为吸引游客而打造的。本地人也会常到这些地方去，毕竟它们地处市中心，交通便利，而且建筑式样古香古色，十分迷人，可以让人们逃离令人烦躁不安的现代世界。而且，来这些地方可以找到各式各样或美味或古怪的小吃（取决于个人口味），让人大饱口福，流连忘返。

文殊坊里还有一座国学馆，试图教给孩子们中国古代的生活之道，并让成年人重温传统价值观。如果要在文殊菩萨、孔夫子或弗里德里希·尼采三者之间选一个，你猜猜他们谁会更贴近当代成都人的心呢？我觉得这道题的答案一定会很有意思。

我敢出100块赌德国哲学家尼采胜出，毕竟他提出的"自由意志"这个概念在中国年轻人中间很有影响力。事实上，锦里古街和宽窄巷子这些地方只是看似古香古韵，其实你可以很容易地在里面找到星巴克，而且处处都是酒吧——可以说这里是一种咖啡与茶的交融，中西方的年轻人在这里相遇，啤酒味、香水味和烟味混合在一起，耳畔响起的是摇滚乐。到了晚上，这种地方充斥着挑逗的选择和诱人的气息。

诱人的气息其实早在晚餐时间就已出现，在你去各种巷子的酒吧里来一杯之前。在晚上六七点左右，成都的香味就因为不计其数的餐馆炒菜、上菜而变得丰富起来，尤其以闹哄哄、油腻腻的火锅店的火锅味为盛——这座城市的每一个角落几乎都有火锅店。

有很多人下馆子，但也有不少人在家做饭。因此，当你工作了一天回到家，总能闻到小区里各家厨房飘出来的饭菜香，不管是回锅肉味，还是香辣的麻婆豆腐味，全都是正宗川味。

总而言之，成都的气味就是有个性。那种气味集自然与安逸为一体，是感官与精神上的双重享受，既有细节也很丰富，是生活之味。

美食、创新、安逸

说起当地美食，不论是家常菜，还有餐馆里的菜，成都人总是引以为豪。并且有不少成都人都愿意花时间和精力来钻研厨艺，享受和家人一起做饭的乐趣。

记得上中学时，有一年春节，我们一家人在外婆家团年，当电工的姨父彭顺清自豪地为我们端上一盘他自制的太安鱼。太安是重庆市潼南区的一个小镇，距离成都200多公里。太安鱼是重庆一道有名的江湖菜。

姨父从未去过太安镇，但他说他在成都的一家餐馆里吃过一次太安鱼，从此就爱上了那种香辣可口的味道，以及入口即化的口感。于是他决定学做这道菜。不过他不晓得菜谱，所以基本上是凭感觉和记忆"尝试"出来的。

"我告了好多盘才告出来这个味道。"（四川方言，意为：我试了很多次才试出这个味道。）他怀着喜庆的心情把他的杰作摆上桌后，告诉全家人，期望能通过大家的味蕾测试。结果证明每个人都很满意他的发明。就这样，以后的每一年，我们都会吃到"彭氏太安鱼"。

2010年，我的朋友邹茂春回到了成都。他毕业于上海同济大学，在上海和北京工作过四年左右。他一直都想回来，去年他结了婚，老婆也是成都本地人。

2012年4月末，我正好回家乡出差做报道，我们再次相聚，他跟我聊了聊他过去两年的经历，同时我们也聊到了美食。开着新买的现代轿车，他告诉我，成都近来物价猛涨，食品价格也比以前贵了不少。这对他而言就成了个问题，因为他刚结婚，既要还车贷还要还房贷。由于生活成本不断提升，他说他并不确定什么时候要孩子，或者是否要孩子。

根据成都统计局在2012年4月2日公布的年度统计报表显示，成都在2011年的居民消费价格指数（衡量通货膨胀的指标）同比上涨了5.4%。其中上涨尤为突出的是食品价格——同2010年相比，2011年的食品价格增长了12.6%。

从目前看来，能让他（或者说他的胃）感到满意的似乎就只有家乡的美味了。我和邹茂春都还在北京工作的时候，我们几个成都人都爱去几家比较正宗的川菜馆，因为它们的菜品和味道都很正。"味道最重要。"他说。

很多真正的成都菜之所以独具特色，其奥秘在于花椒。根据维基百科介绍，花椒不像黑胡椒、白胡椒和红辣椒那么辛辣，反而有一种淡淡的柠檬味，吃了会感觉嘴有点儿麻，这是因为花椒里含有3%的羟基甲位山椒醇，有了花椒垫底，辛辣调料才能发挥作用。真正好的新鲜花椒面儿能让你的舌头和上颚立即感觉到一种立体却不过分的"触电感"。

根据花椒的起源地雅安市汉源县的县志显示，花椒在中国的地位早在大约1200年前就确立了，当时花椒是皇家调味品。

由于当地的香料品种多、质量优，所以成都人简直无法控制对创造美食的热情。即便是像饺子这样简单的食物，成都人也发明了多种独特的调料，让饺子吃起来别具风味。

在中国北方，人们通常喜欢吃饺子时蘸醋，有时候放点儿碎辣椒。而在成都，我从小到大都觉得吃饺子应该蘸着用辣椒油、糖、酱油、花椒（或许再来点儿醋？）和几滴香油调制的酱汁。但和一些餐馆用的辣椒油调料相比，我的创意就不值一提了，他们的调料可是混合了十余种特别的香料，有的甚至包括一些中草药。

事实上，成都人对美食创新的渴望是得到了国际认可和赞赏的。2011年4月，联合国教科文组织"全球创意城市网络"项目授予成都"美食之都"的称号。

联合国教科文组织称，成都拥有"特级厨师2000余人，国家级烹饪大师和服务大师近300人，成都餐饮行业经营户超过7万多户，餐饮从业人员有60多万"。

"成都菜（川菜）深深根植于这片土地，菜式不断创新。成都菜分为五大类、数十种烹饪方式和风味类型，川菜现在有6000多种，现在成为重要的菜系之一，种类和口味最为丰富多样，在中国和全世界都享有美誉。"联合国教科文组织这样评价道。

在成都，美食家们有一个雅号，被人称作"五香嘴"。成都菜丰富多样,不仅仅要归功于创意丰富的厨师们,也是很多五香嘴的功劳,我的一位自称谢小妹儿的朋友就是其中之一。("小妹儿"是成都人对年轻女性的昵称,也常用于称呼餐馆女服务员。)"成都人很看重吃这件事。"谢小妹儿如是说。

2007年,谢小妹儿在成都一家医疗器械公司工作了半年,然后调到了北京。她告诉我,在成都的时候,她在家里只是简单吃一点儿东西,因为稍后会和闺蜜们一起,到各处寻找各类美食和小吃。有可能是一碗辣得劲爆的"伤心凉粉",几串用竹签串好的麻辣烫豆腐皮,或是一碗鸭血豆腐加牛肚加豆芽混在一起烫的毛血旺。想吃什么有什么。

成都有大大小小的餐馆,为什么没有几家像麦当劳这样标准化的连锁餐饮店呢?原因之一有可能是因为成都人下馆子并不只是为了填饱肚子。他们在外用餐,主要是因为某家餐馆有特色菜或新菜,一般是他们在家做不出来的。他们寻找的是味觉的探险,是要让自己的味蕾接受挑战。

同时,他们也喜欢挑战厨师。在成都当地餐馆,常常能听到挑剔的顾客抱怨某个菜太咸或太淡,炒得太老或是不够新鲜,并且让厨师拿回去重做。我猜想,一些本地人吃不惯麦当劳或肯德基,对洋快餐华而不实的广告不为所动,原因可能就是从烹饪的角度讲,这些连锁店都比不过任何一家正宗的川菜馆子。此外,在一家标准化餐厅里,你不能因为口味不合适就让厨师重做汉堡,因为那里压根儿就没有厨师,味道都是统一的。不是吗?

因此,正如成都人对美食的追求所揭示的那样,他们通常更加青睐有创意的、自发的、灵活多变、花样百出的事物(包括食物),对一成不变、平淡无奇的标准化产品则缺乏兴趣。

据德州农工大学的王笛教授称,20世纪40年代,一些批评家称,成都人太懒散,常在茶馆里无所事事。但安逸悠闲就是成都人的生活方式。

早在2200多年前,成都就是一个成功的农业社会,当时是战国时代，秦国的蜀郡太守李冰于前256年在成都上游修建了都江堰灌溉系统。都江堰奇迹般地驯服了洪水，将成都平原变成了一片肥沃之地。

天府之国的农业蓬勃发展，还建立了集约化耕作模式，人们因此有了更多时间享受生活的美好。

缓慢的生活节奏，再加上当地物产丰富，在一定程度上有利于创新，因为这允许人们去仔细体会生活的微妙滋味。当然，创新并不仅仅局限在烹调上。

早在战国时期成都人就发明了蜀锦，这是中国最早也是最需要技巧的四大织锦技术之一。因此，成都最主要的河流名为锦江。锦江是岷江的支流，从都江堰市蜿蜒穿过成都，并在宜宾市汇入长江。

此外，中国古代最伟大的两位诗人李白和杜甫都曾居住在成都，现代最受人敬仰的现代作家之一李尧棠也是成都人——人们耳熟能详的是他的笔名：巴金。

现今，这座城市开办了几所中国知名的大学，包括电子科技大学、四川大学和西南交通大学。西南交大有一所国家级的牵引动力重点实验室，中国的高铁就是在这里实验出来的。中国最先进的战斗机之一"歼-10"也是"成都造"，它是由成都飞机工业（集团）公司研发制造的。数据显示，2010年，成都高新技术产业开发区在中国56个国家级高新技术区中名列第四，在中西部地区的高新技术区中更是高居榜首。

应该说，安逸的生活方式和生活理念是成都"城市精神"的精髓部分，这种生活态度已经根深蒂固，即使面临巨大的危险时，也未曾改变。2008年汶川大地震发生时，成都距离汶川县只有130多公里，震感强烈。据朋友说，道路都被震得上下抖动，一些建筑物出现了裂缝。许多人不得不搬出楼房，好几个晚上都住在户外的临时帐篷里，等到余震过去之后才能回屋。

我的好友、新华社纪录片导演王冰笛当时就在成都，她说当时很多人在公园里支起了帐篷，但她也看到在她家门口的锦江岸边，仍然有不少人支起桌子打麻将。

7 良好的生活质量源自充足的社会资本形成

成都人始终关注生活质量。我常利用出差的机会回成都看望父母，他们见到我非常开心，即使我只能住几天。

母亲每天早晨都为我准备早餐。但她并不准备让我喝纯牛奶，而是骄傲地向我展示她的神秘自制食谱：她把芝麻、花生和黄豆研磨成粉，再加入牛奶中。

"你看，我磨了一大罐这种养生营养粉，每天都和着牛奶一起喝，非常健康。你也带一些回北京吧。"她说着便从橱柜里拿出一罐700毫升黑白色粉末。"但是这个有点儿油，所以你一天吃一勺就够了。"她又叮嘱道。

母亲十分相信，吃要尽量吃得健康自然才好，因为食物每天都会影响我们的健康——这颇有道家之风，因为《道德经》第二十五章中讲"人法地，地法天，天法道，道法自然。"（声明：我母亲也吃人工加工的营养品，包括我从美国给她带回来的蛋白粉和鱼油。）

对饮食健康的关注也与近年来国内的食品安全问题分不开，食品添加剂滥用越来越多地引发健康问题，为了保证饮食健康，最好在家里做饭吃。

然而，由于工作繁忙，人们在家做饭的时间似乎越来越少。在中国的大城市里，餐饮业是一个快速发展的行业。路透社2010年12月15日的一篇报道称，美国快餐连锁店麦当劳计划从2010年到2013年，将中国的门店数量扩大一倍，增加到2000家，而它在中国的主要竞争对手肯德基在2010年就已经在中国开了3000多家店。在北京和上海，越来越多的这种西餐馆和类似的中餐馆开始进行全天候营业，而像7-11超市这种二十四小时便利店也如雨后春笋般出现。

这些餐馆和便利店都服务于同一个目标：为年轻的都市职场人士提供食物，这些人群所从事的高度专业化工作占据了他们日常的大部分时间和精力，以致他们没有多少时间和精力去干做饭这种家务活。

卡尔·马克思在《资本论》中批评过劳动分工导致的专业化程度越来越高和"劳动的异化"，而美国知名智库布鲁金斯学会第一任主席哈罗德·格伦·默尔顿博士在1935年出版的《资本形成》（Capital Formation）一书中，扼要地说明了20世纪30年代美国资本主义制度下工人的困境。我发现书中的评论依然符合中国的现状，下面是默尔顿博士在书中的一段话：

在（资本主义）社会，生产高度专业化，很大一部分人口必须全年工作，创造特定类型的产品或提供专业服务。有的人当工人或矿工，有的人做牧师或教师，有的人做速记员或书记员，办事员或话务员，粉刷工或水管工，理发师或美容师，还有的人做律师、工程师、企业主管或银行家。对于雇员而言，在空闲时间或业余时间里，根本没有机会直接为自己制造资本货物。

城市里的劳动者不仅仅被剥夺了为自己制造资本货物的时间，更重要的是，他们无暇为自己创造社会资本，这就导致了"社会的异化"。不可否认，做饭是一项杂务，却也是一种日常活动，包括去菜市场和小贩讨价还价，在来回的路上跟朋友、邻居打招呼，和丈夫、妻子或孩子一起洗菜做饭，还有饭后刷碗，然而正是这些日常琐事将人们紧密联系在一起，形成一个个群体和社区——它可以有效地预防"社会异化"或"城市疏离感"这种都市病。若是省去了买菜、洗菜、切菜、做饭的麻烦，那也就丢掉了这一层保护。

所幸在成都，人们下班后依然有时间回家做饭。谢小妹儿告诉我，她在成都时很少加班，总是可以及时赶回家做饭。

此外，很多社区里依旧可以看到农贸市场，它们并没有因大型超市的存在而关闭。通常从家里走十多分钟就能到达农贸市场，而且无须经过危险的主干道，这也为保持在家做饭的习惯提供了有利的物质条件。

近些年来，绝大多数农贸市场都经过了升级改造，提升了卫生质量，也美化了外观。最重要的是，市场里销售的农产品基本都是本地种植，非常新鲜。通常而言，成都并不缺乏新鲜蔬菜和时令水果，荔枝、水蜜桃、荸荠、西瓜、樱桃、枇杷和石榴，可谓应有尽有。

在父母居住的居民楼附近就有两个农贸市场和一家本土超市，离购物中心伊藤洋华堂也不远。超市和商场更为讲究，可能会带给顾客更多的购物便利和享受，但是，母亲依然常去农贸市场，毕竟那里的菜更便宜（由于租金较低），也更新鲜。

而且，菜市场里有很多摊贩，人们可以通过砍价的方式花最少的钱买到最好的菜。在讨价还价上，母亲自有一套很管用的方法，每次去买菜都会使出来——我真心觉得她是在玩一场实时战略游戏。

除了从社会资本形成的角度，我们还可以从知识创造的角度来理解买菜做饭这件事。日本知识管理教授野中郁次郎在与人合著的《动态知识管理》一书中介绍称，美国知识管理理论家彼得·德鲁克提出，我们正处在向知识经济的巨大转变中，在知识经济环境下，知识是最重要的资源，替代了土地、资本和劳动力这些传统的管理资源。在这样的经济中，知识越多，价值就越大。

那么什么是知识呢？野中郁次郎等人写道，知识与书籍或电脑数据这样的东西不一样，知识是主观的，存在于过程中，具有美感，并且要在实践中创造出来。因此，人际互动和人与环境的互动对知识创造十分重要。

或许可以说，在一个职业化和人情冷漠的社会里，人们可以积累很多信息，却无法形成多少知识。这就好像每个人都能有一本百科全书，却很少有人真正明白书中的意义。

今日的成都，社区意识依旧存在，依然有充足的时间供人际交往，这样的环境有利于知识的创造、积累和维护。在如今的经济环境中，可以说知识就是资本，成都人集体创造和拥有生活的知识，所以他们整体上更为富有，也更快乐。

7 社区、河流、环保意识

在北京，每天早晨我都会被住所附近四惠地铁站传来的尖厉列车刹车声吵醒，而在成都，醒来就能听到鸟语花香，感觉神清气爽，从鼻孔到肺都觉得滋润。

回成都出差的那几天，我和父母住一起。拉开卧室窗帘，映入眼帘的是花园里那棵比五层楼还高的松树，距离我只有几米远。我还记得十五年前我们刚刚搬来时，这棵松树只比两层楼高一点。

到了晚上，不管是小区还是周围的街区，都笼罩在静谧祥和的氛围里。

绿意盎然的花园位于小区的中央，其中蜿蜒的走廊上挂满了攀缘植物。周围安静极了，当我打开四楼客厅的推拉窗俯视花园时，可以清晰地听见邻居们在楼下打招呼，还有孩子们玩耍时的笑声。

母亲经常和邻居们一起在花园里"快走"。她告诉我，近来成都的女性都喜欢上了这种"非常时髦"的饭后运动方式。而男人们则喜欢去跑步，或者更倾向于窝在家里的沙发上看球赛。

母亲拉我和她一起去快走，我只好从命。花园里的栀子花正在盛放，桂花的花期则在九月。我们遇到熟悉的邻居总是会寒暄几句，我记得有几个阿姨还总是问起我住在什么地方，在北京做什么工作，有没有找女朋友——就是闲聊一下。

我们走出小区，要去大约1公里外的一座河滨公园，走到小区门口，母亲又和值夜班的保安打了声招呼。和很多这个小区的老住户一样，她认识大门处的每一个保安，进进出出时总会和他们打招呼。久而久之，

泡茶馆是成都人生活的重要组成部分。很多成都老人会在茶馆里度过从黎明到中午的一大段时光。

一些保安就会把他们自己的故事告诉她，比如去年他们什么时候在什么地方抓住了一个小偷，还有个为人父的中年保安曾骄傲地告诉她，他的女儿即将从一所医科大学毕业了。

不得不说，虽然母亲年近六旬，却健步如飞，一点儿也不比小姑娘慢。她患有腰椎间盘突出，便用这种快走的方式当物理治疗，已经坚持了六个多月。她每天晚上都要走上将近一个钟头，现在的她体力充沛。

不久，我们就来到了历史古迹杜甫草堂边的浣花溪公园，这时已经是晚上八点多了。路灯投下黄色的灯光，依然有很多人在堤岸边遛弯，人造假山上树木葱茏，草地碧绿，人们沿着小路上下小山，怡然自得。回想起当年，唐代大诗人杜甫就住在浣花溪的不远处，并写了一首反映当时住房困难的诗歌。

成都天然景色宜人，河流纵横，草木繁茂。然而，成都优美的人文自然环境也经历过波折。锦江有两条支流，即府河与南河，因此锦江也称府南河。当地人称锦江为母亲河，世代以来，他们在河里游泳、捕鱼、洗澡、洗衣服。然而，20世纪90年代初，经济快速发展，工业化进程大大向前推进，府南河出现了严重污染。

1993年，成都市政府拨款3.6亿展开了"府南河综合整治工程"。1998年，联合国人居署称，"府南河的主要河段都已整顿完毕，进行了桥梁、排水沟和堤防的改造，对1000多家污染企业实现强化监督。3万多户棚户区居民迁入了经济适用房。堤岸边13个公园先后修建，河岸改造成了休闲开放空间。"

如今，江水蜿蜒流经市中心，本地人又开始回到治理后的锦江，走入河畔的公园。即便是在白天，也可以看到人们在滨江路的微风中遛狗、打麻将、练太极，或是在岸边公园的树下长椅上打盹。夜里，年轻人汇聚到九眼桥附近的酒吧街喝酒、聊天、听音乐，在寻欢作乐中寻找另一个自我。沿河新建起许多办公楼、酒店、购物中心、卡拉OK厅、餐馆和高层公寓，把工作、生活和休闲都交织在了一起。

香港德裔加拿大籍商人盛智文在香港开办了兰桂坊酒吧街，使其成为香港大都会一个标志性的现代夜生活场所。2010年7月，盛智文在成都开了内地第一家"兰桂坊"。这个酒吧区距九眼桥不远，就在府南河的交汇处。

1998年，联合国人居署将当年的人居奖颁发给了府南河综合整治工程。2000年6月，成都又被人居署推行的人居最佳范例和地方领导项目列为世界十大最佳范例之一，以表彰成都在改善生存环境方面的优异表现。

成都市政府的下一个目标是在未来30—50年内，以英国城市学家埃贝内瑟·霍华德爵士提出的城市规划概念为基础，将成都建设成为世界级的花园城市。

初步举措已经付诸行动。市政府已拟定计划对"198区"进行开发和保护，这片绿带位于三环路和绕城高速公路外环之间，覆盖总面积为198平方公里。据2012年4月17日成都规划设计院网站公布的一份声明称，该院将负责制定规划，在市中心周围建造一座占地130平方公里的湿地生态公园，而这在中国尚属首例。

与此同时，市政府还与周边城市一起，在南区建造全新的市中心，称为天府新区。天府新区占地1578平方公里，预计到2030年，新区人口将达到580万到630万。这个创意在于在未来的特大都市中建立双中心，使得每个中心的公共和自然资源不会变得过于紧张，以免重蹈从单一核心不断向外扩张的城市的覆辙。2011年11月16日，这项计划得到了省政府的批准。2014年10月2日，天府新区获批成为国家级新区。

成都的交通已经显现出了紧张信号。随着私家车数量的逐渐增多，高峰时段的交通拥堵越来越严重。此外，每逢假期，人们驾车旅游和返程期间，堵车也很严重。据《华西都市报》报道，截至2011年底，成都汽车保有量已达200多万辆。

汽车市场如此繁荣，附带影响便是汽车尾气污染达到了前所未有的程度。但是，公共交通资源已经承受了很大压力。2012年1月12日，《华西都市报》在报道中引用四川省第十一届人大代表翟峰的话，称市中心的公路系统最多能承受55万辆汽车，现在每天就有将近45万辆汽车在公路上行驶，难怪朋友们都半开玩笑说成都该改叫"城堵"了。如何解决这一问题，任重而道远。

成都人长久以来一直享受着大自然对成都及其周边区域的丰厚馈赠，包括都江堰市西南部的一片地方，那里绿意盎然，静谧且充满灵性，那就是被联合国教科文组织评为世界文化遗产的道教发源地青城山。到了周末，很多人都会和家人一起，驱车一个多小时前往都江堰，到青城山远足，顺道参拜古老的道观。这或许给了不少成都人环保的启迪。

成都人都知道，如果空气不再洁净清新，如果母亲河受到毒素污染，如果城市花园遭到无情破坏，那么他们将无法继续享受这份自然之乐、安逸之乐。府南河曾经遭受过一次污染，经过了巨大的努力才得以治理恢复。现在，她是这座城市的骄傲和名片，所以，成都人一定会倍加珍惜这片宜居的环境。

包容与开放

城市的不断发展总是需要新鲜血液的注入，包括需要吸引大量的移民和外来务工人员，这对每个快速扩张的城市来说，既是机遇也是挑战。成都也不例外。2011年8月25日，据地方新闻门户网站《四川在线》报道，成都人口和计划生育委员会宣布，根据第六次人口普查显示，截至2010年11月1日，成都有常住人口1400多万。

人口统计局称，成都人口规模的扩大主要是因为流动人口增多，居住半年以上的流动人口约为262万，占常住人口的18.7%。在过去的十年中，成都的人口净增长135万人，其中迁移增长达120万左右，占总体增长的88.9%。

　　这些增长部分要归功于市政府将成都打造成中国西部现代制造业中心的蓝图，因为要实现这一目标就必须雇佣大量产业工人。成都高新技术产业开发区是成都工业化过程中的一颗明珠，它吸引了众多大型国际制造企业来蓉建厂，比如英特尔、惠普公司以及iPad和iPhone的制造商鸿海精密。

　　2011年2月12日，《中国经营报》援引招聘官的话报道，仅鸿海精密集团成都分公司一家企业，就计划在2011年6月前雇佣25万名员工，其中大多来自四川省的其他城市。

　　四川省是中国最大的务工人员输出地，作为省会城市，成都在吸引和保留省内工人方面享有优势。

　　莫仕连接器(成都)有限公司成立于2005年，是世界最大的连接器公司莫莱克斯集团在成都的分公司。成都高新区的网站显示，该公司有员工6300人，为莫莱克斯商用产品部门运营着该企业在世界上最大的制造工厂——莫莱克斯成都工厂。总部位于美国的莫莱克斯集团是一家在纳斯达克上市的连接器产品供应商，提供插头、插座等产品。

　　2012年4月18日，在成都举行的一次《欧洲货币》月刊投资会议休会期间，莫仕连接器成都分公司资深运营总监梁先生告诉我，该公司之所以选择在成都建最大的工厂，是因为相比他们在沿海的工厂，这里更容易留住和培训工人。

　　"我们有很多工人都来自四川。我们发现，我们广东工厂的工人最后都会回到四川的老家，所以很难留住他们。"梁先生说。

　　他还说，从初级员工开始培训是该公司长远战略的一部分，并且希望培养出来的宝贵人力资产能始终留在企业里。他说，现在工人们在成都上班，与家乡距离更近了，可以常回家看看，所以他们辞职一去不返的可能性就小了很多。

此外，四川人和重庆人（大多是汉族，也有部分少数民族）说的都是同一种方言（四川方言或西南官话）的变体，交流起来更容易。梁先生称，他们成都工厂的培训师和工人之间都讲四川话，而不是普通话。普通话虽然是中国的官方语言，但很多地方文化程度不高的人说起来有点儿难。

2012年3月20日，莫莱克斯向成都工厂第三次追加了3亿美元的投资，在高新区建造其全球模具中心和仓库，这是对成都投的一记信任票。

共同的方言，再加上以2000多年历史为基础的共同文化背景，使得成都能够吸引和容纳来自省内各地以及云南、贵州等周边地区的务工人员。

成都人非常喜欢自己的方言，不管是在世界上的任何角落，如果两个成都人碰到一起，马上就会讲四川话。这不仅仅是因为西南官话是官话方言里最大的一支（中国9个省市区都在使用该语言），还因为和1955年设立的标准语言普通话不一样，成都方言是本土才有的，在当地社会中扎根更深，也更具活力。当然了，如果有人听不懂这种方言，他们可以随时改用（哪怕是不那么自然的）普通话。

说起成都话，就不能不提李伯清。评书表演艺术家李伯清是最受成都人喜爱的现代方言大师之一，他在20世纪90年代因在电视上表演评书节目而家喻户晓。即便是现在，人们依旧会谈起他。评书是中国一种传统的口头表演艺术，表演者往往一个人站在台上给观众绘声绘色地讲述中国古典小说、传说和故事。这些故事往往都是一些含有中国传统价值观的寓言。

但李伯清却离经叛道、独辟蹊径，称自己是"散打风格"的评书演员，因为他选择根据自己对日常生活的观察，来创造和讲述属于他自己的故事，而不是一再重复前人所写的故事和小说。他还会在表演中即兴评论社会现象，加以讽刺和嘲弄，总能引起观众共鸣，令人捧腹。

我还记得上小学的时候，每天晚上的黄金时段都会播李伯清的散打评书，相当热门，我们一家人都会在六点半的时候等着看他的节目，看完了才吃饭。有时候，他说的段子太好笑了，我甚至能听到楼上楼下的笑声。

他的段子往往会在有意无意之间揭露成都人的弱点。他有一个很成功的评书系列，借用夸张的手法讽刺一些爱显摆的人。他讲过一个故事，是根据他20世纪90年代在一家茶馆里的观察创作而成。那时候，中国的经济刚刚起飞，许多刚刚下海还没有办公室的人就去茶馆谈生意。其中一些比较成功的商人用上了大哥大——这种移动电话在当时可是地位的象征。

李伯清幽默地说，有一次，他无意中听到一个人大声地在电话里谈论一些匪夷所思的业务，比如给原子弹抛光打蜡，给长城铺瓷砖，还有粉刷月球表面。接着，他看到另一个不服气的人也掏出大哥大，对妻子说，记得让保姆开家里的奔驰车去菜市场买个菜。

李伯清管这些人叫"假打"，这个词是他发明的，并且旋即流传开来，专指那些只会大吹大擂，没能耐却很自负的人。

细思之下，李伯清讲的关于成都人的段子让我们更清楚地意识到了自身的短处，比如贪婪、懒惰、傲慢和偏见。而且，因为他是在电视上公开谈论这些弱点，所以人们也更容易接受在生活中说起这些缺点。比如，要是有成都人想要显摆，他的朋友就会告诉他："你少在那儿假打！"

因此，有这样一个能让人与人之间轻松谈论自身弱点的公共话语空间，使人记得保持谦虚，善待他人，或许又是成都包容性的另一面。

除了李伯清先生，成都还出了两个更年轻、更有名的文化偶像，她们就是两位"超女"李宇春和张靓颖。她们是新世纪的成都更加开放的代言人。

李宇春和张靓颖都是土生土长的成都人。李宇春在第一届超级女声总决赛中夺冠，张靓颖名列第三。

李宇春的外表和声音都很中性，因此受到了不少的争议。有些成都人并不喜欢她这样的假小子，但依然有不少人会为她尖叫流泪。我的小姨就是李宇春的粉丝，她告诉我："春春（李宇春的粉丝给她起的昵称）的表演说明，女人也可以像男人一样帅气。"或者正如《时代周刊》所说，"李宇春代表着张扬的个性，所以才能成为红遍全国的偶像。"

张靓颖则通过另一种方式崭露头角，她最著名的就是她那标志性的海豚音。同时，她还多才多艺，在比赛中先后唱过中文、英语、西班牙语和广东话歌曲，给人留下了深刻印象。据《国际先驱导报》2009年8月2日的报道，在被全国观众熟知之前，成都大约五万名常去酒吧的人就已经领略过张靓颖的歌声了。国内媒体报道称，自从父亲去世后，张靓颖从15岁开始就在成都南门的音乐房子和空瓶子两家酒吧唱歌，赚钱以补贴家用。

由于成都人很接受西方多元的流行音乐和文化，张靓颖在酒吧里接触到了各种演唱风格，包括她个人很喜欢的克里斯蒂娜·阿奎莱拉和玛丽亚·凯莉的风格。事实上，2007年，张靓颖的姨妈就对门户网站新浪网说过，她侄女有一个梦想，就是赚够钱去美国拜玛丽亚·凯莉为师。

我不知道张靓颖是否见到了她的美国偶像，但2009年5月11日，这位流行歌手通过参加美国知名脱口秀节目《奥普拉秀》，实现了她在美国的首唱，也再次让同乡们为她感到骄傲。

事实上，成都的音乐氛围始终是中国最具活力的，这在一定程度上要归功于成都本地人的休闲生活方式，以及对待新事物的开放态度。

2009年5月，成都"热波音乐节"创立，并很快成为中国一年一度的音乐盛事，与国内举办时间最长的户外音乐节"迷笛音乐节"和另一个很受欢迎的音乐节"摩登天空"齐名。

据《中国日报》2012年4月13日报道，2009年的首届热波音乐节吸引了大约15万人，2012年的规模更大了，覆盖了更多的音乐流派，歌手类别也非常丰富，包括中国流行歌手、真人秀电视明星，以及来自国内外的独立摇滚乐手。

该音乐节2012年5月在成都举行，随即转战苏州、上海、西安、武汉等各大城市。《中国日报》称，2012年音乐节的主题是"玩音乐"。

成都不仅接纳来自各地的人，也对新文化和社会潮流采取开放态度，同时保留了它自己独有的从容风格。因此，我认为，联合国教科文组织将成都评为美食之都的评语内涵丰富，用在这里也极为适当：

成都的餐饮市场开放而包容，不仅云集了中国各种知名菜系，比如广东菜、山东菜、淮扬菜等，还吸引了来自美国、法国、日本、泰国、韩国等外国的餐饮企业，实现优势互补，自由地发展出不同的样式。

7 结语

那么成都的精神到底是什么？成都有很多美好的事物，比如自然环境、香茗和美食，都可以构成成都精神的基础，但这些并不是成都精神本身。事物本身并不为人们创造意义或价值，意义和价值来自于人类通过事物所获得的体验。

因此，成都的精神是由一系列价值观组成，这些价值观源于当地人在日常生活中与周围的人和事物的互动体验。这些价值理念每天都反复多次，以不同形式呈现在生活的点点滴滴中，并逐渐沉淀下来，被视为这座城市不可或缺的精髓，被人们记住、珍惜，在关键时刻，成都人会坚守它们。

概括起来，成都的精神中包含了四种价值观。其中，美是排在首位的：自然美，人亦美。成都属于温和湿润的亚热带气候，土地肥沃，植被繁多，是真正的花园城市。各种各样的花草树木和竹子，在路边、公园里、河畔甚至家中，都随处可见。虽然很多人都住在居民楼里，却依然在家中种植盆栽植物。

受益于其地理位置，成都从不缺水，洒水车经常清洗路面，再加上老天相助，阴雨连绵，城里的道路也就不像有些城市那样尘土飞扬，空气也较为清新。

由于市政府很早就意识到水对城市的活力至关重要，成都下了大力气来规划和完成规模庞大的府南河综合整治工程，这在全国乃至世界范围内都是领先的。干净美丽的环境有助于成都人创造、积累知识和社会资本，因为这二者的创造需要有美的体验。比如当地美食的不断推陈出新，就一定离不开当地人的审美体验。

另外，成都美女也是全国闻名的。按照中国传统的审美标准，白皙的皮肤要比深色皮肤更受欢迎。成都女性肌肤白皙光滑，可能是受益于两大自然资源：第一，成都的天空多云，所以女性很少受到暴晒；第二，成都空气湿润，所以美女们的皮肤都是水灵灵的。所以说，美丽和美感是成都精神里最突出的一点。

成都的第二个价值观是卓越。成都在2000多年的时间里一直是很有代表性的农业社会，发达的农业造就了卓越的文明成果，例如，成都制造了像蜀锦这样一些中国历史上最好的手工艺品，出现过以李杜诗篇为代表的中国历史上最优秀的文艺作品。

卓越并不仅仅是一个抽象的概念，成都人的生活环境中似乎随处可见与卓越有关的具体标志。杜甫草堂博物馆矗立在那里，不仅代表着对这座历史古迹的保护，它也在提醒人们，在他们居住的这座城市里，一位唐朝伟大诗人以及很多像他一样的人都曾经在这座城里居住过，有些现在依然生活在这里。近来考古学家在成都金沙遗址内的发现显示，早在青铜时代，古蜀国就是中国最先进的王国之一了。还有始建于汉代的文翁石室中学是中国创办最早且仍在运作的官办学校，它源源不断地为全国乃至全球输送着优秀毕业生，像我的好友、国际纪录片获奖导演王冰笛。成都可谓是人灵地杰。

所以不管你去成都的哪个地方，周围总有事物会提醒你注意它过去和现在的荣耀。潜移默化的，本地人一直受此激励去争取尽善尽美。

成都的第三个价值观是创新。想想你在成都能吃到6000多道川菜，此外还有广东菜、山东菜、淮扬菜和异域美食——成都在烹饪上的创造力实属登峰造极。

我的知识管理学教授比尔·费舍尔是瑞士洛桑国际管理学院的创新管理专家。2011年，我在日美管理科学研究所进修的时候，他告诉班里的同学，保持创新敏捷能力的一个诀窍就是"每天都尝试一点儿新东西"。我想，在成都，如果每天都吃一道新菜，那么所有菜加起来，至少能维持我20年不间断的创造力和满足感。难怪成都有那么多五香嘴，每天到城市各处发掘新菜肴。

成都对创新的追求还体现在她拥有很多所一流大学，为世界500强企业输送高级人才——500强中有200多家已经在成都高新区设立分部和建厂。另外，许多全国知名的书法家、艺术家和小说家都常住在成都，说明这里有适合他们的创作氛围。

成都是一座多元化的城市，它能让你兴致盎然，激发你的无穷创意。

包容是成都的第四个价值观，虽然排在最后，却十分重要。不管你来自何方，你总能在成都找到归属感。2012年4月20日，成都市金融办的负责人就曾在采访中告诉我，从经济角度来看，成都的最大优势之一就在于其辐射长。

该负责人称，作为中国西部的交通枢纽和商业、文化中心，成都不但吸引了来自西藏、青海和陕西等周边地区的商人，也招徕了浙江等沿海地区的商人。

他们选择成都，不仅因为这里的自然环境优渥，还因为这里以社区为基础、以人为本的生活方式。这种安逸的生活方式深深根植于本地的语言和文化之中，是悠久和成功的农业史创造出来的结晶。

在成都，你既可以享受现代工业文明的快捷便利，也可以和朋友一起逛逛文殊坊和锦里古街，慢慢地品茶，喝鸡尾酒，吃小吃，品味生活细节，欣赏世间百态。你既可以坐下来和邻居打麻将，也可以去跳广场舞，和其他舞蹈爱好者一起一展舞姿。

或者，你可以选择去寺庙、书店和国学馆，获得精神的慰藉，进行沉思。你还可以驱车前往附近的山区，或是到更远的震区，去了解生命的脆弱与珍贵。

成都人乐于与人交往，言语幽默，为人谦逊。他们不惧于在朋友面前拿自己的弱点开玩笑，还很喜欢互相打趣，很难说这是不是受到了评书表演艺术家李伯清的影响。

正是这种多元化的环境、自主的选择机会和安逸不假打的生活态度，使成都不仅具备了兼容并包的能力，而且让包容成为这座城市能吸引人留下的一种精神。难怪有人说："成都是一座来了就不想走的城市，是最休闲、最适于居住的地方。"

有意思的是，这种安逸的生活方式反而可能提高效率，因为在工厂和办公室辛苦工作了一天的人们，下班后能真正获得放松的方式不是看电视，而是和家人、邻居以及朋友面对面地交流谈心。人与人的良性互动可以克服"城市疏离感"，以及减少随之而来的抑郁和焦虑。

崇尚包容理念的社区给居民们以时间和空间去创造、累积属于他们自己的社会资本，这样一来，他们生活得更健康、社会关系更加丰富，总体上就更快乐。反过来，工作效率也会更高。

成都的精神就是由美丽、卓越、创新与包容这四种价值观所组成的。失去了这些价值，成都也就失去了吸引力，最终其发展就有可能失去动力。照此看来，成都持续向好的方向发展的关键或许就在于决策者们能否重视这些价值观，并精心设计出呵护培育这一价值体系生长的社会环境，让这座城市的精神得以延续。

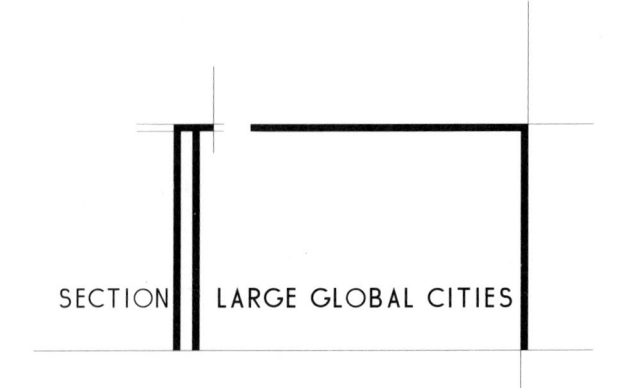

SECTION LARGE GLOBAL CITIES

第二部分　大型全球化城市

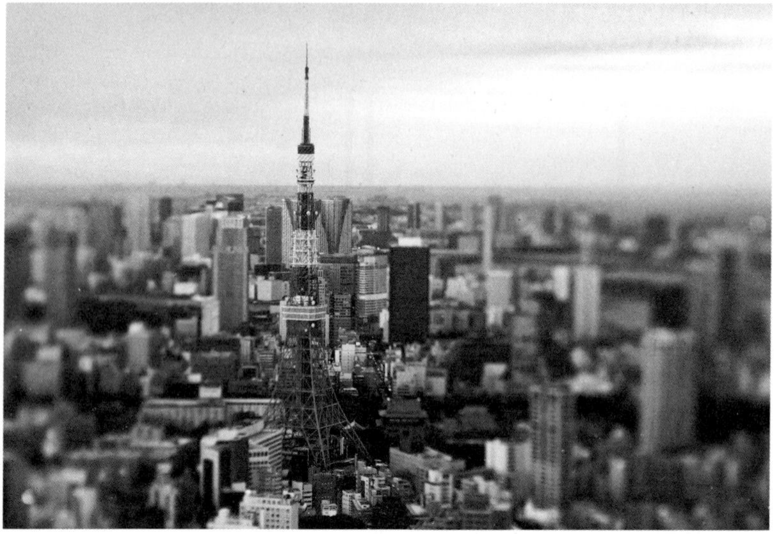

东京
Tokyo

花与火之城
THE CITY OF FIRES AND FLOWERS

by 琳恩·小笠原 Leanne Ogasawara　自由译者、作家,在日本生活了近二十年。先后就读于加州大学伯克利分校(获得哲学学士学位)和威斯康星大学麦迪逊分校(获得日本文学学士学位),翻译领域包括哲学学术出版物、纪录片、日本政府的战略报告以及文学作品。她还是备受赞誉的日本文学杂志《京都季刊》的特约编辑,并在中国香港艺术杂志《亚洲艺术》中发表过文章。她的博客网址为:www.tangdynastytimes.com。

我第一次去东京，是在1991年的复活节，当时我刚过完22岁生日。以前去过印度和爪哇岛，见过不少充满异域风情的城市，但来到东京的第一个早晨，我还是情不自禁地流下了泪水，并在多摩市圣迹樱丘车站前的广场用一部绿色国际长途付费电话，给母亲打了电话。

"这里到处都是人。所有的一切看起来是那么的灰蒙苍白又丑陋，妈妈，这里八成是地球上最难看的城市了。"

沉默片刻后，母亲鼓励我："别轻易下结论……毕竟那里是你父亲最热爱的地方。"

父亲在与癌症斗争很久之后还是走了，与病魔的斗争给我们所有人都造成了巨大的伤害。说句心里话，我、母亲和姐姐都已经身心俱疲，留下了心里创伤。我离开加州，去印度尼西亚的日惹和乌布学习印尼传统舞蹈。可惜后来因囊中羞涩，便听从旅伴的建议前往日本，在那里我可以教英语赚钱。于是我到了日本。我并不是对日本文化或历史感兴趣，只是想赚点儿钱，然后返回东南亚继续跳舞。

然而，母亲的话让我灵光一闪，我想起了父亲是多么热爱日本。他对日本人赞赏有加，还常常说起日本的城市多么有序、干净与和谐，还说日本的乡间美不胜收。

在此之前，见惯了爪哇岛笑容可掬的人和温暖的小镇风情，而在东京，对于我这样一个初来日本的年轻姑娘，无论目光扫向哪里，所见都是一群群面无表情的人，而他们所处的环境更是一个工业化城市，不仅样子难看、毫无特色，还体会不到一丁点儿人情味。

将军之城

东京于17世纪建成，并成为日本权力的中心，相比京都、大阪或奈良，它并不是一座历史特别悠久的城市。事实上，德川家康于1590年初到江户（东京的前身）时，那里还只是一座冷清的小村庄，留有要塞堡垒的遗迹。和巴黎、罗马不一样，东京并非逐渐扩大规模，获得日益重要的地位，从而成为一国首都的；它的经历与华盛顿更为相似，是出于战略目的才被确立为首都的。就连它昔日的名字"江户"，也仅表示"海湾入口"之意，由此可见它当初不过是个小地方。然而，这一切在1603年发生了翻天覆地的变化，江户被特设为德川幕府的所在地，因此成为日本真正意义上的都城。江户从未取代京都作为"国家中心"的地位，然而，在德川幕府的统治下，江户曾一度是世界上最大的城市。

在此，我们先来聊一聊迦太基和古罗马这一对古时的死对头。曾几何时，迦太基盛极一时，堪称地球上最富有的城市。那里有惊人的财富，是繁忙的通商中心。生活在那里的人来自世界各地，包括腓尼基人、希腊人、叙利亚人、波斯人，来自累范特地区的西班牙人、埃及人，还有撒哈拉沙漠以南的非洲人。古希腊历史学家斯特拉博（Strabo）称，共有70多万人居住在这座城市。迦太基云集了很多海洋贸易商，因此拥有强大的海上优势，那里的商人造出了最精良的船只，交易的货物五花八门，从黑檀木和象牙，到非洲的野兽（专供古罗马人斗兽之用）和兽皮，其中包括狮子、大象和孔雀。此外，他们还买卖来自新迦太基（西班牙）的锡和银，以及香料和蜂蜜。这座城市的红酒也是远近驰名，还有一种与古罗马很受欢迎的咸鱼酱（有时候被称为当时的番茄酱）十分相似的作料很受推崇。迦太基面朝大海，拥有优势明显的双港口，若是赶上个万里无云的大晴天，人们在那里甚至可以想象自己能一直看到西西里岛。

只可惜与这座古城对面而居的不是西西里岛，而是罗马。罗马与迦太基在很多方面都极为相似。有时人们称迦太基和罗马为双子城，它们如同受到了古老的诅咒，命运交缠，互相妒忌，互为对手。城市的确具有各自的命运，也可说它们之间存在着业力关系。罗马和迦太基之间牵连甚广，东京和京都也拥有类似的关系，它们不仅在文化上相互竞争，就连命运也纠缠不清。如果不先了解京都，就很难理解东京的历史。

京都在近千年的时间里都是政治中心。确实，即便商业和政治重心都转移到了关东平原上幕府所在的新城，京都也依然是帝都。

8世纪，在京都之前，天皇都以奈良为都城统治着整个国家。奈良古称平城京，是日本第一个重要的都城。平城京以繁华的中国唐朝都城长安为范本建造而成，是丝绸之路的东方终点，经济发达。奈良是一座县城，致力于模仿中国大陆上所有优雅、精致和国际化的元素。在当时，奈良的文化蓬勃发展，是一座重要的国际化都市，时至今日，这座城市的寺庙和博物馆中依然保存着大量文物以及文化财富，而这些文物和文化在它们的发祥地早已绝迹了。早在8世纪，统治日本古帝国的天皇虽然开明，却依然问题不断。784年，桓武天皇下令迁都京都，借此摆脱权倾朝野的佛教神职人员对政治的控制。这座新城市名为平安京，取自平静安宁之意。

在以京都为首都的漫长历史时期里，将军们在镰仓或江户建造了属于他们自己的城市，而京都不仅是帝王之城，也一直是日本的中心。在富有浪漫色彩的想象中，京都不受历史洪流的影响，因此具有永恒的气质。顾名思义，京都的意思就是"一国之都"。因此也就难怪东京与京都的名字相似了。因为京都是"古都"，而东京只是"东边的首都"（永恒京都的东边）。事实上，并没有法律将东京定为首都，所以直到今天，仍有人认为，从法律或官方等方面来说，京都依然是日本真正的首都（其他人则认为这两座城市都是日本的首都）。

与之前的镰仓一样，江户的建造目的只是出于政治原因。从很多方面而言，江户都与京都相反。毕竟京都是一座精致的城市，皇权威威，古韵盎然，江户则是一座边陲小镇，商业并不发达，却具有重要的军事地位。自从第一代德川幕府将军出于军事原因，将这个地方作为日本真正的首都，并迁入了江户城，这座城市才围绕江户城发展起来。

将军之城周围建有大名的宅邸，所谓大名，就是日本封建时代的大领主。幕府将军推行名为参勤交代的制度，该制度规定，所有大领主必须在江户建有宅邸，并且要到江户住上几年。此外，大名结束在江户的居住期之后，就可以返回各自的封地，但必须将妻子和长子（或是继承人）留在江户。这一制度有两个好处：第一，大名必须花费大笔的金钱；第二，大名回到自己的地盘，轻易不敢举兵造反反抗幕府将军，因为他们很清楚，一旦他们在封地上惹是生非，第一个倒霉的就是被幕府将军扣押在江户的家人。

除了大名和武士的大宅，江户这片区域还建造有大量的寺庙和圣祠。这片丘陵地带名叫山手，学者爱德华·赛登施蒂克（Edward Seidensticker）则称之为"高城"[1]（站在这片区域能够俯瞰平原和贵族居住的地方）。当时，山手周围是面积更大的下町，或称为"低城"，是商人和老百姓居住的地方。就像大名和武士追随幕府将军来到江户一样，商人、僧侣和其他平民百姓也随之拥入这座城，随着德川家族日益将实权牢牢掌握在手里，他们也希望为庞大的政府机构效力。到了18、19世纪，江户成为世界上最大的城市之一，与伦敦齐名。

未来之城

从如今的东京依然可以看到这座城市早期的历史痕迹。我哭着给身在家乡洛杉矶的母亲打完电话，就计划去见我即将教课的英语学校的另一位老师吉娜。我从未参加过夏令营或女子联谊会，所以，对我而言，这是我第一次"一见面就要和别人混熟",而外国人在亚洲,总免不了要这样与人打交道。吉娜后来就成为我的媒人,我和丈夫就是经由她介绍认识的,当时,她受英语学校全体工作人员的委托,给予我特殊照顾。我们在车站里的一家餐馆吃了一顿较早的午餐,吃的是荞麦面。吉娜很喜欢荞麦面,还说面条是她的最爱。于是我点了天妇罗乌冬面,那是我这辈子吃过的最美味的一碗面!

"领略东京,最好的方式就是乘坐山手线。而且一定要在早高峰期间去看。那一定是你在穿着衣服的时间里所能得到的最大乐趣。"她笑着说。

我知道山手线是东京最著名的铁路线,它是一条环线,围绕着江户时期的山手区域,该条铁路线也正是因此而得名。就这样,第二天早晨,也就是我来日本的第三天,早上8点,我在新宿站排队,等待登上山手线列车。对于这座城市的感情,这是第一次具有决定性的体验,我认为吉娜的提议真是非常聪明。

乘自动扶梯上到山手线车站,那里是一片人海。东京是地球上人口最稠密的超级都会之一。事实上,首都圈大东京地区拥有人口3500万,它也是世界上最拥挤的城市。而在东京,最拥挤的地方莫过于早高峰期间的新宿站火车了,据说该站平均每天运送乘客350万人次。我前面的乘客人挤人,默默地向前移动,如同潮水一般乘坐电梯去赶列车。因为乘客大部分都是男人,所以那感觉就像是深陷在一片由深色西装组成的海洋中。虽然此时已经是春天了,可直到4月初还在下雪,而且那个早晨十分寒冷。我还记得那些男人都是深色西装套深色外套,还戴着皮手套,而且很多人都戴着博柏利牌围巾。那个时候手机还没有流行,所以四周静悄悄的。

乍一看,车站里的人就如同一堵坚实的人墙,而事实上,乘客整齐有序地排成一队,向依旧关闭着的列车门移动。我们挤不上这趟车,于是站在原地等车门关闭、驶出站。说起来有些老生常谈,可当震耳欲聋的铃声响起,我惊诧地看着戴着帽子、白手套和白口罩、面无表情的车站工作人员，使劲儿往里推乘客，好让车门关闭，列车能驶出站。当我看到男性乘客的脸紧紧贴在冰冷的车窗玻璃上，心里不由得涌起一阵恐慌。老实说，把这里的乘客比作罐头里的沙丁鱼，都算是保守的说法了。

在我看来，这些早高峰时段的火车始终是东京的标志性景象。列车上异常整洁，运行时间分毫不差。彼得·波帕姆（Peter Popham）在《天涯海角的城市》(City at the End of the World)中这样评论东京："因其规模、复杂性和精确程度，东京就好比一台无与伦比的机器。"[2]确实如此，这就是东京给人的感觉：一台完美的高精度仪器。即便是经历了二十年的经济萧条，我也依然觉得，即便是我会离开东京，但我迟早还会再回到这片土地。很多人都有相同的感觉，近来，人们都把东京这座特大城市称作"未来城市"。而这也是我最初的深刻印象——至今我依然这么认为。

过去之城，抑或是未来之城？东京保存了很少的"过去"的痕迹，既很少有古老的建筑，亦没有纪念物，这不仅反映在历史上对这座城市的最古老比喻"村庄城市"，还体现了一个概念，即东京是一座属于"今天"的城市，更确切地说，东京是一座"明日"之城。20世纪80年代，东京的经济实现了腾飞，这个比喻正是那个时候出现的，当时，根据威廉·吉布森（William Gibson）的科幻小说改编的好莱坞电影更是在这座未来城市中取景拍摄，让这个比喻更加深入人心；东京开始从各个方面成为超现代风格的代表[3]。

"未来世界""刀锋城市"，这是日本政府力图塑造保持的城市形象。2011年，《每日邮报》(Daily Mail)网络版发表了一篇有关未来城市的图片文章，该文章提到的第一个项目就是日本政府提出兴建的清水大金字塔城[4]，如果这项工程真的建成，将比吉萨大金字塔大14倍，可容纳75万人俯瞰东京湾。我曾为日本政府翻译过一项长达三年的翻译项目e-Japan。这个项目可谓雄心勃勃，其目标是将日本打造成为尖端的互联网未来城市。这个国家项目在很多方面都取得了丰硕的成果：日本拥有最先进的无线技术，宽带速度快得令人炫目，成本却可算得上世界最低(但日本的Wi-Fi就谈不上同样出色了)。

东京的确是一座未来之城，不过或许并不是日本政府所认为的那样。从整体而言，日本是一个人口快速老龄化的社会，日本的青年文化分量较轻，人口逐渐收缩，由此加剧了老龄化问题。日本最终的人口数量很可能比峰值期低40%~50%。而这(或许)是件好事。同样的情况要是放在欧洲，就会让人悔不当初，即便是在北美，未来200年内人口也将下降20%。我们习惯生活在人口持续增长的社会中，目前对于如何计划或规划，以应对人口减缩，我们既没有想法，也没有相应的专门知识。因此，我们必须学习日本的经验，取其精华，去其糟粕。

除了互联网，日本的高铁和普通铁路网络也是世界上最先进的。我来自美国，时至今日那里的运输系统仍在退步。自从1991年的那个早晨我第一次乘坐山手线以来，日本的城铁便让我印象深刻，我也一直很喜欢乘坐。1997年至1998年的两年间，我每天都乘坐高峰时段的城铁上下班，来回要三个小时，但这却不像听起来那么让人筋疲力尽。到了新宿区，车上的人才会多到让人不舒服，但这种拥挤也能给人带来一种奇怪的慰藉。我始终记得吉娜的话：周围人挤人，你永远都不会觉得孤独。而且，在我眼里，乘客安静、有教养、秩序井然，而这是对人性的一种鼓励。事实上，火车里太过拥挤，我常常被挤得身体都离开了地面。铃声一响，乘客就开始挤进车厢，等到车门关闭、列车出站，人们就会深吸一口气，略微调整位置，站在随着车门关闭而腾出来的狭小空间里，或是把背包甚至是手臂或大腿拉近身体的中心。

这座伟大的城市昔日由武士主宰，如今它属于上班族的城市，而他们就是现今的日本城市武士。这样一说，我就觉得火车成为他们的纪律和勤劳的标志。这个时候，我已经结识并且和哲也订婚了(我再也没能回爪哇岛学跳舞)。有一天，我说我觉得日本的火车很有超现实的意味，哲也说了这样一番话:"在我的想象中,美国是一个允许人们给自己造船的地方。只要能造出最好的船,就能有很多很多钱,还能非常非常成功,这就是美国梦——人可以为自己造船。在日本却不可以这样。我们日本人都挤在同一条大船上,在一条湍急凶险的河上逆水而行。如果我们不互相扶持,不异常努力,船就会翻,我们都会沉下去。"

每每想到日本获得的巨大成功,我就会想起他的这番话。日本没有石油和天然气等任何真正的自然资源,甚至大部分土地都是山区,不适合耕种,但日本却能从二战的废墟中崛起,重建家园,并成为世界第二大经济体,真可谓是奇迹。除了归功于日本人所拥有的坚定意志、不屈不挠的性格和聪明的才智,还能如何解释这个奇迹呢?

难怪詹姆斯·柯卡普(James kirkup)会在1966年对东京做了另一个著名评语:"与其说东京是一座城市,还不如说它是一片辽阔且形状模糊的工业郊区,里面住着世界上最有魅力的人。"[5]

7 村庄城市

在我去过的城市中,东京最像曼谷。和曼谷一样,东京最初也是一个临水而建的省辖市,未经规划,只是盲目地发展起来。江户城内曾经运河交错,人们乘船沿庞大的运河网络穿行其中。正因如此,如今东京都没有笔直或宽阔的道路,从结构上来说它是环形的,就跟曼谷一样。古老的江户城(现在是东京皇宫)是中心,山手区域环绕皇宫,而山手区周围则是无数向四面八方不断扩张的社区。东京城内的一个个街区纵横交错,巴尔泰斯(Barthes)曾说过一句众所周知的评语:"这里的街道没有名字。"[6]东京的地址不是按照地域命名的,一栋建筑有何编号,取决于它建造于何时。彼得·波帕姆说得好,椭圆形的地段自然而然地升高,没有几条街道便于寻找。东京这座城市毫无规划,曾经是一座水上城市,至今依然没有笔直的线路、纵横交错的街道和带有门牌号的房屋,这一点当真是奇怪得叫人恼怒(至少对于更习惯有序城市规划的人而言是如此)。

东京现在不通水路,但铁路的布局和过去的运河相似——在这座城市里,就要依靠绘图、鸟瞰图和著名地标。

然而,现如今,运河早已被铁路线取代,人们居住在铁路动脉周边,因此才有了那个最著名也是最古老的比喻:东京好比一座"村庄城市"。利兹大学的保罗·韦力(Paul Waley)在他那篇水准极高的论文中这样评价东京:

与西方那些庞大整体的城市相比,东京就是一座村庄城市。西方的城市都被划分成不同的区域,整齐划一,而在东京,各种功能设施都乱糟糟地云集在一起,就像一大堆大减价的商品堆在一起。东京变化无常,总是在变迁,西方城市则是由石头建造而成的,将记忆铭刻在纪念碑上。东京是一座存在于史书文字间的平面城市,而西方的城市则注重建筑,是三维立体的。[7]

"没有中心"——从地理上来看,东京的中心是皇宫那片空旷开阔的禁地。这一区域很大,但无人居住,而在这片空旷地域之外,密密麻麻的街区呈环形向外扩展,人们在其中过着自己的生活。而且,这座城市除孕育了越来越多的街区之外并无所出,因此,人们像是与这些街区融为了一体,而这些街区也定义了人们的特征。对于一个大城市而言,东京的街区给人一种令人奇怪的统一感(或者说村庄感);集体的价值和义务在人们的生活中依然存在影响力,记者T.R.里德(T. R. Reid)出版了《孔子住在隔壁》(Confucius Lives Next Door)一书,这个标题就传达了这样的现实。当然,世事始终都在变化之中,可即便是早在20世纪90年代,在我所居住的社区,我就曾参加过各种各样的活动、节庆和礼物赠送活动,而我从未想到在这样一个人口稠密的超级都市会发生这样的事。

按照那个最古老的比喻,不把这座世界上最大的城市(以《吉尼斯世界纪录大全》为依据）想象成一座城市，说来还真是讽刺。维多利亚时代的旅行家伊莎贝拉·伯德（Isabella Bird）是目前所知的第一个把东京称为"村庄城市"的人。她说这话的时候是1878年，自那时起，不管是在外国语中，还是在日本语中，这都成为关于东京的重要比喻之一。

翻看1991年的日记，我看到我写下了一些最早学会的日本语：

Sumimasen：打扰一下，谢谢，请原谅
Yoroshiku onegaishimasu：请多关照
Otagai sama：彼此彼此

回首过去可见，初到一个国家仅一个月，这些表达方式学起来异常复杂。举例来说，之前在印尼的几个月，我背熟的单词主要都跟食物有关！相比之下，日本语就好像一种工具，使我能够融入集体——在这个国家，集体利益大于个人利益。正如哲也所说："我们都在同一条船上，所以我们必须互相扶持。"对于我而言，东京是一座伟大的儒家城市，秉持着符合集体道德准则的义务和社会角色，这座城市的新武士——工薪族——所具有的道德观中很明显保存了这一特征。

樱花和浮世

在和哲也结婚之前，我就喜欢上了我在东京所住街区的节奏和日常活动，那让我感觉非常新鲜。虽然当时年轻，但我很快就明白——我成了这个街区的一分子，甚至深深融入了周围的环境中。我所在的街区叫百草园，意思是这里就像一个大花园，有很多花花草草。这个社区在多摩川的另一边，它所毗邻的京王线，是连通城郊住宅区多摩、八王子市至新宿区的主要通勤铁路线之一。百草园因其李树而闻名于世，每到李树花盛开时，日本人就会重新安排行车时间表，以方便来自东京的人前

来赏花。在那段时间，特快列车会临时在百草园停靠，等到花期过了，就不会再有快车停靠百草园，这一站就恢复成为当地的普通站点。

而河畔也就只剩下一个重要景点，那就是高幡不动寺，这是一座真言宗佛教寺庙，寺里的绣球花举世闻名。除了百草园里的李树花，最美的就属多摩市的樱花和高幡不动寺的绣球花，我居住的社区还有有关稻田和夏季的节日。整个社区紧密相连，才几个月的时间，我就认识了街区里的每一个人，而这确实表示"孔子住在隔壁"——成员之间的亲密关系总是与义务相伴的。除了韩国，日本也相当注重儒家的"和谐"和"社会责任"等概念。说到底，和谐就是日本人行事风格的代名词。"和"字日语读音为"wa"，家长很喜欢用这个日本汉字给自己的孩子（男孩女孩通用）起名字（我丈夫便用这个日语汉字作为儿子的名字：和弥），因为日本人很重视和谐、宁静和集体利益等概念，并且认为它们重于一切。

初到日本的几天后，樱花就进入了盛放期，繁花似锦，我被深深震撼了。之前从未见过如此景色，于是我回到火车站——那个车站与这一名花同名——找到那个国际长途电话亭，又给母亲打了电话。我告诉她，好像整个城市都被这种花灌醉了。就跟集体中毒似的，我还是第一次看到整个街区的人都出来赏花。赏花不是个人行为，而是要大家一起。不管走到哪里，都能看到有人在开满樱花的树下野餐，开派对，而大家聊天，主题都是樱花、美丽的春天、无常（佛教用语）以及樱花对日本的意义。日本人常说他们是随风飘动的樱花，我觉得只有日本才会有这种说法。二十年来，人们的对话大致相同，而樱花每年都会绽放得如此美丽动人。而这或许是关于东京的一个最意味深长的比喻："无常之城"。

2012年1月，《卫报》（the Guardian）刊登了一篇文章，称东京大学研究员预测，东京在未来四年内遭遇强烈地震的概率是50%。[8]他们还预测死亡人数将多达一万。对于大多数住在东京的外国人而言，这简直太可怕了——这座超级大都市里的人口太密集了，而且，日本去年先后遭遇

东京的樱花。樱花对日本人来说意味着美丽与无常。

了东北地区的地震、海啸和核设施污染,造成了惊人的破坏,因此,这样的预测可谓正中软肋。但东京向来地震频发,经常发生火灾事故,因为日本处于地震高发区,东京也完全抵挡不住强烈和持续的地震活动。20世纪90年代初,在我刚到日本的时候,仍有一些年长的日本人依然清晰地记得东京在一场大地震中化为废墟的情形。

在1923年的关东大地震中,共有14万人丧生。当时发生了蔓延范围很广的大火,人们惊慌逃生,却没想到被大火吞没。据说在起火的一刹那,就有3.8万人死亡。迦太基被彻底毁灭了,东京却屹立不倒,就和古代神话中的凤凰一样实现了涅槃,废墟中崛起了新城。仅仅过了22年,这座城市再次毁于1945年的美国空袭。10万人遇害,东京被烧为平地。而且,这座城市还经常发生严重的火灾事故,且火灾所带来的危害比地震还要大。东京自古以来就是用木头建造的城市,江户时期的火灾被富有诗意地称为"江户之花"(取自"江户之花,火灾和吵架"之语)。江户时期的人除了把火灾比作"花",还把这些破坏力巨大且频频发生的火灾形容为"很像是秋天的树叶"。在现代日本语中,江户还常有"火中城市"之意。事实上,只要人们提到东京,不管是用何种语言,都会说东京是一个经受永久破坏和重建再生的城市。不管是三百年前的城市,还是今天的超级都市,都是一样的。这就是东京最持久不变的形象,而这也最为形象地道出了东京人的独特性格。

与伦敦或巴黎一样,东京也云集了来自世界各地的人。然而,这座武士之城的当地人有着大量见于史书的传统。第二代东京人被称为"江户之子",据说代表着"这座城市的精神"。永恒的古都京都以精致和优雅著称,相比之下,东京之子却素以接受无常(并且能够在面对无常时怀有一颗快乐之心)而闻名于世。还有一点是众所周知的,那就是不断面对地震和火灾的威胁,东京人依然充满活力地与人交际,旺盛的生命力就如同"飘零的花朵和坠落的树叶"。他们用"游戏"精神来面对无常,由此创造出了著名的江户时代的浮世绘。现而今这座城市在不断变化,活力四射，超酷，而这种精神将一直是这座城市的特征。

东京一直以来都是日本的政治和商业中心。确实如此，现今各行各业的大型公司都将总部（或是非常重要的分公司）设在这里。在大正时代（1912—1926年），东京还是日本的"现代"文化中心（相对于这座古都保存的传统文化而言）。在我撰写这篇文章的时候，纽约市的日本协会正在日本举行一场重要的艺术展，主题是装饰派艺术运动。展出的真正明星是"现代女郎"。不同的艺术作品中都会出现她的身影。她留着短发，涂着红唇，通常穿着入时，打扮得像摩登女郎，佩戴多件珠宝。有的在舞厅里抽烟，有的在滑雪（也是跟西方学的），但这次展览中的"现代女郎"则是当代东京的象征。

谷崎润一郎在他的小说《痴人之爱》（Naomi）[9]中创造了"现代女郎"这个词。谷崎润一郎在创作这部小说之前住在横滨，见证了西方文化进入横滨，日益流行，比如音乐、舞蹈、时尚杂志，又比如丝袜、高跟鞋。这些从外国流入的"现代元素"引起了巨大的轰动，批评家和知识分子纷纷争论日本女性是否业已堕落，并且很想知道滥交和自私有没有侵蚀日本传统文化。谷崎润一郎后来又见证了东京和横滨在1923年的关东大地震中毁灭殆尽。他搬到大阪后创作了这部小说，讲的是东京的一个工薪族要把他的情妇娜奥密变成完美的"现代女郎"，还要让妻子成为洋派人。这本书与《源氏物语》（The Tale of Genji）形成了很有意思的对比。《源氏物语》的背景设在古都京都，王子光源氏要把年轻的紫姬变成京都古典文化的完美典范。

在谷崎润一郎创作这部小说的时候，日本建造完成了第一条地铁线，从此，银座成为东京的中心。文学翻译家艾瑞克·塞兰德（Eric Selland）这样评论道：

在大正时代，东京真正的中心，也是夜生活和文学交流的活动中心，在浅草区。1925年，第一条地铁线路银座线竣工后，人们的关注焦点转移到了银座。"银座漫步"这个词就是从那个时代兴起的，不管是在视觉艺术中还是在文学艺术中，"现代女郎"都是一切的中心，她有可能坐在咖啡馆里抽烟，或是在浅草区、银座的酒吧里，小口抿着颜色鲜艳的白兰地鸡尾酒。而这可能是东京现代文化的第一次繁荣。人们可以说，东京的现代主义城市文化回归了江户时代，而历史学家则认为江户时代已经具有现代和不朽（有人甚至说江户时代具有后现代感）的元素。[10]

江户时代秉承着"浮世"这一城市生活方式，人们抱着"游戏人生"的态度寻欢作乐，并且认为世事"无常"，由此产生了在这座城市历史上不朽的人物，比如江户时代的花花公子（用波德莱尔的话来说，就是浪荡子）或大正时代的现代女郎。通过这个比喻，也可以了解当今日本政府推行的"酷日本"形象，包括超酷的东京青年动漫文化、街头时尚、动漫真人秀、电子游戏、高科技、可爱（卡哇伊）文化、女仆咖啡馆，甚至是情侣酒店（好吧，或许日本政府并不鼓励设立情侣酒店）[11]，而这些因素也是创造"酷日本"形象的前提。其实这其中也蕴含着讽刺的意味，毕竟日本已经进入灰色的老龄化社会，而日本政府却通过生机勃勃的青年文化来打造日本的国际形象（有人说日本政府之所以这么做是为了打造良好的国际形象，这么做有很多好处，其中之一便是为进入联合国安理会增加砝码……）。

所谓"超酷"，可以从很多方面来看。伴随着更加突出的无常感和对"我们同舟共济"的共识，日本出现了一些世界上最行之有效、也是最严格的回收法规，以及极具创新性的环保产品和制造经验。现今世界上的大多数人口都居住在城市里，环境保护和清洁生产毫无疑问是当今人类最迫切关注的问题。人们不断拥向城市，所以我们也要在城市里改善环境——不然就是在破坏环境。进化生物学家马克·帕格尔（Mark Pagel）这样写道：

现在世界上的一半人口生活在（城市中）。但那些城市一直是攻击的目标、罪恶的发源地、疾病蔓延的场所，那么为什么人们还是趋之若鹜？答案是，城市就好像一个花园，让我们繁荣发展，拥有创造力，做出创新。城市持续存在，70亿人才能在地球上生活下去。说来真令人惊讶，城市竟是世界的新"绿色中心"。[12]

7 东京的设想

西蒙·西巴格·蒙蒂菲奥里（Simon Sebag Montefiore）对耶路撒冷进行了富于感染力的描写，他称这座宗教圣城屹立于世界的中心。在人们笔下，耶路撒冷时而圣洁，时而贱如娼妇，"它如此娇美，犹太人在经典中赋予了其女性形象，它通常是一个鲜活的尤物，一个不折不扣的美女。但有的人也把她描绘成无耻的妓女，或者是被爱人抛弃、伤心难耐的公主。"蒙蒂菲奥里这样写道："耶路撒冷是神的圣殿、两个民族的都城、三大宗教的圣地，它还是唯一一个拥有天堂和尘世两种存在形式的城市。"[13]

蒙蒂菲奥里提出（我很赞同他的观点），伟大的城市都拥有伟大的基础，那东京的基础又是什么呢？东京是一个位于天涯海角的村庄城市，可以说，它从未得到过耶路撒冷那样庄严的宗教地位，也从未像罗马那样掌握着道德指南针。东京不是京都那样的永恒之城，也不是耶路撒冷那样的神圣之都，它压根儿就不曾登上过舞台的中心。如此说来，它也就与贝淡宁、艾维纳·德夏里特合著的《城市的精神：全球化时代，城市何以安顿我们》所介绍的城市截然不同。东京缺乏大多数大城市所具有的市民共鸣。据说耶路撒冷是耶稣的肚脐，麦加是世界的中心，而纽约是全宇宙的中心，东京却向来都只能站在边缘。东京自我标榜为武士和工薪族的前沿城市，却是一个没有规划的城市，没有城市结构，有的只是两点的惊人结合，即传统的集体价值观和对混乱与灾难的自觉接受，而我还要补充一点，那就是这里住着世界上最出色的民族之一。

上面这些内容，是为了说清楚东京对自己的设想，而在我看来，东京对自己的设想，与东京真正是否如此同样重要。东京创造了神话，若没有自我反省是做不到的，而所有那些比喻和常见的说法，在世界对日本的评价和日本对自身的评价中早已根深蒂固，有了它们自己的生命。神话开始一步步开拓它们自己的现实。又或者，神话成为有影响力的故事，让我们着迷。正如我们想象中的所有迷恋对象一样，我们对神话的着迷就发生在现实和想象之间的分裂点上。将有形物体（山水）和人类想象结合在一起，日本人尤为擅长这样的小说创造。此外，当人走进东京的大书店，就能看到很多有关东京历史和文化的书籍，更不用说东京还花费巨资兴建了有关江户历史的大博物馆，而这正是"日本差异"（"日本人论"）文化的一部分。

正如韦力在他的论文中所讲的那样，这与日本人的"无常"概念有着错综复杂的联系。正是因为东京没剩下几座古建筑，故而这一富有诗意的方面——伴随着富于诗意的著名景观、儒家的主张和行为以为季节性的活动——深深地刻在了人们的记忆中，并成为这座城市的真正精神。

城市精神 VS 文化认同

穆罕默德·达维什（Mahmound Darwish）说："城市有属于它们自己的气味：阿卡是碘酒和香料味。海法散发着松树和皱巴巴的床单味。莫斯科是冰块上的伏特加味。开罗是杧果和生姜味儿。贝鲁特弥漫着阳光、大海、烟雾和柠檬的气味。在巴黎到处都能闻到现烤面包、奶酪和各种各样迷人之物的香气。大马士革有股茉莉和干果味。在突尼斯，你在晚上能闻到麝香和盐的味道。拉巴特有指甲花、香和蜂蜜的馥郁香气。一个城市若没有独特的气味，绝对是不可靠的。背井离乡的人都有一种共同的气味：渴望的气味，这种气味与另一种气味很像。那是一种脉动的怀旧气味，犹如一张旧旅行地图，可以指引你，让你找到气味的诞生地。"

海德格尔指出，即便是最没有意义的生活，也需要敏感来应对共有情绪的影响力，因为正是共有情绪赋予我们生活的重要性，赋予各种活动意义。根据海德格尔所说，情绪并不存在于人的体内，而是可以将人囊括其中。也就是说，情绪影响我们，控制我们。一个著名的德语词充分显示出了这一点，正如哲学家们喜欢提醒我们的那样，die Stimmung 既表示情绪，也表示"氛围"（或"气氛"）。海德格尔所说的情绪一般都和音乐或天气有关（与气味有何关系？）。当情绪包围我们的身体时，我们下意识地使自己去适应情绪。确实，人类若要理解整个世界在我们面前显露的方式，就要理解情绪。

弗朗索瓦·于连（François Jullien）在他于2009年出版的《大象无形：绘画中之非客华》（*The Great Image Has No Form, On the Nonobject Through Painting*）一书中，通过中国的山水和情绪之间的联系，讨论了这一点。对于中国传统概念"风"（风→风景、风姿、风仪、风度、风神、风情、风味），他是这样说的：

> "氛围"这个概念在欧洲人的思想中被认为是不能令人信服，毕竟和认知活动不一样，"氛围"在主客观对立这一方面含义不清。氛围是一种来自生命和事物的影响力，只有凭借它给我们带来的印象才能生效：它发出，给予，不再在"那个"或"我们"之间密不可分地循环……确实，氛围就是扩散，分散，难以捉摸……[14]

照此说来，通过呼吸，人们可以吸入山水、空气和社会环境，呼出性格、心和端正的行为。这就像一位儒士——真是太贴切了——他谨慎行为，做任何事都考虑情境，极为敏感。具有自我修养的儒士，能够调整自己，使自己适应氛围，不仅是"感觉在家里"，而就是"在家里"。他之所以始终都很轻松自在，是感觉到了家在他心里唤起的情感，就好像琴弓触碰到了弓弦，小提琴内部产生了共鸣一样；儒士调整自身，体现出了知识，并且熟练应对共同情绪。[15]

城市拥有独特的气味、气候、感觉、音乐和情绪。在欧洲，尽管各个城市十分相似,但它们的文化、精神、氛围、风貌和色彩还是具有令人难以置信且优美不凡的差异,周游欧洲城市的人能立即分辨出来。城市风景与自然风光一样,都是一种特殊的氛围,而居住在城市里的人会逐渐适应城市的氛围;越来越多的哲学家(不过不一定都是政治哲学家),都转而开始支持这样的"地域"哲学观点,来审视人类如何融入他们最接近的当地环境;通过共有的价值观和共有的情绪,在"那里"寻找意义,而且,正是基于这种精神,人们才能说,大城市不仅仅是各个部分的总和。举例来说,在第三次布匿战争结束时,迦太基市民如何央求古罗马人放过他们的城市:"放过这座城市吧,它从不曾给你们造成任何伤害,然而,如果你们高兴,大可杀死我们,虽然你们曾命令我们离开。这样一来,你们就可以把心里的愤怒发泄到人的身上,而不要去破坏神庙、神明、墓穴和这座无辜的城市。"[16]

通过日本人的观点来看待这一问题,可知就某种程度而言,日本是抵制"城市精神"的。据说——我则认为是真的——在民族国家中,只有日本具有压倒性的同质性,即民族=国家=语言=文明=文化。由于这种强烈的同质性,尽管来自大阪、九州和东北的人与他们的家乡有着十分坚固的联系,恐怕其他地方的人也不会像日本人那样,对他们的文化有着如此强烈的自我认同。

我在怀孕期间担心各种各样的事儿,还记得有一天我这样问孩子他爸:"我们是不是应该考虑加入教会,或是信佛,好让我们的儿子在家庭之外,也拥有道德基础?"他脸上的表情说明了一切,但过了一会儿,他还是说道:"我们的儿子是日本人。做一个日本人,他就拥有了他所需要的一切。那不仅仅意味着市民的身份,也如同信仰了宗教。事实上,那强过所有宗教。"

这或许就解释了日本的"无神论",因为他们的文化提供了强大和具有极强凝聚力的道德结构,他们有着共同的信仰、习俗和仪式,这使得人们发自内心地保持共同的身份、集体文化精神。许多日本人都自称是无神论者,他们拥有一套复杂的准宗教的文化习俗,足以满足人们的各种需要[17]。或许这也说明了为什么大部分日本人在他们的文明方面拥有强烈的自我认同,而不是在城市或省份方面(日本和中国一样,省份认同都很重要)。

虽然说了这么多,但我认为,贝淡宁和艾维纳·德夏里特所谓的"城市的精神",自然而然与日本人的偏好产生了共鸣。

7 跳出全球化

我在前文中提到过我是一名译者。除了翻译往来通信,还翻译了大量文件,涉及很多地理文化主题。不论是为日本政府工作,还是为学术机构或公司工作,我翻译的内容都多次涉及形式相对更高的全球化。我翻译过的主题包括:

——企业:拒绝接受美国式的季度绩效账面利润,同时,深深扎根于工厂或商业城市,承诺对当地做出贡献,负起企业的责任,直接拒绝"美国式的资本主义方式"。[18]

——政府:承诺拒绝美国食物的习惯做法,从含有激素的美国牛肉到快餐(慢食运动在日本和欧洲发展得如火如荼。确实,日本越来越向欧洲靠近——逐渐在方法和敏感性方面与美国背道而驰)。

——超越康德和欧洲传统的范畴和定义,以传统东亚的方式看艺术史。

事实上,我最近为东京某大学的一位哲学家翻译了一篇学术论文,主题是"哲学的内在化"。他在论文中反对"国际标准"(根据欧美传统行为准则制定的标准)。这位哲学家支持的并不是文化相对主义,而是主张国际化——不是抹去特点的全球化——应该更接近于对话,而只有扎根于本国的文化传统,才能展开真正开放的对话。这听起来人人都懂,但除非是从主流典范以外的视角来看,因为在为全世界的学术文章读者写论文时,某一领域占据主流地位的形式和类别,会使除西方的类别和方法以外的一切都显得几乎不可能。

在我看来,我们除了把注意力投向城市的生态需要之外,对于城市,我们更应该和需要把焦点转向与文化累加或文化拉平相抗衡,跳出全球化那自以为是的陷阱——确实,我在日本见过很多人一次又一次地抵制以牺牲扎根于当地文化为代价的文化拉平,而这最终跳出了全球化范式。

举例来说,在日本,丝绸之路被当成另一种形式的全球化。这个国家在奈良时代经历了一次世界性的繁荣发展,而在当时,丝绸之路也正处在全盛期。相比我们现在看到的现代多元社会"熔炉",据说丝绸之路时代的人都以他们独特的城市文化为基础,互相交往。联合国教科文组织的服部英次(Eiji Hattori)为该组织的丝绸之路项目起草了草稿,我觉得正是他真正推介了日本的这一观点,而在1988—1997年,这一项目拥有了大量的研究项目和出版物[19]。服部英次得到了两个博士学位(分别是京都大学和巴黎大学),因此拥有深厚的学术背景。然而,他并没有进入学术界,而是加入了联合国教科文组织的巴黎总部,做了二十一年的文化活动部门主任,丝绸之路项目是他获得的至高荣耀。

他提出替代"表面上是全球化,实则是美国化"的模式,他在项目中将"丝绸之路"放在了与他所谓的"帝国(或是在一个强国支配下的世界和平)"的对立面上:

帝国	VS	丝绸之路
垄断		双向贸易/国际接力
独白/宣传		对话
国家		城市/国际
掠夺		共同利益/平等的伙伴关系/相互依赖

服部英次的主要观点是，在丝绸之路时代，各个文化之间的对话是双向的。不是由一边讲话/支配/采取/强加的权力关系，而是基于贸易建立更深入的双边对话；在这一机制下，来自许多国家的人共同开展贸易，互相合作，为实现互利共赢而努力；而不是只由一国主导贸易。

服部英次指出，唐朝时，没有哪一个经济体系或历史角度可以凌驾于其他经济体系之上。人们都是以各自不同的城市文化为基础进行交流。这就是唐朝著名的世界主义。当唐朝被认为是当时所有帝国中最伟大的帝国时，它已在其都城建造了清真寺和教堂，借此欢迎远方的商人——这真叫人印象深刻。穆罕默德在世期间，广州已经有了清真寺。从奈良到长安，再到巴格达、阿勒颇和君士坦丁堡，繁荣、高度国际化的城市将那些古商道上的点连接起来。

日本人非常支持丝绸之路这一主题。2010年，我翻译了一篇对日本最伟大的作曲家之一三木稔（Miki Minoru）的采访稿，令人悲伤的是，他当时还在世，如今却已驾鹤西去。和马友友一样，三木稔因为创造了与丝绸之路主题相关的音乐而闻名于世。在被问及为何将丝绸之路作为互相合作和和平共处的象征，三木稔这样说：

丝绸之路是一条独特和平的商道。丝绸之路连接着罗马和长安，推动了东西方之间的和平交流和相互合作。有一点很有意思，在亚洲，丝绸之路承载着巨大的兴趣和梦想，而在西方，对其感兴趣的主要是考古学家。我从根本上反对当前这种索然无味的状态，随着世界越来越西化，单一文化的趋势越来越严重，而我所能做的，就是在我自己的项目中，选择那种不具"国际化"[20]认同感的艺术家。

日本有充满活力的和平与生态运动，他们对这些关于丝绸之路的观点的接受程度，或许是许多其他国家的人所不能及的。经历了日本二十年来所自我标榜的"丝绸之路繁荣"，其中有两点给我留下了深刻印象：

参加「七五三」传统节日的小女孩。「七五三」是日本的传统节日,三岁(男女童)、五岁(男孩)、七岁(女孩)于每年的十一月十五日去神社参拜,感谢神保佑之恩,并祈祝健康成长。

第一是丝绸之路的历史学者（比如来自龙谷大学的历史学者）的态度；第二是时隔一千多年，大众竟对一个具有世界主义公民精神的时代还抱有热情。很显然，没有人真正谈论丝绸之路的全盛期是什么样子，而积极进取的跨国公司想在世界某个区域分得能源方面的一杯羹，就会拿丝绸之路当口号。但在日本（至少是在日本），丝绸之路主要被当成精诚合作和共同发展的象征，并最终被当成反"国际化"和世界和平的象征。

三木稔在采访中称，随着时间的推移，不同的人之间总是会存在着权力不平衡，而当不平衡向一边倾斜得过于严重时，一方之于另一方就具有压倒性的控制地位，掌握着巨大的权力，由此就会产生怨恨，并最终导致暴力。他相信，唯有通过人与人之间的和谐交流和合作，才能建立真正的和平。然而，如果不退后一步，着眼于更多当地的元素，如何才能做到这一点呢？

这并不是说普遍主义肯定有问题，这只是一个平衡和度的问题。汉娜·阿伦特（Hannah Arendt）认为普遍主义中夹杂着太多她那个时代的政治问题，并觉得这种情形来源于抽象推理，而这种抽象推理是与世界上的真实情况脱钩的，即普遍主义者的目标在于创造出蓝图，让我们以此去想象这个世界"应该"是什么样子；而这也发展成为一项政治目标，旨在控制这个世界，让它变成控制者希望看到的样子。从这个方面而言，她敦促人们接受这个世界真实的样子，而且，为了做到这一点，人们必须首先接受本国的现实和特殊情况。

我非常喜欢威廉·达尔林普（William Dalrymple）的作品。2009年，他在《卫报》上发表了另一篇优秀的文章，主题是旅游写作的未来。其中一段尤为吸引我：

> 上届美国政府给全世界造成了烂摊子，而美国政府里掌权的那一群人都没怎么出门旅行过，这绝非偶然。他们仅仅依赖于政策文件里的信息和记者的报道，而这些记者只不过是在资本主义城市里采访了几个中

产阶级联系人，就写出了那样的报道。一名出色的旅行作家能够让你了解日常生活的方方面面、在报刊文章中鲜少出现的人类存在概况，而且几乎不会受到其他准则的影响。尽管出现了互联网，通信手段也出现了革命性的发展，旅游写作依然无法取代。[21]

读到这一段文字，我觉得自从美国上届政府以来，情况并没有多大改变，美国的政策依然掌握在一群只懂一种语言、对文化不了解的人手里。服部英次在2004年联合国教科文组织的一次讲话中这样说道："文明从来不会发生抵触，只有无知才会导致冲突。"[22]

因此，我才认为应该让城市具有影响力，应该把城市当成花园，里面有由它们独特的文化敏感性和价值观所结出的花朵和果实，以至于在世界上最大和最复杂的大都市中，我们在其本质上也能发现无常的元素，发现突然的变化和难以想象的灾难，蓬勃发展的、巨大的社会成就，铸就了市民乐观坚韧的品质，而这就是东京精神。[23]

1. Edward Seidensticker, *Low City, High City: Tokyo from Edo to the Earthquake*, NY: Knopf, 1983.

2. Peter Popham, *Tokyo: the City at the End of the World*, Kodansha International, 1985.

3. 对于吉布森在泡沫破裂后重返东京一事的精彩描述,详见

   http://www.wired.com/wired/archive/9.09/gibson.html?pg=1&topic=&topic_set=。

4. Cf. http://www.dailymail.co.uk/sciencetech/article-1354540/Tree-towers-Taiwan-mega-pyramid-Tokyo-Cities-future-here.html

5. James Kirkup, *Tokyo*, London: Phoenix House, 1966.

6. Roland Barthes, *Empire of Signs*, trans. Richard Howard, New York: Hill & Wang, 1983.

7. Paul Waley, "Re-Scripting the City: Tokyo from Ugly Duckling to Cool Cat," Japan Forum 18(3), 2006.

8. Cf. http://www.guardian.co.uk/world/2012/jan/23/tokyo-powerful-earthquake-four-years

9. Junichiro Tanizaki, *Naomi*, trans. Anthony H. Chambers, London: Vintage Books, 2001.

10. 艾瑞克·塞兰德(Eric Selland),个人电邮。

11. 因为NHK电视台的电视节目《炫酷日本》而在日本出名,参见 http://www.nhk.or.jp/cooljapan/en/index.html

12. Cf. http://edge.org/conversation/cities-as-gardens

13 Simon Sebag Montefiore, *Jerusalem: The Biography*, NY: Knopf, 2011.

14 Francois Jullien, *The Great Image Has No Form*, *On the Nonobject through Painting*, University of Chicago Press, 2009.

15 想要了解更多关于欧洲人对氛围的理解，强烈推荐 Robert Harrison 2008 年 10 月 7 日在斯坦福电台与 Sepp Gumbrecht 关于气氛的哲学的对谈。

   正如尼采所描述的那样，走进威尼斯漆黑的夜色中，周围的水流声不绝于耳，水的气味扑鼻而来，这样的氛围犹如一首歌：

   威尼斯——在夜晚的桥上

   我站在朦胧的夜色中。

   远处传来一首歌：

   宛若金色的水滴

   流过颤抖的水面，

   凤尾船，灯光，音乐——

   让水滴微醺，进入黄昏中。

   我的灵魂，仿佛一台弦乐器，

   兀自歌唱，实实在在可以触摸，

   一首神秘的凤尾船歌曲，

   随着彩虹色的幸福震颤着

   ——有人能听到吗？

16 Appian, *Roman History*, Trans. Horace White, 1912.

17 Cf. http://www.adherents.com/largecom/com_atheist.html（预计为 65% 的人口。这是日本与欧洲相似的另一处）。

以下是贝淡宁和我共同的朋友，东亚宗教研究学者杰弗里·里奇（Jeffrey Richey）发来的电子邮件："这让人想起了唐纳德·里奇（Donald Richie）的一句妙语：'我认为只有日本的宗教是属于日本的。'我认为里奇说得对，外来的和本土的传统完全融合在一起，与日本的文化、民族和国家身份结合在一起，这些都成为统一且具有日本特色的宗教的不同方面。"在日本，不同的人和社区对此提出质疑，从而维护独立于日本特色的宗教身份（日本基督教、穆斯林、创价学会等），而在我看来，这恰恰是例外才是规则的最佳佐证。然而，"日本特色的宗教"从本质上而言既是本地的，也是全球的。说它是本地的，是因为只有日本人会维护它，它也只为了日本人；说它是全球的，是因为其构成要素（就算是神道教、茶道和其他"典型的日本"传统）都是从其他地方传入日本的，至少从起源上来说是如此。这种情况使人们想起亚历克斯·科尔（Alex Kerr）对日本的那个著名的牡蛎比喻："日本就好像一个牡蛎。牡蛎不喜欢异物，当最小的沙粒或是碎裂的贝壳进入牡蛎壳中时，牡蛎对这些入侵物无法忍受，就分泌一层又一层的珍珠质，包裹住外来物，最后，制造出了美丽的珍珠……同样的，日本给外来文化包上了美丽的外衣，将其变成日式珍珠。"（Alex Kerr, *Lost Japan*, Melbourne: Lonely Planet Publications, 1996, p. 231）.

18 京都另一个翻译员的注释：对于企业责任：我校对过无数企业介绍，那些介绍都诚挚地宣布，通过制造他们的神秘小部件，力求实现贡献"社会"这一最深切的抱负。

19 联合国教科文组织丝绸之路网站：

http：//portal.unesco.org/culture/es/ev.php-URL_ID=36644&URL_DO=DO_TOPIC&URL_SECTION=201.html

20 "Collaboration in Harmony: An Interview with Miki Minoru" – C.B.Liddell and Leanne Ogasawara, Kyoto Journal #74 Special Issue on Silk Roads.

21 http：//www.guardian.co.uk/books/2009/sep/19/travel-writing-writers-future

22 http：//meguro-unesco.org/koen/e-2004hattori.html

23 以下是《看不见的城市》（*Invisible Cities*）的最后部分，"人间地狱"（The inferno of the living）

"人间地狱不是未来才会出现的；如果真有人间地狱，这里就是了，我们每天都生活在地狱中，我们在一起，就组成了地狱。要躲避地狱的痛苦，有两个办法。第一个对很多人而言都很简单：接受地狱，成为地狱的一部分，这样你就再也看不到地狱了。第二个办法有风险，需要不断地保持警惕和畏惧：在地狱里寻找和学会识别哪里不是地狱，哪些人不在地狱中，然后让他们坚持下去，给他们空间。"——伊塔洛·卡尔维诺（Italo Calvino）

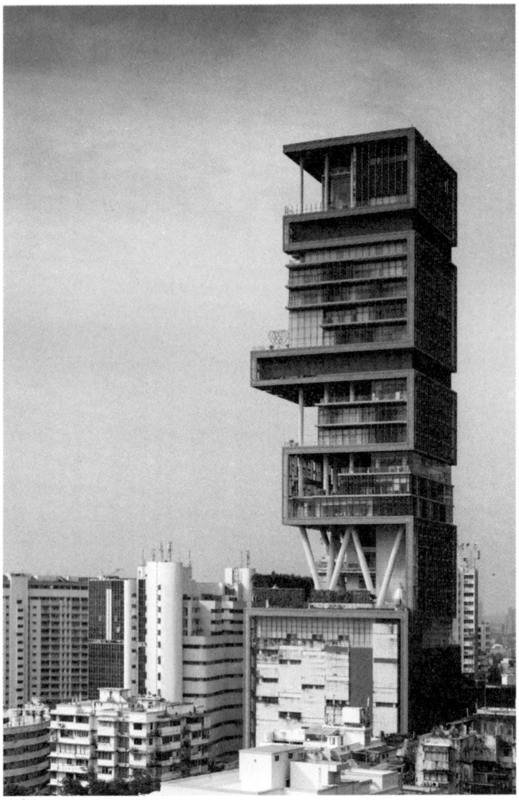

孟买
Mumbai

理想化的世界主义

THE TALES WE TELL:
BOMBAY, MUMBAI
AND I

by 法拉赫·哥德瑞吉 Farah Godrej 加州大学河滨分校政治学系副教授。她的研究和授课领域包括印度政治经济思想、甘地的政治思想、世界主义、全球化、比较政治理论、环境政治思想。她的研究被《政治学理论》《政治学评论》和《政体》等刊物收录，她创作了《世界主义政治思想：方法、实践和纪律》（纽约：牛津大学出版社，2011年）一书。她的新作探讨了南亚的冥想和瑜伽这两大传统所具有的政治暗示，而这二者不仅传统也很现代。她获得了2013—2014年度加州大学校长人文科学研究奖学金。

我于20世纪80年代中叶在印度长大，当时孟买还不叫Mumbai。那个时候它叫Bombay，是距离我的家乡浦那（Poona，后来更名为Pune）四五个小时车程的一座城市。我们常常周末开车去孟买，穿过位于马哈拉施特拉邦西部边缘的西高止山脉，再穿过蜿蜒狭窄的公路和隧道，最后从另一边驱车向下而行，进入这座沿海城市。每次去孟买，我们都很兴奋，因为能在那里玩个尽兴，看戏，听音乐会，参加各种艺术和文化活动，而这些在浦那是很少见的。我们还能吃到美味的异国食物，在漂亮的商店里购物，和孟买相比，我的家乡浦那就显得特别土里土气，过于古老。在孟买更名后的十年里，我家里人，以及几乎所有我认识的人，依然用从前的名字称呼孟买。熟人们谈到这座拥挤的大都市，几乎都不用它的新名字。后来我在美国生活了二十多年，每当美国人问起我来自印度的哪个地方，我总是使用孟买的旧名字，说我在"Bombay附近长大"。他们听了之后面露疑窦之色，问："你说的是孟买吗？"我还是坚持说："不，我们叫它Bombay。"

我过去常常以为，我和孟买这座城市的关系只能从这种混乱的角度来看待。我会常常解释说，旧名字Bombay代表这座城市著名的世界主义精神，而"孟买"则代表着反世俗和原教旨主义政治等新兴力量的胜利，他们甚至还呼吁对这座城市里的少数族裔进行种族大清洗。我会强烈坚持，但凡用"孟买"称呼这座城市，就是向使其改名的印度教民族主义屈服，是与那些人暗中勾结，他们歧视女性，崇尚父权，支持种族主义和原教旨主义。持这种看法的人并不只有我一个，近年来，学术界、文学界和新闻记者在对待孟买的历史上，不可思议的惊人一致。他们认为，孟买的更名表示，本土主义者排斥这座城市历史悠久的世界主义特质，此外，更名也是比较大的政治目标的一部分，而这个目标是在孟买和印度实行恢复更纯正、更本土化、"马哈拉施特拉"的文化和语言。孟买城里会聚了很多外来移民、外国人和少数族裔，形成了混杂的社会特征，因此也被认为是造成这种文化污染的罪魁祸首，并且也要对该地区马哈拉施特拉土著居民随后所遭受的压迫负责。因此，印度学者托马斯·布罗姆·汉森(Thomas Blom Hansen)称，孟买更名源于马哈拉施特拉土著居民长期以来的渴望，那就是"让孟买本土化，让它只成为马哈拉施特拉邦人的社会，只讲马拉地语"[1]。

刚提笔撰写这篇文章的时候，我考虑从共同的文化、历史和文学故事的角度，来思考孟买世界主义的起源，并且审视这些故事是如何与我自己的经历相交的。然而，我发现，我并没有费尽口舌去论证孟买的世界主义是否禁得起时间的考验以及其准确性，而是主动去检视这一说法是如何产生的，去解构孟买世界主义这一神话创造。我发现，孟买宏大的世界主义"故事"，以及世界主义消亡的"故事"，同样具有虚构色彩。如果恰如汉森所称，一个地方的身份、社群意识和假设的特性，是不可能不证自明或是十分稳定，如果在这样的实体[2]中总有多重意义、很多故事和固有的不稳定性，那么，在孟买历史的主流叙事中，寻找不稳定、多重分歧和受到压制的替代选择，从而对孟买的发展进行思考，就再合适不过了。相应的，我还发现，这样的挖掘使我开始剖析我个人叙述中的内在虚构。通过挖掘孟买的历史，我发现并且承认孟买存在的阶级结构和特权，我对孟买所谓的世界主义的理解正是基于这二者，这些长期存在的虚构元素也是我与这座城市的关系的一部分。因此，这篇文章意在挖掘，找出旧孟买世界主义之死这个错误说法（而这也是新孟买崛起的标志）所蕴含的意义。

大家都对孟买的殖民史很了解，人们都说，这段殖民史大约始于16世纪初。七个独立的小岛上分布着几个村落群，当时的居民大都是克里斯人，这些土著以打鱼、务农为生，崇拜很多不同的女神，其中包括孟巴（Mumba），据说Bombay和Mumbai这两个名字都是由这个词演化而来。该地区的穆斯林统治者签署了一项条约，将这些岛屿送给了葡萄牙国王。而葡萄牙统治者陶醉于刚刚获得的土地上的田园风光：那里有无数的猎物，有郁郁葱葱的树林，他们称之为"a ilha da boa vida"，意思是美好生活的岛屿。[3] Bom Bahia（孟买）这个名字就是由此而来，意为美丽的海湾。1661年，布拉甘扎的凯瑟琳与英王查理二世成婚，这几座岛屿便被当成嫁妆，送给了英国，据说现代孟买就是从那个时候诞生的。七年之后，英王把孟买租给了东印度公司。在英国的统治下，孟买广有盛名，是"商贸之城，充满活力的通商和金融中心，经营者是来自不同群体的商人"。[4]

阿尔君·阿帕杜莱（Arjun Appadurai）有句评语十分出名，他称孟买是国际性商贸都市，在那里，"人们因经商而相识"，锻造和重新制造出跨越种族、语言、地区和街区的联系。[5] "我们知道19世纪及之前（比较模糊）的孟买，现金和在各种交易之间的现金流通是社会性的重要因素。有了这两点，才会有世界主义，因为现金来自远方，源头也各有不同，而现金在孟买本地的流动则跨越了种族和地区的界限，现金的存在既是实业的，也是市民的。"[6] 正是这种有关都市化、实业和以商业为驱动力的世界主义构成了孟买的特征：人们一心只顾着赚钱，无暇去关心宗教或种族冲突，而且，人们早就说过，这种追逐金钱的社会风气会无视原始的公共关系。但凡提到美国多元文化主义的成功，人们总会听到"熔炉"这个词，而令人吃惊的是，孟买的神话与它类似：在一个城市里，居民要么是移民，要么就是移民的后代，人们只忙着以追求"孟买梦"为基础，建立彼此之间的联系，因此，"对其他居民的过往并不感兴趣"。[7]

商业中产阶级创建了孟买的工业，并让它发展得如火如荼，他们都不是孟买所在地马哈拉施特拉邦的本地人——他们中有古吉拉特印度人、穆斯林、亚美尼亚人、犹太人，以及我的祖先信仰袄教的帕西人。在孟买，有的道路、纪念碑、社区、广场和公共建筑，是以来自少数族裔移民社区的杰出人物的名字命名的，正是他们建造了这座城市，投资慈善事业，建造了孟买的公共机构。阿尔君·阿帕杜莱称，"在19世纪和20世纪的孟买，袄教徒慈善家（比如吉吉博伊、惠迪、科瓦思杰、贾汗季，以及后来的塔塔斯）对市民生活和公共生活至关重要，这是孟买公共领域世界主义的一个例子，而这样的例子很多。"[8] 与此同时，孟买的沙逊码头是以大卫·沙逊的名字命名的，他是来自巴格达的犹太人，于1832年经波斯来到孟买，开创了棉花贸易帝国。孟买超越了印度次大陆上的其他城市，一直以来吸引着无数的人从四面八方前来，逐渐发展成为"典型的现代印度城市，也是组织化资本主义、工人阶级文化、贸易联盟和各种现代机构的中心"。[9]

在文化创造领域内，孟买也成为艺术、文学、电影、建筑和戏剧的中心。所有具有创造性、尖端、先进、激进艺术的东西似乎都来自孟买。[10] 首都德里一向都被认为是"气氛沉闷，充满了官僚主义风气"，相比之下，孟买则"充满活力，有进取精神"。[11] 人们都说，孟买之所以有这样的活力，原因在于孟买以激进的杂交和混合闻名，在种族、民族、宗教和语言等方面并不"纯正"。比尔·阿希克罗特（Bill Ashcroft）告诉我们，没有哪个后殖民城市能像孟买那样，发展出如此百花齐放的文坛，他提到了萨尔曼·鲁西迪、罗辛顿·米斯垂、安妮塔·德萨伊和费尔道斯·根戈等人的小说。在这些作品中，角色的婚姻往往超越了种族和文化的界限，"各种宗教和睦并存"，这是一种乌托邦式的关系，代表着"这是一座多元化的城市，秉持世界主义，拥有无尽的活力"。[12] 这座城市拥有流浪的性格，有能力吸引来自世界各地的人来行商，安妮塔·德萨伊（Anita Desai）在她的小说《鲍姆加特勒的孟买》（*Baumgartner's Bombay*, 1998

年)中对此进行了深刻的诠释。这篇小说里的主人公是一个德裔犹太人,他在犹太人大屠杀期间逃出纳粹德国,此后在孟买度过了近40年的舒适生活。阿希克罗特表示,这样的故事反复出现在后殖民时代的小说里,标志着孟买是个开放包容的城市。

这样的故事还赋予孟买"自我创造、自由和理性"[13]的美誉,而这可谓实至名归。吉安·普拉卡什(Gyan Prakash)在《孟买》(Bombay)中说:

> 你是谁,以何为生,爱的人是谁,与之结婚的又是谁——所有这些都不是社会习俗能够左右的。这座城市里的一切,凭借的都是自力更生,是自主意志和灵敏度的产物,是才华和手段的成果,是勤奋和想象力的结晶。这就表示……在那座城市里,人们怀揣雄心壮志,虽社会冲突不断,却也是个秩序井然的地方——既可以理性判断,也有进步的观念。因此,孟买想方设法在个人的自由和野心与集体责任感和秩序这二者之间维持平衡。孟买是印度最有活力、最组织有序的城市。[14]

孟买的历史,就是建筑在这种充满活力和想象力、多元和自我创造的基础之上,这里有印度人、科利人、穆斯林、欧洲人、葡萄牙天主教徒、英国人、袄教徒、犹太人、亚美尼亚人,所有这些身份一直以来都完美地交织在一起。

我的孟买:错位的世界主义

孟买就像一个家,欢迎各种各样的人前来,自从我和这个城市建立了联系,这一概念就引起了我的共鸣。小时候,对孟买的最早体验总是受到父母那种游牧民族生活方式的干扰。父亲是位商业货船船长,所以会带我和母亲乘坐他驾驶的各种船只去航行。在我出生后的那几年,"家"就在大型油轮的船长室里,在海上漂泊几个月,等船靠岸,就去世界各地的城市。五岁那年，父母带我去了日本。在接下来的四五年里，我能讲一口流利的日语，而且，无论从哪一点来看，日本都成为我的家。1981年，父母决定回印度，这个时候，"家"这个概念彻底变得模糊不清了。我不会说印度语，我们在家里主要说英语，而我的第二语言是日语。我对印度没有感情，父母说印度虽然是个奇怪、肮脏和混乱的地方，但这里才是我真正的家。他们非说日本不再是家了，而我却在日本生活得十分惬意，把日语当成了母语。我八岁时重返印度，这让我从很小时候便开始竭尽全力应对身份这个概念。

在迷惑不解的我看来，我自己身份混乱，孟买同样如此，但它还是温柔地默许了我的混乱。我既是印度人，又不是印度人，因为帕西人并没有被当成土生土长的印度人。他们被视为比穆斯林和基督徒更格格不入的移民族群，至少后者是土著印度人，只不过改变了信仰。当初阿拉伯人征服了波斯帝国，强迫那里的人改信伊斯兰教，我的祖先（袄教徒帕西人）便是在那个时候从波斯逃了出来。8至10世纪，他们被印度西海岸古吉拉特邦的一位当地统治者收容，于是便在那里定居下来。一千年之后，这些移民的后代呈扇形向南移动，来到了孟买这座处在东印度公司管辖的岛屿上，成为掌握这座城市大多数资本的精英阶层的一分子，他们控制着城里的公共和政治生活，迫切地促进孟买的"世界主义、现代和非马哈拉施特拉特质"。[15]

帕西人一开始只是古吉拉特邦海岸上的一个商业移民社区，后来成为印度最西方化、最组织化的殖民精英。正如人类学家谭亚·鲁尔曼（Tanya luhrmann）告诉我们的那样，大多数帕西人都"将英国统治的确立视为具有决定性和偶然性的事件，帕西人隐藏在心中的那些'潜伏的特质'才得以释放"。[16]帕西人都是"英国化、受过良好教育的绅士，再加上他们既是印度人又拥有不同的气质……这些著名的帕西人属于孟买似乎再合适不过了；他们的职业、思想观念和性格都很现代，所以只能属于这座岛屿城市"。[17]

八岁前我走遍了世界，在那之后我回到了印度，从而在很多方面都体会到自己与印度的差异和格格不入。我是"外国人"，因为我的肤色较白，更为西方化，而且，我常年住在国外，不适应印度尘土飞扬的环境、弥漫的臭气和方言。我的祖先不是"真正的"印度人，所以我的差异就更明显了。然而，在孟买，这种差异感似乎彻底消失了，因为这座城市接纳了很多像我一样无法彻底认同印度的人，从来都不会让我们因为"非印度"而受到责难。我的很多帕西人亲戚在孟买住在有着门禁系统的社区里，而社区是由帕西人慈善家在18世纪和19世纪建造的。只有帕西人可以住在这些社区里，对租金受政府管制的公寓的合法权利则是代代相传。能在这些公寓楼出现的非帕西人只有仆人、兜售各种水果蔬菜的小贩、送报纸的或是偶尔的访客。我去那里看望亲人，总觉得他们十分褊狭，傲慢地坚持远离其他"不开化"的印度人，而且拒绝承认自己是真正的印度人。还有一点让我很尴尬，我们的帕西人祖父母、伯祖母和伯祖父有时候大谈过去，说英国殖民统治时代更为"文明"，而我们现在却要遭受"暴徒的统治"。他们中的一些人拥有俗气的英国皇室纪念品，还充满感情地把它们摆在客厅，作为对帝国忠诚和怀念的标志，这种现象十分常见。

但孟买还是热情地接纳了我们这样的人，允许我们待在与世隔绝的小社区里，没有一丝怨言。吉安·普拉卡什曾说，孟买沿袭着"一种生活方式，它容许社会和文化的差异……还拥有权宜之计和处理差异和分歧的日常艺术"。[18]帕西人在孟买的社区恰恰是这种权宜之计和日常艺术的有力证明。在这种社区里，与我的家人相同的人骄傲地紧紧抓住他们的祆教信仰和传统，同时在有需要的时候，也可以融进孟买各个都市化的角落，乘坐城里的出租车，享受城里的美食，徜徉在海滩和著名的散步场所，在最闻名的商店里购物，参与正如火如荼发展的经济。

从小到大，我都很不乐于见到亲戚们坚持将自己和其他印度人区别开来，即便如此，我还是很感激孟买能够允许我们保持这样的怪癖，让我们依附于我们那不拘一格的身份,并且沿袭我们自己的生活方式。我一直都很感激,在孟买没有人会因为我的不同而多看我一眼。在印度的其他地方,人们总是对拥有白皙肤色的我行注目礼,我被看得浑身不舒服,从他们的眼神就知道他们在怀疑我是否是"真正的"印度人。[19]20世纪80年代初,我们一家人回到印度,我非常努力地融入周围的环境,想要抹去我的格格不入,我学说印地语、马拉地语和古吉拉特语,而且不带一点儿口音。可是不管最终觉得自己有多像印度人,我总是觉得白皙肤色和西方化的说话方式出卖了我,显得我缺乏原住民性,我常常都觉得自己因为这些外国人的标志而受到别人的审视。只有在孟买,我的不同才显得不是问题,帕西人就跟孟买的其他人一样,也是多元化孟买的一部分。他们那含含糊糊的印地语在流行文化描写中被亲切地拿来开玩笑,他们的怪癖常常是当地八卦的主题,他们那奇怪保守的宗教更是引起了人们的好奇心。但他们因为在这座城市商业发展中所扮演的重要角色而受到尊敬,他们的工业、慈善事业、教育和文化遗产都被视作孟买这片土地的组成部分。

就这样,我能够像普拉卡什所说的那样,"在孟买这个社会和语言混杂的世界里",体会到"归属感",尽管这里依然存在冲突和矛盾。[20]在孟买我发现,人们不仅经常遇到五花八门的差异,还常常被引导去接纳这种差异,并将其融入他们自己的生活方式中。在孟买,差异是可以自行完全融入自我当中的。比尔·阿希克罗特引用列维纳斯(Levinas)的话,将这样的孟买称为"欢迎差异",有能力"接纳与己不同的差异"。[21]他还引用乌尔夫·汉纳斯(Ulf Hannerz)的话,将孟买这种真正的世界主义视作"一种导向,一种与他人建立友好关系的意愿……向多元文化体验敞开怀抱,而这种做法充满了智慧和审美趣味,探索的是差异而非一致"。[22]

每每提到孟买的精神,最常见的就是"世界主义"这个词,而人们也经常用它来赞美这座城市五彩缤纷的文化、丰富多样的宗教和语言,赞美孟买能接纳所有这些不同。但孟买的世界主义不是那种乏味或肤浅的世界主义,仅仅使人联想到"文化融合""宽容"或是"共存"。这些特点虽然真实,却不足以用来描述孟买的世界主义到底有多深刻和复杂。孟买的世界主义对我而言更为熟悉,因为它不断地要求我们打破自我,去融入完全不同的世界,去改变我们自己的传统和生活方式,并且不要只是以宽容异己、视其为不合己意的差异来迎接这个挑战,而是要将其深刻的见解当成自己的观点。[23]这不仅仅是接触"打破、唤起和改变的东西",而是培养了一种能力,让人们去接受并且偶尔吸收差异,并将其为己所用。

我曾经以为,由于小时候一再面对外貌和文化上的错位,会让我害怕出现更多的不稳定和不确定。然而,我发现有一点让我感觉非常安慰:孟买的世界主义,其实是迫使人们每一天在很多细小的方面改变自己。但要在孟买乘坐公共交通工具时这么做可并不简单,坐在拥挤的通勤火车和巴士上,坐在座位上动弹不得,周围挤满了人,他们说着各种语言,阅读各种语言的书。你要和他们共享珍贵的狭小空间,听他们在通勤时间低声祷告,要是乘坐的是长途火车,有时候还得和他们分享食物。你常常会和你那些穆斯林、基督教、印度教的邻居一起,庆祝他们的宗教节日,你和他们共享圣餐,祝他们开斋节快乐或排灯节快乐或圣诞快乐,虽然你自己并不过这些节日。每天有源源不断的人前往哈吉·阿里清真寺(这座清真寺供奉着一位苏菲派圣徒。清真寺就位于延伸进阿拉伯海的一条很长的石头通道上)参拜,其中有印度教徒、锡克教徒和基督徒,甚至还有袄教徒!他们全都虔诚地向这位已故的圣徒祈求,仿佛他们是不是穆斯林其实并不重要。在胡里节(色彩的节日)或象头神节(主神伽尼的节日)等印度节日中,熙熙攘攘的人群走上街道庆祝,喧闹地列队游行,音乐声四起,人们跳着舞,还开玩笑地朝彼此撒彩色粉末。每逢这样的场合,在狂欢的人群中,印度教徒和非印度教徒一样多,喧哗的音乐和鼓点齐鸣,令人晕头转向,几乎没人还记得哪些人是严格意义上的信徒而有资格庆祝,哪些人不是。孟买的所有人都不得不掌握多种语言,这样才能跨越种族和语言的障碍，去和别人交流：一个古吉拉特商人会说流利的马拉地语，以方便和客户交流；或是一个在孟买出生和长大的南印度人，操持着一口独特的印地语方言，听她说话，你会以为她是个土生土长的孟买人，而事实上她却不懂她自己的母语。这样的情况都很常见。这就是孟买，而我越来越热爱这样的孟买。在这里，不管是婚姻、就业、居住，还是语言、口味、娱乐、文化活动，可以说是一个个现场，人们在这些场合不停地跨越种族、阶级、语言和宗教的界限，创造出全新的自己。但我和许多其他人都发现，当我们所熟识的孟买更换了新名字，这种世界主义就受到了威胁。

旧孟买逝去，新孟买诞生：更名的政治意义

1995年11月，孟买正式更名，提出更名的是印度右翼原教旨主义政府，他们坚持认为这座城市的名字应该"本地化"，从而折射出该城之名的当地起源，即来源于科利渔民的当地女神孟巴德威（Mumbadevi）。旧名字会让人想起它是来自殖民时代，起源于西方，把这座城市的名字本国化，不仅代表后殖民时代的自主权，也是一个姗姗来迟的纠正行为，象征着当时的印度执政党湿婆神军党创造的本国化世界。从表面上看来，改了新名字也没什么大不了，只不过想表达一下结束殖民时代后印度人的骄傲而已。接受前殖民地人民的自治愿望，根据原住民的传统来给自己的城市更名，让他们为自己的城市选择名字，还有什么比这更正确的政治立场呢？但对我们很多人而言，孟买更名的政治意义与一个极为危险的现象有关，或许就和让那个殖民时代的名字从表面上体现帝国的影响力一样危险和阴险。

湿婆神军党公开宣布要实现本土主义目标，即宣称孟买是属于说马拉地语的当地人的自然财产。该党党首巴拉·萨克莱（Bal Thackeray）曾坦白称自己是希特勒的仰慕者，是个激进的民族主义者，经常猛烈抨击"外

人"，比如古吉拉特人、南印度人、世界主义的精英以及穆斯林，认为他们侵占了该地区社会、文化和经济生活中本属于马哈拉施特拉土著居民的合适地位。萨克莱公开发表这种具有侵略性、男权主义、好战的仇恨言论，说什么"马哈拉施特拉邦属于马哈拉施特拉土著居民"，并且呼吁北印度人（孟买的大部分出租车司机都是北印度人）返回他们在北部的村庄，还呼吁印度穆斯林回巴基斯坦去，他认为这些人不可能成为"印度国"忠实的国民。湿婆神军党越来越受欢迎，人们通常把这种情况解释为萨克莱的政治观点在马哈拉施特拉中产阶级土著居民中引起了共鸣，这些人长久以来都认为他们在政治和经济两方面都被边缘化了，认为非土著居民抢走了他们的机会，这些人通常享有更多特权，更有进取心，受教育程度更高。萨克莱投其所好，唤醒他们的文化自豪感，发表反伊斯兰、反西方、反精英的排外言辞，敦促中产阶级马哈拉施特拉土著男性通过"坚持自己的意见"，来重新树立他们的男性气概，而为了做到这一点，他们通常都会采取暴力手段。[24]

　　就这样，湿婆神军党的影响力不仅仅通过公开言论和政治选举来传播，还随着暴力的盛行而日益发展。湿婆神军党的士兵我行我素，经常按照萨克莱的命令，使用暴力手段表明立场：他们既是真正的政治掮客，也是这个城市秩序的捍卫者。警察大多都很无能，往往还同情他们，所以就睁一只眼闭一只眼，甚至还经常公开参加这样的暴力事件。关于这种有法律等于没法律的情况，最令人震惊的例子就是1992—1993年的孟买宗教暴动。当时，湿婆神军党的暴徒杀人、强奸、残害全城的穆斯林。警察往往是助纣为虐，就算是没有参与这些行动，也没有阻止暴行。萨克莱公开煽动这样的群体暴力冲突，声称马哈拉施特拉土著居民就应该对这些吸光马哈拉施特拉邦生命力的人发泄怒气，并且不会为此受到责怪。在这段群体暴力时期，萨克莱和湿婆神军党的暴行，常常都被视作末日的开端。人们常常说，孟买著名的世界主义多元化的崩塌，就是从湿婆神军党在政坛崛起之时开始的，这个党派在孟买的社区中制造了敌对关系和互相猜忌。

20世纪90年代末,我自己的命运再次与这座城市的命运交缠在一起。我在美国求学七年,之后回印度待了一段时间。我虽然错过了近些年来孟买历史上最重要的一些活动,但这些活动的影响依然十分明显。我很快就发现,我曾经那么支持的多元化早已被破坏殆尽,现在的情况令人极为不安。我在孟买的一家金融研究机构工作,很快就过起了孟买职业女性的生活。我在一户人家里寄宿,租了一间与他们的公寓分离着的工作室。我每天都乘坐拥挤的公交巴士,吃着由著名的达巴外卖送到办公室的午餐。到了周末,我就去孟买有名的餐馆大快朵颐,参加世界级的文化和音乐活动,看戏剧,听讲座。但我始终感觉当时的孟买精神中缺少力量,即将消亡。经常听到其他受过高等教育的同事公开表达反伊斯兰情绪,这让我惊诧不已,他们说要"摆脱那些人",重建以印度人为主流的社会。

布鲁姆·汉森(Blom Hansen)和其他人提醒我们,自从1992—1993年的暴乱以来,这种排外言论开始出现在受过良好教育的孟买中产阶级中。"'给穆斯林点颜色瞧瞧'真是大快人心。支持民族多数主义正义,反对……国家'纵容'和保护少数派……从人力车夫到受人尊敬的家庭医生,最激进的种族排外言论广泛蔓延。"[25]每逢大型宗教节日,警察越来越多,公共区域的氛围越来越让人害怕,在公开场合表达宗教信仰常常会让人想起那次大暴乱。我看到全城都有萨克莱的巨大户外看板,他那张沉郁的脸经常显示出雷霆之怒,头像下面是用马拉地语写成的民族主义标语。

我太害怕了,我热爱的这座城市正被逐渐破坏,被越发褊狭的氛围所笼罩。湿婆神军党那些"本土性"的言论让我神经紧张,不仅仅是因为我属于一个少数非本土社区,还因为我曾经是那么依赖孟买热切地允许和接受各种差异,并促进了差异的发展。我对孟买怀有一种特别的亲切感和感激之情,因为它允许我们完全融入其中,推动我们彼此深入交流。

最重要的是，我感激孟买，还因为我正是在那里形成了我的早期性别体验，这一体验是我的身份认同的一部分，而我觉得这座城市的都市气派和世界主义精神对我的身份认同有影响。要看一座城市里的男女两性关系，不仅要看女性是否拥有地位（正如贝淡宁、艾维纳·德夏里特提醒我们的那样），还要看在一个城市的公共场合女性会面对怎样的对待这个问题，后者才能凸显出性别关系如何。确实，整个印度的性别关系受到各种形式的父权制遗产的伤害。控制女性身体的情况在印度很常见，特别体现在强调"妇德"的父权控制上，而在民族主义者的话语中，越来越多地提到厌恶西方（和西方化的）那种十分开放的性表现形式，而这只不过是他们打的幌子而已。印度的"传统"（仿佛印度的传统只有一种样子）往往都被说成是纯洁和贞洁的象征，而这一点将印度传统和其他文化中令人厌恶的放荡区别开来。而且，维持贞洁的手段，主要是靠控制女性的性欲和性自主权。

尽管对性别的攻击持续不断，但孟买一直以来就有抵制父权的传统，我认为这是一种解放。在孟买，经常能看到受过高等教育的职业女性，而且，我独自乘坐巴士、火车或出租车出行，从未感觉不安全。事实上，孟买火车上的通勤者是出了名的警惕，以免对女性构成性骚扰。要是有人被指责在拥挤的列车上乱伸黄油手，通常都会被大伙儿猛揍一顿。身体行为包括衣着和步态，可以显示出女性拥有多大程度的自主权，而在孟买，女性几乎可以自由地做任何举动，并不会因此而招来别人的目光或骚扰。就连科利以打鱼为生的女性虽然和最传统的人生活在一起，也会把传统的马哈拉施特拉式莎丽服卷到膝盖以上，就好像穿短裤一样，把强壮的腿部露在外面，以方便大步走路，同时维持顶在脑袋上的鱼篮的平衡。

一开始我并不知道孟买在尊重女性方面有多进步，直到我二十五岁左右时第一次去德里。在孟买，少男少女都穿短裤和T恤衫，可以自由地在巴士和火车上走来走去。女性露出手臂和大腿，一般没什么大不了的。而德里相反，两性关系则受到北印度极端父权的支配，只要女性身着太过西方化的衣服，或是露出太多皮肤，就会遭人白眼，有时候还会无端受到公开骚扰。我很快就了解到，在德里只有穿着朴实传统的长衫裤才不会引人注意。我听过很多悲惨的德里公交巴士强奸案，还有人警告我不要独自在公共场合逗留太久（如果我穿着西方化的服装，就更不能这么做了）。

在孟买，我感觉无拘无束，十分自由，我的身体我做主，愿意裸露哪部分身体就裸露哪部分，用不着为身体的自由而羞愧。事实上，我是在去过德里之后才了解到这种自由，在德里，男性总是向你投来审视的目光，这既让人焦虑，又让人抓狂。[26] 在孟买的文化生活中，性的表达相对自由：宝莱坞电影、民间舞蹈和戏剧里的暗示，每逢宗教节日和其他庆典，常常都会有人在公开场合跳舞，这些都促进了性的表达。吉安·普拉卡什谈到孟买一直以来在性表达方面十分自由："这个城市拥有不受社会习俗约束、大胆无畏的精神，这便是这座城市的神话，在这个地方……因为破除两性习俗而产生了巨大的能量和兴奋，使现代生活发生了动摇。"[27] 原教旨主义者也开始炮轰这样的性主张。作为重新主张马哈拉施特拉文化和父权的演讲的一部分，萨克莱现在将注意力转移到情人节这种并无实际意义的西方引入文化上，坚称应该禁止这样的传统，因为它们代表着西方的性开放观念。湿婆神军党的受雇暴徒经常闯进酒吧、迪斯科舞厅、音乐会甚至是私人派对，并要求这些地方关门歇业，理由则是这些地方鼓励女性做出"品行不端"的行为。萨克莱还威胁要废除孟买的性自主权和男女平等，建立男性父权，而这正是湿婆神军党总体目标的一部分。他们发表咄咄逼人的激进言辞，就是为了要实现这些目标。

对于我们这些不能容忍湿婆神军党及其政治主张的人来说，我们拒绝使用孟买那个所谓的"正确"的新名字，是为了能让孟买恢复到昔日的样子。我们抵制给这座城市更名，抵制新名字所代表的一切。而我们的西方世界的朋友和同事则十分尊重这些从前遭到压迫之人的意见，支持他们在后殖民时代重新主张身份，用正确的名字来称呼孟买，我们这些在孟买的人通过亲身经历发现，曾经遭受殖民的人在后殖民时代掌握了权力，而这其实是一把双刃剑。这些"被殖民者"并不是毫无差别的实体，让社会中的一部分人得到权力，代价往往是让另一部人边缘化、被剥夺表达意见的权利或是被忽略。在这种情况下，孟买的新名字最终只能代表排外、父权、煽动仇恨、反伊斯兰、为城市更名的多数主义者实行的"城市大清洗"，以及各种形式的排斥和压制不同意见。

确实，自从更名之后，近来很多关于孟买的作品都围绕旧孟买之"死"这个主题，并常常说这座城市"遭到了严重的破坏"。

曾经，纺织厂和码头发出嗡嗡的工业响声，现在能听到的是后工业时代大都市的刺耳声音。原来这个地方界限分明，有码头工人、雇员和工会，现在的社会则含糊不清……贫富差距巨大。人口呈现出计划外的爆炸式增长，公共服务人满为患。本地主义者群情激昂，社区暴乱，贪腐的政客和贪婪的商人相互勾结，破坏了公民意识，让这座城市不再具有凝聚性和世界主义精神。湿婆神军党在1996年正式为孟买更名，对很多人而言，改名使得已经发生的转变变得正式有效了。[28]

印度最受欢迎的新闻杂志之一《瞭望》（Outlook）在2002年直言不讳地说，印度"最自由、最具经济活力、最多元文化的城市就此消失了"。印度最优秀的文学界人士也体会到了同样的痛苦：孟买在萨尔曼·鲁西迪（Salman Rushdie）的小说中扮演着重要角色，他在1983年出版的小说《午夜之子》（Midnight's Children）中，描述这座他小时候居住的城市里住着各种肤色、各种种族的人，1995年的小说《摩尔人最后的叹息》（The Moor's Last sigh）则称这座城市里随处可见种族冲突和腐败。罗辛顿·米斯垂（Rohinton Mistry）在2002年的小说《家庭琐事》（Family Matters）中，急切地力求重新体验"热带卡米洛特（tropical camelot，传说中英国亚瑟王的宫殿，比喻民众心中完美的政治期望）风格、各个种族和宗教和平友好共处的黄金地点"的精神，后来却只能郁闷地告诉我们,"现在什么都没剩下……让我们讲一讲城市之死的悲伤故事吧"。

这样的城市之死,常常都和孟买的"去世界主义"[29]或"本地化"[30]联系在一起,以及这座城市作为印度的国际中心的偶像地位彻底崩塌。阿尔君·阿帕杜莱说,"孟买的世界主义在其近期历史中被破坏殆尽了"[31],并明确指出,湿婆神军党秉持原教旨主义政治立场,实行"城市大清洗",他们才是罪魁祸首。这样的观点被重复了无数次,以至于"旧孟买之死源于新名启用之际"这种话几乎成为老生常谈。2006年7月11日和2008年11月26日的恐怖袭击事件之后,对未来悲观失望的态度就更加严重了,湿婆神军党本就十分偏激的反伊斯兰言辞就变得更加狂热了,公民混乱的整体感也加剧了。简而言之,我们都认为,自从为孟买更名的政治势力崛起后,孟买就一直受到侵袭。我自己对于旧孟买的记忆总是围绕着它给予我——一个从国外回来、不能完全算是印度人的孩子——的宽容和接纳。我对旧孟买的哀悼和人们时常谈到的一样:旧孟买的世界主义从20世纪90年代开始走下坡路,群体暴乱爆发,湿婆神军党开始掌权。

解构世界主义之死

然而,吉安·普拉卡什提醒我们,解构工作等着我们这些怀念旧孟买世界主义的人去做。有两种普遍存在的说法:第一个是旧孟买衰亡了,第二个是孟买更名之时就是这座城市从世界主义沦为种族至上主义之日,其实这两种说法都存在着漏洞。他称,人们对往昔"热带卡米洛特"的怀念似乎具有历史真理的力量,但事实上,它只是"历史耍的花招,要我们相信新旧孟买更名的故事是在客观地解读过去,但其实这只是个虚构的故事"。现在需要做的是仔细审视这个虚构故事的历史:这种世界主义构筑了怎样的形象,代价如何,以及它是如何崩塌的?这种构筑抑制了哪些替代性的想象和叙述，在这些虚构故事下面隐藏着什么？[32]

布罗姆·汉森也严肃地提醒过我们，孟买的历史并不完全符合对这座城市的基本描述："到处都是务实又有经营头脑的老手，以及爱好平和的世俗市民。"[33]他坚称，说这是充满感情的错觉更为准确，这种对理想孟买的描述隐藏了基本种姓、阶层和宗教的分歧，而这种分歧一直以来就是这个城市的特点。真相是，城市宗教暴力事件、国家压迫、残酷的剥削一直是这座城市历史的一部分。历史学家吉姆·马塞洛斯（Jim Masselos）提醒我们，早在1892年宗教大暴乱的时候，孟买就已经开始四分五裂了。整整一个世纪之后的1992年，宗教暴乱再次爆发，标志着整个国家的宗教分裂程度更深，也更为可怕，但这并不是孟买宗教紧张关系的第一个信号。因此，汉森称，不应该把印度民族主义和排外的政治立场理解成"黑暗力量施加的异常现象"，而是"印度独特的现代化和民主体验中始终存在着的可能性"。[34]

这些观点使我开始质疑自己一直以来在反对孟买更名时坚信不疑的论点。重新融入这座城市，我怀念过去的观点开始出现问题。我曾经以为，湿婆神军党的排外主义是唯一的邪恶力量，必须强烈反对这个党派，只有如此，有朝一日才能恢复我们这些人共同哀悼的理想孟买。然而，事实上，我大概是过于理想化了，因此忽略了其他形式的排外和边缘化。在很大程度上，我们这些天真的、资产阶级的中上阶层、精英以及非原住民，并没有看到这些方面。就这样，我的研究工作让我开始挖掘那些其他形式的排他主义，去探索自己的特权在哪些方面允许我过着净化过的生活，便利地远离情感、精神、经济和身体暴力所构造的现实，而这正是孟买这座城市所具有的特征。比起原教旨主义兴起后给这座城市带来的暴力，这些暴力形式同样恐怖。更为重要的是，从某种意义上而言，这些暴力形式就是孟买的世界主义故事的基础。接受了这些暴力形式，我还必须认识到，我的精英阶层地位在哪些方面既掩盖了这些形式的暴力，又维持了它们的存在。

或许值得挖掘的最可疑现象,就是我自己所属阶级的特权在多大程度上影响了我在孟买的全部经历。我不仅是建造这座城市的英国化袄教徒精英的后代,我在孟买的日常生活也常常反映出这一特权。我在孟买的家人朋友坐着带空调的轿车风驰电掣地来来去去,避开了令人不便的拥挤、燥热、灰尘、恶臭和弥漫在穷人生活中彻底的绝望。他们在最好的餐馆里用餐,参加上流社会的活动。当然了,现在要是把孟买说成一个极端不平等的城市,贫富差距相当明显,就显得有些乏味了。富人安静地坐在司机驾驶的汽车里,车外大群的孩子往往身有残疾,他们穿着破烂衣服,敲打着车窗祈求得到几个铜板。豪华的高层住宅就建在贫民窟旁边,而在那些贫民窟中,连厕所和自来水都没有,居民甚至只能当着别人的面方便。我从来都没有耽于幻想、忽略这样的现实(谢天谢地我没有),我也不能这样做,毕竟这些贫穷的景象总是公开地、激烈地出现在我们面前。

但没有说明的是,我曾经如此坚定地捍卫的世界主义本身就牵连并且依赖于这些形式的系统贫穷。孟买是作为一座殖民城市建造起来的,这表示孟买的城市项目"都是殖民环境的缩影和代表"。[35]这座城市的工业化,宏大的建筑项目,以及作为国际商贸之都的美誉,都是建立在廉价劳动力、住房和公共基础设施严重缺乏的基础之上的。现今工人阶级所过的悲惨生活最早出现于殖民时代的孟买。殖民经济催生出的工业,严重依赖于剥削大量拥入孟买的廉价劳工,然而政府却没有为这些工人建造足够的房屋。因此,贫民窟和分间出租的宿舍毫无计划地拔地而起,这种现象至今依然是孟买当代城市住房危机的特点。除了这些拥挤的宿舍,还有贫民窟似的居住区,工厂里的房屋更像是临时建成,瓦楞铁皮屋顶、扁平的锡板和废弃的木板,这些都已成为孟买工人阶级的标志,数以百万计的贫困工人住在其中,而国家当局对城市的住房危机一直袖手旁观。

独立后的孟买人口激增,导致了更多无计划的城市扩张和拥挤。城市里的居民开始在过分拥挤的街道和街区中争夺空间。而且，随着越来越多的移民从印度其他地区来到这里，工人们不得不想尽办法活下去，同一种姓和家族的成员挤在十分拥挤的单人公寓中。政府基本上没有帮助这些人去适应越来越恶劣的环境。与此同时，工人们运用自己的聪明才智，结合他们自己选择的应对策略，让这些地方变得可以居住。构成殖民工业经济支柱的工人是最早居住在这种恶劣环境中的居民，构成地下经济主要部分的小贩、补鞋匠、裁缝、出租车司机和仆人至今依然居住在这种环境中。他们中的很多人甚至直接住在人行道上，孟买的街道上遍布着大量的人，他们"在睡觉，贫困交加，十分疲倦"。[36] 这些穷人从印度各地来到孟买讨生活。他们建造了棚户区，在这些贫民窟成为欣欣向荣的街区之后，他们得到了水电等最基本的民用设施，虽然这些居住区都是非法的。然而，他们一旦让某些地方变得可以居住，那里就成为有价值的商品。居民常常会遭到驱逐，腾出来的土地则会卖给建筑商和开发商，从建造办公楼、高层住宅、复式公寓、购物中心和电影院中获利，建成之后，被孟买的"世界主义"精英所享用。

因此，孟买的世界主义深深根植于符合帝国以及后来的新帝国逻辑的经济理性，并且是这种经济理性的结果。孟买最初是个殖民工业城市，它所崇尚的经济理性使得这座城市对"差异"漠不关心，也只有殖民经济（和后来的后殖民经济）制造出的地狱般的城市景象，才能催生出这样的城市。孟买贫民窟的肮脏贫困，穷人和无家可归之人的种种暴力行径，是殖民政府最初的城市设计的组成部分，目的在于将孟买打造成世界级的商业城市，后来则是后殖民当局在背后操纵，意在继续施行忽视城市差异的利己主义政策。从很大程度上而言，孟买以商业为动力的著名世界主义，是建立在廉价劳动力和贫民窟居民的基础之上的，而他们的主动性和创造力则迫使他们富于创造性地在恐怖的城市居住环境中挣扎求生。孟买大部分现代的艺术、文化、居住和商业设施都位于被征用的土地之上，是数以百万计的贫困、筋疲力尽、无家可归和无名之人用

孟买达拉维的贫民窟。孟买以商业为动力的著名世界主义，是建立在廉价劳动力和贫民窟居民的基础之上的。

血汗开辟出来的。

这些数以百万计的人还要面对各种程度的城市犯罪和暴力，而在我们的精英圈子里，那样的事都是闻所未闻的。在很大程度上，孟买的城市犯罪和暴力都与贫穷有关，而且，由于相对缺乏可信的执法机构，街头黑帮、黑社会和暴徒（以及贪腐的政客和政党）通常都作为替代的权力、法律和秩序起作用。在一个我认为是极为安全的城市里，数百万人每天都要面对被这些黑暗势力骚扰和侵犯的隐患，没有任何国家设立的司法机构能够保护他们。住在孟买这些地方的女性不得不面对性暴力和性骚扰，这使我开始对我以为的——身为孟买的一名女性所享有的相对自主性，进行批判性思考。我曾经为之骄傲不已的男女平等，其实只是一种完全不同情况的映像。有一点我一直都没有注意到，那就是性自主其实与阶级特权息息相关。我的肤色、衣着、举止和说话方式，总能表现出我是精英阶层的一员。不管一个人如何穿着打扮，或是使用什么样的交通工具，印度的特权标志都如同不成文的规定，通过这样的标志，一个人很快并且很容易就会被标记成某个阶层的成员。

我现在知道，孟买一些没有特权的女性会遭到性暴力，而我之所以没有这方面的困扰，是因为明眼人都知道我属于有权有钱的阶层。印度执法部门功能紊乱，部分原因在于司法系统腐败：有钱人往往都很有势力，花钱就能摆脱刑事诉讼，要不就是向警方和其他方面施压，去调查和起诉那些对他们犯下罪行的人。而穷人要么是没钱要么是没权，所以不能让警方去处置那些侵犯他们的人。因此，犯罪和执法便充满了经济理性的逻辑，而且，大部分罪犯都知道要以那些没钱没势的人为目标，因为那些人无法让法律去指控攻击者。我之前以为是因为不受父权的影响，我才能以女性的身份在公开场合享受自由，但这其实只是特权使然，正是因为有这样的特权，我和我家人这样的特权阶层才能利用孟买闻名的世界主义特点。来自特权家庭的资产阶级年轻女性穿着短裤乘坐公共交通工具，对世事漠不关心，而从村庄里来的年轻移民女孩则经常会被遭当地流氓威胁的父母卖进妓院，或是被迫到孟买的"舞厅"里打工，要么挨饿，要么出卖肉体。[37]

当然，我不能说我看不到孟买的犯罪、贫穷、无家可归和暴力。事实上，这些现象始终都是孟买不可或缺的一部分，这令人极为不安。但对我而言，通过挖掘我才意识到，我认为孟买最有价值的几个方面，比如世界主义精神、兼容并包、表面上的男女平等，主要都是中等或中上阶层享有的特权。此外，这些方面都与经济理性有关，而本应该通过经济理性来打造孟买的声誉，将各种背景的人吸引到这座城市，在所谓的和谐氛围下共同生活。然而，这种经济理性是从以剥削和忽略为基础的帝国逻辑中衍生出来的，并将继续影响后殖民时代。结构和系统的不公，使得孟买成为一座繁荣发展的城市，而独立后，这种不公只会扩大，并越演越烈。极低收入的劳动力和移民的居住环境淹没在了孟买的出租车、电影院、世界级的文化活动、餐厅和购物中心之中。我们这些人大声疾呼，捍卫性自主和自由的性表达，最脆弱的人群则被迫进行性交易，并常常因此没有性自由可言。执法当局对这些破坏行为熟视无睹，因为受害者都是无钱无势之人，同时，他们还会接受贿赂或迫于压力，去保护我们这些有权力让他们这么做的人的安全。

7 结语

因此，我接受了一种观点：必须重新审视世界主义"卡米洛特之死"这种说法，认清这座城市和大多数城市一样，都是建立在多种形式的历史和当代暴力之上。我们的哀悼对象不该是最近被毁掉的东西，而应该着眼于透过世界主义的表面，承认迄今为止仍然存在各种形式的控制和压制。这也让我重新思考孟买更名之时我们很多人都体会到的侮辱和失落感。我和很多人一样，都把关于这座城市的记忆建筑在理想化的世界主义上，建筑在它吸引人前来的无穷魅力上，建筑在对宗教分歧（人们所以为的）保持中立的精神上，建筑在所谓的印度多样化的比喻上。但我现在理解了，我的悲伤不是因为旧孟买的消失和新孟买的取而代之，而是我从这种说法中看到了一些瑕疵。正如米歇尔·福柯（Michel Foucault）提醒的那样，我们必须对元叙事保持怀疑，这些元叙事声称是"真理"政权，因为每一个社会都有其真理政权，也就是社会接受的各种语言类型，并使其成为现实。[38]从这方面来说，我与湿婆神军党并无不同，他们坚称，凭借马哈拉施特拉文化自豪感的力量，孟买将再次走向辉煌。我们都编故事，借此让我们希望构筑的现实梦想成真。不过，当然了，我们拼命争取坚持的意义始终都在变化中，并且和多种其他意义形成竞争。

然而，每次我回来，我还是努力克制自己，不再回归我曾珍视的观点。现在，我通过丈夫的眼睛将自己在孟买的体验进行了过滤，他是一位美国人，由福音派基督教农民养大。他在爱荷华州西北部的小乡村长大，后来在加州理工学院拿到了理论物理学博士学位，所以高度世俗化了。现在，我和身材高大、留着一头金发的丈夫一起去逛孟买我最喜欢的场所，我的差异就显得更为明显了。我特意穿着长衫裤，说地道的印地语，这样当地的摊贩见了我们就不会宰客，这也是为了表现出我身为印度人的自豪感，觉得有必要去证明自己并没有因为嫁给白人就失去了印度人的特征。我试着告诉自己，在孟买我没必要这么努力地去证明任何事，孟买允许我们融入它的多元化之中。我试图让自己相信，在这里，一个来自爱荷华州、有荷兰血统、放弃了信仰的基督徒与其他人相比并没有什么稀奇之处，而孟买人只顾着行色匆匆地去做他们自己的事，像往常一样只关心自己的事业。我们去巴布尔纳特著名的湿婆神庙参拜，赤脚爬了很多级台阶，来到小山山顶，和其他众多信徒一起，盘腿坐在内院的地上，参加正在举行的礼拜仪式。寺僧吟诵梵文祷文，几乎连眼睛都不眨，沉默地欢迎我们进去，打手势示意我们坐得离他们近点儿，让我们更清楚地观察整个仪式。那天晚些时候，我们去了哈吉·阿里清真寺，我丈夫学其他穆斯林的样子，毫不犹豫地在头上系了一条手帕，在供奉这位苏菲派圣徒的圣祠中徘徊瞻仰。他后来告诉我，这些经历是孟买给他留下的最美好的回忆之一。福音派基督教让他深感不自在，令年轻的他望而却步，但来到这些宗教场所，他却坦然自若，在这些地方，不管是不是信奉他们的教派，他和其他信徒一样受到欢迎。

但即便我对此感觉很满意，我依然能看到自己（或许相当幼稚）执着于一个可能性：这些时刻能代表我迫切希望重现的孟买精神。我希望孟买为我屹然挺立，能为我提供一些证据，让我希望成真的故事能具体化。我想要骄傲地说，我记忆中的孟买依然在这里。但事实上，我的挑战是要记得：我关于孟买的"故事"只是众多故事中的一个，我想要依靠的真理政权和其他的一样充满了漏洞，掩盖了各种形式的特权和排他性，给一些人话语权，同时也抑制了另外一些人的意见——使某些形式的权力和自主权具体化，同时排斥另外一些形式的权力和自主权。

1 Thomas Blom Hansen, *Wages of Violence: Naming and Identity in Postcolonial Bombay* (Princeton, NJ and Oxford, UK: Princeton University Press, 2001), p. 37.

2 Thomas Blom Hansen, *Wages of Violence*, p. 2.

3 Gyan Prakash, *Mumbai Fables* (Princeton, NJ and Oxford, UK: Princeton University Press, 2011), p. 31.

4 Prakash, *Mumbai Fables*, p. 35.

5 Arjun Appadurai, "Spectral Housing and Urban Cleansing: Notes on Millenial Mumbai," *Public Culture* 12(2), 2000.

6 Appadurai, "Spectral Housing," p. 634.

7 Bill Ashcroft, "Urbanism, Mobility and Bombay: Reading the Postcolonial City," *Journal of Postcolonial Writing* 47(5), December 2011, p. 499.

8 Appadurai, "Spectral Housing," p. 635.

9 Hansen, *Wages of Violence*, p. 39.

10 详见 Prakash, *Mumbai Fables*, Chapters Three and Four; Sujata Patel and Alice Thorner (eds.), *Bombay: Mosaic of Modern Culture*, Bombay: Oxford University Press, 1995。

11 Gyan Prakash, "The Idea of Bombay," *The American Scholar*, 75(2), Spring 2006.

12 Ashcroft, "Urbanism, Mobility and Bombay," pp. 499, 501-502.

13 Prakash, "The Idea of Bombay."

14 Prakash, "The Idea of Bombay."

15 Blom Hansen, *Wages of Violence*, p. 38.

16 Tanya Luhrmann, *The Good Parsi: The Postcolonial Anxieties of an Indian Colonial Elite* (Cambridge, MA: Harvard University Press, 1996), pp. 97-125.

17 Prakash, "The Idea of Bombay."

18 Prakash, "The Idea of Bombay."

19 几年后，我才理解，在一个多民族和多种族的国家中，区分原住民性和真实性存在着多大的问题，以及这如何导致排外。然而，在那样的年纪，我只是尝试"融入"，而且，要是有任何迹象显示我做不到，我就会感到十分窘迫。

20 Prakash, *Mumbai Fables*, p. 9.

21 Ashcroft, "Urbanism, Mobility and Bombay," p. 502.

22 Ashcroft, "Urbanism, Mobility and Bombay," p. 503.

23 我在 *Cosmopolitan Political Thought: Method, Practice, Discipline* (New York: Oxford University Press, 2011) 详细阐述过世界主义的概念。

24 关于萨克莱、湿婆神军党以及他们在孟买特性遭遇破坏中所起的作用，详见 Blom Hansen, *Wages of Violence*。

25 Blom Hansen, *Wages of Violence*, p.127-128.

26 许多年以后，我在开罗体会到了相同的感觉。在开罗，我小心翼翼地用衣服包裹住手肘和膝盖，常常很希望在公共场所人间蒸发，因为公共场所里都是男人，只要有女人没有戴伊斯兰头巾，就会引来别人的侧目。

27 他详述了现在声名狼藉的一段逸事：1974年，孟买所有的报纸杂志都刊登了一张照片，在照片里，迷人的模特波蒂玛·贝迪赤身裸体地在孟买一条繁忙的街道上飞奔。尽管后来发现，模特奔跑的地方是果阿邦的一个海滩，而不是孟买的街道，但照片的真实性从未受到质疑，这进一步强化了这座城市的身份"自由奔放……快乐的天堂"。(*Mumbai Fables*，p.8.) Suketu Mehta 在其作品 *Maximum City: Bombay Lost and Found* 中称孟买为"火热之城"。

28 Gyan Prakash, *Govind Narayan's Mumbai: Urban Biography from 1863*, p. xiv.

29 Appadurai, "Spectral Housing."

30 Rashmi Varma, "Provincializing the Global City: From Bombay to Mumbai," Social Text 81, Vol. 22. No. 4, Winter 2004.

31 Appadurai, "Spectral Housing," p. 630.

32 Prakash, *Mumbai Fables*, pp. 23-24.

33 Blom Hansen, *Wages of Violence*, p. 5.

34 Blom Hansen, *Wages of Violence*, p. 9.

35 Prakash, Mumbai Fables, p. 48.

36 Appadurai, "Spectral Housing," p. 638.

37 比如 Mehta, *Maximum City*, Part II; Sonia Faleiro, *Beautiful Thing: Inside the Secret World of Bombay's Dance Bars* (London: Hamish Hamilton, 2011)。

38 Michel Foucault, "Truth and Power," in Paul Rabinow (ed.), *The Foucault Reader* (New York: Pantheon, 1984), p. 72.

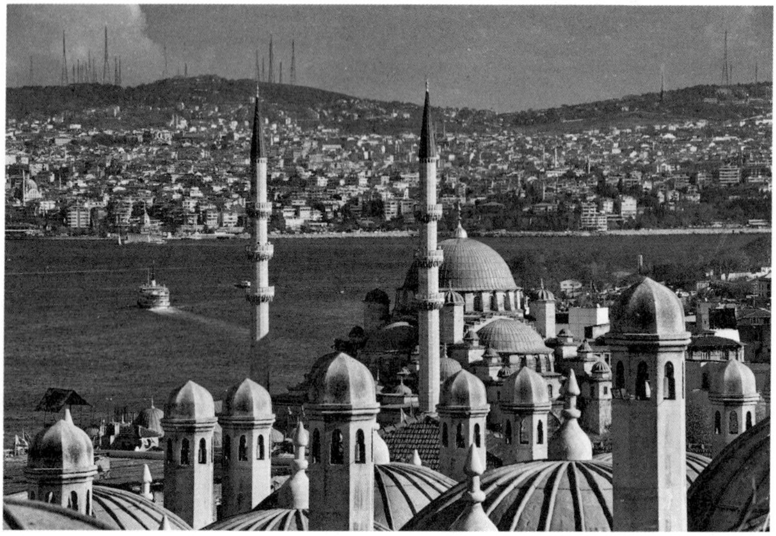

伊斯坦布尔
Istanbul

多层次和逆流之城[1]

THE CITY OF LAYERS
AND
COUNTER-CURRENTS

by 凯特瑞·卡莫拉 Kateri Carmola　某咨询公司的老板，协助私人保安公司和其他公司开展海外业务，使他们能自如地应对全新的国际人权法规。她在芝加哥大学得到学士学位，在加州大学伯克利分校获得了政治学博士学位。她的科研和教学涉及政治理论和安全研究，2010年出版了《新战争中的雇佣兵：风险、法律和道德规范》(劳特利奇出版社)一书。她还发表过反暴动和风险策略方面的文章，还写过欺骗政治理论主题的文章。

外国人要想了解伊斯坦布尔这座城市，首先需要面对一个又一个用来描述它的陈词滥调，而总有各种场合需要提起这些陈词滥调。伊斯坦布尔或许是历史上最热门的城市之一，而这种关注却有一个影响，那就是其他人的印象会干扰你去体验现今这座城市的精神。

伊斯坦布尔（以及土耳其）是目前世界上最佳的旅游目的地之一，自然迎来了很多西方游客，但也有来自以色列、俄罗斯、伊朗、日本和阿富汗等国的游客。[2]西方的旅游指南说这座城市既令人陶醉，又叫人气恼，部分原因在于游客不晓得该如何形容那里："来到伊斯坦布尔，会让你感到震惊。这一刻，你好像在欧洲的地界上，到处都是林荫大道和别致的咖啡馆，但一走出要道，你很可能就进入了完全陌生的环境……至此你甚至都还没开始跨越任何一座通往亚洲的桥。"[3]

对于这座城市的评价，往往都在强调伊斯坦布尔如何横跨两个大陆：伊斯坦布尔是一个充满异域风情的城市，位于东西方之间，或是介于传统和现代之间，又或者说是处于全球和地方之间。[4]这些评价不仅仅是近来开放市场和发展旅游业的结果，还显示出了几个世纪以来人们对这座城的评价。马克·吐温、詹姆斯·鲍德温（James Baldwin）等美国人都来过伊斯坦布尔，并且深受震撼，着迷于这里拥有"镶嵌画式"（这也是老生常谈之一）形形色色的人和传统，拥有让人既熟悉又陌生的特质。最近，作家们（常常是西方女性）开始描写伊斯坦布尔的"神秘色彩"，读来引人入胜。[5]笔者怀疑，长久以来对奥斯曼帝国统治的方方面面（比如后宫）的迷恋，在一定程度上造就了伊斯坦布尔潜在的性感本质。在伊斯坦布尔，不仅有后宫，还有阉人，对同性恋也很宽容，据说现在那里仍然是性交易中心。可即便是对这座城市的历史和政治多样性更了解的本地居民，也会把伊斯坦布尔说成是一座"中间"城市，并且为此着迷。确实，土耳其横跨欧亚大陆。它曾经是三个帝国的首都：古罗马帝国、拜占庭帝国和奥斯曼土耳其帝国，每一个帝国都把这座城市带向了不同的方向。

作为一座"中间"城市，伊斯坦布尔是现代土耳其共和国作为一个整体的象征。奥尔罕·帕穆克（Orhan Pamuk，2006年诺贝尔文学奖获得者——译者注）认为，"土耳其是一个不断变化的地方。这种中间状态就是真实的土耳其，这种情况也将永远存在下去。这是我们在这里的生活方式……伊斯坦布尔乃至整个国家，做到了包罗万象。人们对此感到很自在。"[6]在当时，帕穆克尤其提到了两点，一是土耳其长期以来都致力于加入欧盟，二是看似没完没了地讨论佩戴头巾的问题。不过，他的话让人联想到世人对伊斯坦布尔素来的评价：伊斯坦布尔存在于模棱两可的状态中，处在"中间"位置，潜藏着多层次，并且能够相对轻松地应对这种状态。

很难界定伊斯坦布尔的特点，它看起来充满异域风情，具有神秘色彩，并因此极具吸引力。我之前想为本篇文章寻找一个主题，当时我的脑海里第一次冒出一个念头，那就是伊斯坦布尔让我们产生兴趣，正是因为很难说出它的特征，它是那么含糊不清：不仅是对不同的人具有不同的意义，即便很了解这座城的人也难以归纳出它的特点。我认为，人们之所以深受伊斯坦布尔的吸引，正是因为它的难以理解，就算是土生土长的伊斯坦布尔市民也是如此。这种含糊的特质，或者说"中间状态"，正是柏拉图所谓"疑惑"的开始，并最终会引发哲学思考。[7]我会另外撰写一篇文章来详述这个想法，但在这里，我要说的很简单，那就是伊斯坦布尔是一座代表"中间"概念的城市，并因此吸引了无数人前来一睹其风采。

那么处在"中间",意味着什么呢?柏拉图说到存在于"中间"的事物时,借苏格拉底之口举了一个不起眼的例子:手上的"无名指"比小指粗,却比中指细,介于大和小之间。换句话说,若要评价它的大小,就得和其他事物进行对比。如此说来,如果和一些城市相比,伊斯坦布尔这个中间城市显得很西方;而如果和其他城市相比,它又显得很东方。这里要说的重点,不是根本无法理解伊斯坦布尔,只是人们多半都认为它的精神是将对立或看起来对立的东西融合。但不是所有城市都是这样吗?不是所有城市都有截然不同的特点吗?各个城市之所以吸引人,不正是因为它们给人类提供了机会,让人们可以逃离传统的束缚,和其他人一起锻造出全新的身份吗?这不就是一般世界主义的意义所在吗?那么,伊斯坦布尔有何特别之处?那些只知道伊斯坦布尔一个城市的当地居民会怎样认为呢?他们用什么来做比较?我认为,对于他们来说,伊斯坦布尔一直与某些东西相联系,或者是这座城市的辉煌过去,或者是它不确定的未来,对每个人来说,这二者都影响着这座城市的政治和文化生活体验。

即便如此,依然有一些非常真实的元素体现出了大家所说的"中间状态"的特点:庞大的水体将这座城市一分为二,大陆分为两个板块,博斯普鲁斯海峡横贯其中。博斯普鲁斯海峡所带来的特别水体,从地理、历史、政治和精神等方面给伊斯坦布尔下了定义。就算没有其他特点,也可以说伊斯坦布尔位于博斯普鲁斯海峡,自古便是如此。关于博斯普鲁斯海峡,我要强调两个具体的方面:第一点是众所周知的。在一端,这个海峡将伊斯坦布尔一分为二,而在另一端,又将城市(大陆)合并在一起。第二点就鲜为人知了,那就是这个海峡具有独特和多层次的水文特点。博斯普鲁斯海峡自北向南延伸,有一种深而猛烈的逆流与表层流的方向正好相反。这个水体充分展现出了这座城市的精髓:联合分裂,多层次,拥有湍急的水流和逆流。

因此,伊斯坦布尔是一座具有"中间"性质的城市,最好通过描述它所具有的多样性和逆流，来形容这座城市。它的多层次表现在哪些方面？除了海峡多层次的水体，最明显的就是这座城市多层次的历史了：它是三个影响深远的帝国的都城，语言各不相同，包括古希腊语、拉丁语和土耳其语（土耳其语本身就是一种多层次的语言）。伊斯坦布尔位于不稳定的地震断层上，经常需要重建，也是出于这个原因，这里的建筑都是复杂的多层结构。伊斯坦布尔人也各有各的特点，最早来到伊斯坦布尔的人都说这里的人口音很怪，后来土耳其共和国成立，尝试将所有人都纳入新土耳其"种族"（有人或许会说这纯属不切实际）身份中，因此人们的口音就没有那么明显不同了。伊斯坦布尔是土耳其真正的首都，这里的政治笼罩在重要的阴谋和反阴谋之中。至于这座城市的情绪，或者说它的潜在精神，就是不让人轻易理解它，永远都是那么让人难以掌握。而且，不管是土耳其人还是外国人，都很难理解伊斯坦布尔——它充满矛盾，让人难以描述出它的特征。如果伊斯坦布尔有灵魂的话，那它的灵魂也是多层面的。

我说伊斯坦布尔是多层次和逆流之城，意思是只要通过仔细的挖掘，就可以将伊斯坦布尔很多看似模棱两可的方面变得清晰明了，从而更深入地了解城市的特质和一般意义上的"市民精神"。然而，若要了解含糊不明的伊斯坦布尔的本性，既要明白它所拥有的多样层次，也要知道这座城市的生活正是建筑在这些层次之上：将这座城市刻画得最好的作家，描写的都是最基本的日常生活场景。访客若是只想看名胜古迹，就会错过城市本身的日常节奏，因此，只有经历一年四季，才能体会到一座城市日常生活的真正本质。

我去过四次伊斯坦布尔，分别是2005年夏天和2008年夏天，2012年春天和2014年初夏。第一次是为了参加学术会议，但在那之后，再去那里纯粹是为了旅游。前三次是带着两个孩子约瑟夫和索妮娅一起去的，我们第一次去时，他们一个11岁，另一个8岁。带孩子去旅行可谓妙趣

横生：人们总是会问关于他们的各种问题，而孩子们则想和他们做朋友。而且因为我是一位母亲，所以在土耳其这样一个父权社会中，我也享受到了很多便利。只要孩子们在我身边，不管男人还是女人，对我都很客气。我们每次去土耳其，都会在伊斯坦布尔住上几天，但也会乘坐巴士和渡轮远离这座城市，去游客较少的地区探索一番。正是在埃迪尔内、卡纳卡勒、博兹贾阿达和贝尔加马这些地方，我们更深切地体会到了这个国家的特点，而这个特点也体现在了文化之都伊斯坦布尔中。

在伊斯坦布尔的时候，我们住过三个不同的区域。在2005年参加会议那次，我们住在塔克西姆广场附近的凯悦酒店［在奢华的环境中，我看到了这个城市比较低级的一面：伊斯坦布尔长久以来都是性交易中心。在酒店餐厅里，我们看到很多来自俄罗斯和乌克兰的金发女郎，为学术界人士和商人"服务"（或许应该容后再谈土耳其的性交易）］。2008年，我们住在苏丹阿赫迈特的一家旅游旅馆，2012年我在吉汗吉尔租了一栋小公寓，公寓位于一片正在接受升级改造的老社区里，却依然能够显现出这座城市的真实特点。我们从窗户就能俯瞰海峡、狭窄的街道、小杂货店和流浪猫，这使得四周弥漫着人性化的氛围，并无多少商业气息。我们去过很多名胜古迹（托普卡帕宫、蓝色清真寺、圣索菲亚大教堂），并为之深深折服，但我从未在这里购物，因此从未去过大巴扎市集，而成群的游客都会到那里，一展砍价的本领（我更喜欢小一点的香料集市，在那里至少能闻到茶叶和香料的香气）。在较小的耶尼清真寺、吉汗吉尔清真寺和费继尔阿扎清真寺附近，在乌斯库达尔的亚洲街区，我能更为深入地观察到这座城市的日常特点及其在普通生活中的样子。

地理：一座城与一个海峡

说英语的人对"Istanbul"（伊斯坦布尔）这个词的发音都是错的，他们重读第一个音节，实际上应该重读第二个音节才对。重读第二个音节更接近这个名字的古希腊语原词Stamboul，现在依然使用这个词来指最古老的城区。Stamboul这个词的意思就是"城市"（更确切地说是"去城市"或"在城市里"），boul与opolis一词中的"pol"相同，比如Constantinpole（君士坦丁堡）里的"pol"或metropolis（大都市）中的"pol"，Istanbul/boul/pol因此完美体现了一个城市应该是什么样子，并且具有哪些职能。做什么和成为什么，比我们说伊斯坦布尔这座特别的城市具有处在"中间"状态的特质更具说明意义：对于古希腊人来说，对于很多政治理论而言，人类的生活只有在这样一座城市里才能得到满足。

亚里士多德称，只有在城市里谈政治，才是真正的政治。城市就是人们玩弄政治的地方，其他的一切都属于乡村生活，也可以说是家长统治的延伸。亚里士多德谈到了一系列越来越复杂的人类关系，每一种关系都有其目的：首先是夫妻关系，夫妻共存是为了生育子女，养家糊口；此外还有大家庭、村庄，乃至数个村庄，他们的存在是为了支撑小家，让人们生活下去。所有这些关系都是分等级的，多半是由长者或是男性来做决定。但是，当很多村庄和人结合在一起，就组成了城市，"是对所有人而言最高和最完整的生命形式"。为什么这么说？亚里士多德称，只有在城市里，才有必要施展政治，因为城市里的成员都是平等的。要做决定，必须通过真正的讨论来确定什么是对的，什么是错的。要通过演说来解决两难的境地，而不仅仅是依靠家族里地位较高的成员或由村子里的长者说了算。人类生活的真正目标正是通过这种方式来实现的：政治。平等的人就政治问题（与共同生活有关的问题）进行讨论，在平等中接受差异。若要实现这些，就必须有很多互相之间毫无关系的人，他们要存在很大的差异，这样才有讨论的必要，但也要有相似性，才有可能进行讨论。有个方面很关键：需要多层次的人，需要逆流式的思维，这样城市才能存在。在亚里士多德看来，正是有了这种"兼收并蓄"性质的讨论，以及城市里的生活，人类生活的最高形式才能繁荣发展。当然，还需要一整个处在不平等地位的群体去工作，来养活那些政治精英。这里也有很多层次的不平等不容忽略，但也有名义上的平等并存，

"统治别人的人最终也会受到别人的统治"。

Polis（城邦）这个词的起源很有意思：它来源于印欧语系的一个词根，意思是设有围墙的高地。波斯语中的"pour"一词，比如Amanpour（阿曼普），或是Singapore（新加坡）这个词里的"pore"，都包含这个词根。城市固若金汤，建有高大的城墙，让人们在和平的环境中进行各种亚里士多德高度赞扬的交流，比如通商、社交和讨论。因此，城市始终都具有防御性，并且会时常遭到劫掠。而城市正需要别人来抢劫，这一方面可以让难以驾驭的居民有事可做，另一方面也可以俘获奴隶，来城市里干活儿。修昔底德用一部《伯罗奔尼撒战争史》（History of the Peloponnesian War）记录了雅典在二十年战争中的政治更迭。在这本书中，领袖伯里克利强迫刚刚经历了一场毁灭性瘟疫并且疲惫不堪的雅典人集合起来，去镇压殖民地的叛乱。他警告雅典人，为了保卫他们的城市，守卫城市的荣耀和民主体制，他们必须心甘情愿地去战胜别人："直说吧，你所坚持的就是暴行；实施暴行或许是错的，但若放弃，则很不安全。"[8]城市里的政治需要统治别人，从而保证其自身可以繁荣发展（并且获得原材料），还需要建造城墙，借此保证财物的安全，并显示城市的威望。[9]

伊斯坦布尔的历史正是这一活力的完美范例。这座古城建造在幅员辽阔的半岛之上，南靠马尔马拉海，东边是博斯普鲁斯海峡的入口，北边是与博斯普鲁斯海峡交汇的金角湾。拜占庭帝国的创立者拜占斯听从神谕（拜占庭帝国就是以他的名字命名的），打算将城市建造在"盲人之城"处，当他经过卡尔西登时——穿过博斯普鲁斯海峡半岛对面的小城，他宣称"只有一群瞎子才会把城市建在这里，而不是那里"，于是，拜占庭诞生了。半岛西边的一部分建造起高大、几乎不可攻破的城墙，在至少1200年里让入侵者束手无策。[10]后来这座城市逐渐扩张，兼并了其北边的地区，将金角湾的另一片区域也收入版图之中，商人和外来者都在那里定居下来。然后，它继续向东扩张，吞并了海峡另一边亚洲部分的土地，将原来的卡尔西登（今天的乌斯库达尔和卡迪廓伊）旁边的土地都收归己有。这座城市异常繁荣富庶，却经常受到攻击，但最早建立起的防御系统坚固无比，因此经受住了一次次的袭击，即便遭到了破坏，也能很快重建。伊斯坦布尔因此是一座与水息息相关的城市，水是这座城市的屏障，也是它联系世界其他地方的一条宽阔的通道。

正是水体现出了伊斯坦布尔的精神。博斯普鲁斯海峡水流湍急，位于欧洲和亚洲之间，将黑海和地中海连在一起。正是这一点赋予了这座城市重要的地缘战略地位：沿达达尼尔海峡向南，乌克兰、罗马尼亚、保加利亚和格鲁吉亚（以及俄罗斯，该国的北部港口常常被冰雪覆盖）要想走海路，只能通过这两个海峡。这里是世界上最繁忙的海上航线，每天有150多艘船从这里通过。还有更多船只在两端等待通过。正是因为博斯普鲁斯海峡，伊斯坦布尔才有了商业优势和重要的战略地位，也正是这个海峡，将这座城从情感上联系在了一起。许多城市都是沿水道与港口而建，将自身的繁荣归功于靠近水，但在伊斯坦布尔，这方面却有质的不同。正如记者史蒂芬·金泽尔（Stephen Kinzer）所说："人们生活在博斯普鲁斯海峡附近，每天与它朝夕相对，必定会爱上它。"金泽尔引用16世纪法国学者皮埃尔·吉勒斯（Pierre Gille，他曾于1544年前往伊斯坦布尔研究这座城市）的话，"（博斯普鲁斯海峡）胜过所有其他海峡，因为它凭借一把钥匙就能打开和关闭两个世界和两个大海"。

2012年4月，有一个周一正好赶上假期，我和女儿去了芬狄克里园，在岸边一个茶园小坐，那里就位于我们所住的吉汗吉尔街区里，与奥尔罕·帕慕克的居所很近。很幸运，从公寓的阳台上可以俯瞰博斯普鲁斯海峡，油轮和集装箱船南北往来，渡船和渔船在它们之间穿梭，这样的情景把我们迷住了（后来，回家之后，才意识到我们一半以上的照片，照的都是博斯普鲁斯海峡上的船只，从照片里可以看到水上的各种货船、渡轮和渔船）。

那天的芬狄克里园里，有一个侍者长得很像土耳其共和国创始人阿塔图尔克。我们小口抿着茶，欣赏水上美景，还有一个小男孩在附近吹泡泡，我们用最简单的土耳其语闲聊了几句(他多大，叫什么名字)。我还问了一些比较复杂的问题，那个父亲便抱歉地说他不会说土耳其语，能说英语吗。当然可以！他们原来是随阿富汗喀布尔的一个度假旅行团来的。有一点恰好证明了伊斯坦布尔是文化中心，那就是他们和我在明德学院教过的两个学生比拉·巴赫拉姆和哈西卜·胡马永很熟，后来都回到了喀布尔工作。当时土耳其人都在庆祝儿童节（那一天也是第一届土耳其议会成立纪念日），一个孩子和博斯普鲁斯海峡就将来自现如今不可避免陷入战争的国家的游客联系在了一起。

正如我在前文中提到的，从另一种意义上而言博斯普鲁斯海峡是伊斯坦布尔的有力象征。海水湍急危险，主流下面有非常罕见的"逆流"，逆流向着完全相反的方向流动，一路向北奔向黑海。逆流是在水底深处，逆流温度较高，而在正常情况下，这样的海水因为重量较轻(温水升高，冷水下沉)，会在冰冷向南的海水上方流动。但逆流海水含盐度较高，因此，相比从黑海向北流的较凉的淡水，其密度更大，质量也更重，因而又把海水从马尔马拉海带到黑海。海底温暖含盐的逆流曾用非常奇怪的方式来证明自己的存在：据说，拜占庭帝国皇帝赫拉克利乌斯把一个来自波斯的敌人的头砍了下来，并将其尸身和砍下来的头颅丢进了博斯普鲁斯海峡，其身体被冲向了南边，而头颅因为较沉，便沉到水下，出现在了遥远的北方岸边。但根据2010年公布的一份研究报告显示，逆流的水量十分巨大，因此完全可以自成一条河，而且是世界上第五大河。逆流流到黑海海底，形成了十分巨大的海底峡谷。逆流的力量太大了，如果海面上有艘船能把特制的水下风帆降至逆流的水中，逆流就会拉着这艘船向上游驶去，与海面普通的洋流呈相反方向。博斯普鲁斯海峡因此就处在中间状态，即便表层流波涛汹涌，水情复杂，需要一些世界上最复杂的航行技能，暗中却隐藏着一条流向与表层流相反、水情同

样复杂的水下暗河。这样说来，它的确是伊斯坦布尔的多层次和"拜占庭"政治潮流的有力象征。

7 政治逆流：伊斯坦布尔和民族国家

政治学者研究土耳其历史，是因为它讲述了一个特别说明性版本的现代政治故事：建立民族国家，并因此引发了暴力和希望。土耳其是一个现代民族国家，具有独特的历史：奥斯曼帝国从未成为其他国家的殖民地，比如印度就曾经是英国的殖民地，而且，这个古老的帝国不像俄罗斯和中国，没有经历过自下而上的大型意识形态和阶级革命。1923年，在第一次世界大战的混乱余波中，奥斯曼帝国瓦解。在与希腊的战争中，青年土耳其党军官废黜了最后一任苏丹王，建立了民族国家土耳其共和国，其领袖是穆斯塔法·凯末尔·阿塔图尔克。这些立国人士希望创建土耳其的新身份，将来自前奥斯曼帝国管辖土地上的移民联合在这个新"家乡"里，同时驱逐那些被认为是新外国人的人，尤其是少数族裔希腊人和亚美尼亚人，虽然他们世代都生活在土耳其这片土地上。为建立民族国家而进行的清洗活动，需要进行强制人口迁移（最好的结果）和种族灭绝（最糟糕的结果）等暴力。

土耳其国父阿塔图尔克做出了一系列改变，希望能将新的现代民族国家与之前的传统古帝国分开。他禁止在公共场所穿戴宗教服饰，用拉丁语代替了阿拉伯语，赋予女性投票权，并且彻底修改了《宪法》。他还规定军队是严格的世俗《宪法》的卫士，结果导致军队分别于1960、1971和1980年三次干政，将领导人赶下台，原因是他们认为这些人在民族主义和世俗方面都做得不够。[11] 1997年还发生了一次"后现代政变"，军方为新当选的政府提出了一套具有强制约束力的"建议"。

阿塔图尔克为了创造民族国家，提出了一个概念，即把几乎有些空泛的土耳其民族身份视作公民身份的象征。"我是土耳其人，所以我幸福"，这句口号出现在全国各地的宣传海报上，土耳其学生背诵的效忠誓言中含有"我是土耳其人"这一句。从一个典型的多民族和多宗教帝国（包括阿尔巴尼亚人、保加利亚人、库尔德人、希腊人、土耳其人、亚美尼亚人、犹太人、意大利人、逊尼派、什叶派和阿拉维派），阿塔图尔克开创了一个带有挑衅意味的土耳其国家，建立了全新固定的边界，强制施行不容辩驳的"土耳其化"运动，将犹太人、希腊人和亚美尼亚人驱逐出伊斯坦布尔，与东部的库尔德民族主义者不断抗衡。土耳其因此成为一个教科书般的案例，他们在昔日帝国的废墟上自我创造了民族国家，同时把目光径直落在现代西方。全新的民族国家建立起来之后，阿塔图尔克迁都安卡拉——一个名不见经传的城市，位于安纳托利亚高原中部地区东南方向350公里处，有意抛下了伊斯坦布尔。安卡拉之于伊斯坦布尔，就好像巴西利亚之于里约热内卢，或是华盛顿之于纽约（或费城、芝加哥、波士顿）。安卡拉是土耳其民族国家的标志，需要有目的地排斥奥斯曼帝国及其首都伊斯坦布尔。

2005年我第一次去伊斯坦布尔时，搭乘的是土耳其航空公司的航班，我们旁边是个小伙子，在纽约市工作和生活了将近十年，并在此期间获得了福特汉姆大学的经济学文凭。他是回家探亲，到了目的地，他给我们留了他、他母亲以及姐姐的名字，说是我们在伊斯坦布尔期间若是需要帮助就可以找他们。我们谈到了在纽约的生活，他在那里当会计。他还和我儿子谈起了橄榄球队，说要去看贝西克塔斯队的比赛，还说试试看能不能给我们搞到票。在得知我研究政治学之后，他说："那你肯定知道阿塔图尔克，他是我心目中的英雄。"2012年，我们乘坐的是土耳其航空公司的另一个航班。我碰巧坐在一个来自土耳其东部城市埃尔祖鲁姆的男子身边，他与俄亥俄州的农夫做牛生意。他当时正在看书，那本刚刚出版的书讲的是阿塔图尔克以及他与其军事将领之间错综复杂的关系。在土耳其，最畅销的书都是有关阿塔图尔克的。正如一位作者所写，"集华盛顿、杰斐逊、林肯、罗斯福和肯尼迪等人于一身，那就是阿塔图尔克"。

在土耳其共和国刚刚成立的时候，伊斯坦布尔被安卡拉夺去了光彩，人口减少，经济萧条，但昔日辉煌的痕迹仍随处可见。这就是奥尔罕·帕慕克在他于2005年出版的回忆录《伊斯坦布尔：一座城市的记忆》(*Istanbul: Memories and the City*)中描述的伊斯坦布尔。他在这本书里谈到，他小时候生活在一个不幸的家庭中，20世纪中叶伊斯坦布尔每况愈下，他的家庭也随之陷入贫困。帕慕克称整座城市弥漫着一种呼愁感。所谓呼愁，在伊斯兰教国家有着很深的根基，特别是在苏菲派、诗歌和歌曲之中，但在伊斯坦布尔，似乎是从很多能让人联想到辉煌文明已逝的东西中所散发出来的。从这座城市的审美体验中，从它美轮美奂的建筑中，从它多层次和模糊不清的特征里，都能感受到这种氛围，这种呼愁给这座城市增添了悲哀的特质，让城里的居民联想到他们自己的衰落和死亡。

……在伊斯坦布尔，辉煌的过去和文明的遗迹随处可见。不管这些东西保管得多么不善，不管它们遭到了多严重的忽视以及如何被困在伊斯坦布尔的混凝土怪物、大清真寺和其他纪念碑中，即使是小巷子里和角落里的帝国碎片遗迹，比如小拱门、喷泉和家门口的清真寺，都会让所有生活在其间的人感觉到心疼。[12]

近年来很难能在伊斯坦布尔看到这种忧愁了，而这里也有了"欧洲最时髦的城市"[13]之称。《新闻周刊》欧洲版中的那篇文章描述了由两座新建现代艺术博物馆所带动的新兴艺术和音乐发展热潮。"在生活的每一个领域，新一代'青年土耳其'都在向外扩展。"该杂志这样写道，并把这一代艺术家和一百年前搞革命的青年土耳其党进行了对比。但是，参加艺术音乐嘉年华的人都大有前途。该杂志注意到，伊斯坦布尔成为"文化中心，吸引了来自波斯尼亚、伊朗、埃及、希腊和黎巴嫩的艺术家前来"。此外,参加"网络双年展"的设计师都是"亚美尼亚人、乌克兰人、塞尔维亚人、马其顿人和罗马尼亚人"。这就是现在的伊斯坦布尔。正如这篇文章的大标题所说,伊斯坦布尔"或许不再需要欧洲了"。即便如此,2010年,伊斯坦布尔依然被命名为"欧洲文化之都",2012年,它获得了"欧洲运动之都"的美誉,现在伊斯坦布尔更是准备申请承办2020年夏季奥运会。2012年的伊斯坦布尔也是土耳其的门面,随着库尔德人在伊拉克北部掌权,以及阿拉伯之春运动在允许民主和伊斯兰教共存的国家里如火如荼地发展,外加债务危机严重的欧盟前景堪忧,如今的土耳其经济繁荣,国际地位显著提升。[14]

  这座城市向周围地区进行了前所未有的扩张,焕发了全新的活力。但就像二十年来的纽约一样,决定伊斯坦布尔特点的很多方面都被整顿、改造或是拆毁了。上面提到的《新闻周刊》的文章称,时髦的贝约格鲁街区现在"餐馆林立,出售各类美食,随处可见有机食品店和气派的蜡烛店……还有画廊、设计室和夜总会",而且,"越来越多的外国年轻人购买了便宜的公寓"。该文章还称,"20世纪50年代,住在这里的是希腊人和犹太人,后来,他们居住的大部分房屋都被废弃了,渐渐发展成库尔德人和吉卜赛人居住的贫民窟。'十五年前,没人敢到这里来。'"这篇文章引用了该街区居民、电影制片人葛兰·居莱的原话。

  读过帕穆克关于这座城市的回忆录,你就会想,他写的那种弥漫全城的忧愁感,是否不仅仅是因为这座城市像二战后的巴黎那样在走下坡路。可能也是一种失落感,因为土耳其的根基变了,这座城市大受影响,这也是一座伟大的城市和一个将首都设在他处的民族国家之间的冲突。帕穆克笔下的伊斯坦布尔使人想起为创建这个民族国家,而被毁掉或是遗留在废墟中的所有一切。而且,为了创建土耳其国家,这座城市被正式剥夺了两点:一个是它与伊斯兰教的联系,另一个是多民族、世界主义的特点。在过去的十年,一个温和的伊斯兰教重返这个国家,如今伊斯坦布尔的经济繁荣发展,与土耳其的整体经济环境是一致的。此外，伊斯坦布尔还成为多层次文化和政治生活的新中心。然而，现在人们却开始想念这座古老城市的忧郁氛围，人们都感觉对于失落记忆的悲哀消失了，取而代之的是怀有一种很肤浅的活力去迎接未来。然而，现在人们却开始想念这座古老城市的忧郁氛围，人们不再因为失落的记忆而悲哀，从表面上看来反而是严谨地迎接未来。然而，即便帕穆克小心翼翼地把"呼愁"这个词用在古代伊斯兰的过往上，我还是很想知道，帕穆克紧紧抓住不放的愁绪是不是一种奇怪的现代感情，只有厌恶与宗教密不可分的那段历史时期的人才会这么想，就好像19世纪遍及整个欧洲的萎靡氛围。如果温和的伊斯兰教复兴，将这座城市重新与其伊斯兰教盛行的过往联系起来，或许这种愁绪的一个方面就会减轻了（详见批评帕穆克的文章）。

但"呼愁"这个概念还有更多的含义，因此我们就又回到了多层次和逆流这个主题上。伊斯坦布尔是个叫人难以理解的地方，它并不像其他更为现代的城市那样，对游客"开放"，让人可以看清它（詹姆斯·斯科特，James Scott）。[15]纽约和芝加哥的地方都很好找，而这两座城市的人也有着共同的性格气质，让人一眼就能看穿，而且，他们对外来者也很宽容。至于波士顿和伦敦，虽然游客在这两座城市里通行要难得多，但也拥有可辨识和独特的精神。伊斯坦布尔却和这些城市都不一样，这种让人捉摸不透的特征让它的愁绪多了几分疯狂感，甚至也让它更具吸引力。

有一次我在去伊斯坦布尔前买了一本旅游指南，上面记录了各种徒步旅行的线路。经过几次艰难的尝试之后，我才意识到，我比较喜欢的随意探索的方式正是步行走遍伊斯坦布尔的唯一方式，没有任何指南能帮上忙。[16]我想去探索的街区街道太窄，没有地图能标记出所有的交叉口和转弯路口，所以最好就是信步而行，凭借一些模糊不清的地标来辨别方向。再说了，人家一看到我用地图，就会知道我是游客，更糟的是，如果我老是停下来四处张望，会让孩子们觉得很尴尬。很多事都提醒我，

探索这座城市的最好办法就是信步而行，想去哪里便去哪里。

当你在伊斯坦布尔游荡，就会发现很多关联物让你了解这个地方曾经居住着各种各样的人，这些人的过去正在痛苦地"恢复"并且被接受。感觉到这些人存在的首要方式，就是通过他们曾经居住的这个多层次的地方。

多层次的地方和多层次的人

在这座城市最古老部分的下面有一座地下水宫，这一古老的地下蓄水宫殿长138米，宽64米。300多根高9米的立柱支撑着复杂的拱形屋顶，水通过典型的古罗马输水管道系统，从东北方向24公里开外的森林流到这里蓄满。该地下水宫可容纳8万立方的水。这座水宫由拜占庭皇帝查士丁尼在公元前532年建造，一直使用到1453年奥斯曼帝国征服这座城市之后，水宫便被遗忘了。后来到了1545年，前文提到的法国学者皮埃尔·吉勒斯在苏莱曼大帝的雇佣下为整座城市绘制地图。在此过程中，这个地区居民的家用水井里总会出现淡水鱼，皮埃尔·吉勒斯决定探明原因。他找到了这座被废弃已久的地下水宫，并且公布了他的发现，由此，水宫才逐渐得以修复。

2005年7月的一天，天气炎热，我和孩子们来到蓝色清真寺附近的水宫入口，这是我们第一次来这座地下水宫。我以前从未听说过这里，不过这个地方门票很便宜，看起来很有意思，又很神秘，而且地下很凉快。我们走进入口，向下而行，这里的水有一米多深，水中有鲤鱼游来游去。小路悬在水上，穿行于立柱之间。立柱的式样并不相同，我后来才知道有些是多利斯式，还有的是……一根立柱上有一个很像眼睛的浮雕标志，有人说这代表眼泪。但最有意思的是两个巨大的美杜莎石头脑袋，这两颗头颅是两根立柱的底座，像是被随意放在立柱下，一个上下颠倒，另一个则侧翻着。

我们了解到，这些巨大的石头头颅，是用二手材料建造而成的，而这些材料都来自古罗马早期建筑的残骸，后来人们出于现实需求，便二次利用了它们。我后来想，很久以前的建造者测量、搬运并把这些石头安放在这里，特别是这些巨大的美杜莎头颅，在他们看来所有古代神明代表着什么呢？他们是否认为自身优于制作石雕的异教徒，也就是基督教化的君士坦丁堡的居民们？那些石头头颅是被故意颠倒或侧翻放置的吗，表示毁灭或颠覆任何残余的宗教势力，或是象征着使用这些石头的新文明的威力？他们在碰触这些石头之前，是否做了特别的祷告？在我看来，美杜莎的头在水下待了将近两千年，似乎象征着整座城市所体现的复杂的多层次文化、信仰和人。

后来，在写这篇文章的时候，我才开始研究这种重新使用建筑遗迹废料的做法，从而了解到古代的建筑几乎都会用到这样的材料。我思考着那些头颅的神秘之处，并且想到它们是多么契合这篇文章的主题，与此同时，我有点不好意思地意识到，我在佛蒙特州的家建于190年前，它的墙壁正是用类似的建筑残留物修建而成，而且也很神秘。在我家的泥地面地窖里，古老的大理石墓碑被用来当作铺路石，有的还背面朝上，以掩盖住上面的铭文，但位于地窖台阶脚下的一块墓碑正好正面朝上，上面写着一个24岁的女人在1847年去世。她真正的坟墓和碑文都在街尾的一个小墓地里，而这块墓碑不知道是在什么时候断裂的。在像伊斯坦布尔这样的地方，更有可能去思考这些古物的意义，但从根本上说来，它们象征着人们务实的心态，在他们看来，不管大理石之前有何用途，都是很珍贵的东西。

若是换个时间和地点，这件事就会显得与我关系不大，并且充满异国情调，但现在，这在我的家中却是司空见惯的，使我不禁对某些地方

的"异域风格"产生了疑惑。爱德华·萨义德（Edward Said）所说的"东方风格"的部分内容就是如此，他在他那部著名的作品中批评西方对待中东的态度，还批评艺术家和作家将伊斯兰城市描述成既具异域风格，又令人反感，反正各种描绘，以便可以对这些地方加以控制。在很多人看来，伊斯坦布尔的历史中就充满了这样的想象。但伊斯坦布尔的居民是否也认为他们自己充满了异域风格呢？他们现在是这样的感觉吗？我们认为他们肯定觉得自己既尊贵又特别，因为他们居住在一座非常重要的大城市里，而那里又是皇帝和苏丹的家。然而，对于那些在多层次的地方生活和逝去的人，他们如何想象他自己的身份？在成为伊斯坦布尔的居民之前，他们是希腊人、热那亚人、亚美尼亚人、犹太人还是土耳其人，或者正好相反？一座城市要如何同化甚至是替代这些不一样的身份？此外，在土耳其这个多民族的民族国家，这一点是如何做到的？

在人们笔下，伊斯坦布尔一向都是个具有多样化人口的地方，但属艾德蒙多·德·亚米契斯（Edmondo de Amicis）1896年的评价最为说明问题。作为一名外国人，他被加拉塔大桥两端的多样性深深吸引，从而为伊斯坦布尔编写了编年史。

站在这里，不出一小时，你就能看到君士坦丁堡的所有人在你面前经过……你能看到各种各样的人，有希腊人、土耳其人和亚美尼亚人，或许还能在他们中间看到一个巨人似的阉人骑在马背上，大喊"让开"！阉人赶着一辆土耳其马车，上面装饰有花鸟图案，里面坐的是某个男人的妻妾……一个穆斯林女人徒步而行，她戴着面纱，是个女奴；一个希腊女子留着一头飘逸的长发，戴着一顶小红帽；一个马耳他人的面貌隐藏在黑色纱巾后面；一个犹太人身着她们的传统民族服装；一个女黑人披着色彩艳丽的开罗披肩；一个特拉勃森的亚美尼亚人戴着黑色面纱……他们和其他很多人都走在同一条路上，仿佛是在列队展示各国的服饰……然后可以看到一个叙利亚人，穿着拜占庭长袍；一个保加利亚人身着深色束腰外衣，她的帽子边缘装饰有皮毛；一个格鲁吉亚人戴着熟皮头盔；一个来自爱琴海的希腊人身上有花边银流苏，纽扣闪闪发亮……好像人群时不时会变得稀疏，但不一会儿就会有更多的色彩如同海浪一样涌来，而白色的穆斯林头巾就好像是浪尖的泡沫……[17]

从这段文字中可以看到浓郁的东方风格，而且这居然是出自一个法国人之手。然而，在20世纪，伊斯坦布尔曾经多样化的人口组成不见了，相比衰落的建筑，这种现象肯定更能让帕穆克感到悲伤。不仅仅是帝国消亡了，多民族融合的大环境也消失不见了。而在当代伊斯坦布尔，这种情况正在恢复。这座城市迈着细小无力的步伐去承认过去，去接纳曾被官方遗忘的有问题的身份。在伊斯坦布尔，就跟经历过各种形式的种族清洗的其他城市（首先想到的是柏林和巴黎）一样，存在着一种自卫性质的认知，那就是少数民族的权利在过去腐败横行的时期反倒得到了更多的尊重，而且，创建现代土耳其（正如美国的大部分地区），前提是迁走大部分犹太人、希腊人、亚美尼亚人、阿列维派、阿拉伯人、吉卜赛人和天主教徒。

2012年，我们在伊斯坦布尔遇到了我以前的学生埃姆雷·萨辛，他现在在萨班哲大学读研究生。埃姆雷在伊斯坦布尔东部郊区长大，上小学之后他才知道自己是个库尔德人。那是在一次家长会上，老师提到他父母时说"你们这些人"，他才意识到事情有些奇怪。后来，他到伊斯坦布尔度过了他在高中毕业后进大学前的"空档年"。当时他在一家旅行社打工，和他母亲朋友的儿子们住在一起。那些孩子总是叫他"库尔德人"，还说什么"喂，库尔德人，今晚要不要一起出去玩"？我问他是如何答复的。他说，他就管他们叫"土耳其人"。"当然了，土耳其人！"埃姆雷的毕业论文主题是西班牙和土耳其的吉卜赛人的政治处境，而从那之后，他对伊斯坦布尔的这个问题更为敏感了。对于他访问的土耳其吉卜赛人来说，他的库尔德人身份背景使他成为一个十分有意思的样本：他们似乎说，吉卜赛人或许会被人瞧不起，但他们至少不像他的库尔德人同胞那样是恐怖分子或是这个国家的敌人。

我们和埃姆雷一起，从他所住的街区步行向西前往拜占庭古城墙的遗址。1453年，奥斯曼土耳其人冲进城门，最终征服了君士坦丁堡。城墙的另一边是高速公路和建有大型现代喷泉的公园，还有一个圆形博物馆，馆中描绘了这场战斗的最后时刻，并且庆祝胜利"突破"（埃姆雷的原话）了城墙。

从我们的角度来看，城墙依然威严壮观，而且，因为有两层城墙的缘故，更显得气势宏伟：攻击者翻过了第一道城墙，就会被困在中间，生死完全掌握在第二道隐秘防御土墙上的防御者手里。两道城墙之间的空间现在成为吉卜赛人的居住区，近来，他们被迫从城墙另一边、位于托普卡帕区的定居点迁了出来，在这里建立了帐篷城市。这样的搬迁活动经常发生，各个街区都被铲平了，以便进行住宅开发项目。也是在2012年4月的那一周，市郊赛庭布努区的一个工厂发生了特大火灾，人们纷纷指责是市政府雇人纵火，以便腾出地皮进行开发。不管真相如何（市政府则声称起火原因是涂料稀释液储存不当），很多人都感觉这座城市的扩张步伐无人能挡，而很多牵扯其中的人都遭了殃。

我们最近一次去伊斯坦布尔，正好赶上亚美尼亚种族灭绝（又称"种族浩劫"）纪念日。在这场浩劫发生的时候，城里大部分亚美尼亚居民都被集合起来，被迫进行强行军，最终导致其中80多万人死亡。人们连续三年在塔克西姆广场举行静默抗议活动，埃姆雷劝我们也去参加。在那里，大约500名活动家、记者和学者和平静坐，手举死难亲属的照片，他们还举着一位亚美尼亚记者的照片，此人名叫赫兰科·丁克，于2009年在报社外被害。数百名配备防爆装备的警察排成阵列，站在高压水枪卡车旁边，这些卡车就停在鲜花售卖摊位旁边，显得极为不协调。身材魁梧的便衣"民警"把活动区域围了个水泄不通。安全部队的人数几乎比参加活动的人还要多，即便是像我这样以研究军警为生的人，看到那些便衣警察也感觉浑身不舒服。在警察的另一边、靠近一座阿塔图尔克雕像的地方，为数不多的几队人正在举行反示威活动。其中一群人是民族主义者，他们并不认为亚美尼亚人大屠杀是共和国早期缔造者做出的愚蠢行为。另一队反示威游行则是由一个伊斯兰政党领导，但我并不清楚他们为什么反对守夜祈祷活动。考虑到土耳其的政治现状，人们都怀疑这些反示威活动是政府组织的。然而，第二天的报纸却几乎并未对示威和反示威活动进行报道。

随着大量的人口从安纳托利亚（现在它发展成为一个超大城市）中部欠发达的东南区域拥入，伊斯坦布尔的人口急剧增加，有关方面正计划将其人口规模限制在1600万以内。和许多超大城市一样，伊斯坦布尔的各个街区早已超出了最古老和最著名的那部分区域，大大向外延伸。城市的精神何处为家？中心如何影响周边，周边反过来如何影响中心？急速发展的郊区有没有改变这座城市的核心特征，又或者那些最古老的层面有没有延伸，从而触及建有高楼大厦的新街区？

2012年，我带着15岁的女儿一起去了伊斯坦布尔，我们决定去逛商场。乘坐漂亮的地铁从塔克西姆到了希什利，下了地铁，我们向一个正在和两个年轻女孩说话的警察问路。他找来了另一个会说英语的警察，这个警察的解释十分清楚，而我们打听的目的地显然是这个街区最主要的地标建筑。"西瓦吉尔！哦！"那两个女孩在弄明白我们要去什么地方后，便这么说道，还挥了挥拳头。那家购物中心配有保安和金属探测器，比我在美国见过的所有商场都漂亮，自然光也更多。商场里播放着嘈杂的音乐，疲惫的母亲和男朋友们坐在试衣间外面，真是到处都有像我一样的人。后来，在商场外面的星巴克排长队买咖啡，我们喝着冰咖啡，发现这里和全世界的星巴克都差不多：几乎都是二十来岁的年轻人，捧

着笔记本电脑，抽着烟。只有在这样为数不多的地方，我们才能看到人们单独坐着。

商场和星巴克对面是建有高大石墙的希什利亚美尼亚公墓，里面有数千座带有基督教十字架的坟墓。就在面朝购物中心和繁忙公交枢纽的公墓墙壁上有一个广告牌，说是附近即将建成特朗普大厦购物中心。"但愿不是建在公墓上，"我对女儿说，"那样就太过分了。"

政治多层次和逆流

在4月24日静默抗议活动的几天前，伊斯坦布尔三个足球俱乐部的球迷吵嚷着走过主要商业街，在塔克西姆广场集会。对于去伊斯坦布尔，我们了解到的第一件事就是必须选择支持一家球队。伊斯坦布尔有三支球队，分别是费内巴切、加拉塔萨雷和贝西克塔斯，每一家俱乐部都有他们自己的铁杆球迷，有点像是伦敦的切尔西、阿森纳和托特纳姆。然而，我是个棒球迷，这些俱乐部让我想到了20世纪50年代纽约的巨人队、道奇队和洋基队，就因为这三支球队，移民、街区和各个阶层都分裂成为不同的社会团体。在2011年3月的《纽约客》(The New Yorker)刊登的一篇文章中，艾莉芙·巴图曼写到了贝西克塔斯队的超级球迷。这些球迷穿着与运动员相同的黑白队服，都是无政府主义者，而且反主流文化。这篇文章介绍了这个非官方球迷组织的土耳其籍亚美尼亚裔领导人（和我的学生埃姆雷被称作"库尔德人"一样，这个人被称为"亚美尼亚人"）。球迷中有"教授、医生、律师、街头流浪儿、无政府主义者……"

2005年，到达土耳其的第二天，我们遇到一家人为我们指路。他们介绍了自己最喜欢的餐馆的位置。他们说，一家餐馆的外观是妻子最喜欢球队的颜色，即加拉塔萨雷的红黄两色，另一家餐馆的外观则有丈夫支持的球队费内巴切的蓝白两色。夫妻两个都不喜欢贝西克塔斯队，但

伊斯坦布尔布尤卡达岛的咖啡餐厅。就餐男子身后是印有土耳其共和国创始人凯末尔·阿塔图尔克头像的旗帜。

几天前在飞机上遇到的一个年轻人则鼓励我们支持贝西克塔斯队。后来在伊斯坦布尔，在玛奇卡公园散步时，我们发现伊诺努体育场就在附近，而那里正在进行一场壮观的贝西克塔斯队主场比赛。在餐馆里就能听到欢呼声和加油助威声，这声音传遍了贝西克塔斯和尼桑塔斯街区，后来我们走回酒店，包括保安在内的工作人员不是在看电视，就是在听广播。谈论足球，尤其是谈论贝西克塔斯队，就成为我们以后每一次伊斯坦布尔之旅中的试金石，在其他男孩子和我儿子之间尤其如此，而约瑟夫至今依然为身穿这家球队的队服而骄傲。

极端球迷这种现象往往有两种解释。有些评论员认为球迷们拥有疯狂的能量和忠诚，不管输赢，斗殴和几近骚乱的事件依然频发，他们就像是被剥夺了选举权的政治公民。球迷的狂热仅仅是升华了的能量，其实完全可以将这些能量投入更真实或更理性的政治目标上：这就是公民表达挫败感的一种方式。其他人则觉得这些球迷和体育就是一种不那么致命的部族战争：足球迷不过是一个庞大团体的成员，而足球场则很像是角斗士比赛的场所。如果球迷不以一种运动为依托，那他们就会更为暴力：这样的运动消弭了他们的潜在毁灭倾向。在伊斯坦布尔这样的地方，政治分歧历来始终被控制得很好，而球队也"不仅仅是一家俱乐部"。总而言之，运动既是战争，也是政治，同时门槛较低，任何市民都能接触到。伊斯坦布尔自古以来就是这样一个球队、政党和部族的混杂之地。

伊斯坦布尔是一个存在着各种各样暴动和骚乱的地方。在拜占庭皇帝查士丁尼统治期间（527—565年），所谓的"尼卡暴动"在战车竞技场爆发，参赛的队伍代表了君士坦丁堡的不同居民点。历史学家评价称，这些队伍以各自佩戴的颜色（正是蓝党和绿党之间发生了冲突）来区分运动队、政党、社交俱乐部和宗教派别，他们常常利用战车比赛来向皇帝表达他们的意见，而皇帝本人也是其中一个战车队的粉丝。532年，为了谴责高税收、腐败和对一场小型暴动的两名参与者（分别来自两个主要的参赛队）施加重刑，参赛队伍在一场战车比赛中爆发了暴动，而查士丁尼举办这场比赛，部分目的正是为了消除动乱。罗马历史学家普罗科皮乌斯（Procopius）这样写道：一个星期后，城市里一半以上的地方都被烧成平地，至少有3万人被杀。查士丁尼捡回了一条命，此后的大部分统治时期内都在重建这座城市，其中最著名的建筑当属圣索菲亚大教堂了。

这座庞大的建筑充分体现了伊斯坦布尔的多层次。教堂在暴乱后进行了重建，有着世界上最大的封闭空间，一直到1000年后，西班牙的建筑才在这个方面超越了圣索菲亚大教堂。这座教堂在1000年里一直是拜占庭基督教王国的中心，后来，奥斯曼土耳其人取得了胜利，这座教堂便变成了清真寺。现在它则是一座博物馆，这个用途倒也是很合适（更合适的是，上次我们去的时候，检票的是一个老人，戴着闪亮的金色纽约洋基队的帽子）。

土耳其现在深陷一系列调查和政治审讯之中，其目的在于揭露和检举秘密组织"埃尔盖内孔"的成员。这些审讯是从2008年开始的，代表了当代民族国家里持续时间最长的问题之一：市民政治力量和军事力量之间的关系，或者说是美国所说的"军民分离"。土耳其长久以来都是北约（NATO）成员，其军方应该严格站在"军民分离"的一边，或是支持军政分离。但土耳其的军方一直以来将自己视为"《宪法》的有力守护者"，忠实的世俗军队在这个国家70年的历史中一共发动了三次政变。当前的调查和审讯，从表面上看来是有关揭露土耳其深层国家势力核心的关系。所谓深层国家势力，是指存在着一个力量联盟，其成员包括军方人士、执政党和恐怖集团，他们的目的是制造混乱，以开展军事行动，从而保住阿塔图尔克在1923年创建的这个世俗国家。"深层国家势力"这个词指的是军方和该国表面上支持民主的领导人之间的关系，但这个词同时也用来指代政治领域内任何不可完全理解的事情，也给了人们一个怀疑任何事的理由。

深层国家势力既让人骄傲也令人恐惧："看到那边那件事了吗（选举、订约、谈判、军队打赢了恐怖分子、恐怖袭击、逮捕）？"深层国家势力也泛指世界上所有事件的导火索：对于很多土耳其人而言（以及其他国家的阴谋论持有者），全世界的政治都控制在中情局、摩萨德等秘密强大的政治集团手里。人们之前一直不确定这个势力集团是否存在，但1996年的一桩丑闻证明它确实存在：当时出了一场车祸，丧生的有一位高级军事将领、一位恐怖集团的重要成员、一个妓女和一名议员。这座城市的多层次催生出了一种思维定式：政治领域内的一切都有关阴谋，都是邪恶、不值得信赖、隐秘的，而且，重要的是，不在这些人的控制范围内。每个社会都有阴谋论，每当意想不到的事发生，阴谋论就会出现：阴谋论旨在唤醒人们用更深层次的理性来对待各种事件，使人们有可能去理解这些事由谁在何处策划（一般情况下都能和秘密安全部队扯上关系）。但在土耳其，军队的角色特殊，再加上他们在1960、1971、1980年发动了三次政变，又在1997年发动了一场"后现代政变"，2007年，现任总理当选后，军方又威胁发动政变，在这样的情况下，阴谋论就显得貌似可信了。

针对"埃尔盖内孔"的审讯还在继续，是为了了解这些多层次的深层内容，而进行的一次范围最广、影响最为深远的尝试。不幸的是，它演变成为一场空泛的作秀审判：将很多无辜的人牵扯进大清洗中，更像是彰显当前政府的强大力量，而不是要找出真相。这种真实与虚假、可靠和鬼祟、透明和隐秘的全新结合，再加上因为害怕在媒体面前说实话而破坏了真正的改革尝试，让土耳其特别是伊斯坦布尔无法成为民主国家和国际化大都市的楷模。

在2008年第二次去土耳其的时候，我们和几年前认识的一家人的关系变得有些紧张。他们邀请我们去他们的好友家里做客，那位朋友住在大陆深处，要一小时的车程，我们拒绝了。据说他"杀死了至少40个库尔德工人党恐怖分子"。我们的主人家很详细地讲述了他们加入了一个叫灰狼的民兵式组织，其成员"在警方有需要时提供协助"。有人告诉我，一定要让我儿子成为共济会会员，此外还要学习如何像土耳其人那样玩西洋双陆棋，这样他就能成为男子汉。我带了奥尔罕·帕穆克的《我的名字叫红》(My Name is Red)。在一次吃饭的时候，他们告诉我们，他们很不喜欢帕穆克，因为他最近发表了反民族主义的声明，并且承认亚美尼亚种族大屠杀确有其事。我们被告知不要开着窗户睡觉，因为有人可能"偷走你的女儿(当时她11岁)"。后"9·11"美国反恐电视节目在我们吃饭期间不间断地重播。我还收到警告，不要在某个网吧使用无线网络，因为据说老板曾诱奸游客。然而，我们也接受了无尽的善意和优待，很多人都问起伊拉克和奥巴马(还有我的离婚)，主人还骄傲地把我们介绍给他们的邻居和朋友。有一天，我在帮助那家的母亲挂衣服，德国游客还给我们照了相。

这次去伊斯坦布尔，我们乘坐巴士到内陆，去参观罗马古城帕加马。在当地乘坐出租车时，我和出租车司机聊到了美国总统竞选(我已经说过很多次这个话题了)，他希望巴拉克·奥巴马能胜出。他还告诉我，他现在有了自己的政治博客，还鼓励我去看，而我真的看了。

在一次去伊斯坦布尔的漫长巴士车程中，我注意到附近的一个男人，他带着他很小的儿子一起出门，正在看一本名叫《新埃尔盖内孔》(Yeni Ergenekon)的书。后来我用字典查了这个词，意思好像是"单身"，于是我就猜测那本书的书名是《新单身》，我想象那个男人是个刚刚恢复单身的父亲，正在看一本励志书，我当初刚离婚那会儿也是如此。回到伊斯坦布尔的酒店后，我才意识到，我的翻译错得有多离谱：那个人其实是在看一本宣传册，讲的是最近的政治丑闻，关于一个名叫埃尔盖内孔的政变策划组织。那天晚上在位于老城阿美特苏丹区的酒店里，我检索到了这个陌生的词，看了维基百科的网页，通过阅读得知针对埃尔盖内孔组织的调查已经开始，我意识到，我们从前的主人家十分骄傲加入的灰狼组织是一个极端民族主义民兵组织，他们帮助安全部队对抗伊斯兰主义者、库尔德人和自由记者。灰狼组织被指控犯有政治暗杀、毒品走私、酷刑折磨和非法处决等罪行。那天晚上，我坐在旅游区的酒店里用笔记本电脑看到这个信息，感觉既悲伤又愤怒，我竟然这么天真地想要去辨别这个地方的政治逆流。

四年之后，对埃尔盖内孔组织的起诉在伊斯坦布尔郊区的一家法院进行，很有点前美国国会众议院非美活动调查委员会的味道。针对该组织的指责有很多，有大量情节和次要情节，情况也变得难以置信的复杂。渐渐地，一项针对深层国家势力的可信案件演变成为一出闹剧。最终结果则是，真相的具体细节（军方试图破坏政权包括现政权的稳定，这样他们就有理由干政了）被掩埋在一个不断扩大的阴谋论中（这个阴谋论认为，只要有人哪怕是有那么一点点反对现政权的意思，肯定就会与别人相勾结，积极秘密地搞阴谋搞破坏，推翻现政府）。

7 多层次的含糊不清和意见

拥有含糊不清的身份，其意义是什么？层层假身份之下是否隐藏着真正的身份，又或者真实的身份特质就是为了使人难以捉摸，其身份并不在现有的类别之中？这是柏拉图《理想国》(Republic) 的核心主题，这本书讲的是一个他所想象出来的城市，也提到了教育和哲学的作用，而且，正如我所主张的，他还谈到了代际紧张关系。在讨论探究过程中，苏格拉底反复提到，一个好的起点在开始时总是充满模棱两可的事物：那些事物在有与无之间徘徊，既是一个也是很多（比如数字2既是一个数字，也表示两个1），既是大也是小（苏格拉底用第四根手指来举例，因为它既比最小的手指大，又比食指或中指小）。"在有与无之间徘徊"这个概念是一个"观点"，思想和观念有一部分是真的，还有一部分是虚假的。但愿哲学和理论化能帮助人们向着真理前进，远离虚假或谎言。教育应该能起作用，至少可以使人们说清楚有多少是他们不知道的，以及为什么会这样。模棱两可就有可能变成（在适当的情况下）促进对话、辩证思维和智慧形成的事物。

在我看来，伊斯坦布尔这个多层次、模棱两可的地方之所以吸引人，是因为它能够供人进行这种思考。它充满挑衅，令人不安，不是因为它是神秘的"他者"，而是因为它巧妙地融合了各种不同的元素。政治学者肯·乔伊特（Ken Jowitt）常说有的社会容许"自由组合"——不同的身份可以在同一个个体中共存，还说一些城市容许不同的生活方式。土耳其摸索着进行国家建设，没有经验可以借鉴，在这个过程中，伊斯坦布尔充当了先锋，现在，土耳其似乎再次扎根于更为宽容的奥斯曼传统中。

4月24日，为亚美尼亚大屠杀死难者举行静默抗议后，一个年轻的男专栏作家穆斯塔法·阿克约尔（Mustafa Akyol）在英文版的《自由报》（Hurriyet）中，大加称赞一位年轻女性希拉勒·卡普兰的观点，她戴着面纱参加了抗议活动，而且她的专栏经常出现在一家伊斯兰报纸上。[18]他写道，卡普兰尝试回归从前那个更为宽容的伊斯兰宗教帝国，以便让土耳其摆脱残暴的共和国和世俗人士的不宽容。年轻的穆斯林通过宽容其他种族和宗教团体，能最为真诚地对待他们的传统，而且，阿克约尔在他的专栏中将卡普兰的观点视作新一代"思想自由的伊斯兰知识分子"的一部分，他们"视奥斯曼亚美尼亚人的种族大清洗，以及20世纪土耳其非穆斯林面对的所有镇压，为伊斯兰价值观所深恶痛绝的行为。这些知识分子支持'新奥斯曼主义'，从根本上来说，这就是在呼吁建立多元化的土耳其，可以兼容各种信仰和种族"。他写道："这一观点的历史准确性还存在争议……但他们提出的建立更民主、更能自我批评、更为公正的土耳其（最后一点正是我要说的），则充满了希望。"这种融合多层次、多类型的能力，在适当情况下推动宽容，是现代土耳其的希望之一。

然而，这样的希望却被基本的社会公正性问题所阻碍，经济增长和宽松的工业监管环境使其更为恶化。在五一国际劳动节，伊斯兰社会主义者抗议执政党的社会影响，他们称这个政权是"经过了洗礼的资本主义"。[19]回归伊斯兰再次被视为向着宽容和正义的社会前进。《纽约时报》在文章中把这一势头猛进的回归和20世纪70年代的天主教解放神学的发展势头进行对比，然而，这种世界主义、受过高等教育的穆斯林只能在伊斯坦布尔这样的大城市站稳脚跟。市民精神的希望在于有能力接纳潮流和逆流，兼容多层次的历史、民族、意见，并能使这些因素共存、发展。而这也需要有能力对模棱两可采取宽容态度，或者至少为模棱两可着迷，不采取任何虚假的简单解决办法。

1. 这篇文章写于2014年，当时尚未发生影响整个土耳其尤其是伊斯坦布尔的政治高压态势。近来，埃尔多安政权严格限制媒体报道，拘留或控告了八万名记者、学术人士、军警人员、反对党成员，称他们参与了推翻埃尔多安政权的重大阴谋。该政权声称，这些人受到了流亡牧师法图拉·葛兰（1941年出生，现居于美国）的唆使。2016年夏天，军队发动政变未遂，因此导致了更为强硬的镇压。

2. 我的一个朋友曾经注意到，他所搭乘的从耶路撒冷起飞的航班正好停在伊斯坦布尔机场里从德黑兰飞来的飞机旁边。他很想知道机场官方是不是有意这么安排的，以提醒游客伊斯坦布尔是什么样子。

3. Terry Richardson, *The Rough Guide to Turkey*, Rough Guides 2000

4. Stephen Kinzer, *Crescent & Star: Turkey Between Two Worlds*, New York: Farrar, Straus and Giroux.

5. 现在来说一个令人极为恼火的例子："（伊斯坦布尔）是地球上最神秘的城市。我热爱博斯普鲁斯海峡边的房屋，苦行僧……算命先生说出你的命运，地毯商人粗声粗气的招呼（我能赚到你的钱），还有美轮美奂的宫殿看起来就像是一栋理想的文科大学。但我最爱的还是宣礼员召唤声……古老，原始，听起来就像是从很深的裂缝中拉起了一个东西。有时候那种召唤声就像是来自远方另一个世界的哭喊，有时候像是锯开玻璃纸的声音。我醒来听到宣礼员的叫声，总是想到我此刻身在离家很远的地方。"（Frances Mayes, from *A Year in the World: Journeys of a Passionate Traveler*, Quoted in Kerper, Barrie, ed., *Istanbul: The Collected Traveler*, New York: Vintage, 2009）p. 37.

6. 在 Nicole and Hugh Pope 的 *Turkey Unveiled: A History of Modern Turkey*（New York: Overlook Press, 2000 [1997], p. 181）中被引用，作为个人访谈的一部分。

7. 在《理想国》中，苏格拉底用一段很少有人注意到的文字解释，哲学思想始于好奇，当你意识到一样东西既可以是"很多"，也可以是"一个"，就会产生好奇，或是当你意识到一样东西处在两个不同概念的"中间"（在这个例子上，是在存在和不存在之间），Plato, *Republic*（479d，432d）。

8　Thucydides, *The Peloponnesian War*, trans. By R. Crawley, Touchstone: New York, 1996, p.63.

9　讽刺的是，可能正是这些保护城市的围墙却也令瘟疫如此致命地传播。市民都拥入设有围墙的雅典，好让斯巴达人在乡村里肆虐。但距离这么近，可能是因水手传染的瘟疫开始迅速传播。围墙保护平民不受敌人的侵害，允许商人四处经商集聚财富，但与远方的人接触后回到城市，又生活在狭窄的空间里，这就加速了疾病的传播。

10　讨论的是有关狄奥多西和狄奥多西修建的城墙，他是最后一位统治东、西罗马帝国的皇帝。城墙在1453年被奥斯曼土耳其人破坏掉了。

11　还曾数次险些形成干预，并因此形成了政治上的活力，与其他正式的世俗民主（但其实是独裁）的国家很相似。

12　Orhan Pamuk, *Istanbul: Memories and the City*, trans by Maureen Freely, Faber & Faber: London, 2005, p.91.

13　《新闻周刊》（*Newsweek*，欧洲版），2005年8月29日。

14　引用《经济学人》（*The Economist*）《纽约时报》（*The New York Times*）等。

15　现代城市的"易辨认"，详见James Scott, *Seeing Like A State*, New Haven: Yale University Press, 1998。

16　当我在纽约生活的时候，我和一个朋友经常按照"可步行"和"禁止步行"的标志，决定我们周日下午散步的方向。在每一个街角，我们都会转向"可步行"的方向。

17　John Freely, *Istanbul: Imperial City*, London: Viking, 1996, p. 284.

18　Mustafa Akyol, "Armenian cleansing as de-Islamization," in *Hurriyet/Daily News*, Wednesday April 25, 2012, p. 7.

19　Susan Gürsen, "Pious Turks Push for Labor Justice," The New York Times, 2012.5.9 at http://www.nytimes.com/2012/05/10/world/middleeast/pious-turks-push-for-labor-justice.html?pagewanted=all

"根据欧盟提供的数据，自从十年前正义与发展党成为统治党（该党派在宗教的影响下追求社会正义），使得数百万人摆脱了贫困，将国内生产总值翻了一番多，从2440亿美元增长到了2010年的5510亿美元。在这段时期内，人均收入购买力水平从每年7400欧元增长到了11800欧元，该指标从占欧盟平均值比例的36%上升到了48%……但是，工人最低工资依然是每月700里拉，相当于395美元，每周工作六天，而在半黑市上，很多工人每周工作70小时，还拿不到这些薪水。根据财政部提供的数据，土耳其经济的三分之一都要归功于半黑市。职业安全糟糕透顶，法律不严格，监管更是松懈。根据工人健康安全委员会（该非政府组织致力于关注这类死亡事件）称，仅4月一个月，就有75名工人因工伤事故死亡，在今年的头四个月，一共有239名工人溺亡、被压死或被烧死。"

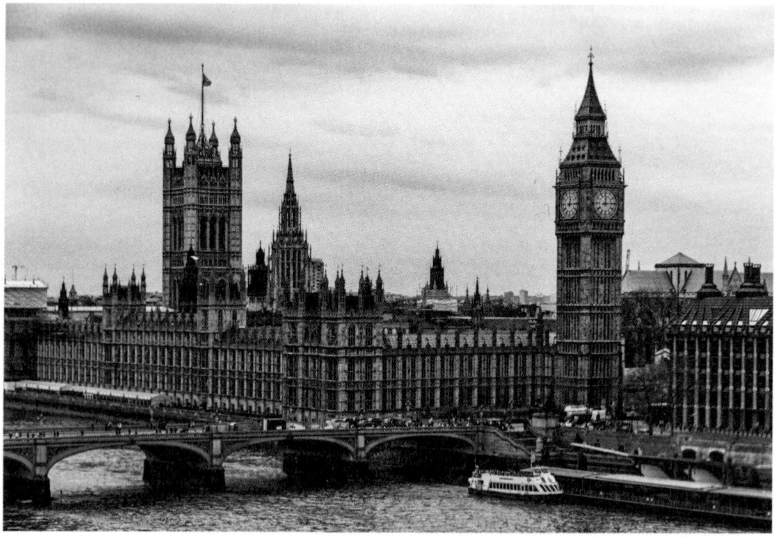

伦敦 London

人本主义和权力之城
A CITY OF HUMANISM AND POWER

by 马克·贝维尔 Mark Bevir 加利福尼亚大学伯克利分校政治系教授，著有或合著有《思想史的逻辑》(*The Logic of the History of Ideas*，1999)、《解读英国的治理方式》(*Interpreting British Governance*，2003)、《新工党：批判》(*New Labour: A Critique*，2005)、《治理的故事》(*Governance Stories*，2006)、《治理的关键概念》(*Key Concepts of Governance*，2009)、《国家的文化实践》(*The State as Cultural Practice*，2010)、《民主治理》(*Democratic Governance*，2010)、《英国社会主义的形成》(*The Making of British Socialism*，2011)和《治理：简要介绍》(*Governance: A Very Short Introduction*，2012)。

城市各有各的地理特点。伦敦就像一枚双黄蛋：东边的蛋黄是金融区，银行、交易所和贸易公司林立，是金融实力的象征；西边的蛋黄中有威斯敏斯特、法庭和伦敦西区，是君主和政治权力的中心，王宫、国家机构大楼、贵族的宅邸都位于那里，还有闪动着耀眼光芒的夜生活。两个蛋黄周围是蛋白，这片环形区域中遍布着城市村庄，建有房屋、商店、餐馆、休闲中心和公园。里面的环包含切尔西、哈默史密斯－富勒姆、卡姆登、伊斯灵顿、哈克尼、格林尼治和萨瑟克。外面的环包括伊灵、布伦特、哈灵顿、达格南、刘易舍姆、布里克斯顿、温布尔顿和里奇蒙。大多数伦敦人都住在这些城市村庄，也在这里工作。其他的则要乘车前往蛋黄区域上班。每天，伦敦的火车、巴士和地铁都会搭载许许多多人前往伦敦金融区和西区，人们在那里工作一天后再回家。伦敦空间上的心脏区域都是与金融和政治权力有关的建筑，而这座城市的灵魂中心则在于周边城市村庄里的人和人本主义。

我生在伦敦，长在伦敦，最早的记忆是与父母的公寓相关的（我们英国人习惯用flat这个词来表示公寓）。几栋公寓楼中间有个中心花园，我们一有空就去花园里踢足球。花园分成两个区域。一部分属于我们。我们玩游戏时会踩踏地面，弄得寸草不生，地上只有泥土。另一部分属于成年人，那儿的草坪完美无瑕，每年到了英格兰足总杯决赛那天，我们就把那里当成完美的足球场，踢一场比赛。

渐渐地，公园以外的伦敦在我面前显现出来。小时候，我记住了与我的世界相连的路线：从花园走到荷兰公园去玩板栗游戏，在游乐园进行冒险活动；到肯辛顿教堂街去上小学；到哈默史密斯剧院看周六上午场电影，去富勒姆泳池学游泳；去斯坦福桥球场，那里是我喜欢的切尔西队的主场。我最早是和哥哥一起在东看台的座位上看他们比赛，后来，我和我弟弟、朋友们在舒赫特看台的走廊里看比赛。

后来我长大了，伦敦在我脑海里的地图扩大了。我对地铁站已经很熟悉了，便去与车站相连的街道探索，找到了从荷兰公园和肯辛顿高街到诺丁山区的路线，去那里的加勒比黑人嘉年华会；从哈默史密斯去雷文史各公园，我的校队在那里打激烈的比赛；从伯爵宫去南肯辛顿区，我母亲在那里兼职做接待员；从斯坦福桥球场去国王路和斯隆广场，我在那里发现了刚刚萌芽的朋克摇滚乐。

伦敦何时有人居住，名字从何而来，历史上均无记载。[1]现在的沃克斯豪尔桥附近有一座青铜时代的古桥，那座桥使用的木料可以追溯到公元前1500年。考古学家近来在古桥偏南方向发现了一座木建筑遗址，而这栋建筑可以追溯到公元前4500年。几乎可以肯定伦敦区域总是有人居住，因为这里毗邻泰晤士河，有丰富的水资源优势，还有港口便于通商。沃克斯豪尔的遗址就在埃弗拉河与泰晤士河南端的交汇处附近。后来凯尔特人在更远的东边定居下来，而那里正是弗利特河和泰晤士河北端的交汇处。如今泰晤士河流经伦敦金融区和西区，这样一来，通过数座桥梁，就可以从泰晤士河以南包含全部城市村庄的区域前往金融和权力的中心区。

人本主义之城

我说话有伦敦西区口音。说到伦敦，人们往往会联想到伦敦腔。二战期间，在英国的宣传造势下，欢快坚定的伦敦腔已经深入人心。但伦敦腔只是伦敦东区的方言，至少在那里的贫民窟被拆除、伦敦东区的人带着他们的口音迁到埃塞克斯之前，情况如此。《经济学家》(*The Economist*)近来公布了一份研究报告称，伦敦西区口音消失了，取而代之的是通用的伦敦中部口音，这种口音受加勒比黑人和新南亚人的影响较深。[2]沙查·巴隆·科恩扮演的喜剧人物阿里·G就模仿这种现代的伦敦口音。

小时候，我周围的人都操着一口伦敦西区口音。北区路及其街市距离我家只有五分钟，我们都是去那里购物。母亲推着一辆帆布手推车，几乎每天都要买满满一车的东西。我的第一份零工就在北区路上的一家玩具店。刚开始工作那会儿，因为年纪太小还不到法定使用收银机的年龄，所以只能帮助顾客购物，再带他们到收银机边结账。到了午休时间，我就去街市上买一个三明治或汉堡，坐在长凳上，边吃边看人们过着他们的日常生活。

逛街市对伦敦人来说是一项社交活动。小贩吆喝着他们的货物，大声喊出价钱，与顾客闲聊，和其他小贩互相大声喊话。购物的人时常会停下来聊几句，说说当地的小道消息，夸赞一下对方的孩子，聊聊健康问题。这样的对话节奏很快（我却依然觉得人们说起话来太慢了，恨不得替他们把话说完，但只能强压下这股冲动）。在形形色色的人类生活中，逛街市这一特有的活动是娱乐之一。假装吃惊和在心里偷着乐，可比评判说教更为常见。有容乃大，人们皆抱着"互不相扰"的态度。最重要的是，这里蕴含着智慧。这种智慧胜过了个人感情和社会礼貌。有可能惹怒别人不是罪过，无聊才是。

伦敦人是幽默桀骜的人本主义者。文学作品对这些品质进行了深刻的描写。伦敦的作家对普通人和他们的日常活动表现出了殷切的同情，这可谓一大特点。他们的故事显示出普通人的生活是如此平凡，缺乏创造性和戏剧性。伦敦的作家有个特点，那就是专注于描写人们的奋斗

挣扎，以便尽可能维持、重塑和重建他们那岌岌可危的世界。他们的故事暗示，平和、满足和善良存在于充满感情的人际关系、家庭和友谊之中。伦敦的作家很少以抽象的理论原则为基础，进行道德审判，但他们的故事往往会谴责那些缺少温情的角色。伦敦作家对人们的个人缺点表示了同情，使得他们中的一些人显得滑稽可笑。他们的文字常常让人捧腹大笑，而作品的基调则大多是沉醉于各种各样的人和他们的个性。

杰弗雷·乔叟（Geoffrey Chaucer）可以说是中世纪最伟大的诗人，14世纪中期出生于伦敦，父亲是一位酿酒师。他的诗作是中世纪基督教人本主义的早期例子，而《坎特伯雷故事集》（The Canterbury Tales）是他最著名的作品，虚构了一群朝圣者在前往坎特伯雷大教堂朝圣途中所讲述的故事。[3] 乔叟的人本主义不是完全世俗的，却是最终削弱教会权威运动的一部分。讽刺的是，乔叟的人本主义从一定程度上而言来自他的信仰。[4] 他的信仰令他对神职人员的恶行极为不满。在《坎特伯雷故事集》中，赦罪僧是个腐败又虚伪的神职人员。他讲了一个告诫人们不要贪婪的道德故事，与此同时他也向听众承认，他把赎罪券拿去贩卖，却将赚来的钱揣进了自己的腰包，而且，他卖的圣骨也不是圣徒的尸骨，而是猪骨头。

乔叟谴责神职人员滥用手中的权力，却让俗人显得平凡而天真，从而让他们的罪恶更无可厚非，让他们的角色更为吸引人。《坎特伯雷故事集》可以被视作一系列充满同情的故事，有关道德审判、诱惑和日常生活里的挑战。乔叟这一新颖的人本主义主要存在于一个事实之中：他笔下的人物偏离了教会的道德标准，却既不是罪恶的象征，也不是为了警示读者。冬月在"商人的故事"中首次登场时，不仅好色，还很肤浅，因此遭到痛斥，但随着故事的铺展，他先是变成一个让人备感同情的角色，爱上了一个年轻女孩，和她结婚，后来又成为可怜的受害者。

乔叟用生动和情境化的方式描写人类行为，将道德同情和教会教条区别开来。在《坎特伯雷故事集》的最后，"牧师的故事"中包含了一种对自责和忏悔的论述。乔叟在这篇故事中让牧师承认，美德不是基督徒独有的，而是人类特有的一种品质。人类及其生活的价值并不在于他们是不是基督徒，而是有关他们能否和别人一起，将温暖和友谊带入生活之中。

这里说的友谊还包含了现今人们或许会称为平等的民主精神元素。《坎特伯雷故事集》以朝圣为框架，讲述了五花八门的故事和多种多样的角色。贵族、神职人员和农民这三大等级悉数登场，贯穿始终。首先出场的是骑士，他是朝圣者中最高贵的贵族，讲述了一个有关典雅爱情的故事。读者或许会认为，角色们会按照既定的社会等级来讲故事，并传达道德说教。但是，最低等级的朝圣者之一磨坊主醉醺醺地打乱了既定秩序，讲起了他的故事，他那言语粗俗的讽刺性寓言诗显然发出了信号，可知朝圣者不会按照社会地位来确定讲故事的次序，也不会尊重传统道德。他们的故事都在赞美人类平等和多样性。朝圣者来自不同阶层、不同职业，他们讲述了他们的故事，以吸引彼此。尽管他们的社会角色不同，但在前往坎特伯雷的路上，作为朝圣者，他们是平等的，都有平等的机会获得救赎。

和朝圣者自身一样，这些故事涵盖了各行各业。对于人们在农业、艺术、商业和科学方面的才能，乔叟给予了一个人本主义者的欣赏。同样的，他提出，无论职业和技能有多不同，人们都共同关注上帝、道德、爱、性和友谊，说明人性是共通的。

《坎特伯雷故事集》的很多幽默之处都来自这种共同的人性感和对浮夸的讽刺。乔叟将书中的故事设计成朝圣者之间的竞争，充满了诙谐的互动。举例来说，曾经身为木匠的采邑总管因为磨坊主对木匠很不客气而生气，就伺机报复，在他的故事里磨坊主被描述成为白痴。不管一些故事看起来有多严肃，其中却充斥着诙谐幽默，带给人快乐。很多故事还因为故事本身和风格而诙谐可笑。故事中的角色极尽嘲弄之能事，胡闹搞恶作剧，还装疯卖傻。好几个故事中都出现了戴绿帽子的男人（这是中世纪文学中经常出现的笑柄）。还有几个故事里含有下流语言、肉欲和黄色笑话,"磨坊主的故事"只是其中之一。"采邑总管的故事"靠的则是假扮和错误的身份来推动故事的发展,还采用了粗俗滑稽剧的元素。

北区路街市摊位后面是商店和酒馆。似乎伦敦的每一个街角都有个酒馆。后来我长大了,便走进了酒馆磨砂玻璃门。距离我家最近的酒馆虽小却很舒适,那里的花园还获过奖呢。我们有时候和父母一起去那里吃午餐,不过父母不让我大哥和好管闲事的酒吧老板吵架。一到比赛日,富勒姆路上的酒馆里都被切尔西队的球迷占领了。到了20世纪70年代末,朋克乐队则出现在了从拉德布罗克丛林路到帕特尼的酒馆里。

查尔斯·狄更斯是维多利亚时期最伟大的小说家,他是伦敦酒馆的守护神。他十岁时搬到了伦敦,此后便一直生活在那里,他把很多部小说的背景都设在了伦敦及其周围的乡村。他的作品中多次提到了小酒馆里人们围在温暖火边大吃大喝的情景。[5] 难怪伦敦和全世界都有以他的名字命名的酒吧。

狄更斯因对人类尤其是受压迫者充满同情而闻名。他的小说的特点与乔叟的人本主义、平等原则、桀骜不羁和聪明才智有着异曲同工之妙,对现代世界产生了重要影响。狄更斯生活在动荡的年代。当时,科学对宗教信仰构成了挑战,1859年达尔文的《物种起源》(The Origin of Species)出版后,情况就更突出了。许多维多利亚时期的人都担心科学会取代宗教,成为道德的基础。此外,随着工业化和城市化的推进,工人阶级诞生了,他们生活贫困,有时候到了赤贫的程度。托马斯·卡莱尔(Thomas Carlyle)在讨论宪章运动及其对改革的要求之际,创造了"英国的情况"这个词。[6] 在19世纪中叶,狄更斯和其他小说家都用各自的作品来探讨社会问题。

狄更斯的许多小说都以维多利亚时代的伦敦为背景,他描写过冷漠无情的监狱、潮湿的地窖、昏暗的小巷和舒适的酒馆。在《大卫·科波菲尔》(David Copperfield)、《远大前程》(Great Expectations)、《尼可拉斯·尼克比》(Nicholas Nickleby)和《雾都孤儿》(Oliver Twist)中，狄更斯都选择值得信赖和热心肠的小男孩作为主人公［在《董贝父子》(Dombey and Son)、《小杜丽》(Little Dorrit)和《老古玩店》(The Old Curiosity Shop)中，主人公则换成了可爱天真的女孩子］。小主人公们命运悲惨，只得与地位低下、更为贫穷的社会成员为伴。他们来到陌生的环境，遇到了各种各样的陌生人，这些人的故事也融入了小说的纹理之中。主人公受普通人的影响，不但能够忍受他们自身的痛苦挣扎，时而还能体会到一丝乐趣。狄更斯一般会在小说末尾安排主人公交到好运，却依旧保持着天真，并且始终与在底层社会交到的朋友维持亲密的关系。

狄更斯小说中的主人公往往都是天真的孩子，他能够通过这些角色从善良的视角向读者展示这个世界。读者通过孩子那真诚、宽厚的眼睛去观察伦敦的底层社会。这种视角对狄更斯著名的人本主义和叫人讨厌的多愁善感可谓至关重要——这两种特质有着直接的关系，使得文学评论家在评价他的文学成就这个问题上产生了分歧。狄更斯的故事用人本主义撼动了读者的心灵，鼓励他们和故事的主人公一样，表现出无私和可信，看重友情，漠视用阶级和金钱划分出来的三六九等。

乔叟用日常生活对比教会的腐败和伪善，狄更斯书中的主人公一般面对的都是无情冷酷的现代经济和阶级势利。依我之见，《艰难时世》(Hard Times)是狄更斯最成熟的小说。这本书是他对维多利亚时代那个放任、自由市场、功利主义和工于心计的社会，进行的最有效的谴责。他笔下的教师葛擂梗先生这个角色是对詹姆斯·穆勒(James Mill)的绝妙讽刺。詹姆斯·穆勒给他的儿子约翰·斯图尔特·穆勒(John Stuart Mill)灌输联想主义理论和功利主义原则，希望将他变成这些原则的代言人，最终却以失败告终。[7]葛擂梗先生不把他的学生当人，而是当作装满客观现实的容器，他将整个生命都投入算数和对利益的追求中。然而到最后，狄更斯还是延续一贯的风格，暗示即便是功利主义的经济学家，也可能在彼此关爱的人际关系中得到救赎；葛擂梗先生在女儿路易莎情绪崩溃时，才意识到他那些旧教条的局限。

《圣诞颂歌》(A Christmas Carol)也是类似主题的著名代表作。埃比尼泽·斯克鲁奇为人吝啬、无情，还很自私。他一心只顾着积聚钱财，对朋友不闻不问。他摒弃社交的乐趣，对圣诞节的仪式嗤之以鼻，还说什么"哼，骗子"。然而，圣诞节的过去之灵、现在之灵和未来之灵来找他，再加上对小蒂姆（他虽然得了重病却依然祝福别人）的怜悯，使得斯克鲁奇拥有了坦率和宽厚的友谊。

狄更斯的每一部小说都有五花八门的角色，他们的狂烈和癖好紧紧抓住了读者的心。他在小说中刻画了一千个人物，包括老人和老妇、各种类型的工人、寡妇、罪犯等，每个人物都有各自的历史和不同的性格。

狄更斯用他的天赋娴熟地刻画出了小人物的弱点，很快唤起了读者的同情心。举例来说，当大卫·科波菲尔来到米考伯家时，主人家表现出滑稽荒谬的言行，虽然如此，还是展现了他们苦难中的同情，并使我们喜欢上了他们。米考伯太太一开始动不动就生气，还不由自主地冲大卫大喊大叫，说什么她永远也不会离开她丈夫——"如果他认为会发生这种事"。大卫把她的情况告诉了她丈夫，米考伯先生立即冲到她身边，"眼泪扑簌簌往下掉，都打湿了他的背心"，因为她对他的深情而潸然泪下。至于大卫——"我哭成了个泪人儿"。这个场景充斥着荒谬夸张的感情表达，根本没有这么做的必要，然而这种情感揭示了角色之间的爱意，可知他们都是心地善良的人。

当初我以英国社会主义思想为题撰写博士论文，我的很多第一手资料都来自伦敦，有科林达的报纸，伦敦经济学院的手稿和小册子，以及其他手稿，包括大英博物馆的威廉·莫里斯(William Morris)的手稿。我坐在博物馆的古老穹顶阅览室中，想着乔治·萧伯纳、卡尔·马克思等伟人都

曾在这里进行过研究。

乔叟和狄更斯的作品声名远播，我便通过他们的著作来引出我希望和伦敦联系在一起的文化主题。然而，在包括威廉·莫里斯在内的伦敦最出色的政治理论家的作品中，也可以找到同样的主题。莫里斯是一位诗人兼设计师，从19世纪80年代初到1896年他去世，他在英国社会主义运动中声名大噪。[8]从那时起，事实证明，他成为形形色色的英国社会主义者争相追捧的思想家。在《乌有之乡消息》(*News from Nowhere*)中，莫里斯描绘了一个无政府的理想国，日常生活中人们友谊深厚，幸福喜乐。到了晚上，人们给彼此讲故事，只有"夏天的月亮将光芒照进有着美丽花饰窗格的窗子里"。[9]

7 权力之城

在我十几岁之前，我的伦敦仅限于城市乡村西边的内环。到了圣诞节，我们就乘坐旧的双层巴士，坐在上层的前面，到西区去看灯和大商店里的圣诞老人。要是有人来做客，我们就带他们去参观国会大厦、威斯敏斯特大教堂、伦敦塔和圣保罗大教堂。在我十岁或是十一岁的时候，发生了一件特别的事。我父亲带我去了西区一家豪华饭店。我点了基辅鸡，鸡肉里面有蒜香奶油，餐馆里灯光璀璨，打扮时髦的人忙忙碌碌，使得周围的一切都充满了异域风情，富丽堂皇。

十几岁时我才熟悉了伦敦中区的大街小巷。上大学之前休息了一年，在这期间我打工赚钱，然后搭便车去欧洲、地中海和希腊群岛旅行。一开始，我在一家剧院的餐馆里洗餐具。后来当上了调查员，就是把人们拦下来回答问题，让他们谈谈他们对金融的看法和计划。每天我和小组成员都会乘地铁前往不同的地方，努力工作，都是过了饭点才到附近的小酒馆里吃饭。我们大多数时候都在伦敦金融区，身为行外人的我们想尽办法吸引穿着套装、行色匆匆的人们的注意。

伦敦金融区的金融蛋黄要比威斯敏斯特的政治蛋黄先发展起来。伦敦金融区别号"一平方英里",不过其实际面积要大一些,古罗马城市伦底纽姆曾经就位于这片区域,据说,当时这座城市有五六万人口。200年,古罗马人在城市周围建造起了城墙,部分城墙至今依然矗立不倒。410年,古罗马人撤出英国,伦敦日益衰败,最后几近废弃。阿尔弗雷德大帝于886年开始再度让人们迁入伦敦。自从中世纪初至今,伦敦金融城的基本地理范围几乎没有改变。

在中世纪,伦敦金融城发展成为自治机构,能够选举自己的市长,还成为商业中心,有多家铸币厂和交易所。伦敦的主要财富都是通过贸易得来的,尤其是国际贸易。到了17世纪初,七成的英国对外贸易都是在伦敦完成的。不久之后,伦敦掌握了更大份额的殖民地货物的进口和再出口贸易。伦敦的主要贸易伙伴都在北欧和地中海,这也在意料之中。伦敦主要出口粮食、丝绸、金属制品、其他制造品、食品、铅和锡,而从北欧进口亚麻、大麻、木料和铁,从地中海进口丝绸、红酒、白兰地、水果和油。随着农业革命、工业化和殖民地的发展,伦敦在国际贸易中的地位就更重要了。

到了17世纪,伦敦还成为银行业的中心。商人、金匠、信使等人手中都有闲置的现金,他们便开始利用这些现金建立信贷额度、收付利息、接受别人的存款。此后,有些人开始专门经营银行业务。最早的银行是在18世纪左右建立起来的。有那么一段时间,英格兰银行(当时是一家私人股份制银行,不具备宪法所规定的中央银行的身份)是世界上唯一一家中央银行,可以按照固定的黄金价值发行纸币。19世纪初爆发拿破仑战争,英格兰银行暂停用纸币兑换黄金,创立了一种颇具争议的不可兑换纸币体系。然而,到了1821年,该银行恢复了金本位货币体系,自此之后直到第一次世界大战爆发,英国一直有效地维持金本位体系。英镑在那段时期从未贬值过，还成为世界通用货币，就像今天的美元。

伦敦证券交易所也在19世纪经历了快速发展。[10]1840年之前，伦敦证券交易所只发行政府债券，大部分业务都依靠个人投资。然而，后来有了铁路，他们就需要大规模投资。1853年，伦敦证券交易所的证券价值超过18%都来自铁路股票，到了1893年，这个数字上升到了将近50%。现在来进行一番对比，就能看出伦敦的重要地位：20世纪，纽约股票交易所有成员1040个，而伦敦证券交易所有5500个会员，在纽约证券交易所挂牌的证券有1157个，而伦敦有3631个。

进入20世纪后，伦敦声名鹊起，又在监管和税收方面享有相对自由，这吸引了国外银行和金融机构。举例来说，从20世纪60年代初到1974年，美国对银行业和投资进行了比较严格的监管，在这段时期，一个在美国以外的美元市场出现了，这个市场很快就由伦敦来主导，那里英镑以外的货币交易基本上不受监管。此外，由于伦敦所处的时区正好处在东京和纽约之间，可以在同一天与世界上这两大金融中心进行交易。从1957年到1989年，伦敦的外国银行数量从80家跃升到521家，比其他城市的外国银行数量多了将近一倍。

1986年10月27日，"金融大爆炸"改革解除了伦敦股票市场的管制规定，在经济日益全球化的情况下，伦敦的作用十分明显。到1996年，法国和意大利的大公司股票大约有一半是在伦敦进行交易的，全欧跨境股票交易约有九成在伦敦。在肯·利文斯通（Ken Livingstone）担任伦敦市长期间，一个采访者请他把伦敦和巴黎做个对比。他回答，伦敦并没有和巴黎竞争；伦敦只有两个旗鼓相当的竞争对手，即另外两个全球经济中心：纽约和东京。[11]现今很少有城市具有技能、制度和联系网络，可以处理大宗和快速的资金流量，并提供跨国公司所需要的专业化物流，但伦敦有这个能力。伦敦的外汇市场是世界上最复杂的外汇市场，1/3的全球外汇交易都在这里进行。

繁忙的伦敦证券交易所。伦敦所处的时区正好处在东京和纽约之间,可以在同一天与世界上两大金融中心进行交易。

在我十几岁的时候，英国的政局出现了剧烈的动荡。1978—1979年那个民众不满的冬天，劳工行动很普遍。工党政府为了控制通货膨胀，便冻结了公共部门员工的薪资，而私人企业给工人的薪水则一直在上涨。很多公共部门工会都举行了罢工。从电视上可以看到，在利物浦，人们把棺材堆在了一起，因为连掘墓人都罢工了。伦敦的大街小巷堆满了无人清理的垃圾，金属垃圾桶里装满了熟悉的褐色塑料袋。到了1979年底，玛格丽特·撒切尔当选为英国首相，成为实行以货币主义为代表的新自由主义经济的政府领导人。

在撒切尔夫人当选为英国首相的9年前，身为教育大臣的她取消了向学生提供免费牛奶的政策。在我们举行抗议反对她的政府之际，我们高喊"撒切尔，撒切尔，牛奶掠夺者""玛吉，玛吉，快点溜之大吉"等口号。

在上了大学之后，我考虑夏天去议会做实习生。我联系了当地的议员，我们在威斯敏斯特宫的茶室见了面。在我们讨论的时候，他说他的选民是"下层民众"。于是，我和劳拉转而在那个夏天一起搭顺风车游览法国。

伦敦在英国的地位举足轻重，因为这里既有威斯敏斯特，又有伦敦金融区，既是金融之都，也是政治中心。10世纪的伦敦是英国最大的城市，也是最重要的贸易中心，但该国的政治中心是温彻斯特。而威斯敏斯特只是伦敦上游3公里处的一个小镇。忏悔者爱德华在11世纪开始重建威斯敏斯特大教堂。1066年，诺曼王朝的国王们征服了英格兰，并且完成了威斯敏斯特大教堂的重建，还建造了威斯敏斯特大厅，在当时或许是欧洲最大的大厅。此后，威斯敏斯特就成为越来越重要的皇室朝廷中心。

诺曼王朝的国王们不断地在英国和法国之间搬来搬去，每次都要带上整个王室。威斯敏斯特只是几个受欢迎的皇宫之一。国王带不走的东西，特别是皇家宝藏和财务记录，都存放在温彻斯特。然而，随着12世纪和13世纪皇室朝廷发展壮大，就越来越难一起带走了。威斯敏斯特便成为皇廷中心，新政府机构建立，旧的政府机构则从温彻斯特迁到了威斯敏斯特。

威斯敏斯特虽然没有成为英国首都，却深得皇室的青睐。到了14世纪，国王们渐渐放弃了游牧式的生活，在威斯敏斯特安顿下来。在亨利三世统治期间，威斯敏斯特成为皇室的主要居住地。到了14世纪末，议会也在那里举行，不过一般都不超过一个月。威斯敏斯特宫是皇室宫殿、议会和法庭所在地。威斯敏斯特大教堂是君主加冕的地方。后来，法庭迁到了距离伦敦金融区更近的地方，行政机关则搬到了白厅附近，但这片更宽阔的区域依然是英国的政治、行政和法律中心。

议会是从由封建贵族和主教组成的大议会发展而来，而大议会是由英国君主创立的，一方面是咨询政务，另一方面是加强对皇室政策的支持。然而，随着时间的推移，议会成功地约束了君主的权力。现今英国实行的是君主立宪制，在这种制度下，议会有效地掌握着最高权力，而君主只是这个国家形式上的首脑，只有礼仪性的职责。

威斯敏斯特和白厅一直在建筑风格、仪式和日常事务中维持着英国君权特点的传统。[12]部长们实行的是现代版的王权，现在这种关系不仅适用于部长和公务员，而且扩展到了范围更大的民众，而民众就算不把部长当成皇室成员，也会觉得他们是名人。"临朝"和"召见"这些词现在依然适用。

权力走廊里依然沿袭着宫廷礼貌。每每开会，首先讨论的永远是天气、询问健康、上下班的情况，当然还要喝点茶，偶尔换成咖啡。不管是闲谈还是政策讨论，他们总会说几句客套话，彼此夸赞，外加自谦，他们假装无视无礼的言行，宽容兴奋无状的举止，不过他们还是更喜欢简洁和礼貌。表现礼貌有助于实现一个重要的目的，那就是能让与会成员在压力面前放松下来，避免冲突。行为礼貌，人们就不好意思发火。只要保持礼貌和超然的态度，就不会做出攻击行为，不会大喊大叫，诅咒怒骂。

随着"伦敦金融城"成为金融服务的代名词，"威斯敏斯特村"则被用来比喻英国的高层政治，被认为是一个由议员、高官和记者组成的亲密和封闭的圈子。村子这个比喻可谓恰如其分。对于各位部长大臣和常任秘书而言，政府的最高层就是个小世界，其成员对彼此的底细都很清楚。而且，这个村子里流行小道消息。

然而，要是某个部长大臣在评价同事时直言不讳，那等于毁了他自己的名誉。大卫·布朗奇（David Blunkett）在他的自传中所做的评价就是不明智的。布朗奇说卫生大臣艾伦·密尔本"在能力素质方面有所提升"，环境、食品和乡村事务大臣玛格丽特·贝克特"袖手旁观"，教育大臣查尔斯·克拉克"没有获得预期的发展"，工贸大臣帕特里夏·翰威特没有战略思维，还说戈登·布朗滥用权势。[13] 布朗奇的同事们也都以牙还牙以眼还眼。据说副首相约翰·普雷斯科特对他既鄙视又怀疑，而其他人则是对他这种"愚蠢的鲁莽"咬牙切齿。[14]

对于威斯敏斯特和白厅的成员私下里应如何说话，这算是一个公开的例子。宫廷政治里流行传播小道消息，在部长大臣没完没了地耍手段争权夺势中，评价判断是明显的标记。人们都接受用小道消息来制造关于其他人别有用意的判断，部长大臣们谋求晋升，他们的世界充满竞争，必须有这样的发泄途径。

狂欢与暴乱

暴力和目无法纪就潜伏在充满小道消息和礼貌的威斯敏斯特村附近。来听听20世纪70年代球迷的口号吧："你好，你好，切尔西暴力，你好""把你的脑袋踢飞吧"。

要是切尔西队去客场作战，我们有时候就会去看伦敦西区其他球队的比赛：比如富勒姆队、女王公园巡游者队或布伦特福德足球队。但去伦敦桥看切尔西队比赛是无与伦比的体验。我们穿得暖暖活活的，戴着切尔西队的围巾，然后离开家门。走上大约十分钟，转弯离开北区路，经过富勒姆。其他球迷则从地铁站里拥出，汇聚成一片人流越来越多的人海。

后来，球迷骚乱越发常见，就会有大量警察出动。骑警指引我们前往球场，不过态度一点儿也不温和。比赛结束后，富勒姆路上就会挤满切尔西队的球迷，他们恐吓有时还会攻击对方的球迷。

我和我的兄弟们去过西汉姆联队的主场看切尔西队比赛。我们坐的是阿普顿公园球场的客队球迷看台。不知为什么，球场工作人员竟然允许西汉姆联队的球迷进入切尔西队球迷的看台。灾难接踵而至。一些切尔西队球迷加入了战斗，另一些则试图逃到球场上，但工作人员竟然逼迫他们回去。我们则溜到了走廊上。

伦敦的人本主义和权力可能同时出现在同一件事中，却也会发生冲突。有权有势的人试图控制和监视人们的生活。企业则尝试监督和指挥雇员的一举一动。决策者要的是引导、控制和规范私营机构和个人，但人们总能找到空间，冲破监督和控制。人们违反的方式有轻有重：雇员早退一个钟头，而司机在不能掉头的路段掉头。权力的表面下潜藏着喧闹的情绪。

狄更斯笔下的伦敦总是充斥着违法和暴力的威胁。在《巴纳比·拉奇》（Barnaby Rudge）中，狄更斯描绘了18世纪末的伦敦：

伦敦的街道……有的宽阔气派，有的狭窄荒凉，光线昏暗……即使是在最明亮大道的转弯处都有偏僻危险的地方，随时会有贼闯出来或是藏身在那里，很少会有人愿意走那里……难怪有了这些有利条件，街头抢劫（致人受重伤，弄出人命也是常有的事）会在夜里的伦敦中心区域发生，使得温顺文雅的人都害怕在商店关门之后上街。[15]

当时的伦敦没有专业的警察部队，维持治安总是和外国的专制主义和对自由的威胁相关。

《巴纳比·拉奇》以1780年6月的戈登暴动为背景展开。1778年的天主教救援法案废除了针对天主教徒的几条刑事法律条文，事实证明，伦敦民众很不欢迎这个法案。年轻的政治家乔治·戈登勋爵尝试领导民众进行抗议。6月2日，他在圣乔治广场召集了大约6万人，他们要从那里游行到威斯敏斯特，向议会呈送大众请愿书。抗议者分成四组，每组走不同的路线，路上不断有支持者加入。到了下午，戈登已经无法控制住抗议者了。周日和周一，人群洗劫了天主教堂，闯入爱尔兰人居住区并实施了恐怖行为。周三，他们毁掉了全伦敦的天主教商店、酒馆和房舍。英格兰银行也遭到了攻击。该法案的富人支持者的家被毁于一旦。暴徒打开并烧毁了弗利特河畔的债案犯监狱和国王长凳监狱，放走了大约1600名犯人。

为了阻止这次暴乱，英国采取了各种办法。城市民兵和荣誉炮兵部队采取了行动。威尔克斯（Wilkers）带领普通议员拿起武器捍卫英格兰银行。最终，到了周三和周四，由一万名士兵组成的军队带着可以向暴徒开火的命令开进首都。周四晚上，大约有300名市民死亡或性命垂危，450人（其中的25人后来被绞死）被捕，至此，这场暴乱总算画上了句号。

我第一次和大哥在外面过夜，是在他克拉珀姆区与人同住的房子里。我十几岁的时候，他和他的伴侣在布里克斯顿买了一套只有一间卧室的一楼公寓。他们的公寓经常失窃，所以，除了租电视之外，也尽可能去租其他东西。1981年夏天，他们布里克斯顿的公寓附近爆发了暴乱。那年夏天，我去伦敦南区，看到商店的窗户玻璃都被打破了，窗户都用木

板钉住了。

1983年,弟弟在圣诞假期到哈罗兹百货公司做销售员。一个周六,我和父亲去帕森格林的一家小酒馆和一个朋友吃午饭。等我们回到那个朋友的家中,便听到新闻上说爱尔兰共和军轰炸了哈罗兹百货公司。我们连忙跑回家去陪母亲。哈罗兹百货公司的人事部门很快就打电话来说我弟弟很安全,但有六个人遇难了。爆炸现场后来建造了死者纪念碑。

如果伦敦的各种人为活动总是会演变成无视法纪的暴力行径,那不满情绪就是帝国的软肋,会激起恐怖主义和种族暴乱。而联合王国(英国)本身就是这样一个帝国。[16]爱尔兰、苏格兰和威尔士都怀有强烈的民族主义情绪。爱尔兰民族主义对伦敦有着最暴力的影响。1867—1885年的芬尼亚爆炸运动就是较早的一个例子,在那段时间,爱尔兰民族主义者用炸弹炸了伦敦桥、议会、苏格兰场(警察总局)、监狱和伦敦塔。在第二次世界大战期间,爱尔兰共和军发动了与这些轰炸类似的破坏行动。

在20世纪70年代至20世纪90年代初的北爱尔兰动乱期,发生了更多的恐怖袭击事件。1973年3月8日,临时派爱尔兰共和军在英国发起了第一次行动,当时,恐怖分子设置了四枚汽车炸弹,其中两枚炸弹引爆,致使1人遇难,180人受伤。爱尔兰共和军在接下来的二十年里一直针对伦敦进行炸弹袭击。有时候他们事先发出警报,比如打电话给警察局,还使用密码,借此表示他们的警告确有其事。但有时候他们直接行动,而且,就算他们提前预警,往往也不给警方留有足够的时间去疏散人群。要不就是放烟幕弹,说一个错误的放炸弹地点。1994年,随着和平进程日渐成功,爱尔兰共和军宣布停火。从那之后,主要的恐怖威胁变成了伊斯兰激进分子,其中很多人都是来自英帝国的另一部分移民——巴基斯坦人。

现代伦敦的暴乱往往是仇恨和长期存在的移民叛逆性格相结合的结果。种族事件和不满情绪促使了暴乱的发生,但在酷热的夏季,更多的移民很快就加入了进来——往往如此，但也并不总是这样。

1948年夏天，大约500名牙买加移民乘坐"帝国疾风号"来到英国，定居在布里克斯顿区周边。此后十年，加勒比黑人移民拥向伦敦，弥补了劳动力短缺的情况，尤为缓解了公共部门的劳动力短缺危机。后来，在20世纪60年代劳动力市场逐渐完善之后，议会通过了一系列措施，首先出台的是《1962年英联邦移民法案》(Commonwealth Immigrants Act 1962)，对移民实行更为严格的限制。伦敦的加勒比黑人移民遭遇了歧视和暴力。1958年，白人青年对当地的黑人进行了一系列极为残忍的袭击。第二年，住在黑人社区的克劳迪娅·琼斯(Claudia Jones)组织了现在每年举行一次的诺丁山狂欢节，来缓和极度紧张的种族关系。

2011年8月4日，警察在托特纳姆开枪打死了黑人马克·达根。有传言称他是因为肤色才被"处死"的。8月6日，达根的家人和另外300人一起向涉案警察局抗议游行。后来，警察推搡示威人群，可能还打了一个年轻女性示威者，结果和平示威演变成了暴力事件，汽车、巴士、房屋和商店都被烧毁。骚乱和哄抢很快就蔓延到了伦敦的其他地方，包括布里克斯顿、克罗伊登、西汉姆和哈克尼，以及牛津广场的购物区。暴徒来自不同的种族和阶层。许多被逮捕的暴徒都是白人中产阶级。司法部后来在报告中称，在被提起诉讼的人中，41%是白人，39%是黑人，12%是混血儿，6%来自南亚。85%是男性，94%的人不到40岁。[17]

示威者利用黑莓手机来追踪和逃避警方的追捕，甚至还协调组织逃跑活动。警方根本不可能有效控制这么多起大规模骚乱。抢劫者得到了发威的机会。他们将电器商行、体育用品店和卖酒的商店作为目标。抢劫者不仅不遮脸，甚至还拿着抢来的东西摆造型拍照，并把照片上传到社交网站上。有报道称，暴徒甚至先在店里试穿，再决定抢走哪件衣服。有传言称(自然不足为信)暴徒甚至排队轮流洗劫商店。到8月10日为止，骚乱哄抢所造成的财产损失估计高达2亿英镑。

多元文化主义

我是吃母亲做的炖菜长大的,但也吃过20世纪70年代英国的罐头食品和包装食品,比如字母意面和脆煎饼。我父亲下午回家,用煮锅热牛奶,放进廉价的速溶咖啡粉中,一边吃一包饼干,一边喝咖啡。他就吃这些。下馆子很贵,对我们来说太奢侈。有时候我们去百货公司和戏院里的咖啡馆。不过一般情况下我们都是自己带吃的或是回家再吃。

父母都是各自家里的独生子女。我母亲有四个堂兄弟姐妹。一个嫁给了加勒比黑人诗人。另一个是个和平主义者,二战期间在远东当过担架员。战争结束后,他娶了一个中国女人,并移民去了加拿大。在我十五岁那年,他来我家,带我们去伯爵宫的一家中餐馆吃饭。那是我第一次尝试亚洲食物。

等我上了大学,头一次尝到印度美食(准确地说,应该是我尝到了英国版的印度美食,使用百得牌调味酱做成,连菜名都是根据这种调味酱取的;后来我作为研究生去了印度,才了解了当地的烹饪方法)。去饭馆吃饭变得便宜了,父母便决定尽己所能,享受与我、我弟弟在一起的时光。赶上有人过生日或是每个假期的最后一晚,我们就到西肯辛顿的喜马拉雅餐厅去。

人本主义和权力的冲突并不需要发展到难以控制的程度。有时候,有权有势的人会尝试保存他们认同的文化。但文化和城市并非静态。不管精英们有何希望,主流文化始终在较量和改变,而这往往是跨国流动和交流的结果。

伦敦一向是个多元文化的城市。在罗马人离开之后,又有其他群体来到伦敦,他们有的是入侵者、商人,还有的是流动工人。就这样,到了10世纪,伦敦的人口可谓形形色色,有盎格鲁人、比利其人、凯尔特人、威尔士人、布立吞人、丹麦人、东撒克逊人、法兰克人、高卢人、朱特人、麦西亚人、挪威人和瑞典人。相对而言，伦敦一般都能很快吸收同化移民。移民通常都能得到允许，可以定居、通婚、生育子女、自己做生意。然而，伦敦和其他地方一样，对移民的态度反映出了经济状况。如果经济欣欣向荣，移民就会被视作伦敦宽容和财富的象征。若是赶上经济不景气，移民就会被指控做出了不公平的商业行为。

人们移民到伦敦，往往是为了赚钱。商人在这里找到了获利的机会，企业则在这里寻找不断的生意和劳动力。伦巴第街是伦敦金融城的银行业中心，12世纪来自意大利伦巴第的商人到此定居，这里因此而得名。

若是无关经济目的，人们一般都是因为宗教或政治问题而移民。17—18世纪，许多欧洲移民都是宗教难民。胡格诺派的新教徒为了逃避法国的迫害而来到这里。两万名西班牙系犹太人在斯皮塔佛德及其周边地区定居下来。到了19世纪，伦敦接收了大批拥来的政治难民，包括俄国农民社会主义者亚历山大·赫尔岑、德国共产主义者马克思、意大利共和主义者朱塞佩·马志尼以及俄国无政府主义者克鲁泡特金王子。伦敦因此成为重要的舞台，人们在这里创造、传播和宣传各种激进思想，反对欧洲独裁统治。

1871年，巴黎公社失败，很多巴黎公社社员都逃到了伦敦，其中包括帕斯卡·格鲁塞、查尔斯·隆盖和阿尔伯特·雷纳德。1878年，很多德国难民为躲避社会党人法而逃到了伦敦，其中很多难民都是手工匠人：约翰·莫斯特是书籍装订工，赫尔曼·荣格是钟表匠，安德里亚斯·肖依是家具设计师。他们很熟悉马克思的观点，却相信皮埃尔–约瑟夫·普鲁东和夏尔·傅立叶的互助主义和无政府社会主义。

欧洲难民在伦敦的激进主义和社会主义的发展中扮演了十分重要的角色。[18]他们创立并加入俱乐部和辩论社团，因此和伦敦的激进分子、共和主义者建立了联系。19世纪70年代末，他们组建了综合共产主义工人教育联盟和玫瑰街俱乐部。1879年，英国染色工弗兰克·吉特兹组建了玫瑰街俱乐部英国分会，这里很快就成为规模更大的荷默顿社会民主俱乐部的一部分。1882年警方关闭了荷默顿俱乐部，在那之后，玫瑰街俱乐部英国分会便转变成了劳动解放联盟，是社会民主联盟的一部分，而社会民主联盟是英国第一个现代社会主义组织。

自古罗马时代就有非洲人到伦敦定居，到了17世纪和18世纪，英国在大西洋奴隶交易中占有重要的分量，因此，更多的非洲人来到了伦敦。有一段时间，伦敦的皇家非洲公司垄断了奴隶交易。这种垄断的局面直到1689年才算结束，而布里斯托尔和利物浦则成为奴隶交易的主要城市，但伦敦依然是自由的非洲人和逃跑的奴隶的主要定居点。到了18世纪中叶，伦敦有1万多名黑人。1807年，英国奴隶交易被废止，1834年，整个大英帝国都禁止进行奴隶交易。

现在伦敦的人口中有很大一部分是加勒比黑人。确实，"帝国疾风号"来到伦敦，船上的乘客在布里克斯顿定居下来，有时候人们将这一事件视作多种族社会的起始点。[19] 从1955年到1968年，仅从牙买加来到伦敦的移民就有将近20万。1980年，超过50万的加勒比黑人在英国定居，其中大多数都住在伦敦。除了加勒比移民，还有来自印度、中非和巴基斯坦的移民。20世纪初，伦敦的有色人种达到200万，约占伦敦总人口的1/3。根据英国国家统计局提供的数据，在伦敦的人口中，大约70%是白人，15%来自南亚（其中印度人占6%，巴基斯坦人占3%，孟加拉国人占2.5%），10%是黑人（5%来自非洲，4%是加勒比黑人），3.5%是混血儿，中国人占2%。[20]

2000年1月，我和劳拉带着我们的两个孩子移民去了美国，两个孩子当时还小，现在都长得比我还高。我时常回伦敦，2005年那次住得最久，当时，经济与社会研究委员会授予我伦敦大学伯贝克学院的国际研究员职位。我是带着家人一起去的，我们在格林尼治租了一栋排屋。小时候尚未出现的码头区轻轨铁路此时让通勤变得十分简单。泰晤士河快艇在河上来回驶过，有趣极了。

我注意到伦敦有很多变化，其中之一便是周围有很多东欧人面孔。俄罗斯人一般都很富有。来自2004年加入欧盟的东欧国家的人更多，但他们的状况看起来就没那么好了。法国和德国加强管制，限制东欧移民，但英国没有这么做。尽管希思罗机场里的南亚人仍然不在少数，但在盖特威克机场工作的东欧人则越来越多。某个周末，我们去彼得伯勒附近看望我的小舅子，他告诉我们，当地的农业工作者很多都是波兰人。

伦敦向来是个多样化的城市，而在近二十年来，这种情况变得更为明显了。和20世纪的移民不一样，如今的大部分新移民大都来自从未被纳入过帝国版图的地方。移民大幅增加，原因之一在于英国加入了欧盟以及欧盟的扩张。而且很多人只要愿意，就有权住在伦敦。在像巴黎这样的欧洲城市，虽然移民数量也增加了，却远远低于伦敦。伦敦的特殊魅力，或许就是伦敦金融城在全球市场中如此重要的原因了。伦敦金融城吸引了来自世界各地的人才。

然而，最近的移民来自很多不同的地方。人们移民伦敦的历史原因现在依然通用。一些移民是国际精英，比如俄罗斯富翁，他们来到伦敦，要么是因为这里有市场供他们施展才能，要么是因为这里是文化中心，可供他们享乐。其他移民则是为了争取上进，一般都是年轻人来伦敦寻找机遇，常常在劳动力匮乏的领域内就职。很多移民都来自波兰和欧盟其他的新成员国。还有的移民是为了躲避贫穷和迫害的难民和寻求庇护者。

不管这些移民来自何方，自从1990年开始，伦敦的移民规模就一直相当惊人。2001年，超过1/4的伦敦人口都是在英国之外出生的。据有人粗略估计，从那之后，每年平均大约有20万人是从英国以外的地方移民到伦敦的。其中一些移民后来搬去了英国的其他地方，因为伦敦一直以来既是入口，也是目的地。尽管如此，估计每年在伦敦定居下来的人数大约有10万人。根据英国国家统计局提供的资料显示，2009年伦敦接收了15.4万名来自世界各地的移民,相当于其总人口的2%,与此同时,有12.3万人从伦敦移民到了其他国家。[21]无论是从这个方面还是其他方面来说,伦敦都是一个全球化的城市。

结语

人类迁徙,带来了改变和延续。我的父母一直买不起房子。他们在现在人们眼中有利于健康的地方租房子,一开始是在切尔西和肯辛顿,后来在哈默史密斯和富勒姆。当搬到我长大的公寓时,很多附近街上的排屋都只有户外厕所,还有些人把煤放在浴缸里储藏。我大哥和他的伴侣在撒切尔夫人上台前在布里克斯顿买了公寓。后来他们把公寓卖了,在退休后去了西班牙南部。我移民去了另一个大城市旧金山。只有我弟弟依然住在伦敦。他和家人一点点攒钱,现在仍然住在撒切尔政府出售的伦敦当局营造的房屋里。提供给战争英雄的国有住房一开始很便宜,后来都变成了私人房产,大多数伦敦人都买不起。侄子是切尔西队的球迷,弟弟偶尔带他去看比赛,但没钱经常去看比赛。球场里原先有便宜的走廊席位,现在则变成了团体席。

伦敦的人本主义和权力、叛逆和多元文化、改变和延续或许都体现出了人类的境况。伦敦的精神有可能通过地理和传统代代相传。但是,随着一波波移民从英国的其他地方和更远的地域拥入伦敦,伦敦的人口性格也在不断变化,让我不禁怀疑人们是否把伦敦的精神想得过于浪漫了。

在所有城市里,人们往往抱着热情和智慧,过着他们的日子。大部分城市都是由出色的精英掌控着当地的政界和商界。精英、国家和法律从来都不能完全控制民众。遵守规则和违反规则的大小例子无所不在。集体反抗情绪就潜伏在表面之下。在鼓励并经历移民和跨国交流这两个方面，城市各有不同，但没有哪个城市能在文化上完全独立。在乡村生活较为缓慢的节奏之下，人们也会发现日常生活里的快乐和挣扎，争权夺势、违法活动，以及移民和改变。

伦敦之所以特殊，是因为它提供了这种加强版的人间喜剧。萨缪尔·约翰逊有句名言："一个人如果厌倦了伦敦，也就厌倦了生活。"这或许是因为伦敦正是戏剧化的生活。约翰逊本人在这句名言后面紧接着说道："因为伦敦有人生能赋予的一切。"[22] 伦敦很久以来就一直位于世界最大城市之列。和很多古老的城市一样，伦敦的街道和建筑也是鳞次栉比，使形形色色的人都极为贴近。和一些古老的大城市一样，它也是所在国家的政治、商业和艺术中心。伦敦有一点与众不同，那就是它曾是世界上最大帝国的首都。

我或许应该多说一些。对我而言，伦敦的精神在于它的人本主义和聪明智慧，这不仅仅是人间喜剧的一部分，也是文化成就。伦敦人尽己所能去宽容待人，对于人们的性格，他们不加评判，却兴致盎然，感到满意。伦敦富于幽默，嘲弄一切，甚至显得非常残忍和讨厌，但伦敦人不忘调侃自己，被别人调侃也不以为忤。只有一个规矩：不要把你自己、你的信仰和价值观太当回事！伦敦和其他城市是否能忽视严厉的道德规则和正确的法律政治观念，反而以广泛的同情、友谊、桀骜和智慧为基础，建立人本主义的宽容吗？如果能够这样想，该有多美好。

---

1 关于伦敦的历史书越来越多，我尤为喜欢 S. Inwood, *A History of London*, London: Macmillan, 1998；还有 R. Porter, *London: A Social History*, London: Hamish Hamilton, 1994。

2 *The Economist*, 2 June 2011.

3 G. Chaucer, *The Canterbury Tales*, ed. and intro. J. Mann, London: Penguin, 2005.

4 R. Ames, *God's Plenty: Chaucer's Christian Humanism*, Chicago: Loyola University Press, 1984.

5 关于狄更斯时代的伦敦文学生活，详见P. Leary, *The Punch Brotherhood: Table Talk and Literary Culture in Mid-Victorian London*, London: British Literary Board, 2010。

6 T. Carlyle, *Chartism*, London: James Fraser, 1840.

7 详见J. Mill, "An Autobiography", in *The Collected Works of John Stuart Mill*, Toronto: University of Toronto Press, 1963-91, Vol. I: *Autobiography and Literary Essays*。

8 在M. Bevir, *The Making of British Socialism*, Princeton: Princeton University Press, 2011, pp. 85-105, 我讨论了莫里斯的政治和传统。

9 W. Morris, *The Collected Works of William Morris*, intro. M. Morris, London: Longmans, 1910-15, Vol. 16: News from Nowhere, p. 140.

10 R. Michie, "The London and New York Stock Exchanges, 1850-1914", *Journal of Economic History* 46(1986), 171-187.

11 *The Economist*, 13 March 2008.

12 M. Bevir and R. Rhodes, *The State as Cultural Practice*, Oxford: Oxford University Press, 2010.

13 S. Pollard, *David Blunkett*, London: Hodder & Stoughton, 2005, pp. 27-28.

14 *The Observer*, 12 December 2004.

15 C. Dickens, *Barnaby Rudge*, London: Chapman and Hall, 1841, p. 20.

16 关于使这一点如此有说服力的英国历史，详见 N. Davies, *The Isles: A History*, Oxford: Oxford University Press, 1999。

17 （英国）司法部,《关于公众骚乱的统计公报》, 2011年8月6—9日（2012年2月更新）, 2012年2月23日。

18 Bevir, *Making of British Socialism*.

19 M. Phillips and T. Phillips, *Windrush: The Irresistible Rise of Multi-Racial Britain*, London: Harper Collins, 1998.

20 （英国）国家统计局,《以民族为标准的常住人口估计数（地区：伦敦）》, 2011年5月18日。

21 （英国）国家统计局,《地区简介：人口和移民（伦敦）》, 2011年10月28日。

22 J. Boswell, *The Life of Samuel Johnson*, ed. E. Rhys, 2 vols, London: J. M. Dent, 1906, vol. 2, p. 131.

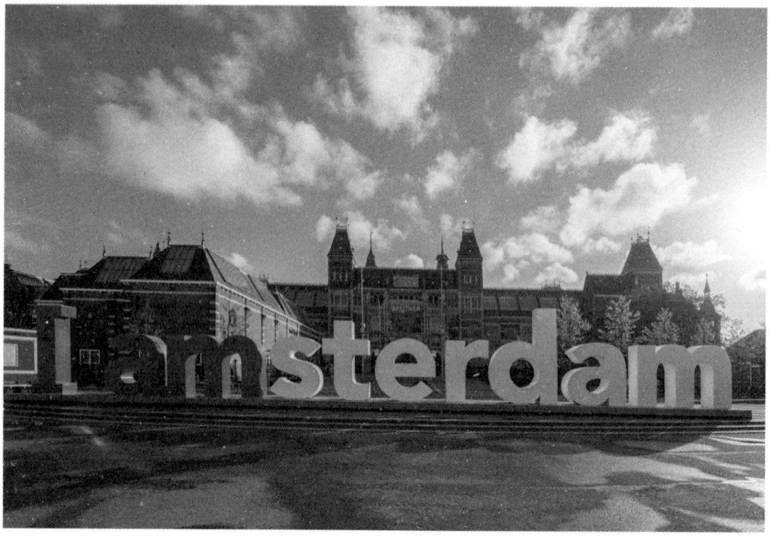
I amsterdam

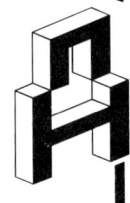

阿姆斯特丹
Amsterdam

一个属于所有人的地方[1]

THERE IS PLACE
FOR EVERYBODY

by 艾维纳·德夏里特 Avner de Shalit　耶路撒冷希伯来大学社会科学系主任、马克斯·坎佩尔曼民主和人权研究所所长,拥有牛津大学博士学位,主要研究领域为环境问题、贫困、不平等和城市问题,著有《人民的劣势和权力:在怀疑时代讲授政治哲学》(*Disadvantage and Power to the People: Teaching Political Philosophy in Skeptical Times*)。

每一个去阿姆斯特丹的游客都会参观"博物馆区"。那里有阿姆斯特丹国立博物馆（当地人称之为"我们的罗浮宫"）、收藏现代艺术作品的阿姆斯特丹市立博物馆和凡·高博物馆，我会在下文中提到这些地方。这些博物馆让人震撼。但和所有博物馆一样，它们也很无聊，于是我逃到了夏季傍晚的新鲜空气中。在柔和的阳光下，博物馆对面的草坪上，大人们在散步，孩子们在玩耍，还有人在骑单车。十几岁的意大利游客纷纷跳进装饰水池中。有的人坐在水池边缘微笑地看着他们。这些吵闹的意大利人忽略了一个现实：这个水池是起装饰作用的，不适合玩耍。不过这天下午天气炎热，所以这种顽皮的行为还算合适。

　　"合适"，我琢磨着这个词。它表示这样的行为做起来很自在，而且他们在这个地方感觉轻松；他们只是在做"他们自己"，做出真实的行为，好像他们感觉自己喜欢在那一刻这么做。当地居民笑眯眯地看着游客。这样的笑容中没有丝毫的尴尬；毕竟他们的行为并不令人惊讶。我和一个本地人聊过，他带着正在蹒跚学步的儿子来玩，而那个孩子则在追逐一只鸽子。虽然很吵，他却并不在意那些意大利人的行为。他说，要是没有跳进水池里的游客，那和儿子一起来这个地方，感觉就不一样了。"说句心里话，我们本地人也很想这么做，或许有一天我们也能这么顽皮。我们应该向这些外国人学习学习。"正说着，他忽然跑开，去阻止他儿子跳进水池……

我抬头看水池后面的雕刻文字。上面写着：我，阿姆斯特丹（I amsterdam）。[2]阿姆斯特丹及其市民在各种地方都会使用这句异常巧妙的口号。有2012"我，阿姆斯特丹"卡，"我，阿姆斯特丹"网站，等等。这里的雕刻文字十分巨大，大约有30米长，每个字母都有大约2米高。孩子们爬上字母，又从上面跳下来，站在字母顶端给其他地方拍照，还坐在字母上让别人给他们拍照，年轻的情侣手拉着手合抱字母，父母焦急地看着他们三岁的孩子爬上相当复杂的字母"a"——他的行为同样很合适。

我停下来看着一家婚庆用品商店的橱窗，里面的有些东西让我印象深刻。他们售卖身着结婚礼服的石膏人偶。但这些新人雕像与你想的不一样：有两个女孩结婚，还有两个男孩结婚。雕像穿着漂亮的礼服，打着领带（男孩），佩戴鲜花（女孩）。不得不承认，在其他城市里很难找到这样的开放和接纳。在耶路撒冷自然是不可能的……

我走进距离中央火车站不远的是河畔公共图书馆。这是一栋不可思议的建筑。各个年龄和种族的人都会来这里。七层楼中摆放着书籍、影像资料、音乐CD，等等。入口处有一架钢琴。一块牌子上写着：你若是一位经验丰富的演奏者，就来弹一段钢琴吧。不过规则是，每人每天最多只能弹奏三十分钟，这样所有想弹的人都能轮得上。即便是在图书馆弹钢琴这种事，也是人人都有空间。

要想了解一座城市，那就去图书馆吧。有些图书馆庄严肃穆，有很多家具，有些图书馆的氛围则比较轻松。如果你是爱书之人，那一定要去阿姆斯特丹的图书馆看看，不仅因为这里藏书丰富，还因为用来藏书的地方同样美轮美奂。请来这里看书吧。又或者，来做你想在图书馆里做的任何事。这座图书馆能满足各种需要：影像资料在一层，音乐CD在另一层（既有摇滚乐，也有民族音乐），还有一层是哲学书专区。但作为儿童区的那一层则神奇不已。书架摆成半圆形，高度都不超过150厘米，这样孩子们就能很容易拿到书。有个大厅里铺着暖色调的木地板，摆着白色书架。孩子们在里面跑来跑去，玩捉迷藏，还有的孩子直接坐在地板上看书，或是和他们的父母一起钻进看起来很有印第安风格的帐篷里,享受亲密的读书时刻。这也是为各种孩童准备的地方。

这与施缪尔·哈科恩(Shmuel Hacohen)小时候见过的阿姆斯特丹不一样。他在自传中描写了20世纪30年代具有资产阶级特点的阿姆斯特丹,当时,成年人的世界和孩子们的世界是分离的。然而孩子感觉很安全。和哈科恩一样的犹太儿童也很有安全感,只可惜好景不长。

两种包容模式

我在这里希望回答几个问题,那就是在这样一个具有包容和宽容精神的城市里,为什么在犹太人大屠杀期间,这里遭驱逐和谋杀的犹太人最多?为什么这座城市能这么快地再次实现包容,能接受同性恋、苏里南人等?这种包容是否会像20世纪30年代时那样脆弱?

因此,这是一个关于包容的故事,要说的是为什么每个人都能在阿姆斯特丹这座城市里找到自己的位置。但阿姆斯特丹的故事更为复杂。因此,应该说,这个故事是有关社会包容的两个概念:第一,因中立而包容;第二,因好奇和吸收同化而包容。[3]前者只是看似包容,后者才是真正的包容。阿姆斯特丹用了很长一段时间,并经历了两次创伤(一是犹太人大屠杀,二是苏里南移民大迁徙初期的失败),才建立起了最真诚和最彻底的包容模式。

让我们先来澄清一下概念。因中立而包容,在我看来,这表示承认不同的个体拥有不同的信仰和思想,一个人无权将自己的信仰和思想强加给另一个人。约翰·洛克(John Locke)的作品就是这样的例子,这些作品的灵感来源于他1683—1688年在阿姆斯特丹的生活经历。他的宽容观是,每个人都有权按照他们的信仰生活,仅此而已。

因中立而包容是以公私分明为基础。中立的人并不认为其他人的信仰很麻烦，只要这些信仰始终不会跨过私人的界限。保护这样的信仰，就必须进行自由调节。中立的人认为这样的安排能带来繁荣，尤其还可以带来安宁稳定，而这本身就是一项价值。彼此宽容就是他们的座右铭。

"丁是丁，卯是卯，这种模式的元素结合成为一种方式：道德、勤奋、服从、正直、虔诚、笃信宗教、感恩，无法控制便从善如流，不喜性急草率，不喜炫耀，尊敬更好和更强大的一切，尊重人类。"这就是哈科恩描述的他家的生活。不能追求享乐。"我们受到的教育是要盲目顺从权威。"因此，阿姆斯特丹人做了他们能做的一切，因为他们已经习惯了把事情做妥善，整齐有序。"在吃饭时间（人人都知道吃饭是几点）去别人家拜访是很粗鲁的行为，那是在侵犯隐私。"

就这样，在"因中立而包容"的环境下，如果为了保护多元文化和其他人的信仰，人们必须面对牺牲自身幸福的风险，或换句话说，要想保护大众的平静，个人就有可能牺牲自己的平静——这样一来，多元主义和包容就没有了意义。因中立而包容这种做法是否应该，完全取决于其结果（是否能带来平静），如果宁静因为包容而岌岌可危，包容就会被放弃。

"我喜欢住在伦敦，谁不喜欢呢？"耶斯说，"只是伦敦的节奏太快了。"那阿姆斯特丹为什么如此不同呢？只是节奏问题吗？"啊，阿姆斯特丹是座城市，能包容城市里的人。我的意思是，就拿鹿特丹来说吧。它不是城市，我是说它没有中心！"我能感觉到她的轻蔑和鄙视。"阿姆斯特丹很有魅力，运河交错，还有中心，有很多美景可看，有很多事可做，但节奏并不快。"所有的一切都以人为衡量标准？我试着帮她回答问题。"是的。"她笑了，"因为一切都有关接受，让每一个人都能过他们自己的生活。接受？"耶斯忽然抬高了声调，"你是指这是一个有关宽容的故事？啊，不，阿姆斯特丹人并不宽容——他们只是显得很宽容而已。阿姆斯特丹人会说，你想做什么就去做好了，只要你不让我做这做那，而且不会打扰到我。你认为这里很自由，但这样的自由是以你对我无所

求为前提的。这并不是坦率的宽容，也并不是真正的自由。"

耶斯·范·阿姆斯经营着一家可爱迷人的商店"超级T恤衫"，她设计和制作的T恤衫用的是竹纤维和其他天然材料。她以前是学建筑的，在伦敦有一份理想的工作，但伦敦的节奏太快了，于是她回到了阿姆斯特丹，不过她发现，受金融危机的影响，在这里很难找工作，于是，她开了一家店。我完全抵制不了店里衬衫的诱惑，便给女儿买了两件。"两件？"她这么问，"你确定？太贵了。"真是个老实人。但我问道："请你告诉我，你是不是有很多这方面的经历，所以才会这么说？我是说，我来自以色列，我们对少数派就不那么宽容，所以在我看来，不管我在这里看到了什么，我都觉得你们阿姆斯特丹人都很宽容。再想想你们的历史吧。阿姆斯特丹是欧洲第一个接受犹太人的城市，接受他们本来的样子，没有要求（也不期望）他们改变宗教信仰或是实现现代化。"耶斯看着我，仿佛我是个无知的人。"我的曾祖父母在苏里南是奴隶。"她讲起了她的家族历史。我震惊不已，因为我一直觉得耶斯是白人（我违背了自己的原则，竟然只根据外貌就下结论。或许我无法成为真正的阿姆斯特丹人……）。在第二次世界大战期间，她的祖父为荷兰而战，因此得到两个选择，要么是拿钱，要么是一张前往荷兰的单程票。她祖父选择了后者，到了阿姆斯特丹，娶了一个白人姑娘，就有了耶斯的父亲。耶斯的父亲在阿姆斯特丹长大、学习，遇见了一个白人女性，两个人喜结连理，一起到苏里南当了老师。因此，耶斯在苏里南出生。在她六岁的时候，她母亲说受够了当时的生活。"你知道的，"耶斯笑着说，"他们在苏里南并不是真的工作。他们对工作有着不同的看法，我母亲发现那很难。""你父母依旧住在阿姆斯特丹吗？""是的，"她笑着说，"而且他们还在一起，这对苏里南人而言并不常见……""你父亲是否经历过种族歧视？""嗯……没有，但其他人有过这种经历。"所以她知道，只要你对别人无所求，别人就会对你持宽容态度。

耶斯吸收同化了多元主义，以至于对她来说，多元主义不仅仅体现

在外部，还要发自内心。我想到了大卫·法拉尔（David Pharrar），他是17世纪犹太社区最具争议的领导人之一。他本是个医生，但他显然是个特立独行的人，对宗教有着自己的见解，当地的犹太学者阿里·梅莫迪纳（Arie Memodina）说他"聪明，天真，正直"[4]。或许，对所有犹太人抱着宽容和开放的态度，是社区得以存续的唯一方式。

有意思的是，这位医生曾用名弗朗西奥斯克·洛佩斯·恩里克斯。人口统计学教授约纳·施勒肯斯（Jona Schelekens）是犹太人，在阿姆斯特丹出生，现居住在耶路撒冷，他告诉我，他试着去追溯自己的名字，那是个基督教名字，在荷兰相当少见。阿姆斯特丹犹太人通常有几个名字，他们的家族使用一个名字，通常是犹太名字。他们的伴侣都称呼他们另一个名字，通常是意第绪语名字。在犹太人的圈子之外，他们使用基督教的本地名字。我认为这种多元化，不仅体现在外部（社区接受多种多样的人和身份），而且相当内在化（在人们心里）。或许阿姆斯特丹深刻而发自本性地接受多元主义，以至于阿姆斯特丹人吸收同化了这种态度，甚至觉得他们自己具有多重自我。然而，多重自我这个概念不正是自由主义的特征吗？世人普遍接受个体是自由主义的基本单位，在就自由的个体进行思考之际，让你们必须注意一点，那就是自由主义并没有假定人是完全独立的个体。自由的人享受丰富多样的内心生活。[5]

犹太人最早来到阿姆斯特丹是在16世纪，当时的阿姆斯特丹成为移民城市，新教徒和加尔文教徒与天主教徒、胡格诺派教徒、犹太人比邻而居，在最高峰的时候，犹太人占阿姆斯特丹人口的10%。[6]

1492年，西班牙天主教君主和宗教法庭命令所有犹太人要么皈依基督教，要么离开这个国家，于是他们逃到了北非和葡萄牙，他们在那里可以秘密地信仰犹太教，并假装是基督徒（人们管他们叫马拉诺）。[7]但到了1540年，葡萄牙也有了宗教法庭，很多犹太人就转移到了北非、意大利

(主要是威尼斯)，并且公开信奉犹太教。其他人则迁到了伦敦和安特卫普，他们在这些地方可以经商，便继续和加勒比地区通商。到了16世纪末，由于西班牙和荷兰战争，安特卫普失去了经济优势，很多犹太人转移到了阿姆斯特丹，由于他们与北非和加勒比群岛有着密切的贸易关系，所以很受阿姆斯特丹本地经商社区的欢迎。这座城市和城市里的商人认为经商及其好处(财富、稳定和安宁)比任何宗教教义都重要。[8]

我看见一座斯宾诺莎雕像旁边有一对年轻的情侣，他们正在吃三明治、喝一罐啤酒。女孩有一头红色的头发，穿着凉鞋，男孩留着棕色长发，一直搂着女孩。多么甜蜜、悠闲和自由啊。他们喝同一罐啤酒，时而亲吻，时而吃一口三明治或喝一口啤酒。斯宾诺莎表情严肃地站在那儿，鉴于他脚下的情形，他的表情或许有些太严肃了。我看了看雕像旁边的信息牌。斯宾诺莎就出生在这个地方，父母是犹太难民。"斯宾诺莎提出的关于言论自由、宽容和民主的概念，至今依然通用。"牌子上这样写道。

在阿姆斯特丹，犹太人可以结婚、取得财产、随意选择住处，而在欧洲的其他城市，犹太人必须住在犹太人区。17世纪初，葡萄牙犹太人迎来了来自中东欧的数千名犹太难民，他们都是反犹太主义的受害者。和来自葡萄牙的犹太人不一样，这些犹太人并不习惯和当地人融合，也没有接受欧洲文化和价值观。他们说的是意第绪语，穿独特的衣服，与当地人相比属于不同的阶层。因此，葡萄牙犹太人并没有真正接纳他们。新来者必须在葡萄牙犹太会堂对面建造他们自己的犹太"大"教堂，而葡萄牙犹太会堂仅仅是在一年前的1671年建造完工。建筑师兼承包商伊莱亚斯·布曼在几年前设计了葡萄牙犹太会堂，现在又来设计这座犹太教堂。但阿姆斯特丹并不喜欢排斥的做法。[9]城市当局对当地的葡萄牙犹太人说，如果不采取行动，他们的声誉和地位便会遭到威胁。因此，他们创立了慈善机构，帮助一贫如洗的新来者学习经商。[10] 然而，葡萄牙犹太人和东欧犹太人之间的嫌隙依然存在了很多年。施缪尔·哈科恩写道，他的母亲是葡萄牙犹太人，他的父亲则是东欧犹太人，这样的结合很少见。

在很多年里，葡萄牙犹太会堂的入口上方刻着一句经文，"我将带着你的慈爱进入你的家"［选自《诗篇》(Psalm)］，标志着犹太社区被认为是阿姆斯特丹的合法部分。1934年，捷克记者埃贡·埃尔温·基希（Egon Erwin Kisch）这样描述这片区域："葡萄牙犹太会堂与布拉格老新犹太会堂不一样。它不可能被说成是破烂不堪、摇摇欲坠、供非法移民偷偷摸摸会面的地方。不，这是一座犹太会堂，庄严气派……中殿建有花岗岩立柱，直插云霄，很像伊比利亚的教堂，而在那些地方，犹太人会被拖进去聆听皈依基督教的布道，或是被强制接受洗礼。"[11]

在葡萄牙，犹太人远离了大部分犹太传统和习俗。这暗示着，在多年以后的阿姆斯特丹，根本不可能看出谁在维持犹太习俗，谁不太遵守犹太传统。这就使得阿姆斯特丹的犹太人持有相当宽容的态度，可以接受别人。社区的规定对所有马拉诺一视同仁，即便他们没有公开回归犹太教，没有接受割礼，但只要信奉"整个宇宙的主宰者"即可。[12] 然而，到了17世纪，犹太当局的宽容程度越降越低。或许最知名的禁令（或称为边缘化政策）就是施加在著名犹太哲学家巴鲁赫·斯宾诺莎（Baruch Spinoza）身上的禁令，但当时阿姆斯特丹的犹太领导者经常发布这样的禁令，以至于阿姆斯特丹的知识分子对此怨声载道。神学者菲利普·范·林波尔西（Philip van Limborch）称，在1662年，阿姆斯特丹就不应该允许犹太人自由施加禁令。因此，即便是在当时，禁令都不是这座城市的精神的一部分。确实，在1796年，受法国大革命影响[13]，天主教徒和犹太人得到了彻底的解放，此时的犹太人被称为"荷兰犹太人"。

1817年，犹太人同意把荷兰语纳入他们的教育体系；仅仅几代人之后，意第绪语就几乎消失殆尽了。[14] 每个人都有立足之地。确实，阿姆斯特丹的犹太社区给这座城市起了个昵称：姆库（Mokum），是意第绪语，有两层意义。它表示"地方"，但事实上它还是一位神明的名字。显然，阿姆斯特丹的很多非犹太居民也常常使用这个昵称。[15]这看起来是件微不足道的小事，可事实上，要是对比一下犹太人对他们居住过的其他地方的看法，马上就能知道其中的不同。犹太人散居在外，300万犹太人住在波兰，但他们管波兰叫"波琳"，意思是"我们在这里滑倒"，暗示着那里只是犹太人滑倒的地方。

施缪尔·哈科恩曾充满怀旧情绪地描述了他在一个周六早晨去葡萄牙犹太会堂的经历。我在一个周六早晨骑自行车重走他的路。先到乌特勒支路，向右转到柯克大街（那座木教堂依旧矗立在那里），再走美丽的玛赫丽桥跨过阿姆斯特尔河（先等待轮船通过后桥降下来再通过），然后沿新教堂大街直走。这是一段漫长的旅程，但骑在自行车上，我能感觉到在一个周六的早晨步行走过这些地方，是多么惬意美好。

脆弱的因中立而包容

阿姆斯特丹的包容精神体现在它的建筑风格上。这座城市的房屋都非常窄小，这样就能让尽可能多的居民接触运河。很多历史学家称，阿姆斯特丹的房子之所以这么窄，是出于经济目的，换句话说，是因为土地很贵，但我在斯诺科耶斯巷偶遇的一位律师给我讲了他所居住的房子的历史，这也印证了我的说法：专家的理论并没有解释为什么这里的房子靠得那么近。故事其实是这样的：运河被视为城市的中心、生命的精髓，因此，阿姆斯特丹人认为，城市的每一个成员都应该有机会接触到运河。这就意味着人们其实是在接近码头，因此带动了商业的发展和创业文化。

这一限制（必须让每一个人接触到运河）和这座城市建造在淤泥土质上这个

王子运河上的内河船。"必须让每一个人接触到运河",这是阿姆斯特丹过去的建筑规则。

现实，以最为平等的方式结合在一起。阿姆斯特丹颁布规定，限制每栋房屋的宽度。不到一个世纪，这个城市的人口就从3万增加到了20万。这可是前所未有的增长。唯一面对这一现实却又不致差别对待的方式，便是通过这种方式来规划和建造。

天还很早，我漫步在林巴昂斯盖特大街。我注意到，很多人都步履匆匆地从我身边走过，走进其中一栋房子。我也随之来到那栋房子前。原来是一个"免费健身房"。我想到，在很多城市里，在这种俱乐部里健身代表着优越地位，将中上阶层和下层阶级区分开：他们有更多的闲暇时光，往往并不需要在早晨行色匆匆去上班，因为他们是老板、个体经营者或雇主，而且，无须多言，他们有钱去这样的俱乐部。但在这里，人人都可以进去健身。这里是一个属于所有人的地方。

阿姆斯特丹拒绝宗教战争，拒绝不同信仰的人之间出现紧张关系；它希望每个人都能繁荣发展，让人们带着自己的成就投身公共领域，为其他人的福祉做贡献。在家里，人们想做什么就可以做什么。但目标在于允许这座城市在经济上欣欣向荣，让城里的居民生活在宁静之中。

我来到德派普区的自由市场，买早餐所需的原料。我想吃芝士，便来到几个兜售各种当地芝士的摊位。一个朋友曾说气味浓郁的奶酪能"咬我一口"，这就是我寻找的目标。但小贩一直向我推销淡味奶酪。我和小贩聊了起来，得知其中一个是半个犹太人，还去过几次我的家乡耶路撒冷。我们谈了各自对这两座城市的看法，他告诉我他非常喜欢阿姆斯特丹。他是战后在这里出生的。我壮起胆子问了他一个不礼貌的问题：为什么他们不卖浓奶酪？他笑着说："我当然有这种奶酪。只是我不了解你，便假设你喜欢比较普通的淡奶酪。给你，试试这个。"他递给我一块奶酪让我尝尝看。这块奶酪的味道很浓，十分可口。但他希望我也尝一款高达奶酪，他说这种奶酪肯定适合我，因为和他卖的其他高达奶酪不一样，这种味道浓郁。我告诉他，在巴黎，人们走进奶酪商店，就必须入乡随俗，而且店主希望顾客能调整自己的口味。而在阿姆斯特丹，商人会尊重你的口味。他们一般先推销淡奶酪，看看你喜欢什么；他们可不愿意强行把浓奶酪卖给你。啊，我说，这里真是一个为所有人和各种口味准备的地方。"是的，"他笑着说，"但这也是因为我们希望多卖点奶酪出去……"我再一次不得不注意到，他一方面开放宽容，另一方面也具有资本主义特点。

确实，对阿姆斯特丹而言，包容只是一种手段。他们已经准备好保持中立，接受这样的包容，因为这能带来繁荣。1572年的法律明确规定，只要"不扰乱公共秩序"，地方官员就应该允许信仰自由。

源自中立的包容是弱不禁风的。确实，在纳粹时代，世事出现了翻天覆地的变化。在欧洲各个城市里，纳粹在阿姆斯特丹谋杀的犹太人最多。一开始并没有那么糟。1941年2月，有389名犹太人被捕，那之后，阿姆斯特丹人举行了大罢工。到了1942年4月27日，德国人命令所有犹太人必须佩戴黄色袖标，很多基督徒也佩戴黄色袖标，以示抗议。大多数荷兰市民强烈反对反犹太主义，反对驱逐犹太人[16]，但他们并没有成功阻止这一切。

因中立而包容这种态度或许是靠不住的。确实，德国人初到阿姆斯特丹时，犹太人完全肯定他们不会有事。"这里是阿姆斯特丹。"施缪尔·哈科恩写道，他于两次世界大战期间在这座城市长大，"我们犹太人在这里是受保护的。"确实，在为期三天的大罢工期间，这座城市停止了运转。他们向德国人传递了一个信息：我们不能忍受这一歧视和不人道的政策。

我去了东部公园，二战期间，德军就在那里扎营操练。19岁的施缪尔·哈科恩从伯根－贝尔森集中营回到阿姆斯特丹，也来过这个公园。他写道："我记忆中的这段旅程（最终回到他的家乡阿姆斯特丹），就像一幅拼贴画，所到之处都笼罩在恐惧的气氛下。我心中思绪万千，试图为这一切寻找一个合理的理由，来到目的地才发现，曾经这里是一切，现在却什么都没有留下。""我走下火车，我是个自由人……我寻找熟悉的方式，寻找我从前的身份的痕迹。但一切都消失了。……我没有任何工具，可以将各种元素结合起来，让自己做个神志正常的人。"

施缪尔·哈科恩来到一张办公桌边，所有返回的犹太人都可以到这里登记。别人建议他去当地的一家医院，但他希望去找他认识的一家人，好从他们那里寻求怜悯。他来到林尼厄斯街。哈科恩回忆起德军占领时的情形，描述了士兵操练的样子："我停下来看他们练习如何摆放机关枪，如何投手榴弹。他们一遍遍地重复操练，不把市民当回事。"

清晨六点，公园里晨雾弥漫，早上的阳光穿透雾气照射下来，有几个年轻人在慢跑。我骑车在公园里转了转，寻找战争的痕迹。一只兔子从小路上穿过，匆匆跑走了。我来到一座相当怪异的雕塑边，雕塑上还有鲜花。雕塑名叫《同历过去，共向未来》。雕塑是几个人在走路，弓着背，像是在很费力地往前走，他们的表情很痛苦。一对夫妇手拉手向这个地方走来。女的是黑人，男的是白人。我向他们打听这座雕塑。他们说，这是为被奴隶的历史而设立的国家纪念碑，创作者是艺术家欧文·德·弗里斯（Erwin de Vries）。我问：啊，我还以为这是一座二战纪念碑。怎么这样问？他问我。我说，德军曾在这里扎营，而这里曾是操练场。他惊讶地说，我竟不知道还有这么回事。我继续寻找，找到了另外一座有两个抽象人物的雕塑，名为《交流》（Communicate）。还有一座雕塑描述的是一个孩子抱着另一个孩子，名叫《孩童》（Children）。在我看来，阿姆斯特丹与柏林正好相反。后者深深沉迷于过去，总是让居民想起过往，仿佛是在说，请不要再次落入同一个陷阱。阿姆斯特丹人却闭口不谈过去，不过，时不时能看到有人提到往事，并且会将其描述得多姿多彩。[17]

随后，我又看到了一座雕塑，是三个老人坐在一起，聊着天，十分放松，他们的手放在彼此的背上，显得非常友好。这座雕塑名叫《钛颗粒》(De Titaantjes)。钛是一种非常坚固和稳定的金属。或许阿姆斯特丹对待往事的方式便是不谈论，但抱着坚强的态度，一起生活下去，互相友爱，共筑平和。

英勇的大罢工遭到了残酷的暴力镇压。罢工组织者遭到追捕，大罢工土崩瓦解。这时候就轮到德国人传递明确的信息了：有人胆敢保护犹太人，就得付出生命的代价。平静的日子告一段落。

我站在乔纳斯·丹尼尔·梅耶普莱恩中心，只能根据我看到的老照片，想象过去犹太人在这里的生活。此时天还很早，四周空空荡荡的，十分寒冷，而附近的滑铁卢广场则挤满了人，大都是游客，在那里的跳蚤市场淘换纪念品。我向令人震撼的《码头工人》(The Dockworker)雕塑走去，围着它转了一圈。"纪念1941年的大罢工。"荷兰人注意到德国人在残酷对待犹太人，便自发地发起了大罢工。那是一次规模很大的罢工，德国人出动了很多武力。或许正是在那个时候，荷兰人对犹太人的友好开始崩塌。一位女士牵着狗走过。我问她是否知道这座雕塑背后的故事。"是的，"她笑着说，"我就出生在街角。"她说这个街区里曾经住着很多犹太人。"我当时还小，却还记得这一点。我们都是朋友。可后来纳粹来了，"她叹口气，"你知道的，城里进行了大罢工。"她问我来自何处，我说了，她给我讲了这个地方的很多故事，还说起阿姆斯特丹对待犹太人很慷慨。"我们永远也不能说我们曾经对犹太人很慷慨。"几天后，我在阿姆斯特丹建筑事务所遇到弗朗斯·摩姆，他这么对我说。但这位女士似乎对那个时代怀有无限的眷恋。"你知道的，现在城里的犹太人不多了。"她哀叹道。[18]

阿姆斯特丹人变得这么快，真是令人讶异。在很短的时间里，他们就不再保护犹太人，甚至还告发犹太人的藏身之地。最可怕的是，他们竟然按照德国人的命令，提交了十分详细的地图，在上面标出所有犹太人的住所。

清晨，我骑着自行车向南而行，来到德派普运河。我注意到，这里有一条大街名叫约瑟夫·以色列大街。约瑟夫·以色列是一位著名的犹太画家，以同情弱势群体而闻名：他有幅画叫《孤独于世》(Alone in the World)，还有一幅画叫《我们老去》(We Grow Old)。这片区域建于20世纪20年代，不同的合作社买下了不同的街道。有一条街道就被一家犹太合作社买走，因此那条街上几乎所有的居民都是犹太人。那天晚些时候，我在阿姆斯特丹建筑事务所遇到摩姆先生，他告诉我，1942年，当局按照纳粹的要求，绘制了犹太人居住的所有建筑和公寓的地图。"我们真应该感到羞愧。"他又说。

在阿姆斯特丹普兰德基区米登兰大道的荷兰剧院，我看到了这张地图。普兰德基区和那张地图的对比相当惊人。这片街区是17世纪设计建造的，用来给比较富裕的阿姆斯特丹人居住，现在依然很有魅力，设有私人小咖啡馆和秀美的绿植园。在我到达的时候，已经有数以百计的家庭前来参观、野餐，享受午后的阳光。那张地图令人震惊。我站在那里，大约还有十位游客在看地图，而且全都是一副不可置信的样子。但当时这个地方令我发抖。从1882年到1941年，荷兰剧院是普兰德基区的主要剧院之一，而在当时，普兰德基区是剧场、艺术和娱乐的中心。这座剧院上演的荷兰原创剧作比其他剧院都要多。我看着剧院里的顾客，能想象得出二战之前这里的氛围：这个街区街道宽敞，是为比较富裕的阿姆斯特丹人准备的，人们悠闲地在街上走着，去林立的咖啡馆喝咖啡，然后去剧院。我能感觉到那份快乐。然而，德国人毁掉了大半的剧院。战争结束之后，由于德国人曾把犹太人集中在这里再送往集中营，所以人们都不希望再把这里当成剧院。最后剧院被拆除了。但在1941年10月，德国人命令只有犹太演员和音乐家可以在那里表演，并且只有犹太观众才能观看。他们玩弄犹太人，是不是就像猫抓住小鸟后先逗弄一番，再把它杀死？不到一年后，他们就把这个地方变成了残忍的屠杀场。据荷兰历史学家称，有6万至8万犹太人就是从这个剧院被送往了死亡集中营。1962年，这里成为纪念场所，1993年，这里变成教育场所。"我们阿姆斯特丹人连话都不能说，我们无权谈论宽容。"摩姆先生如是说。我和我妻子去看了上面刻着6700个姓氏的纪念墙，寻找我们的亲戚和认识的人，但没有找到施缪尔·哈科恩的姓氏。我们还去看那些木花，人们（通常都是孩子）把他们的画和文字插在上面。"这种事有可能再次发生。"摩姆先生说。我回答说："不可能，在这座城市不可能。"

哈科恩称，服从命令已经深入阿姆斯特丹的骨髓，也就是"做必须做的事"。他认为，犹太人也吸收同化了这种精神，他们也有这种DNA，因此才会配合纳粹，在有机会逃跑的时候却没有逃走。他们中有很多人都参加了犹太委员会。但我的解释是，就在德国人明确表示宁静不在的那一刻起，源自中立的多元主义的价值观就消失了。如果这种多元主义不能提供宁静，那必须采取别的办法来恢复宁静。

战争结束之后，阿姆斯特丹人很为他们在战争中的所作所为感到羞愧；他们再次忙着重建宁静，他们之所以急着重建，是为了发展经济。哈科恩用苦涩冰冷的基调描写了战后重返阿姆斯特丹的情形。在战争期间一直留在这座城市里的人依旧停留在中立的意识形态中，因此甚至可能都没注意到返家的难民。哈科恩可以接受免费的住宿和医疗服务，但他急着去寻求同情，却遍寻不获。没人真正愿意倾听他是如何在集中营里活下来的故事，而他只想一遍遍地讲述这个故事。他遍体鳞伤，筋疲力尽，精神上受到了极大的创伤。很多回来的犹太人都不确定他们是否能坚持下去。"那个犹太女人亲眼看到自己的女儿走进毒气室，她要如何高昂着头，再次面对生活？"[19]

施缪尔·哈科恩没有遇到奇迹。某个电车司机曾参加罢工，反对纳粹针对犹太人的法规，但继续开电车，将犹太人送去集中营。他称，阿姆斯特丹人永远只想要一点，那就是常规正常的生活，对他们而言，这就是互不干扰的生活。因此，一旦出现非常棘手的情况，阿姆斯特丹人就会对犹太人的苦难视而不见，眼睁睁看着犹太人被驱逐出境。而且，出于同样的原因，他们也不愿意聆听哈科恩在贝尔根-贝尔森集中营的痛苦经历。

因好奇和吸收同化而包容

看来好像现代阿姆斯特丹已经吸取了经验教训。"这是个属于所有人的地方"这种精神与情感纽带紧密联系在一起；"互不干扰"的态度消失了；阿姆斯特丹响亮而清晰地宣言：同性恋、苏里南人、犹太人、吉卜赛人、流浪汉、瘾君子，都是阿姆斯特丹的一部分；他们是社区的一部分，为他们（指同性恋或犹太人）提供所需，照顾他们（指瘾君子和移民）。

改变出现在1975年。苏里南独立，苏里南人可以移民到荷兰。其中大多数都选择了阿姆斯特丹。[20]这座城市过去实行计划型政策，旨在改进穷人和新来者的环境。现在，阿姆斯特丹面临着一波又一波苏里南人移民潮，阿姆斯特丹建筑学院（这是很著名的"社会主义学校"，口号是"每个人都应该有属于他的位置"）的讲师和成员说服该市的领导人建造了庇基莫米尔区，供来自苏里南的新移民居住。[21]

庇基莫米尔区位于阿姆斯特丹东南部，可以容纳至少10万居民。费恩斯坦（Fainstein）称，荷兰实行两极分化的体系，国家的钱按照这个体系流向宗教组织和世俗的慈善或政治组织，根据阶级来划分空间的压力就减少了，因为公共服务是通过这些支柱而不是街区来提供的。[22]然而，规划者们很担心庇基莫米尔区会成为种族隔离区，因此，他们引进并允许私人住宅所有权，使这个社区在社交方面更为融合。这种政策没能吸引中产阶级居民，而移民认为他们所住的建筑巨大怪异，感觉很不自在，于是阿姆斯特丹于1987年在该社区修建了一家巨大的购物中心和办公楼。1992年，办公楼被拆除，代之以一些更令人愉快和有吸引力的建筑。勒·柯布西耶学校被挤到了一边。费恩斯坦指出，令人吃惊的是，这片区域虽然住进了新的人口，多元文化氛围和种族多样化却始终如一。便宜且容易得到的自行车成为非常受欢迎的交通工具。

我从B+B旅店旁边的商店租了一辆自行车，老板是个意大利移民。他在这座城市住了十几年。你喜欢阿姆斯特丹吗？有没有把这里当成家？"我做的是自行车生意，"他笑着说，"所以怎么可能不觉得这里是家？"生意好吗？他的话很有哲理：做自行车生意无关赚钱，而是有关遇到各种来修车或租车（租期一两天）的人。"我们这座城市里都是自行车爱好者。"他用浓重的意大利口音骄傲地说，"自行车的数量比居民的数量还多。"

弗朗斯·摩姆是一位建筑师和阿姆斯特丹建筑史专家。他是阿姆斯特丹建筑事务所成员。摩姆先生并不认为阿姆斯特丹是一个真正宽容、开放和包容的城市，但他也承认，这就是这座城市的精神。他说，所有阿姆斯特丹人都愿意相信这一点，但犹太人大屠杀期间发生的事，暗示着这里永远都无法成为一个真正属于所有人的地方。我觉得摩姆先生对这座城市太苛刻了。现在以阿贾克斯足球俱乐部的球迷（他们心甘情愿充当"犹太情人"的角色）为例，来证明我的观点。20世纪30年代，阿贾克斯足球俱乐部的主场（当时名叫德米尔球场；20世纪90年代建造了一座新球场）位于一个有许多犹太人居住的社区附近。其他球队的球迷来看比赛，就不得不穿过这个社区才能到达球场。因此有传闻说，阿贾克斯足球队的老板是犹太人，它其实是一家犹太足球俱乐部。不用说，考虑到20世纪30年代欧洲的氛围，这个谣言被用来当作打击这支球队的工具。事实上，这支球队的犹太球迷寥寥无几，球队老板并不是犹太人，然而球迷们喜欢这样的形象。他

阿姆斯特丹运河老城里的自行车。阿姆斯特丹被誉为"骑在自行车上的城市"。

们管自己叫"超级犹太人",并且使用大卫之星这种犹太人的标志。这一传统沿用至今。不久前,还可以从这家俱乐部的网站上下载一首以色列民歌的手机铃声。2005年,这家俱乐部正式就与犹太教及其形象的关系进行了讨论,因为在比赛期间,对手俱乐部的球迷呼喊口号,会提到犹太大屠杀和奥斯维辛集中营。[23] 在我看来,这是因好奇和同化吸收而包容的很好范例。

摩姆先生给我讲了有关这座城市的真实故事,他认同苏珊·费恩斯坦(Susan S. Fainstein)的论点。[24] 她称,在她研究的三个城市纽约、伦敦和阿姆斯特丹中,最后一个最接近正义之城,然而,有一点无可否认,那就是这座城市比20年前少了几分平等主义。[25] 摩姆先生和费恩斯坦都提到了阿姆斯特丹的规划。战后规划着重于房屋供给,这在一定程度上是因为房子不够住,还因为很多公寓都破烂不堪。1910—1930年,阿姆斯特丹学院运动(一群建筑师和设计师将自己视为表现主义运动的一部分)宣扬扩张城市,为那些买不起房子的人建造新住处。他们设计了砖房,既作为装饰元素,还因为这种房子物美价廉,并建造了供工人阶级居住的住所,以及学校等公共建筑。他们以让城市变得经济适用为己任。从那时起到现在,大部分公寓都是供出租的,因此所有人都能负担得起在这座城市里的生活。这些公寓很小,在有些区域,当地法规禁止人们把两间公寓打通让房子变大。

阿姆斯特丹转变到因好奇和吸收同化而包容,主要体现在住房政策上。这座城市竭尽所能寻找空间。如果在过去,人们会认为必须让所有人都有容身之地,所以要建造狭窄的建筑,以便让所有人都接触到运河,现在的办法则是寻求更多的土地,将布满淤泥的岛屿转变成具有吸引力的住宅区。大约建于20世纪,现为阿姆斯特丹港口的东港口区是一个人工岛,而东港口区内一个全新的住宅区现已建成并投入使用。艾瑟尔堡新区在城市东边,坐落在艾湖一系列特别建成的岛屿上。这个工程备受争议，于是阿姆斯特丹举行了公投，请市民表示是否支持。规划者坚持提供各种建筑和住宅，使得每一个人和家庭都能找到心仪的地方。几家建筑公司在每个街区施工，从而在每个街区的公寓里，实现在形式和规划方面最丰富的多样化（多样化再度成为这座城市生活的一部分，与因中立而包容的社会现实所带来的多样性截然不同）。[26] 或许最成问题的是阿姆斯特丹在新西部的城市改造项目。这片区域在二战后实现了快速建设。[27] 基本原则不是自由市场，而是平等，允许所有人尽可能地享受现代化。大多数建筑都是一排排的平层公寓，建筑灵感来自该市的社会主义联盟；但在20世纪90年代，阿姆斯特丹意识到，很多建筑不再适合居住。[28] 在这些地区居住的大都是移民和下层阶级。于是阿姆斯特丹制订了重建计划，以改善这种情况。

玛丽安·范·博科夫现在是鹿特丹伊拉斯姆斯大学的副教授，但我刚刚认识她的时候，她还是阿姆斯特丹大学社会学系的博士后研究员。她在新西区工作和做研究。我看过她的研究，并且想要了解她的博士论文，于是我们约定见面。她是鹿特丹人，在鹿特丹长大，并在那里得到了三个学位。她笑着说，鹿特丹人觉得阿姆斯特丹人都自以为是。没错，阿姆斯特丹人认为阿姆斯特丹是宇宙的中心。两天后，我在耶斯的超级T恤衫店认识了她。"鹿特丹？"她笑着说，"那都算不上城市，连中心都没有。"

但玛丽安确实很欣赏阿姆斯特丹及其居民：阿姆斯特丹人确实非常宽容。鹿特丹人则较为右翼，吉尔特·怀尔德领导的自由党在当地得到了大量支持，而在阿姆斯特丹则并非如此。[29] 不过，鹿特丹市政执行委员会主席是阿赫迈德·阿布塔莱伯市长（工党），他是摩洛哥裔荷兰人，还有穆斯林血统。

现代阿姆斯特丹吸取了经验教训，现在的精神"一个属于所有人的

地方"讲求的是鼓励差异，积极接受各种民族、宗教和文化的少数群体（也包括同性恋），并接受维护女性主义的伦理道德。现今阿姆斯特丹在这方面采取的最惊人的办法，就是一方面增加福利医疗预算，一方面削减30%的综合预算。

因好奇和吸收同化而包容这种模式是全新的，不过人们或许会发现，这种模式根源于阿姆斯特丹人的行为，即便是在因中立而包容这种精神流行的时代，也是如此。约瑟夫·米希曼在对纳粹头目艾希曼的审判期间证实，他在阿姆斯特丹的一所（非犹太）综合高级中学做教师。德国人要求辞退他，却遭到了学校校长的拒绝。德国人强迫校长解雇米希曼先生，校长便关闭了学校，并且拒绝重开。[30]对于这位校长而言，若是因为一个人的信仰和价值观就解雇一个人，那么连学校都没有权利存在。

我参观了著名的凡·高博物馆。这里历史悠久。有意思的是，其主题不是凡·高对艺术的影响，而是艺术对凡·高的影响。这个主题出现过很多次。日本艺术对凡·高的影响就是一个例子。阿姆斯特丹就是希望让世人看到这样的凡·高：一个人保持开放的态度，允许其他人及其艺术影响他自己的艺术，因此，随着时间的推移，他的艺术也在不断变化。

因好奇和吸收同化而包容，演变成为真正接受他人及其文化和价值观。本地人最初只是好奇，想要通过友好和亲密的方式了解其他人，品尝他们的食物，听他们的音乐，庆祝他们的宗教节日，穿他们的服装，最后与这些人融为一体。当本地人对新文化、价值观和标准满怀热情，盼望接受新元素，并据此改变自己时，这种多元主义就成为吸收同化的一种形式。接触到其他文化，我的"自我"便发生了变化，而其他人在接触"我的"文化之后，他们的"自我"也会改变。

这涉及城市是如何看待多元文化主义的。多元文化主义在现代阿姆斯特丹被视为一项资产（不然的话，它就会成为累赘或是威胁）。吸收其他人的价值观和思想，人们能得到发展，在内心实现成长。

我参观了奥特雷西大街94号的房子。这是一栋很窄的三层带阁楼建筑。窗帘宽大而厚重。这就是施缪尔·哈科恩长大的地方。当时他的家境还很好，后来他父亲破产了，全家就搬去了栗子广场。我也步行到了那个地方。十四棵参天栗子树依然是广场上最显眼的东西，他在书里提到的商店现在都不在了。回到奥特雷西大街94号，我站在房子对面，想象着哈科恩和他的家人住在顶层和阁楼。我的思绪随之飘到了栗子广场的另一栋公寓，他们在那里也是住在阁楼中，有几个晚上，施缪尔·哈科恩担心警察会来公寓抓他，不得不逃到屋顶上。再来说说奥特雷西大街94号，其楼下现在是一家商店：帕西嘉服装店。我犹豫地问店主是否能给他的店铺拍张照片。他为人很好，欣然同意了我的要求。看得出他很好奇，我于是给他解释了一下。"啊，"他说，"跟我来。"我们走到店外，他指指服装店旁边那家大门上的屋主姓氏，"他们是犹太人。"他说。店主本人则是巴西人。二十年前，他到欧洲旅行，便再也没有离开。他说他是葡萄牙裔，并说很多阿姆斯特丹犹太人也都是葡萄牙裔。我礼貌地纠正了他，并且提到，在二战之前，阿姆斯特丹的犹太人有将近90%都来自中东欧。但我们谈到了巴西音乐。我告诉他，我有两周之后吉尔伯托·吉尔在以色列演奏会的门票；他就给我讲他在阿姆斯特丹听过的爵士音乐会。是呀，他喜欢生活在这里。他说："在阿姆斯特丹，像你这样的人会被当成本地人，因为这里有各种肤色、种族和民族的人。"

现代阿姆斯特丹对待多元化的态度可以用"奶昔"来比喻，他们认为包容是一种化合物，而不是混合物。人们融合在一起，吸收同化彼此的个性、价值观、标准和习俗。奶昔节"赞美这座城市及其主动精神，它还是推动力，将礼貌和友好的举止带回社会……胖的、瘦的、矮的、高的，同性恋、异性恋、变性人，黑人或白人：人是社会中坚，我们就是为此而庆祝"，阿姆斯特丹的网站上这样宣布。[31]

这是一个夏日的周六，连着两天是阴天后，太阳终于出来了。我去了萨帕提公园。这个公园是以犹太医生兼慈善家施缪尔·萨帕提(Samuel Sarphati，1813—1866年)的名字命名的。公园里有很多人，大多是二十来岁的年轻人，有的在玩排球，有的在野餐(人很多)。在公园入口旁边，蹒跚学步的婴儿在一个巨大的沙坑里玩耍。他们的父母则在一旁聊天。一群年轻人组成一个圆形，在柔和的阳光下躺着睡觉，自行车就放在他们旁边的柔嫩草地上。他们组成的圆形倒是工整，但他们的自行车却乱七八糟地倒在地上，这样的组合使我想到了阿姆斯特丹。一方面，常规、秩序、规章制度和期待形成了一种和谐感。另一方面，与这些同时存在的是混乱：各种肤色，各种种族，各种文化，各种菜式，无论走到哪儿都能闻到大麻的香甜气息，至少在市中心是这样，约旦区比较受欢迎的街道也能闻到淡淡的大麻味。

我按照哈科恩的书，去寻找一个小广场，犹太人曾被集中在那里，然后被驱逐出境。现在广场成为孩子们的游乐场，很迷人。我走到西边，正好看到迦山钻石工厂博物馆，这栋建筑虽然阴暗，却气势雄伟，位于阿姆斯特丹的市中心。[32]我自然没打算走进这栋建筑，但一个高个子保安站在那里给游客指路，他有些无聊，我们就聊了起来。他给我讲了迦山家族的历史，还讲了他自己家的历史，并问我为什么来阿姆斯特丹。他说，他看得出我不是普通游客。我把这当成赞美，给他讲我要写书。他笑了，"那为什么不进去看看？免费的。再说了，还能免费喝咖啡，而且，"他笑得更灿烂了，并且压低声音，似乎是在透露一个巨大的秘密，"还可以免费用厕所。"哈？"怎么样，"他说，"你得承认，这里有很多免费的东西，这在阿姆斯特丹可不常见。"

7 一个属于所有人的地方

你或许会说，阿姆斯特丹人都是吝啬鬼，就跟这个人的看法一样，但他们在一个方面却很慷慨：让很多生活方式都合法化。

我徜徉在风景如画般的约旦区。下午6点，我到处寻找美味的咖啡，而我能找到的只有沉默。对我而言，咖啡馆总是离不开新鲜的现磨咖啡、咖啡机轻轻的嗡嗡声。但在阿姆斯特丹，走进一家咖啡馆，闻到的只有大麻味。突然有响亮的音乐声从运河那边传来。我定眼一看，一艘小船缓缓驶来，甲板上有六个人，全都半裸着身体，而且，就算他们穿着衣服，也是粉色带羽毛的。他们是在宣传为期三天的同性恋骄傲大游行。我向一个路人打听游行的事。"啊，"他说，"这是我们最好的嘉年华会。届时将有成千上万的人从全国各地来到阿姆斯特丹。你一定要留下来看看……""说到阿姆斯特丹，就是在说对同性恋的宽容。"我和一个人聊起同性恋大游行的时候，他这么告诉我。特拉维夫市宣传自己是欧洲的同性恋之都，但阿姆斯特丹几个世纪以来就有此称呼。这里有300多个为同性恋准备的地方，比如餐馆、酒吧、俱乐部、酒店和商店。这座城市约有110万居民，那么比例就是1∶3700。有人告诉我，早在1811年，同性恋便不再是一项罪行。1911年，阿姆斯特丹设立了第一个同性恋社区，不过议会规定，异性恋从16岁起可以有性行为，而同性恋则要等到21岁之后才可以。[33]

……现在是周日中午。这座城市正在准备同性恋大游行，整个中心区和新乌伦博格大街（很有意思，还很漂亮，我走在这条街上，寻找阿姆斯特丹犹太会堂，计划晚些时候去伦勃朗的故居）都装饰有同性恋彩虹旗和他们的六色代表色。我遇到一个兜售珠宝的工匠，于是请教他是否知道这条街的历史。他说不知道，我们就聊起了这座城市。他本人并不是在这里出生的，但他喜欢这里的氛围。他很想卖给我一副耳环，我得承认，那对耳环很迷人，最后我给女儿买了一副。过了一段时间，我看到了下面这段文字，它的作者是S.E. 科利库伯（S. E. kleerekoper），塞尔玛·雷德斯多夫（Selma Leydesdorff）在一本书中描写了1900—1940年犹太人在阿姆斯特丹的生活，就引用了那段文字。这段文字是反犹太的，但这里的反犹太主义是以厌恶肮脏污秽的犹太人街区为基础的。文中提到的小巷就在附近，距离我们站立的地方只有大约50米。

"小心提防斯诺克杰斯巷，亚伯拉罕的后裔每个周日早晨都会把粪便倒在那里，然后才去教堂。就算在祈祷之前偶尔会有人清理巷子，往往也会发现，仪式结束后，那里会再次布满污秽物。多注意斯诺克杰斯巷、圣安索涅布利大街、霍格杜伦街的交叉点，那里——我必须说，我很喜欢和欣赏勤奋诚实的犹太人——一大群粗鲁的犹太人摆摊设点，挡住了各条街道，他们散发出的恶心气味令人作呕。……要想过去，就有可能碰触到他们，或是接触到一些爬行或蠕动着的东西。"[34]

来到斯诺克杰斯格拉克特大街，我环顾四周，看到了一个晾衣架，却一点儿也不像我看到过的犹太区时期的照片和图画里的样子。[35]事实上，这里非常安静，不过在50米开外，就有很多游客和当地人在享受周末的阳光。突然有人骑着自行车向我驶来，还拿着两大袋蔬菜和奶酪。他停下车，拿出钥匙，走进其中一栋房子。我快步向他走去，询问是否可以和他聊上几分钟，结果我们在那里站了将近半个小时。我说我看过这条小路的照片，80年前的这里跟现在完全不一样。他听了之后笑笑，说确实如此。他是一名律师，父母是荷兰人，但他在德国出生。全家在他小时候搬回了荷兰，所以他在这里已经生活了很多年。杨·皮埃特斯·斯诺克先生是一位亚麻商人，16世纪时住在这里，拥有整条运河。他养了很多匹马，马厩所在的建筑现在依然矗立在那里——他指指东边——马儿会将船送到河上。"这里的很多建筑里曾经住的都是犹太人，不过他们全都被送去了集中营。"他哀叹道。对阿姆斯特丹有何看法？这里是他去过的最美的城市。但美的不是城市里的街道，而是这里的人，他马上补充了一句。

"一个属于所有人的地方"这个概念也表示参政议政，以及鼓励人们融入社会、参与政治。许多城市都宣称它们是这样的，但阿姆斯特丹则可谓个中翘楚。

我去了阿姆斯特丹建筑事务所。中心大楼十分气派，铝合金结构，镶着玻璃，走进去之后仍感觉像是在外面。这里或许是阿姆斯特丹最美的地方之一，靠近尼莫科学博物馆，坐落在一栋形状奇特的建筑中[36]。阿姆斯特丹建筑事务所创立于1986年，所有的活动都以服务大众为目的，旨在帮助人们参与设计和规划过程。第一层有一个标志牌，请城市居民提建议："在未来几年，阿姆斯特丹的电桥控制建筑将改造为酒店房间。再过几年，他们将用这些客房组成一家旅店，而这家店的二十七个套房将分布在城市的各个地方。"考虑到这一用途改变，阿姆斯特丹建筑事务所便广邀民众提供建议，谈一谈该怎么做才能把这些地方改造成酒店客房。学生和专业人士将在一系列讨论会和研讨会中解决改造和重新利用等问题，而电桥控制建筑则将成为贯穿始终的中心议题。这是一个多么诱人的广告呀！

7 结语

当前的包容模式（因好奇和吸收同化）与多元主义密切相关，而在阿姆斯特丹，我将之解读为三重多元主义。第一重是社会多元主义。多元主义之所以会出现，只是基于一个简单的事实：城市里的人太多了，而每个人对于善有些微不同的见解。而且，阿姆斯特丹的目标是接受他们所有人，使他们感觉这是一个属于所有人的地方。这座城市并不想将任何东西强加给他们。这座城市尊重人们,因此尊重他们的生活方式、价值观和习俗。请注意,通过这种方式看待多元主义,对城市的要求是最简单的。多元主义是一个社会现实,是多元化的人所固有的。他们只要求城市尊重人的选择,不要插手干预。这是一种消极的自由。

对阿姆斯特丹这座城市而言,第二种方式是价值多元主义。根据这一理念,社会中的多元主义折射出各种价值观。也就是说,它反映出了多元价值观。事实上,人们抱持不同的价值观,并不是因为他们中的有些人持有错误的信仰,而是因为价值观的性质就是多元化。即便我们能够说明,一些思想或价值观来源于更为基本的东西,我们依然会达到一个界限,在此之后,无法把价值观简化为关于善的单独概念。因此,所有这些概念都是适当的,除非能证明它们并不恰当。当然了,一些概念会和其他概念相矛盾,从直觉上能说明它们是弱点或是错的。但从价值方面来看,即便阿姆斯特丹只有一个人,他也会有多种观点。

现在就该说一说第三种多元化,即心理多元化。这种观点假设多元主义的来源是每个人内心中有多个自我。每个人都能成为大学教授,在早晨认真思索数学或哲学,晚上却在当地的咖啡馆里抽上等大麻。

在阿姆斯特丹,我喜欢住在德派普区的一家 B+B 旅店,那家旅店的名字叫"我枕头下的蛋糕"。旅店在二楼,咖啡蛋糕店在一楼。蛋糕店有两个老板,而这家店就好像其中一个老板的"游乐场",这位老板是当地的一位厨师兼电视主持人,名叫西蒙·德·容(有一位足球运动员叫西姆·德·容,阿贾克斯队队长,2012—2013年度最佳射手,二者的名字很相似,不要弄混),他做奶油蛋糕的手艺很棒,会做各种奇妙的压花装饰。老板很怪,这家店也很怪。[37]我和店员奥伦聊起了店里的装修风格。店里的装饰风格十分多样化:每张桌子边都摆着不同的椅子,墙上挂着各种画作,毫无顺序可言。奥伦说,他们是有意这么安排的。我有种感觉,这种设计不仅是不拘一格,还是对所有风格的快乐赞美和接受:这是一个属于所有风格和所有物件的地

方，但和战前的阿姆斯特丹又不一样，现在，瓷器（在荷兰而言可是个大家伙了）、彩色枕头、来自中东的毯子等，每一件物品都是整体的一部分。奥伦说，对他而言，这就是阿姆斯特丹：多种装饰风格，因为这里有很多种人坐在一起吃蛋糕……

　　阿姆斯特丹的多元主义包含这三大元素，其多元文化的政策和态度就不同于其他许多城市的多元文化。大多数现代城市里都存在多元文化社会。简单地说，有了移民，城市里就出现了很多种族、宗教和文化团体。举例来说，伦敦有来自印度、巴基斯坦、波兰、阿拉伯国家、牙买加、肯尼亚等国家的移民，因此是个多种族社会，此外还有穆斯林和犹太社区。纽约有爱尔兰人、意大利人、波兰人、俄罗斯人、德国人、尼日利亚人、墨西哥人，等等。这样的例子还有很多。这是一个社会现实。在所有这些地方，这一社会现实都比规范态度重要；在阿姆斯特丹，他们首先看重的是开放和多元主义的精神，而这可以吸引移民纷纷前来。因此，阿姆斯特丹接受多元主义和多样化，能够提供真正的包容模式，这不仅仅以尊重为基础（像自由主义传统那样），还基于另一个更为人性化和传统的但也很卓越的元素：对其他人的探索欲。

1 本篇文章是在几次去阿姆斯特丹的见闻、多次采访和阅读大量文献［比如 *Silent Stones* (Hebrew)，作者 Shumel Hacoehn，讲述了他和他的家人在犹太人大屠杀中存活下来的故事］的基础上创作而成。在我最后两次去阿姆斯特丹的时候，我去了他在书中提到的地方。

2 若要观看一些很出色的照片，请访问：https://www.google.co.il/search? q=i+amsterdam&biw=1517&bih=714&source=lnms&tbm=isch&sa=X&ei=6WAvVYKUHYnfapCkgZAK&ved=0CAYQ_AUoAQ&dpr=0.9

3 这里指的是包容的动机。

4 Kaplan Joseph，*The Portuguese Community in Amsterdam in the 17th Century*：*Between Tradition and Change*，Jerusalem（in Hebrew，1986），p. 162.

5 我和丹·艾文称之为"创造性多种自我"。详见 vnon，Dan and Avner de Shalit（eds）. Liberalism and its Practice。

6 人们应该提到，大多数后来来到的欧洲犹太人确实喜欢这座城市的开放性，但因为他们缺乏相关的技能，所以找不到工作。很多犹太人都很穷困。详见 Selma Leydesdorff，*We Lived in Dignity*：*The Jewish Proletariat of Amsterdam 1900-1940*，Detroit：Wayne State UP，1994；以及 Sonnenberg-Stern Karin，*Emancipation and Poverty*，St. Martin's Press，2000。

7 关于犹太人如何来到阿姆斯特丹，详见 Sonnenberg-Stern Karina，*Emancipation and Poverty*，St. Martin's Press，2000，Chapter 2。

8 Geert Mak，*Amsterdam*：*A brief Life of a City*，Vintage Books2001，pp. 76-91.

9 二战时期，纳粹封闭了这个地方，还将其很多内部装潢拿来作柴火。1954年，阿姆斯特丹市议会接管了这座饱受摧残的建筑，包括柏林新犹太会堂和较小的教堂。建筑师席佩尔（J. Schipper）于1966年对这栋建筑进行了彻底修复。普莱瑟拉凡客公司（Premsela Vonk）和建筑师罗伊·吉尔·斯（Roy Gelders）在1976—1987年对这里进行了整修。这之后，这座建筑成为犹太历史博物馆。这次修复使得这座犹太教堂恢复了1822年时的样子。1822年之后的变化都被清除了。犹太历史博物馆网站：http://www.jhm.nl/culture-and-history/buildings/great-synagogue

10 Sonnenberg-Stern Karina，*Emancipation and Poverty*，St. Martin's press，p. 30.

11 Kisch, E.E., *Tales from Seven Ghettos*, London: Robert Anscombe, 1948.

12 Kaplan Joseph, *The Portugees Community in Amsterdam in the 17th Century*; *Between Tradition and change*, Jerusalem (in Hebrew), 1986, p.168.

13 历史学家之间存在一个很有意思的问题：荷兰（尤其是阿姆斯特丹）是否会比欧洲其他地方更快地解放犹太人。举例来说，约瑟夫·米希曼称，那里受到了外国（法国）的影响。详见Joseph Michman, *Studies on the History of Dutch Jewry*, The institute for Research on Dutch Jewry, 1981。

14 哈科恩描述了1936年德国新移民说意第绪语，他觉得这很奇怪。

15 这是可莱瑞·鲁达（Clary Rooda）的证词。她是一个女性犹太宗教团体成员，该团体成立于1995年。该教派对同性恋持宽容态度，对父亲是犹太人（母亲不是）的犹太人也持有宽容态度（根据犹太教正统律法，这样的人不算是犹太人）。

16 Ben Michael, Gideon Raphael, *Dutch Jewry During the Holocaust*, 2009. http://www.shoa.org.il/files/27.55046099.pdf (in Hebrew)

17 举例来说，阿姆斯特尔河与三条美丽运河相交的地方是一个旅游区，那里有一座用黑色石块砌成的巨大纪念碑，纪念1940—1945年的犹太地下抵抗运动。应该注意到，上面的字迹是金色的，使用的是荷兰语和希伯来语两种语言。

18 犹太人被驱逐出境以及同时代乔纳斯·丹尼尔·梅耶普莱恩（Jonas Daniel Meijerplein）的震撼照片，请访问http://www.diplopic.nl/swaps/jdmplein4/index.html。

19 Presser, Jacob, *Ashes in the Wind: The Destruction of the Dutch Jewry*, 2010, pp.536-537.

20 1966年，荷兰一半的苏里南人都住在阿姆斯特丹。详见Hans van Amersfoort, How the Dutch Government stimulated the unwanted immigration from Suriname, http://www.imi.ox.ac.uk/pdfs/wp/wp-47-11。

21 Susan S. Fainstein, *The Just City*, Cornell University press, 2010, p. 142.

22 Susan S. Fainstein, P.J.F.Terhorst and JCL van de Ven, *Fragmented Brussels and Consolidated Amsterdam*, University of Amsterdam1997, p.143.

23　Ramon Spaaij, *Understanding Football Hooliganism*.

24　Susan S.Fainstein, *The Just City*, Cornell University Press, 2010.

25　马斯特里德（Mustered）和奥斯腾多夫（Ostendorf）发现，即便是在阿姆斯特丹最贫穷的社区，收入最低的人口也只占总人口的34%，中等收入人口占60%，最高收入者占7%。详见 Mustered Sako and Wilm Ostendorf, "Integrated urgan renewal in the Netherlands: A Critical Appraisal", *Urban Research and Practice*, 2008, Vol.1, pp.78-92。

26　Arcam,（2013）*Architectuur in Amsterdam*.

27　一些作家称结构价值并不明确。戈特·马克（Geert Mak）将这个时期比喻为左翼社会党和左翼自由党之间的"内战"。详见 Geert Mak, *Amsterdam: A brief history of the city*, p.307。

28　Arcam, 2013, *Architectuur in Amsterdam*.

29　2014年3月，荷兰举行了城市地方选举。在阿姆斯特丹，工党失去了对市政当局的控制，但自由党没有获得任何席位。而在海牙，自由党获得了42个席位中的7个。

30　在 Ben Michael, Gideon Raphael, *Dutch Jewry During the Holocaust*, 2009, http://www.shoa.org.il/files/27.55046099.pdf（in Hebrew）pp.64-78中可找到米希曼（Michman）的证词。

31　可以观看宣传2012节日的宣传片。

32　详见照片http://www.gassan.com/en/tours/。

33　1971年，荷兰修订法律，禁止歧视同性恋。

34　Selma Leydesdorff, *We Lived With Dignity: The Jewish Proletariat of Amsterdam 1900-1940*, Detroit: Wayne State University Press, 1994, p.39.

35　http://wwdsfresw.panoramio.com/photo_explorer#view=photo&position=24575&with_photo_id=38748408&order=date_desc&user=372958

36　详见照片http://en.wikipedia.org/wiki/NEMO_（museum）。

37　http://mymonkfish.com/tag/cake-under-my-pillow/

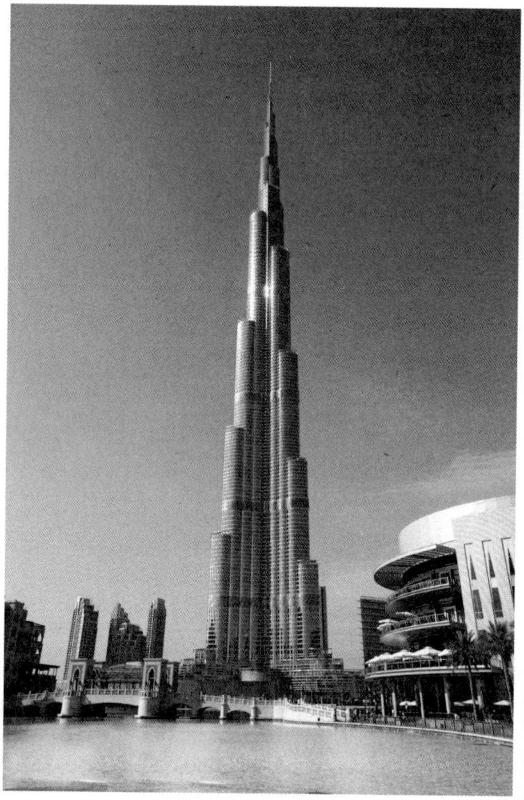

迪拜 Dubai

从贝都因村庄到全球大都市
FROM BEDOUIN VILLAGE TO GLOBAL CITY

by 帕拉格·康纳 Parag Khanna　新美国基金会负责人，新加坡国立大学李光耀公共政策学院副教授，著有《第二世界：大国时代的全球新秩序》(*The Second World: Empires and Influence in the New Global Order*，2008年)和《如何玩转世界：走正确的路，实现全新复兴》(*How to Run the World: Charting a Course to the Next Renaissance*，2011年)等书，并合著有《混合现实：在新兴人文科技文明下蓬勃发展》(*Hybrid Reality: Thriving in the Emerging Human-Technology Civilization*，2012)一书。

1 昔日的小村庄，如今的全球名城

摆脱阿拉伯封建制度后，迪拜一跃成为全球化的后现代城市，在这一方面，它的尝试可谓独一无二。起初，迪拜只是一个飞机从其上方飞过的小村庄，仅仅在一代人的时间里，迪拜先是发展成为沙漠中的速成城市，随后成为无数外来劳工和侨民争相前往的目的地，到如今，迪拜已然坐稳了世界金融中心的地位，来自全球各地的人都汇聚于此。

事实上，在过去几代人的时间里，迪拜在每一代时间里都有着不同的面貌。其他城市还在空谈需要彻底改造，迪拜却已经成为令人瞩目的当代案例研究和典范。我们必须更为清晰地了解迪拜所代表的力量，因为迪拜在很多方面都给未来下了定义，而世界却还在懵懂之中，尚未明确未来是什么。

我的成长过程正好与迪拜的快速发展处在同一个时期。在我的记忆中，迪拜曾经的主要景点是德伊勒河区的旋转餐厅，我还逛过附近沙迦市那个不大不小的黄金露天市场。相比之下，正如丹尼尔·布鲁克斯（Daniel Brooks）在他的新书《未来城市的历史》（The History of Future Cities）中提到的，现在的迪拜是名副其实的"世界中心"。

在我的有生之年，儿时住过的这个地方从一个几乎毫无全球思维的小镇，发展成为全世界唯一一个连接性最强、最富多样化的中心。撰写本文，是尽笔者的一份绵薄之力，来探索迪拜如何实现崛起及其意义何在，或许还能让读者更好地了解真实的迪拜。

早在几个世纪之前，在阿拉伯半岛的殖民王朝地缘政治中，迪拜所具有的重要战略位置就已经显现出来了。阿曼里·亚鲁巴王朝在17—18世纪统治期间，不仅为了对东非的控制而与葡萄牙人展开角逐，还与波斯人为敌，以控制巴林这些具有战略地位的岛屿。在这个王朝灭亡后，迪拜凭借其天然港口，逐渐发展成日益壮大的殖民地，而且，它很快就成为捕鱼业和采珠业中心，建起了最大的海岸露天市场。早在20世纪30年代，迪拜的2万人口中就至少有1/4是外来人员。19世纪至20世纪，英国是所谓的特鲁西尔阿曼（今阿拉伯酋长国）的主要合作伙伴，为其提供军事保护，但它必须效忠英国，不能对其他欧洲大国俯首称臣。阿联酋（UAE）于1971年脱离英国独立，但在1973之前，依旧使用英国东印度公司在18世纪末创建的货币——印度卢比。

印度与阿拉伯半岛的联系要追溯到好几个世纪前，但印度人开始大量拥入海湾地区，还是因为采珠和石油开采等行业的发展。在印度人眼中，迪拜是黄金和纺织品贸易的重要中心。特别是随着20世纪60年代石油出口的迅猛发展，印度商人开始集中进入酋长国。20世纪70年代初，我父亲受到塔塔出口公司委派，负责监督该地区的商品销售。从阿布扎比到沙迦市，印度飞地接连涌现，到处都能听到印地语和乌尔都语。

这个故事只是说明，当年迪拜尽管只是地图上一个名不见经传的小地方，却已经是流通中心了。很多发展中地区想把外出谋生的游子吸引回来并不容易，阿联酋却成为世界上吸引力最大的地方之一，引得无数企业家和人才纷纷前往。全球化的一代人对迪拜青睐有加，这表示人才流动一改往日的大趋势，开始从北向南、自西往东移动。

作为全球化城市，首要的一点在于与全球实现互联，不能故步自封、只满足于从前的成绩。现在的世界节奏越来越快，像迪拜这样的全球化城市，假使其目的不仅仅是成为纽约那种大熔炉，而是要做平稳可靠的世界交汇点，会怎么样呢？确实，对于迪拜而言，问题不仅仅是能否打造集体文化精神，并借此向伦敦看齐，成为世界上独一无二的地方，还在于它能否从当地的各色人种和多样习俗之中，创造出具有迪拜特色的集体文化。一直是一枝独秀的迪拜，能否与周边众多的邻居实现联合，取得比各自为政更强的效果？

依托现有优势，创造现代化未来

迪拜的未来尚未可知，但我们可以充满信心地畅想一番这座城市未来的样子，因为从种种迹象来看，它都将实现并超额完成近半个世纪之前确立的愿景。

随着20世纪六七十年代阿联酋石油资源的开发，阿联酋便因为重大基础设施投资而闻名于世。拉希德·本·萨伊德·阿尔·马克图姆是个很有先见之明的酋长，他大力推动这些项目的开发，疏浚迪拜河河道，从而大幅提高迪拜的进出货物量，将迪拜打造成为重要的货物集散地和再出口中心。他还在吉拜阿里市监督建造了世界上最大的人造港口吉拜阿里港，并在那里为外国投资商建立了保税区。吉拜阿里港至今依然是世界三大最繁忙的集装箱和转运港口之一。拉希德酋长的三儿子穆罕默德·本·拉希德目前是迪拜的酋长，同时也是阿联酋总理。作为国际知名人士，他继承了父亲的梦想，秉承传统，要建造一座有容乃大的大型城市，为所有来投之人提供一方天地。

世界最高建筑哈利法塔（迪拜塔）的口号是"历史崛起"，对很多人而言，这句话表示迪拜是一个"没有历史"也"没有文化"的地方。世上其实压根儿就没有这种未经开发的地方。在中国干旱的内陆地区，全新的混凝土、玻璃和钢铁城市拔地而起，但它们其实都是中国历史和环境的产物。和中国的城市一样，阿拉伯的地理和文明形成的深刻历史因素，烙印在了当今迪拜的 DNA 之中。伟大的建筑师最清楚这一点，他们建造的建筑往往都富含历史底蕴。丹尼尔·里伯斯金在设计建筑之前，就特别注重"历史的神性"。事实上，由斯基德莫尔－奥因斯－梅里尔建筑师事务所设计的哈利法塔，其目乃是担当迪拜的哨兵，其外形呈现出该地区沙漠之花蜘蛛兰（水鬼蕉）的形状。迪拜进行现代化建设，并非表示它没有过往，而是为许多发展中的城市树立了榜样，告诉它们，必须适应快节奏未来的需要。

如今的迪拜是一座全天候无休的城市，经济发展得如火如荼，不分昼夜，以满足多样的内需。此外，迪拜地理位置优越，要一刻不停地为全球供应链服务，在这方面，该地区的其他城市近期内都没有能力为其分担重担。

迪拜一跃成为阿拉伯世界之最，若说有一个要素能解释其中的原因，那就是先行者优势。在迪拜成为经济中心之前，沙迦市是旅游中心，巴林是金融中心，科威特是能源及基础设施中心。但迪拜掀起了建筑狂潮，并实行了"免税区"等创新政策，从而在所有行业领域中都超越了它的邻居。现而今，迪拜的游客、投资商、建筑工程、外国企业和经济特区，要比大多数阿拉伯城市加起来还要多。

沙漠无边无际。根据公布的计划，迪拜即将开发其南部边界地区，这座城市的足迹也将随之拓宽，其面积超过了北京、伦敦、巴黎、纽约、巴塞罗那和其他主要城市的面积总和。

人们会说，酋长们富可敌国，他们一时心血来潮，天马行空，迪拜就有了超一流的基础设施，但这就忽略了迪拜的特殊地理位置。想想看，奥地利和阿联酋的国土面积差不多，人口数量和 GDP 水平也相似，但现在来对比一下它们的航空实力吧：奥地利航空公司拥有 29 架空客 A320（每架飞机可搭载乘客 180 人），而阿联酋航空公司有 33 架空客 380，每架飞机的运载能力约为 600 人。迪拜是与世界各地直接相连程度最高的城市，在这方面，维也纳是无法望其项背的，且只有迪拜拥有通往各个大洲的直达航班。当你搭乘阿联酋航空公司的班机，飞行员需要喘好几口气，才能罗列出员工使用的语言，通常包括英语、西班牙语、葡萄牙语、俄语、南非荷兰语、保加利亚语和其他五六种语言。

随着世界经济重心向东转移，迪拜连通欧洲、非洲和亚洲，成为各大洲之间理想的汇聚点，地位日益重要。迪拜因此而在经济方面承担的责任与其在世界政治上所占的比重和影响远不成比例。作为众多目的地的交汇点，目前只有在迪拜这一个城市可以直达各个大陆。

就这样，迪拜机场的国际航线成为世界上最繁忙的航线，而且，其中最重要的航空公司阿联酋航空则是世界上最大也是盈利最丰厚的航空公司，他们在波音和空客方面都有新订单，数量堪称世界之最，而这意味着，迪拜的经济环境是否平稳，直接关系到美国和欧洲价值数百亿美元的生意和数十万人的就业。

迪拜是世界运输之都。在一天中的任何时间，迪拜的3号航站楼都是世界上唯一最具国际化的建筑，各种国籍的人在此转机、经过，有的是来迪拜旅游，还有的是来这里定居的。迪拜共拥有12万个酒店房间，远远超过了纽约。迪拜购物中心位于哈利法塔一层，2013年接待顾客7500万人次，远远超过世界上其他的风景胜地。

迪拜和中世纪的威尼斯有着十分有趣的相似之处，这二者都是高效的经商城市，并且四通八达，联通全球。但迪拜自然不会去模仿中世纪的威尼斯，不过它计划在沙漠地区，复制同等规模的威尼斯运河区美景。迪拜更多是在有意仿效当今重要的城市国家新加坡。迪拜和新加坡都是在20世纪60年代发展起来，专注进行世界水平的基础设施建设，吸引了众多跨国公司。然而，新加坡并没有石油和其他重要的自然资源，却率先实行经济总体规划，吸引了各种行业，并培训了相应的劳动力，凭借这一优势，它一跃成为重要的出口和服务中心。迪拜并不只着眼于逐渐减少的石油储备，而是大力发展多样化经济，并成为个中典范，其中非石油部门占GDP的71%。一位政府官员说得好："我们可以利用石油来买水，就不会受石油魔咒之苦。"

现在我们从较大规模上做一个有趣的对比，对比的双方一个是作为联邦国家的阿联酋，另一个是城市国家瑞士。

享有高度自治权的瑞士在税收和社会政策方面都是自己拿主意，然而，在整个国家的层面上，瑞士则非常明智地按照不同的地理区域划分分工。苏黎世是全球金融中心，日内瓦是私人银行和国际组织中心，巴塞尔是政府和制药公司重要总部所在地，此外还有数量众多的体育、旅游、制表、化工、武器装备、矿泉疗养等重要中心，在这些领域内，瑞士在质量和竞争力方面都居于领先地位。

而在阿联酋，北方的酋长国长期以来一直是劳动力输出地，并且在政治上忠于较为强大的阿布扎比和迪拜。现在不太有名的酋长国都开始将自己标榜为观光胜地，人口较少，适宜居住，适合发展小型制造业和商业服务，甚至与伊朗做生意，这一差异却反映出一个更大的现象：深层基础结构的高度连接带来了越来越紧密的联合。

曾几何时，很多后殖民时代的阿拉伯混合国家在残酷的内战中纷纷瓦解，当时没人能理解这一趋势的重要性。曾经，阿联酋的各个酋长国之间势同水火，这并不是什么秘密，而在阿联酋创建过程中以及之后的时期，事实证明金融危机成为重要的分水岭，阿布扎比为迪拜提供了200亿美元的长期低息紧急援助贷款，拯救了迪拜的房地产业。现在，人们可以自信地说，在从阿布扎比经由吉拜阿里到迪拜和沙迦市的走廊，人口越来越稠密，高楼大厦鳞次栉比，完全可以称之为"阿布迪拜"。

适合对比吗

相比伦敦或纽约这些发展了数百年的全球化城市，迪拜还只是一颗冉冉升起的新星，一直在聚光灯下成长。于是便有了很多不公平、不对等和令人误解的对比，并且由此引发了极端和嘲讽的情绪。

伦敦和迪拜之间的对比最能体现出这种紧张关系。英国公民在从前的英国领土上享有特权，但这种特权后来不复存在，英国的地缘政治作用也消失殆尽，伦敦那些只会耍嘴皮子的阶层对于迪拜的崛起幸灾乐祸。迪拜的房地产泡沫在2009年破灭，西方世界的头条新闻便沾沾自喜地宣布，"迪拜完蛋了""再见，迪拜"。夸大的报道称，欧洲人纷纷逃离，将数以百计租来的豪华轿车丢弃在机场，迪拜的经济从此一定会一蹶不振。

三年后，迪拜打了个漂亮的翻身仗，而上千名英国银行家拿着简历在伦敦金融业找工作，却并不顺利。从未离开的人则发现这座城市少了几分拥挤，并且开始重新关注品质生活。现在一提到伦敦的饶舌阶级，迪拜人就称他们为"那些怀恨在心的人"。

这些愚昧尖刻的批评代表着这两个城市之间的依赖关系出现了反转。在阿联酋的石油开采方面，英国石油公司一家独大的局面早已不复存在，狂妄自大的英国经理人很容易就会丢掉工作，取而代之的则是工作更为刻苦的美国、阿拉伯和印度的会计和专业人士。迪拜发展成为一个自给自足的城市，而伦敦需要的不仅仅是反转。伦敦的银行央求阿联酋主权财富基金对其进行投资，富有的阿联酋侨民帮忙支撑住了伦敦的房地产业，埃克塞特大学和伦敦商学院等英国大学都在迪拜设立了分校和附属机构，从富有、有雄心壮志的当地人身上获利。全世界显然并不怨恨或嫉妒迪拜，大量人口拥入迪拜，尤其是英国人，2008年，身在迪拜的英国人有12万，到了2014年，这个数量翻了一番，增加到了24万。2013年，伦敦市长鲍里斯·约翰逊出访阿联酋，并称他自己是"第八个酋长国的市长"。

用脚投票（不满意就走）是最重要的选择方式，而在这种选择中，迪拜一定会是赢家。现今，迪拜在生活品质方面实现了巨大突破，即便是对来自欧洲福利国家的人也不例外，这些人从前需要支付高额税收，但在迪拜，他们连一分钱的税都不用交，从前夫妻二人都需要上班赚钱，现在即便有一个人不工作，也能过上奢侈的生活。因此，要了解迪拜为什么这么受欢迎，并不需要一个极度新颖的办法，来破译何谓"好生活"。从殖民时代的奴隶制到后殖民时代的移民，再到处在社会最底层的外来务工人员，西方社会一直都依靠引进劳动力来进行建设。在伦敦和洛杉矶一样可以看到这种不平等，当地工人生活在类似的经济和社会环境中。在当今世界，收入分层，这样的模式越来越普遍，而迪拜只是一个在统计学方面较为极端的范例而已，即实现了第一和第三世界人口互利双赢的协同定位。西方人发展出了虚假的虔诚；对于这种新中世纪风格他们若是承认能与之共处，就会很不自在；在迪拜（和新加坡），人们则不会如此。

根据2013年世界幸福报告，有些国家拥有丰富的自然资源，却排在最不幸福的国家行列，而阿联酋的排名则领先于美国和卢森堡，在中东这个世界上最不幸福的地区中名列第一。

与伊斯兰教规的分歧

在这种亲密的亲近和透明的资本主义关系中，迪拜实现了第一和第三世界的协同定位，因此，记者麦克·戴维斯（Mike Davis）这样的作家就给迪拜贴上了邪恶天堂的标签。在房地产和劳工市场，资本的诱惑似乎超过了伊斯兰教的情感。尽管伊斯兰世界越来越多地实行的是与伊斯兰教教法相符的金融体制，还是会出现房地产投机买卖，主要的房地产开发商都会参与，他们哄抬房价，以高价卖出，当房价崩盘后再次买进。虐待劳工的情况在全世界都很普遍，而迪拜的一些建筑承包商则因为穆斯林工人在工作时间跑去祷告而扣他们的工资。

迪拜谐音"去买"。在那里，人们通常都感觉金钱才是官方语言，阿拉伯语都要靠边站。其他国家竞相通过经济收入来实现物质现代化，比如20世纪70年代的沙特。但文化现代化则是另外一回事了。迪拜的

迪拜著名地标帆船酒店，也是现代迪拜的象征。

人口多样性意味着市场价值成为公分母。黄金曾经被用来买一切，现在却用信用卡来买黄金了。

吉姆·克兰（Jim Krane），曾在哈佛大学赞助的迪拜政府管理学院创立初期担任该校理事，著有《迪拜：发展最快的城市故事》（Dubai: The Story of the World's Fastest City）和《黄金之城：迪拜和资本主义的梦想》（City of Gold: Dubai and the Dream of Capitalism）等书，他道出了迪拜是如何成为不受约束的资本主义的培养皿。迪拜奉行反乌托邦的世界大同主义，这赤裸裸地揭露了阿拉伯世界的一个分歧：有的人渴望在卫星电视上看到衣着暴露的黎巴嫩女性，但有些人则憎恶这种腐化堕落的行为。作为一个免签证的交通枢纽，从迪拜可以看到，当自由市场遇上肉欲交易会出现何种局面。在迪拜所体现出来的反差和矛盾中，或许意味深长的就是色情行业在最高和最低的社会阶层中都十分发达，并将世界各个角落的买卖双方联系在了一起。

这些观察结果证明了一点，那就是阿拉伯世界并非是与全球化相隔绝的地域，而是全球化的试验场。迪拜更是人口和经济力量极端融合的实验室。结果如何仍未可知，但实验还会继续。不过结果并不只属于迪拜，而是属于我们所有人。丹尼尔·布鲁克斯（Daniel Brooks）说得好："为迪拜道歉就是为整个世界道歉。"

后殖民世界之都

于波斯湾各个主要金融中心间，在剧烈动荡的时期，正是迪拜以自信的姿态代表了阿拉伯文明，它充分利用近来的发展优势，超越了许多西方社会曾经自豪的技术标准和基础设施质量。正如新加坡是新兴亚洲国家的榜样一样，迪拜也是所有非洲和中东国家的楷模。迪拜和新加坡这两座城市很快就不再以成为伦敦或巴黎为目标，因为单单它们自己就代表了21世纪几乎整个后殖民世界的雄心壮志。

如果有哪座城市很好地诠释了"城市盖好了，不愁人不来"这句话，那一定非迪拜莫属。在伦敦和纽约，有种情况越演越烈：居民和分析人士都抱怨这些城市被有钱人占领了。房地产都掌握在金融大亨手中，房租又扶摇直上，生活成本持续飙升，而老百姓的实际收入则停滞不前。迪拜则不一样：在这座全球化城市中，几乎所有有钱移居迪拜的人都会被接纳。英国和美国在放宽移民限制方面反复无常，有时候还会收紧移民政策，而迪拜的人口在1989 — 2009年翻了一番，预计到2020年，这个数字会再增加一倍，增长到400万（届时迪拜将举办世博会）。

和其他全球化中心一样，要想了解迪拜，就必须全面考虑大量居住在那里的人口来源。首先，迪拜是一个亚洲城市。迪拜将近10%的人口为本土居民，50%是印度人，16%是巴基斯坦人，9%是孟加拉人，3%是菲律宾人。因此，南亚人占迪拜人口总数的75%。他们才是这个地方真正的中坚力量，数量很少的欧洲移民根本算不上什么。有句俏皮话说得好，"迪拜是印度管理得最好的城市"。

仅仅在一代人的时间里，财富就已经易手。在英国统治印度期间和发现并出口石油之前，波斯湾的阿拉伯人经常前往印度工作，并寄钱回阿拉伯。现而今人口流向则正好相反。数以百万计的南亚劳工在迪拜众多的建筑工地上，一干就是几个月或几年，而这些工程会将迪拜打造成一个闪闪发亮的图标。他们来建造迪拜，却从未真正生活其中。他们既是劳动力资源，也是经济生命线，一年寄回印度的钱超过300亿美元，甚至比从美国寄回国的钱还要多。每个人都对这些劳工有不同的想法，他们有的是在闪着光的建筑工地最高处干活，有的是在疏通河道供游艇行驶，还有的驾驶拖拉机挖掘地下通道。对于大多数人而言，他们好像都和背景融为了一体，也有的人非常同情他们，但对他们心怀感激的人则少之又少。正如世界上其他利用他们的优势的地方一样，这些被充分使用的外来打工人员属于这个供应链上的资本主义共和国的一部分。

迪拜和伊斯坦布尔可以被认为是最西端的亚洲城市。然而，土耳其的主要贸易来自欧洲，阿联酋则更倾向于中国和印度。在极其重要的地产界，印度人仅次于阿联酋本地人，是第二大投资商。大量富有的印度人纷纷前往迪拜。欧洲私人财富经理纷纷争取印度客户，为了远离印度的过度监管，他们将办公室设在了迪拜和新加坡。在迪拜的印度人筹集资本进行投资，从非洲的工厂到金矿开采，都可以看到他们的身影。很多宝莱坞电影现在都在迪拜取景，有些人就称之为迪莱坞。迪拜正在兴建新的泰姬陵，其面积是位于阿格拉的原型的四倍大，虽然其目的不是用作电影拍摄，但届时肯定会有很多电影去那里取景。

阿联酋还向中国敞开了大门，现在居住在迪拜的中国人有20多万，2000多家企业将其作为转口中心，销售从建筑材料到玩具等基础产品。最近，中国国有银行的高层人物也来到迪拜，他们不仅管理着泛阿拉伯的投资组合，还与欧洲和阿拉伯国家进行联合投资，希望能进入非洲。

如果在非洲之外有个城市可以作为集结地实现大规模商业扩张，那就一定是迪拜。相比其他航空公司，阿联酋航空公司的班机通达的非洲城市要更多。迪拜港口世界公司参与了塞内加尔、安哥拉和吉布提等地的基础设施的修建工程。阿联酋基金会、穆罕默德·本·拉希德基金会和一些联合慈善机构，每年都会赞助数百个援助项目和奖学金。在迪拜，除了3万名索马里人，还有4万名肯尼亚人，在从事建筑和酒店等工作。非洲最年轻的亿万富翁埃希什·塔卡尔也在迪拜，他出生于英国，在卢旺达和乌干达长大，但其本身是印度裔，他利用渡船在迪拜购买零配件，开创了他的计算机硬件帝国。

在传统富饶的卓美亚奢华酒店海滨区，审美标准与地理划分相匹配，既能迎合欧洲人，也能叫印度人满意：法式糕点店边上就是卖莎丽的商店。就连同心文化圈都很有代表性：既有汉堡王，也有中国的按摩院。

政府连续几年举办了年度投资会议活动，吸引了来自114个新兴市场的商人和官员前来参加，借此向世人展示：对于跨越拉美、非洲和亚洲的全球商业网络来说，在迪拜这座城市开会最为方便。迪拜地处三大洲的交界处，代表了经济影响力从西到东的转变，还体现了南部的崛起。四成的世界人口居住在环印度洋区域，他们的贸易与金融关系日益发展，而迪拜正好充当了他们的金融十字路口角色。位于迪拜的中东最大私募公司阿布拉吉在秘鲁、巴基斯坦等43个国家均有投资。只有在迪拜召开的会议中，人们才能看到广告牌上宣传巴基斯坦是个"充满生气"的国家，才能听到投资人说那里有"巨大的商机"。

人口和投资的大量涌入都表明一点，和纽约、伦敦一样，无论是对富有的外籍人士，还是来自贫困和高失业率国度的人来说，迪拜都是一个理想的目的地，同时，迪拜也是这些人的希望与资本之重要来源。

国中之国

迪拜向来都缺乏劳动力，从某种程度上而言，它必须把整座城市当成公司来管理。学者艾哈迈德·康纳（Ahmed Kanna）在他的著作《迪拜：城市公司》(The City as Corporation) 中，给迪拜贴上了"城市公司"这一全新的标签。康纳指出，迪拜使用他们的办法，让全球新自由主义力量与当地环境相融合，但迪拜更特殊之处在于它最为充分地利用了经济特区这一全球性现象。迪拜的经济特区数量比世界上其他城市的都多，有将近175个横跨金融、传媒、教育、医疗和物流等行业的特区。若要理解迪拜如何真正"运行"，就必须区分经济特区的实际地点、机构位置或法律位置。每个经济特区其实都有一套独特的法律法规，往往借鉴了其他国家的商业标准。当你踏入迪拜国际金融中心，脚下虽然是阿联酋的土地，但施行的却是不同的法律。近些年来，阿联酋当地法庭甚至会把国内管辖权范围内的案件提交给迪拜国际金融中心法庭，卓有成效地将其国内的法律纠纷转变成离岸案件，从而让更为胜任的法庭对案件进行裁决。无独有偶，在迪拜媒体城，网站访问和审查制度的规则与该国其他地区的完全不同，而美国有线新闻电视网、英国广播公司、路透社和其他国际传媒都进驻了这个经济特区。

迪拜是主权阿拉伯联盟中人口最稠密的酋长国,也是拥有众多国际化管理的商业中心。这并非一件小事,因为这迫使我们重新解读如何理解阿拉伯世界内外的政治发展进程。现代化理论假设财富越多,对民主的需求就会越高。但在迪拜,我们可以见证制度朝着公共私有、混合管理模式大步迈进,在这种方式下,当局从功能上与供应链、资本流向以及内需相联系。

正如克里斯托弗·戴维德森(Christopher Davidson)在他的《迪拜:脆弱的成功》(Dubai: The Vulnerability of Success)一书中指出的那样,迪拜的政治制度中也有弱点。但这些弱点并不像他批评的那样,是现代化理论的变种。从审查制度到死刑这些做法,以及不平等和公众的猜疑等现象,并非迪拜和阿联酋独有。不论这些做法引发了何种动荡的局面(不包括基地组织这种极端激进的恐怖组织所制造的动乱),这些做法本身并不是为了寻求或提供替代性的管理模式。对于其所有后现代标志,迪拜的管理似乎只有一种可能的基础,所以崩溃的可能性不大。

阿联酋本地人很少,所以必须采取创新性的外交政策。它在全世界创立了一个可靠的外籍顾问和说客网络,还雇用了前西方外交官和公司高管去执行常规和敏感的商业和政治任务。一个担任此种角色的南非人问得好:"有的人属于天下,并不只代表一个国家,为什么就不能给这些人做一本全球护照呢?"

在无常中寻找永恒

迪拜这个曾经的小部落现在吸纳了来自世界各地的人,这是当地阿拉伯贝都因人(在阿拉伯半岛、叙利亚或北非沙漠地区从事游牧的阿拉伯人。——译者注)的生活方式和后现代世界主义相融合的最重要典范。但在迪拜,关于不同背景的人相互融合的故事,有一个更为深层次的原因:外来人口正在稀释迪拜，这是世界上的其他城市都无法与之相比的。在纽约、伦敦、多伦多和新加坡，非本国出生人口比率在40%~50%徘徊，但在迪拜，这个数字是90%，而且还在增长。换句话说，迪拜才是真正的世界交汇点，或许还是历史上最具多样化的城市。

当然，这并不能使迪拜成为熔炉，让外国人获得国籍，吸收城市乃至国家的精神，与当地人成为一体。举例来说，作为一个前往美国的移民，我首先认为自己是一个纽约人。相比之下，非阿拉伯人尚无法成为阿联酋公民，而且，就算可以，很多人也不愿意接受外国国籍。然而，阿联酋的人口中有很大一部分是外国人，基于当前这种多层次体系，很多人都认为，尽管外国人占人口的绝大多数，但他们永远都只是"二等"公民。即便他们拥有99年租期的房地产，却要每隔三年续签一次暂住证，而且，就算只是暂时失业，也会被注销暂住证。

实现人口再平衡不可能，授予国籍更是行不通，迪拜其实处在一个未知领域，没有外部先例可循，也找不到任何指导。迪拜要想在这个问题上取得很明显的重大进展，就要遵循新加坡模式，采用永久居住权这一做法，这样一来，外国人在两年后就可以拿到相当于美国"绿卡"的永久居住权。如果能这样做，就能带来强壮、忠诚以及具有创造力的人口，他们会致力于建设迪拜，而且不管他们来自何处，都将迪拜作为主要居住地。在新加坡，很多拿到永久居住权的人最终都入籍了，在这方面阿联酋和新加坡有所不同，必须创造出一个入籍后的管理体系，就好像某种利益共享关系，来促进和灌输一个与如此多样化和瞬息万变的城市相适应的权利义务机制。在一个由陌生人组成的城市里，宽容早已是十分明显的特征，而这样的机制有助于将这个特征转变成条文规定。

阿联酋接受了来自世界各地的人——但代价如何

阿联酋的本国国民只占该国人口的极少数，那么，对于他们，这一切又有什么意义呢？总的来说，政府从未拉响警钟。政府奉行"阿联酋化"政策（亚洲四小龙也曾采用这样的做法），要求外国企业聘请和培训阿联酋国民。但"少数派的苦恼"则不可避免——著名学者阿卜杜勒·卡勒克·阿卜杜拉（Abdulkhaleq Abudulla）这样描述他所在的部落面临的困境。一方面，他称赞阿联酋实现的惊人的现代化进程，但另一方面他也直言不讳地提醒，阿联酋的身份正在一点点消失，他的部落可能会灭绝。这就好像菲律宾妇女或欧洲精品时装店老板，用阿拉伯语对一个外国人说"愿安宁与你同在"，以示尊敬当地的文化遗产，但这种传统的继承人却早就不存在了。

阿联酋的年轻小伙子常常被说成是随波逐流的一代，但这并不表示他们游手好闲。其中一小部分人成为积极进取的政府高官。有的则当上了成功的企业家，而且越来越多的人都是白手起家。从机场到跨国公司的套房再到警察局，很多年轻人做着基础的文职工作，从而使这个国家可以正常运转。而来自富裕家庭的年轻人则表现出共有的特征，比如洁白的迪沙沙长袍搭配美国棒球帽，开保时捷和路虎。在上个月刚刚盛大开业的一流的法国或日本亚洲美食餐厅里，经常光顾的老顾客一半是这些人。

阿拉伯世界的中心

和迪拜一样，纽约虽然不是首都，却是地区和全球的中心。迪拜不要泛阿拉伯纳赛尔社会主义的空泛承诺，而是以流动性和机遇为基础，提出了全新无界限的经济阿拉伯主义。迪拜的商业活动和人文交流最多，其他阿拉伯城市均无法与之比肩，只有迪拜可以被视为整个阿拉伯世界的中心。

瓦利·纳斯尔（Vali Nasr）在他的《财富的力量》（Forces of Fortune）中称，所谓的"穆斯林中产阶级"都集中在迪拜和吉隆坡这样的城市中，在这些地方，务实的都市男女寻求物质上的满足和职业发展。即便阿拉伯人在迪拜人口中只占很少一部分，迪拜仍是摩洛哥和阿塞拜疆等阿拉伯或非阿拉伯国家的榜样。迪拜重振了在更为广阔的伊斯兰世界中蔓延的泛阿拉伯精神。阿拉伯卫星电视台是最受欢迎的阿拉伯语电视频道，他们的名字体现了他们的目标——通过教育类节目，使阿拉伯人致力于推动适当的阿拉伯国内投资和可靠投资。阿拉伯卫星电视台设在迪拜的总部就像一个迷你布鲁塞尔，来自十几个国家的阿拉伯人一起协作，虽然他们的国家不会合作。迪拜最大的购物天堂以阿布·阿卜杜拉·穆罕默德·伊本·白图泰的名字命名，此人有"阿拉伯的马可·波罗"之称，在14世纪初跟随沙漠商队踏上了一条长达12万公里的旅程，从丹吉尔到了东非、麦加、叙利亚、中亚、印度和中国，但始终没有离开伊斯兰教世界。

就算迪拜从来都不是全球熔炉，也肯定是阿拉伯世界的缩影。此外，阿联酋吸纳全阿拉伯的人才为其所用，同时也会奖赏很多非阿联酋阿拉伯公民，允许他们使用阿联酋护照，有了这本最具国际化的护照，去任何阿拉伯国家都是免签的。

"阿拉伯之春"的各项运动一直给很多政权造成无数的困扰，并使全部阿拉伯人都深陷其中，阿拉伯世界或许需要几十年，才能找到新的分界线。然而，迪拜似乎在席卷该地区的地缘政治动荡局面中独善其身。迪拜确实从中渔利，而这也不是第一次了。回想一下，贝鲁特曾是阿拉伯世界的标杆，却在20世纪70年代的内战中一蹶不振，迪拜正是从那时起开始飞速发展的。科威特是距离迪拜最近的海湾地区竞争者，也是跨国公司投资目的地，但在1990年遭到了萨达姆统治的伊拉克的入侵。具有商业天分的黎巴嫩人和科威特的资本都开始流入迪拜，这种情况至今仍在继续，每年约有3万黎巴嫩人移民迪拜，有的成为银行高管，有的做了电视新闻主播，和他们一同工作的还有埃及的工程师、约旦的会计人员和突尼斯的司机，这些人都希望得到更高的薪水，过上更好的生活。

近些年来，迪拜从不参与纷争，这可以说是非常聪明的选择。从

2003年至2013年的十年间,伊拉克一直处在军事占领中,内战不断,尽管迪拜距离伊拉克很近,却从未受到这场冲突的影响。当下的"阿拉伯之春"运动,只是让这座城市更为快速地吸收来自海湾其他地区的人才。

在阿拉伯世界的其他地方,沮丧的年轻人都沦为暴力的奴仆,而来到迪拜的年轻人则纷纷将精力投入创业中。克里斯·施罗德(Chris Schroeder)在其详尽且充满希望的阿拉伯科技发展现状调查报告《启动上升》(Startup Rising)中提到,阿拉伯的投资者和企业家,特别是位于迪拜的投资者和企业家,都很英勇不凡,敢于冒险,他们在整个阿拉伯世界涉足的行业包括移动教育、电子商务、手工陶瓷、太阳能电池制造和外包加工,而且业务重心都在他们的祖国。这就解释了为何在迪拜能听到真正的嗡嗡声,以及为何在整个阿联酋,每个人的口袋里都会嗡嗡响。根据渣打银行提供的数据显示,在全世界,这里的手机普及率最高,每100个人拥有176部手机。

随着伊朗逐渐从数十年的经济和政治孤立状态中走出来,迪拜迎来了其历史上一个重要篇章。沿迪拜河闲逛,可以看到庞大笨重的三角帆船装满了沉重的箱盒,里面装着冰箱、轮胎、袋泡茶、鞋子等各种物品,此情此景让人们想起,狭长的霍尔木兹海峡之间存在着深度不可分割的联系,而国际制裁永远都不可能在这里充分发挥作用。居住在迪拜的什叶派和伊朗人很多,通过他们,迪拜已经做好准备做先行者,利用伊朗的解冻时机从中获利。走私生意在迪拜和伊朗之间已经如火如荼地发展了几十年,这使得迪拜成为完全成熟的中转站,在十年甚至更长的时间里,外国投资可以从这里进入伊朗。

文化之窗

迪拜的概念可以轻易被取代,并非因为它缺乏历史,而是现在的迪拜已脱胎换骨。正是基于这种潮流,荷兰建筑师雷姆·库哈斯(Rem

Koolhaas)在他为两卷《海湾地区城市详解》(Al Manakh)所撰写的前言中才会说:"迪拜是一个白板,可以尽情书写它的新身份。"

一句阿拉伯古谚语说得好:"在开罗写,在贝鲁特出版,在巴格达读。"但由谁来召开集会、进行辩论、宣传和分销呢?现在,这些任务都落在了迪拜的肩上。迪拜艺术博览会是展示阿拉伯艺术的最大平台。没有迪拜,来自印度、巴基斯坦、埃及和伊朗的艺术家要去何处找一个地方,既能让他们展示艺术作品,世界上其他地方的人也愿意欣然前往?

迪拜无须在商业天赋和文化素质之间求折中。早在1998年,联合国教科文组织就将沙迦命名为"文化之都",此后,二十多座专业博物馆和一个久负盛名的艺术双年展都落户该市。随着阿布扎比附近萨迪亚特岛的建设,阿联酋将和卡塔尔一道,成为世界上最有价值的东西方艺术品的汇聚地。多哈、阿布扎比和迪拜能很快从东西方获得文化艺术品,并且以极快的速度建造文化场馆来展示这些艺术品,因此,它们成为全球艺术交流中心,不过是时间问题。

并非整个阿拉伯世界都对迪拜钟爱有加。它招致了无数嫉妒,还是大量人才外流的目的地。此外，迪拜自古以来就缺乏本土的文化创造，这个问题深深地困扰着最新的迪拜居民，即来自开罗、贝鲁特、巴格达和大马士革的知识分子和艺术家，而这些地方都是阿拉伯世界的历史文化中心。然而，正是出于这个原因，才不能把迪拜和作为阿拉伯文化之都的先辈相比。迪拜并非要与它们竞争，更不是取而代之，而是要成为展示它们的平台。

结语

迪拜在人们心中往往是一座未来主义城市，的确如此，无论是从科技方面，还是从人口、经济和政治方面，都可以这么说。2020年，世博会将在迪拜召开，届时，它将在现有城区周边建造一座新城，面积438公顷，将以露天市场的形式出现，各个国家的展馆都建在其中。迪拜这座世界缩影之城将主办一次有世界缩影之称的盛会，而且，会场附近还将兴建马克图姆世界中心机场，计划年运输乘客2亿人次。随着世界发展和各国互连，迪拜也将成为越来越重要的世界中心。

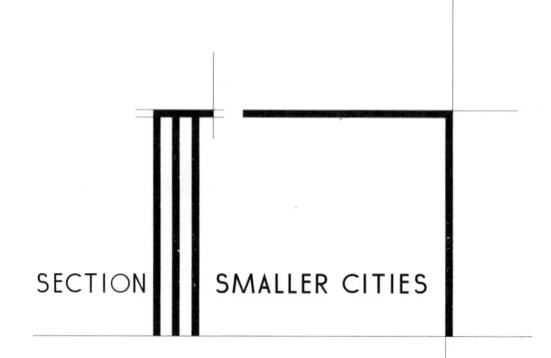

SECTION SMALLER CITIES

第三部分　小城市

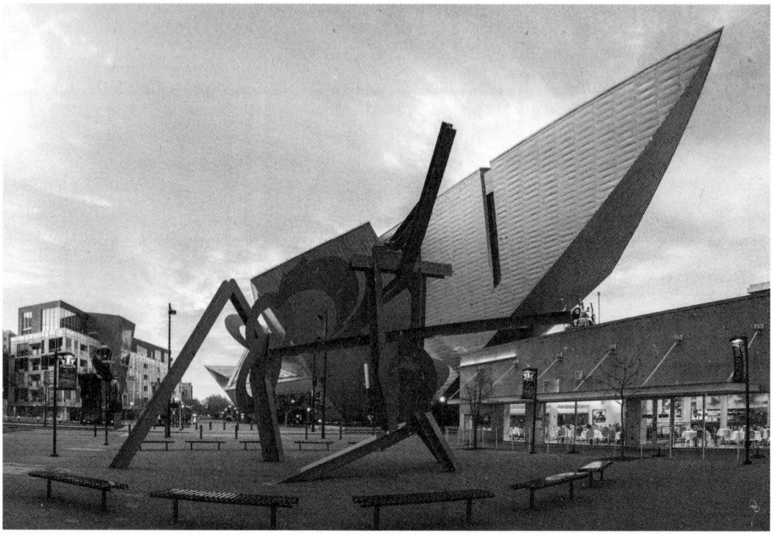

丹佛 Denver

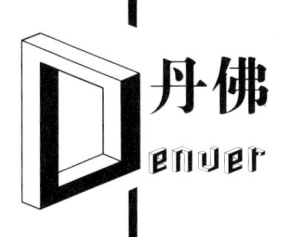

地方主义、合作和后政治时代前景

LOCALISM, COLLABORATION, AND POST-POLITICAL PROSPECTS

by 苏珊·E. 克拉克 Susan E. Clarke　美国科罗拉多大学波尔得分校政治学教授。

丹佛位于美国西部落基山脉脚下"海拔一英里"（高于海平面1609米）处，是美国东部、南部和中西部的工农业经济和文化的边缘地带，也是进入西部地区的门户。从丹佛州议会大厦的圆形大厅向东望去，可以看到一望无际的大平原向西延伸，200多座落基山脉的山峰巍峨耸立，那是这片土地上最显眼的风景。

丹佛的地理和历史从非常基本的方面体现了"里高之城"的精神。19世纪50年代，丹佛创城，当时这里只是一个淘金营地，此后，丹佛一直秉持着务实、乐观进取的态度。丹佛没能成为连接美国东西部州际铁路的最终连接站，于是，丹佛的精英们在城里修建了一条支线。这一历史有名的地方干预事件意味着，丹佛的繁荣建立在将从落基山脉开采出的黄金白银运往美国其他地方的银行和金库之上。这还预示着，到了现代，当地发起的系列合作，常常会藐视权力下放地方这一美国政治结构所具有的逻辑。

几十年来，丹佛依靠的是开采业和区域商业网络，从未开发工业基地。因此，丹佛没有遭遇很多工业时代的环境恶化危机，还避免了老牌工业城市的政治文化和组织。无论是从地理还是从政治方面来说，丹佛都远离首都，从而发展出一种独立和务实的方式来解决当地问题，能把大事化小，有利于事情的解决。和其他很多美国的西部城市一样，丹佛也抵制联邦政府的计划，更青睐当地的倾向商业的方式。但这种地方自豪感和对资源产业的持续依赖，使丹佛在20世纪80年代经历了极为动荡的经济环境。正如我们在这里所说的,丹佛的经济现在更为多样化,人口也日益多元化,政治上更倾向于协作和创业。

美国城市的历史相对较短,并且都经历了这种快速的变化,因此,很难说它们具有某些明显的共同身份或精神。这样的断言只会招致人们争论不休:"谁的精神"被安放到了这座城市的头上。现代出现了关于"城市权利"[勒菲弗尔(Lefebvre),1968]这个激进概念的争论,正如这一争论所强调的,种族、阶级和性别的差异,决定了访客在美国城市的体验。这样的情况变得更为复杂,因为当地官员都满怀热情地用最无伤大雅且可以辨别的特点,创造城市品牌,塑造公民身份,从而与其他城市争夺私人投资。有些城市标签为大众所熟识,比如"这座城市忙得没时间去仇恨"(乔治亚州、亚特兰大),"大苹果"(纽约州纽约市),以及丹佛的"里高之城",这些都是存在已久的口号,但都是可以创造出的修辞手法,用来宣传某种形象和认识,使这座城市的"精神"和其他城市的区分开来。

关于这一点,坎帕诺洛(Campagnolo)对城市定位、当地行动和与主流趋势相遇的"精神"的区分,则十分有用。在全球化趋势下,全世界的地方经济选择都面临着严格的标准化,即便当地官员努力让他们的社区变得与众不同,将其宣传成为大有前景的投资场所,结果也是一样。美国政治体制将权力下放给地方,采取分散治理的办法,其经济和政治逻辑将类似的限制施加给了当地的决策。当地方政府藐视或抵制这些单一化的力量时,也是现代城市"精神"最为明显的时候。丹佛的历史遗产和跨社区寻求合作的协作精神,使得这座城市不同于美国的其他许多城市。这种合作能力随着时间的推移而不断加强。大都会丹佛经济开发公司首席执行官汤姆·克拉克这样描述丹佛:"这里市场小,没有多少钱……因为钱少,我们必须合作,这一点很符合旧时西部那种大伙儿一块帮邻居建造谷仓的道德标准。"[贾非(Jaffe),2014]

在美国的政治体制下很难实现和维持合作。确实,人们可以说,美国城市里的地方合作"越来越难"。丹佛在某些情况下有能力跨越这些抑制因素，在此我将对这座城市在这方面的能力做详细说明，同时提出一个更大的问题：更多的协作会导致民主政治程度降低吗，特别是会不会抑制弱势群体的话语权？丹佛的合作精神独具特色，与此同时，这种精神是否预示着后政治的未来，届时实现合作要以民主政治变弱为代价？[1]

美国城市实现合作为什么这么难

在美国，"地方主义"的含义是不断变化的，而且非常复杂。各个地区处在分散管理的联邦结构之中，却并不拥有宪法地位。美国地方政府的正式历史地位是"国家的创造物"，只拥有州政府赋予的权力。然而，各州的情况发生了翻天覆地的变化，随着时间的推移，美国的地方政府得到了大量实质权威和自治权。未能得到随之而来的弹性收入来源和落后的纳税限制，都被说成是对地方自治权的限制，而不是法律结构问题。多亏了地方边界设定的权力和非弹性地方收入来源，美国各地才能拥有多个相对自治的政府，让家庭和企业能够交税，从而支撑城市服务。

因此，美国的城市通常都被称为"增长机器"[洛根(Logan)和莫洛琪(Molotch)，1987]。在分散管理的联邦结构中，城市拥有很大且正式的自治权，但其财政资源则十分薄弱。城市都依靠私人投资，来支付支撑城市服务的地方税款；因此，各个城市必须迎合企业的需要，考虑城市政策对纳税人和投资者的影响。在美国，地方政府有权利用法规监管来控制土地的开发进程。就这样，企业和地方政府结成联盟，专注地方发展，因为地方企业和政府能从人口的不断增长和税收增长(间接)中获得共同利益和利润。增长机器使人们认为发展对所有人都"有好处"，因为发展能为社会带来更多的税收收入和工作岗位。与此同时，增长机器将"城市极限"设定在以地方发展为基础的可能性之上：不管他们的喜好如何，或是有何意识形态上的优先选择，地方官员都肯定会不断评估地方计划如何影响一个社区在投资和家庭建设两个方面与其他社区竞争的能力。增长机器必须让各个社区激烈争夺这些重要的资源。考虑到美国这种分散管理的体制，社区之间的合作是"非理性的"，因为社区之间要围绕有限的投资资金进行竞争。

因此，地方主义是美国政府制度的组成部分，看似破坏任何合作经营。但"地方主义"也指一种趋势，即将权威和权力下放给地方政府。这是美国政治文化和历史中很有影响力的意见；倡导地方主义，超越党派和意识形态的分歧，即便这意味着要对联邦责任进行更为细致的分析。在权力下放地方的体制下，美国地方主义的含义从本质上来说十分复杂，又富于变化，因此就需要人们去关注可能构筑地方主义的多种形式。举例来说，只是考虑地方社区的正式和合法地位，还不足以去理解他们的实际能力和自主权。还要假设某种文化倾向于权力下放地方的责任和选择，选择忽略对地方主义概念的利用，忽略从很多方面而言地方策略都会破坏集体的利益。

丹佛的多样化环境

从很多方面而言，丹佛都证明了这种地方主义的取向和增长机器的压力。丹佛是一个西部城市，它的政治文化强调的是"灌木蒿"[2]精神，珍视地方自治和主动性，抵制数千公里开外那些国家政客的优先地位。丹佛于1859年创城，在绝大程度上跳过了在数十年里束缚东北部和中西部古老城市的政治机器和工业经济。和许多西部城市一样，丹佛的政治结构经过了一定的"改革"和专业化。自从20世纪80年代以来，先后由拉丁裔、非洲裔美国人和白人出任该市市长，他们在一座白人依旧占绝大多数、却越来越呈现出多民族特征的城市里，提供了相对强有力的领导。地方选举机构与日益发展的非选举机构差不多，许多都拥有独立的征税权。联邦基金被大幅缩减，再加上过去三十年州公民投票限制了收支，地方决策因此受到了限制。

丹佛和科罗拉多州一样，从初期就开始千方百计吸引移民。由于丹佛地处内陆，很多移民都是先到东部和西部的门户城市，再跋涉丹佛。由此兴起的移民潮延续至今，但直接到丹佛的移民有了显著增加。20世纪90年代是丹佛快速发展的十年，很多"从前很穷"的街区人口增加了，经济也繁荣了。在很多情况下，移民和拉丁裔人口的增长促成了这一社区变化。到2010年，该市16.6%的人口都是国外出生的。丹佛的人口增长和在外国出生的人口呈现出稳定化趋势，近郊的人口模式则更为多样化（比如亚当斯县），有些地方的拉丁裔居民比重比丹佛的要大。从整体来看，丹佛市现在正变得"更白"，而市郊则变得更为多样化[哈伯德（Hubbard），2009]。某些城市分析家[苏罗（Suro），2009]大声欢呼，说这是"新都市现实"，但丹佛人的现实则面临着更多问题，从街区层面上来说更是如此。2010年，52.2%的城市居民是白人，31.8%是西班牙裔，9.7%是非洲裔美国人[皮东（Piton），2011]。

丹佛自诩为"以街区为重"的城市，许多学术文献中也这样形容这座城市[贾德（Judd），1983；伦纳德和诺埃尔（Leonlard and Noel），1990]。丹佛的街区在建筑形式和文化遗存方面与众不同，但变化得非常快。20世纪90年代的经济腾飞和21世纪初的不稳定增长，使得很多街区都出现了快速转型，包括很多从前的黑人社区，西班牙裔居民越来越多，而之前的贫穷社区中白人的数量则日渐增多。对于丹佛的社区，最显著的特点之一便是，其种族和民族处在不断变化之中，这也导致社区的能力和组织出现变化。截至2010年，"丹佛总共有77个街区，除了其中的10个，其余社区皆由某个种族或民族占绝大多数，47个街区的绝大多数人都是白人，19个街区的绝大多数人是西班牙人，1个街区的绝大多数人是非洲裔美国人。"（皮东，2011）。最贫困的当属拉丁裔和非洲裔美国人的社区：大多数拉丁裔人口都居住在该市北边和西边的社区里，依然生活在赤贫中。

随着像马赛克一样的多民族选区越来越多，穷人和新移民被安置在郊区，选民发起的公民投票和倡议流程的可行性，以及非两党选举，都使得人们难以定义丹佛的精神，毕竟这座城市的内部富于变化，令人难以捉摸。与其他的美国城市一样（但多变的丹佛尤为如此），议程推进取决于打造的联盟，而不是依靠强有力的领导或国家指导。在丹佛这样一个白人占绝大多数的城市，最近的四任市长中有三位是非洲裔美国人或拉丁裔，而它创建多种族联盟的实力也可谓出类拔萃。但丹佛的协作精神在看似最不"合理"的情况下最为明显——跨城市寻求合作。

丹佛的合作精神

美国的政治结构是财政分离的，确保了丹佛的地方政治以竞争和联盟为中心，与此同时，丹佛拥有合作这一历史遗产，因此并不在乎地区层面上的这些刺激措施。许多与其他地方政府的这些合作模式都是契约性的，依靠的是法规和合同，而不是联盟。然而，由于涉及多个地方政府和昂贵的基础设施项目，一些合作经营项目的规模都很大。这些项目需要共担成本和风险，致使跨辖区合作变得十分困难，而且问题重重。但在20世纪的最后25年里，一个"蓝图"使得丹佛的合作"精神"转化为行动。这一朴实的比喻不是指"蓝图"需要画出来，而是指精心设计的合作，详细说明在历史上互为竞争的社区如果互相合作，将面临哪些成本和利益。

捷运公共交通合作项目

1989年，丹佛设计"蓝图"，以处理多辖区、高交易成本的项目。这一创新性计划最初设立了跨辖区税区，以支持地区文化、科学和体育设施建设。在征得丹佛及其邻近市的选民同意后，一个大都会区科学文化设施税区建立起来，资金资助来源于新增的0.1%的销售税。其基本理念在于，动物园、美术馆和图书馆等设施或许会位于该州最大的城市丹佛，却能够惠及大都会区里的每一个人。选民同意多缴税，以便支持这些公共设施。这一普惠百姓的理念和地方筹集资金的蓝图，成为丹佛地区随后大型投资的典范。区域交通边界工程、丹佛棒球场及其橄榄球场也复制了这一蓝图，因为选民赞成跨地区收税共享。这个蓝图被应用在一个又一个大型项目上，为地方合作项目提供了框架。丹佛地方主义倾向于这些"自下而上"的合作项目：随着丹佛执行这些复杂项目越来越精通，商业社区在区域化思考方面起带头作用，丹佛的合作氛围就越发浓厚了[戈茨(Goetz), 2013]。

捷运公共交通合作项目，是迄今为止能说明这种合作精神，并展现其脆弱性的最富雄心壮志的项目了。2004年，丹佛大都会区的选民赞成将销售税提高0.4%（每10美元多交4美分），来支持建造一个长达196公里长的地区运输系统，名为捷运。策划和执行这一工程的主体是丹佛区域交通公司。该公司创立于1969年，负责创立和运行丹佛大都会区的大型交通项目，由一个包含15名董事的董事会管理，各个董事的选举不以两党为基础，任期交错，每个任期为四年，董事们来自大都会区的各个地区。到2013年为止，丹佛区域交通公司共运营148条线路上将近1000辆巴士，以及172辆轻轨火车，轨道总长度为56公里。交通导向发展模式(TOD)，特别是捷运系统，被誉为难得的经济发展机遇，不会遭遇以汽车为中心的发展模式的冲击。67亿美元的捷运项目在最初都是当地融资、当地指导，但随着成本的增加，联邦资金成为关键，这个项目也变得更为复杂，涉及私人领导者、联邦机构和州机构[3]。

捷运公共交通合作项目面临的挑战

随着捷运项目的推进，丹佛作为"协同城市"这一身份的弱点被暴露，并在丹佛的政治中制造出了新的歧见分界线。考虑到这一交通项目的规模和区域范围，社区不再是重要演员，市议会代表也没有了作用。但每一个通道和交通模式，都围绕着大都很贫穷的区域内的"站点"组织，这很明显是社区发挥了作用——议会代表也参与其中。议会代表肯定也认可这些交通项目,而且不出所料,每一个议会分区内都会设有站点。然而,与这一合作进程无关的当地团体对这种交通合作的公正性提出了质疑。这些团体质疑谁能从这一合作中受益:他们出示了统计分析资料,说明如果继续在不顾及社区影响的情况下实施捷运项目,就会出现空间不平等现象和潜在劣势。就这样,一个非营利合作组织里高连接组织(MHC,原名里高运输机遇合作组织)诞生了,负责令贫穷社区内站点周围的美化工程放缓。[4]有了外部基金的支持,街区站点周围的土地储备便被纳入了进来,某地方基金会便创立了一个用于经济适用房的地区公共交通导向发展模式基金(TOD,这可是全美第一),并对其进行管理。这些质疑并没有改变该交通系统的布局,里高连接组织还推动丹佛区域交通公司拓展其成功影响力的定义,以便将社区和宜居优势也纳入考虑之中。

2008年经济危机爆发,成本暴涨,其他歧见分界线也随之出现。在捷运模式中,跨辖区合作是基于一点:各个参与方要向地区交通区域支付额外的税收,而且,地方税收的增加还会带来机会成本,但是参与地区运输系统会得到收益,这就中和了前期的投入。只要这一期待一直存在,协调问题就能够大事化小,小事化了。然而,为了应对2008年的财政危机,丹佛区域交通公司在建设重点和融资方面采取了高压政策。随着销售税收入因经济危机而缩水以及建筑成本的提升,丹佛区域交通公司放缓了某些线路上的建造速度,并就一些社区的线路进行了调整,却没有征询所涉及社区的意见。一边协商解决这些不满情绪,一边继续施工,丹佛区域交通公司只好向这些社区提供替代交通选择,而不顾之前投票认可的是完备的交通系统。因此,几个社区不再相信他们能得到之前保证的利益,而威胁退出捷运合作项目。地方官员生怕惹怒选民,毕竟选民多年来都支付了额外的税收,到头来却看不到承诺的交通系统。随着丹佛经济危机稍有好转,外加创新性公司合作融资,使得建造工程得以继续下去,退出威胁也有所缓解。然而,一些自治市依然愤愤不平,说是他们的交通系统"杂乱不堪",根本没有得到承诺的轻轨、多模式交通系统。尽管丹佛区域交通公司实行集中管理，并拥有很大的预算影响力，社区潜在的退出可能依然会对这一合作运输项目的稳定性和持续性构成威胁。

捷运合作项目旨在打造区域交通系统，由此可见，在丹佛地区使用"蓝图"大有成效，而且极富创造性。丹佛的精神或许是合作，但捷运项目也说明合作纽带十分脆弱，还有地方元素在不断破坏这种精神。其中一些质疑合作是否公正，因此就产生了一个有关合作规范性要素的问题。

7 具有合作精神的城市就不民主吗

历史遗产和当代举措都说明丹佛具有合作精神。考虑到跨辖区合作的抑制因素，这些成就让丹佛在大多数美国城市中脱颖而出。然而，尽管合作成效惊人，却不能盲目地将其作为一项积极成就。当地社区间的合作确保了大型项目在没有国家或州支持的情况下"完成"。但有一点很重要，那就是更多的合作是否会导致民主政治程度降低，特别是弱势群体是否会失去发言权？丹佛的合作精神的确与众不同，但还是有人担心，这样的举措让人忽略了后政治的未来，届时合作将会以弱化民主政治为代价。

后政治城市丹佛

在英国和欧洲城市发展趋势中形成的后政治城市概念凸显了这种担心。后政治城市概念预计，政策的改变将致使政治机构转移到民主渠道之外，因此政治空间将会重组。通过后政治视角来看待丹佛的政治环境，可以看到通过"后民主制度的形成"而导致的必然局面［麦克劳德（Macleod），2011］。

后政治著作用三种趋势定义了后政治城市，在这里说来尤为贴切。第一个趋势预测，后政治著作称，国家财政紧缩政策和削减地方基金，由此形成了向后民主实践转变的先决条件。这使得"市政府和联盟的战略重点"[麦克劳德(Macleod)、琼斯(Jones), 2011, 2004]发生转变。从这个角度来看，丹佛将寻求更多合作(有可能不那么民主)计划，毕竟联邦资源会持续减少。限制地方从州税收中获利和限制支出，地方税收结构过时，联邦资助减少，都是丹佛决策者始终无法忽略的因素。[5]凭借其合作的历史和"精神"，相比面对类似资源危机的美国其他城市，丹佛更有能力选择合作战略。

第二个趋势预测，后政治进程的出现代表着选择复杂化，并且需要专业意见来使政策决定合法化[斯劳特戴克(Sloterdijk), 2005]。自从2003年约翰·希肯卢珀当选丹佛市长，丹佛这种以地方主义为重的政策就遭到了质疑。希肯卢珀市长引入很多外来人才执行他的新计划。这些人多来自东海岸和中西部，他们曾经工作的城市与丹佛相比，具有更复杂、富有经验的政策、金融基础设施建设和专业经验。这些新的决策者经常用丹佛和其他城市做比较，似乎专注于让丹佛"进入状态"。

面对新的强有力的融资和战略投资新策略，市议会只能听从新市长引进的专家的意见。遇到需要复杂融资、科技大型项目，议会协商和市民参与就显得无关紧要了。这就削弱了议会在制定政策时能够发挥的作用；现在，在一些情况下，市议会的作用降低到了只能对决策者提问，而在其他情况下，他们只能做报告和提建议。就这样，市议会开始依赖于提供给他们的有关新项目的信息和分析资料，却没有先例或经验可循。对于在经济和政治两方面都很复杂的大型合作项目，市议会甚至被边缘化了，只能沮丧地自保。

最后，这些复杂的安排，常常会导致重大制度的形式方面出现循序渐进的去政治化和去民主化。城市机构现在不是被降格，就是被精简，以阻止争论、应对市场压力，对公众所负的责任就减少了(麦克劳德, 2011)。选举产生的公共机构继续运行，争论的焦点集中在新出现的"利益相关者"要分享经济和政治权力，而他们的权力要高于传统的选举机关[史温吉道(Swyngedouw), 2011]。就这样，新机构减少了对公众的责任，以便在更大程度上响应市场[麦克劳德，2011]。

丹佛的近期合作史似乎正是如此。合作越多，就越是依赖具有最小选举问责的新机构。至少在民主实践这个方面，合作和选举官员的传统代表的作用随之削弱看似是不可避免的。规模和复杂性破坏了民主代表制度和民主声音的前景。[6]城市之内（比如建造体育馆）或之外（比如捷运项目）的每一个大型合作项目，都有非选举的特别授权机构的身影。这些特别授权机构可以加税、借款、制定重要决策而很少让公众参与其中。在捷运项目中，丹佛快速运输管理局就是一个长期存在的特别授权机构；这个机构里的确含有选举代表，但这些代表并非来自本地。结果，这些代表的公众知名度或公共责任都很低，却能有效地参与跨辖区交通合作项目的管理。

虽然如此，丹佛的例子还是证实了麦卡锡（McCarthy, 2013）的观点：后民主城市概念与美国关系不大，因为与英国和欧洲的城市相比，美国的各个地区自治程度较高，政治动态也更为多变。合作计划或许会让人们担心后民主城市的出现，而这只是丹佛政治环境的一个方面。丹佛拥有很多议程和机构，都不太适合后民主城市的框架：例如学校董事会被民族或种族竞争拖垮，最近一项州内的选民倡议批准大麻合法化，社区从协议中牟利，还有一些其他分歧，比如非政府组织和地方运动抵制分类。相比后政治框架所做预期，这是一个更易变和分散的过程。美国城市的分散模式或许会创造出过多的歧见分界线，以至于无法加速推进合作项目，从而创立即时生效的后民主情景。

重新思考丹佛精神

但丹佛的例子还产生了很多关于城市的"精神"或独特气质的脆弱性问题。捷运项目的经验自然会让我们质疑，这种气质的辐射范围有多大。有些人将"合作"视为另一个压制他们意见的计划，而城市精神要如何影响这些人呢？在里高连接组织尚未出现的时候，捷运项目令人信服地消除了多少不平等，就有可能创造出多少不平等。有了捷运项目，贫穷社区的居民就有更多的机会到该市其他区域工作。实践证明，在最贫困的社区设立站点，是丹佛有史以来实行的最有效的消除贫困的战略之一。但若没有土地储备和里高连接组织在站点附近推动实行的经济适用房，贫困居民就只有离开这些社区这一种选择，消除贫困就将以牺牲穷人的利益为代价。对于这些团体而言，合作精神或许不但不是无关紧要的，同时也很危险。

因此，在全球化时代询问城市有何身份，却只能让我们仅关注一个占主导地位的精神，而忽略这座城市的复杂性和多样性，那么，这么做是否还有价值？这里说到丹佛独特的合作精神，只是想说明一点，即给予这些价值优先权而获利最多的人会很注重和提倡这些价值。一些利益相关者把其他城市的身份宣传为文化、知识和政治活力的场所，也是出于同样的目的。在美国的背景下，"市民精神"（共同的身份或特性）这个概念往往就是一层单薄的特权，掩盖了社区中的弱势群体对权力的激烈冲突、竞争和争夺。然而，从一个共同标准的理解（在丹佛，合作很好、很有效、很有必要）出发，并且揭示一个城市在实践这种精神时所遭遇的挑战，或许在分析上更有力。使用一个假定的共同身份或精神作为起点，而不是用一个城市的独有标签，是理解城市身份的一个大有希望的途径。

最后，贝淡宁、艾维纳·德夏里特鼓励我们去发问：城市的精神能否培养出来（2011）？撇开美国城市无所不在的标榜运动不谈，鉴于丹佛具有"不合理"的合作精神，这也是个发人深省的问题。丹佛受制于大多数美国城市都要面对的政治、财政和法律限制。[7]几十年来，丹佛一直充当着"增长机器"的角色，力求吸引投资，和其他社区竞争，从而实现了经济发展。现在的丹佛依然如此，它拥有一些非凡的合作时刻和实例，表明他们有可能跨越这些抑制因素和全球化趋势的同质化。但在什么样的情况下，其他城市也能共享或培养这种合作精神？

国家政府自然更喜欢地方层面上出现更多合作。国家政府鼓励在一系列问题上的合作和跨辖区合作，并为此提供适度的激励。考虑到美国体制的政治文化和结构，这些并不是指令或命令。[8]因此，在没有等级制度、提供足够的权限和资源去鼓励合作的情况下，要如何才能让地方社区重视合作呢？"为什么合作"是一个与本篇文章的关注点不同的问题，与此同时，在美国城市培养合作精神又把我们带到了"地方主义"这个问题上。越来越多的证据显示，地方商业利益相关者和一些地方政客看到，如果能在当地打造出务实、非两党、地方参与合作的这种身份，就能取得全球竞争优势。这是否包含民主价值，对丹佛而言是关键问题，也是在思考城市精神时面临的最重要问题之一。

1 如下讨论节选自克拉克于2015年撰写的文章"Localism Agendas and Post-political Trends: Neighborhood Policy Trajectories in Denver"，该文章收录在 Reconsidering Localism（由 Simin Davoudi 和 Ali Madanipour 编，伦敦劳特利奇出版社，2015 第54-76页）中。感谢编者和出版社允许我使用这一翻译版本，该版本基于2015年7月于希伯来大学举办的"城市的精神"座谈会上所推介的版本。

2 "灌木蒿"这个词从字面意思上来看，指的是一种生长在美国西部干旱荒凉地区的芳香植物。它象征着"狂野西部"，时常用来表示美国西部独特的时间感和空间感。从文学角度来看，它指的是19世纪末的西部作家，他们在作品中描述了在这片日益发展的地区里，日常生活中的刺激和暴力。从政治上来说，它反映了在西部普遍存在的个人主义和地方主义的情绪，推崇个人财产权利，希望政府能将干预行为降到最低。19世纪90年代的自然保护运动将西部几个州（包括科罗拉多州）超过三成的土地化为公共土地，归联邦政府所有，此举导致了独立自主的西部各州的反对。这些公共土地大都被用来出租、开办牧场、采矿、开采石油和天然气、修建娱乐休闲设施和其他赚钱的投资，但还是有人抱怨国家篡取了"各州的权利"，并且加深了"东部"和"西部"之间不可逾越的鸿沟。西部的农民和农场主发起了"灌木蒿反抗运动"，提倡私有化或把西部的所有土地转交给各州和县，确保"更好"地进行私有化管理。在20世纪七八十年代，很多像是罗纳德·里根和巴里·戈德华特这样的西部政客都拥护和支持这一充满地方主义色彩的词汇。在这篇文章中，这个词指的是从广义的政治和修辞方面来形容的独特的西部地区，在那里，人们享有私人财产权利，政府干预会遭到鄙视，而个人和地方自治则受到推崇。

3 2007年的成本预估比最初的预估超过了50%，丹佛区域交通公司（RTD）便在联邦基金的支持下，将几条捷运走廊进行了私有化。

4 里高连接组织成立于2010年，位于丹佛，是由20多个地方和国家非营利机构组成的联盟，他们还为运输导向的发展模式提供在经济适用房、就业、劳动力发展项目等方面的支持。里高连接组织的目标是在运输枢纽的步行范围内发展低收入社区。在福特基金会"大都会机遇计划"的支持下，里高连接组织通过它的"区域公平图集"，对于区域交通的公平性和可得性，提供了大量数据和分析，发挥了重要作用（http://www.milehighconnects.org/main.html）。

5 国家对当地政府的支持有限。财产税作为地方收入之一，在逐年下降。销售税和使用费是重要的收入来源，而且在不断增加；丹佛市擅长利用举债来推动重大地方项目的实施。城市收入的基础是销售税，超过50%的总资金都来自小企业上缴的销售税。

6 这里的论点是，合作项目似乎破坏了选举官员的代表作用，因此削弱了民主实践。合作项目的规模和复杂程度还打压了弱势群体的发言权；选举代表的式微和参与大型合作项目的难度也削弱了弱势群体的发言权。令人惊讶的是，里高连接组织没有参与捷运项目，一直在推动实现更为公平的结果，这是对捷运系统的外部压力。合作项目是否可以更加民主，创造出更为公平的结果，是一个比较宏观的问题。我很感谢艾维纳·德夏里特思考并提出了这个问题。

7 回忆这些因素就好像在竭力反对美国城市里进行的合作项目。每一个激励结构似乎都是在鼓励地方竞争而不是地方合作。①权力下放的联邦结构，拥有很高的地方自治权，政府间的协商协调机制；②国家对地方政策的财政支持很少，并且在不断下降；③税法导致并加剧了跨辖区政府间的竞争；④地方政治结构并不完整；⑤个人主义的政治文化和市场价值 VS 为实现社区广泛利益的共同行动；⑥选举结构和规则将利益集中在最有政治影响力的利益相关者手中，以及其他增加合作难度的因素。

8 奥巴马2010年提出的"创建承诺社区"和2014年提出的"应许区"项目都是十分成功的地方合作项目，比如哈莱姆儿童区。2010年创立的白宫社区解决方案委员会携手布利吉斯潘集团，让"针移动社区合作项目"（全社区、跨部门协同合作，旨在实现至少10%的进步）特别关注那些弱势青年（http://www.bridgespan.org）。

References

Henri Lefebvre, *Le Droit à la ville*, Paris: Anthropos (2nd ed.), 1968.

Andrew Goetz, "Suburban Sprawl or Urban Centres: Tensions and Contradictions of Smart Growth Approaches in Denver, Colorado," *Urban Studies*, 2013, 50: 2178-2195.

Burt Hubbard, "Denver gets whiter; suburbs more diverse," *The Denver Post*, March 29, 2009.

Mark Jaffe, "A rise in station. How visionary developers, determined politicians and supportive taxpayers redefined downtown Denver with Union Station at its hub." *The Denver Post*, July 13, 2014.

Dennis Judd, "From Cowtown to Sunbelt City." *In Restructuring the City: The Political Economy of Urban Redevelopment*, Edited by Susan S. Fainstein, Norman I. Fainstein, Richard Child Hill, Dennis Judd, and Michael Peter Smith. Longman Publishing Co., 1983.

Stephen J. Leonard and Thomas J. Noel, *Denver: Mining Camp to Metropolis*, Niwot CO: University Press of Colorado, 1990.

J.Logan and H.Molotch, *Urban Fortunes*, Berkeley: University of California Press, 1987.

Gordon MacLeod, "Urban Politics Reconsidered: Growth Machine to Post-democratic City?" *Urban Studies*, 2011, 48: 12, 2629-2660.

Piton Foundation, *Neighborhood Focus: Denver's Growth Slows, Diversity Unchanged.* The Piton Foundation's 2010 Census Project.

P.Sloterdijk, Damned to expertocracy. http://www.signandsight.com/features/238.html, 2005.

Eric Swyngedouw, "Interrogating Post-Democratization: Reclaiming Egalitarian Spaces." *Political Geography*, 2011, pp.370-380.

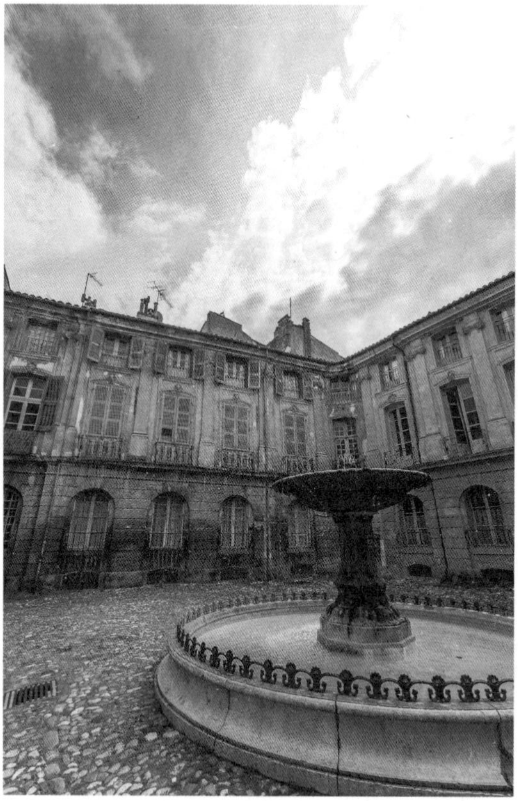

普罗旺斯地区艾克斯
Aix-en-Provence

地方主义之城

THE CITY OF PROVINCIALISM

by 吉勒斯·坎帕尼奥洛 Gilles Campagnolo 法国国家科学研究中心的研究室主任。法国国家科学研究中心位于普罗旺斯地区艾克斯，主要研究经济学、哲学和社会科学。坎帕尼奥洛来自巴黎，现在来往于巴黎和普罗旺斯地区艾克斯两地生活，他还很喜欢法国蔚蓝海岸和日本最北边的岛屿北海道。他现在负责协调欧洲委员会研究执行机构、中国（北京大学和清华大学）和日本之间的合作关系。

请在纬度 43° 31' 35" 相聚，
在这法国的小城，
它可是普罗旺斯的首府，
阿赫克小河的岸边，
这里其乐融融。

后来成为美国总统的托马斯·杰弗逊在担任新美国的驻法大使期间，曾来到普罗旺斯地区艾克斯，写下这样一句话：

"我身在一个充满小麦、红酒、橄榄油和阳光的国家。天堂莫过于此。"[1]

两个多世纪以来，盎格鲁-撒克逊世界里的很多人都把"造梦场"普罗旺斯看成富饶之地，即便这里不是流着奶和蜜的土地，但也是盛产橄榄油和红酒的地方！要注意，杰斐逊在这句话中着重提到了小麦，因为在启蒙运动的时代，在弗朗索瓦·魁奈（François Quesnay）医生领导的重农学派中，理想的新兴经济学科将农业视为神的旨意。政治经济因此在人们心里诞生，他们认为法国始终都是一派田园风光，而直到最近这种情况才有所改变。在法国，20世纪50年代至70年代被称为"荣耀三十年"，也正是在这三十年里，国家稳定发展，很多人的生活方式都得到了令人满意的改善。

换句话说，如果正如名言"巴黎，就是法国"所说的那样，所有法国的点点滴滴都能在首都巴黎找到的话，那就是说，除了巴黎之外的其他地方组成了这个国家。如果巴黎将"浪漫精神"[2]诠释到了极致，那么法国的其他城市则表现出了另一种完全不同的精神。我称之为"地方主义"，并且首先从农业被广泛认为是所有财富的恒久来源和神的旨意这种环境开始描述。

通过杰斐逊的评价，人们或许可以理解，在这样一片丰饶之地，在一位讲究整齐有序和仁慈的神（以及一位国王、他应该持有相同的态度、做出相同的行为）的领导下，人们辛苦工作会有收成。人必须遵守和顺从神和国王的律法，收获粮食，同时还要管理好家庭、房屋、土地和王国。[3] 普罗旺斯就是这样，带着这样的精神，过着甜蜜的生活。本篇文章在围绕甜蜜生活展开叙述的同时还会涉及其所有缺点。

我在此要说明法国普罗旺斯省的生活所传递出的一种感觉，而我要举一个最典型的例子，那就是该地区〔Provence 与普通名词 "province（省）" 十分相似〕典型的城市模型。这就是"该省的"艾克斯市——普罗旺斯地区艾克斯。

艾克斯的内在精神

若要领会《城市的精神：全球化时代，城市何以安顿我们》一书力图实现的目标，读者就需要了解普罗旺斯地区艾克斯的内在精神。这座城市的名字和地区的名字连用，是为了将普罗旺斯地区艾克斯和其他叫艾克斯的城市区分开来，毕竟有很多地方叫这个名字。艾克斯（Aix）一词起源于拉丁语"aquae"，意为"水"：称为艾克斯的地方都有着丰富的水资源。一直以来，一个地方若要适宜居住，就必须有水，水是重要的财富来源，而凡是以此命名的城市，其历史都可以追溯到古罗马殖民时代。举例来说，艾克斯莱班位于崇山峻岭的萨瓦地区，正好处在布尔热湖岸边[4]。再来看看法国邻居：亚琛在法语中的名称是 Aix-la-Chapelle，意为拉沙佩勒艾克斯，让法国人想起了查理大帝（查理大帝的法语是 Charlemagne，法国人觉得查理大帝是法国统治者，而德国人认为他是德国人，他的德语名字是 Karl der Grosse）。

至于普罗旺斯地区艾克斯，这座城市建于公元前2世纪，位于连接意大利北部和伊比利亚半岛的罗马古道上。之所以选择这个位置，是因为这里水资源丰富，可以允许古罗马人按照他们的独特方式生活：建立公共浴场。绥克斯图浴场位于这座古城中心的北部，现在依旧可以看到遗迹。[5]为简洁起见，我效仿所有住在该市的人，也只称这座城市为艾克斯。稍后我会再谈这里的水资源，以及喷泉对地方主义精神的意义。至于古罗马定居者为何会对此表现出兴趣，可以归因于普罗旺斯很像"另一个意大利"（现在对法国其他地区的居民也是如此），即在古时一直延伸到日内瓦湖的"普罗文斯"。

这座城市原名阿克韦-塞克斯提亚，由老普林尼（Pliny）所起，正好对应这座城市深深扎根于内地而不是海岸区域这个现实。关于这一点我还将谈到，"真正"的普罗旺斯并不需要面对大海，但人们会从另一个方向描绘这里，描绘法国阿尔卑斯山山麓，塞尚多次诠释了这片风景，即圣维克多山地区，那里遍布岩石，土地呈现出赭色和深绿色的色调。但这里很肥沃——毕竟这里有充足的水。古罗马人早已将普罗旺斯当成鱼米之乡——为他们在地中海那些收成不太好的领土提供粮食。在杰斐逊发出惊叹之前，这里的优质产品就声名远扬了。而且，有水就有浴场。一座古罗马时代的水塔遗迹至今仍可看到。在不远处的乡间，还可以看到一座昂特勒蒙的小要塞：公元前123年，绥克斯图带领一支小军团就将指挥部设在那里，并且为古罗马打下了这片区域。

正如其他地方、国家或城市一样，"精神"都与其地理位置有着特殊联系。然而，艾克斯具有一个普遍的特点：地方主义。我能更好地解释法国的地方主义，而且这在现代世界或许很有意义，因为法国的权力和文化具有集中性质——和在古罗马一样，整个(西方、欧洲)世界都围着古罗马转。地方主义或许是精神的一种形式，"城市的精神"中的"精神"与孟德斯鸠提出的"法律精神"含义相同。

"精神"存在于这种必不可少的内在本质之中，并延伸出不同的具体特点，包括自然、社会和政治特点，正是这些特点组成了整体：政权、土地和城市，从这个意义上便被赋予了它们自己的一些精神[6]。在全球化的世界中，标准化给所有地方都打上了国际惯例的烙印：城市的精神则因为对抗国际标准而令人惊讶——可能是好的也可能是坏的，或只是为了生存而去适应外部。为了获得更多的经济利益而自我否定，精神的原本特征就会发生转变，这是最令人震惊的一点，特别是为了满足市场需要。

对于"普罗旺斯"，人们会不禁好奇，它是否会成为这种标签？国际畅销书《山居岁月》(One Year in Provence)正是得益于法国生活的这一特点。国际标准化形象是根据美国化的标准量身定做的？即便这本书更精妙，地方主义也始终完全不同。有些陈词滥调很有说服力，其他的则完全不同：艾克斯是不是一个高级营销品牌(甚至有助于吸引学术同人来法国南部开学术研讨会？)，或者说艾克斯与众不同，而且未必会更令人愉快？让我在这里提醒读者，艾克斯最著名的画家保罗·塞尚在这座城市里受到了何种待遇……

在很长一段时间里，塞尚在这座城市里都是一个让人"谈虎色变"的名字。其他地方的特点，比如闭关自守、缺少艺术感和褊狭，都渗透在地方主义的精神之中，并且被表现了出来。塞尚的工作室保存至今，每年都有来自世界各地的数千游客来这里参观(近年来自东亚的游客尤为多)。塞尚的作品被禁止进入城市美术博物馆——"格拉内博物馆"，不仅仅他在世时是这样，在二流画家兼博物馆馆长保罗·格拉内在世期间也是如此。有一个事实是这样的：塞尚的家乡直到最近才有了一幅塞尚的画！圣维克多山俯瞰着艾克斯，这位画家用他描绘山景的画让艾克斯世界闻名,但在自己的家乡他却是一个不受欢迎的人。但这对地方主义精神而言十分常见——他至少对法国其他地方很重要(或许对世界其他地方也很重要)。

我儿子在日本最北边的岛屿北海道的札幌上学,日本的小学生在上学路上会互相打招呼。我发现学校旁边有一幅画,与我在艾克斯办公室走廊窗户上看到的风景很相似!这真是太奇怪了。画中是圣维克多山的风景,前景是黑堡,这幅画每天早晨欢迎着吵吵闹闹的十来岁的日本孩童!黑堡其实不是"黑色城堡",而是一片巨大古老的建筑群,由于原来的砌石质量很差,外加岁月的洗礼,所以粗灰泥的颜色很深。这幅画与日本的联系或许在于它的原件就收藏在东京的石桥博物馆。如果我说得不错,这幅画购于20世纪80年代,当时日本人很有钱,便有收藏家购买艺术品,使得艺术品市场价格暴涨。不管怎么说,我们可以在这里找到塞尚。现在,艾克斯认为为了发展旅游业,值得在一段时间里依靠塞尚的天赋。但人们不该忘记艾克斯将塞尚遗忘了多久。[7]

艾克斯对艺术的犹豫态度还有一个更为惊人的例子。一群以弗朗茨·乔丹为首的艺术家举行了向塞尚致敬的纪念活动,他们请法国著名雕塑家阿里斯蒂德·马约尔制作了塞尚像,并送给艾克斯市,结果这座城市竟然拒绝了。马约尔从1912年至1925年耗时14年时间创作了这座雕塑,用粉色花岗岩将艾克斯塑造成半躺着的美女,但石料并非取自南部的卡尼谷峰。这座雕塑(是一件礼物)在1925年遭到了这座城市的指责,始终未能被完全创作完成。雕塑的形状模型看起来并不粗糙,反而很漂亮,现在摆放在巴黎奥赛博物馆的二楼。

艾克斯的甜蜜生活

我既不是轻蔑也不是称赞,我只希望通过自己的文字让读者看清这个地方,它的精神与艾克斯市旅游局在宣传新国际机场的传单上写得完全不同。新机场在哪儿？周围有阿尔克河环绕，朝南，阳光照射向那里，赋予了它保罗·塞尚所寻找的气质。在这座城市里，人们生活在拉紧的窗帘后面，生活在封闭的内院之中，只有接到邀请，人们才能看到被高大的黑色铁铸大门掩藏在里面的隐私，而且这里有很多17、18世纪精雕细琢的法国典型古典建筑，它们是这座城市的"贵族部分"。

从中心到边缘，艾克斯分为三个居住区。老城区呈杏仁状，周围有林荫大道环绕。法国大革命之后，林荫大道不见了，取而代之的是厚重的围墙。19世纪末围墙依然存在，大门每晚关闭。下面是埃米尔·左拉（Émile Zola）创作的一段文字，他是艾克斯人瞧不起的另一位艺术家。来看看他是如何描述围墙大门的：

仿佛是为了更加与世隔绝，城区建起了一圈古老的壁垒，这只会让这片区域显得更为沉郁，更为幽闭。这些荒谬的壁垒上爬满了常春藤，顶上长着野生康乃馨，墙壁与女修道院的墙一样高一样厚，只有用炮击才能将其摧毁。围墙设有几个开口，主门称为罗马门和大门，通往城区另一端的尼斯路和里昂路。在1853年之前，这些开口处建有巨大的双开木门，大门顶部是拱形，还安装有铁条。在夏季的11点和冬季的10点，这些大门都会上双锁。因此，城区插紧门闩，就像个矜持的少女，进入了无声的沉睡。每个大门的内侧角落都有一个小屋，看门人就待在里面，放晚归的人进来。但通常要站在那里很久才能说服看门人让你进去。看门人借着提灯的光亮，透过窥视孔把来人的脸看个清清楚楚，才会放他们进来。如果他看他们不顺眼，那他们就只能在围墙外面睡了。这个每晚锁大门的惯例是这座城市精神的鲜明特点，混合了懦弱、自负、循规蹈矩、排他以及对隐居生活的渴望。普拉桑（普拉桑是普罗旺斯地区艾克斯在左拉的一套系列书中的化名——译者注）将自己封闭，并对自己说："我在家。"它带着虔诚的资产阶级的心满意足，肯定钱柜很安全，肯定没有声音会构成骚扰，按时做了祷告，并且很高兴地上床睡了。我相信，没

艾克斯市中心大街上典型的啤酒馆。"悠闲"是甜蜜生活的底色。

有哪个城镇长久以来能像个修女一样闭门不出。[8]

更引人注目的是，到了今天，这些环形林荫大道名叫le périphérique（意为环城公路），所有法国人一听到这个词，就会想起巴黎市中心那条又长又宽并异常拥挤的环形公路。巴黎是那么遥远，艾克斯的环路与巴黎的环路差别之大，就好像北京那六条巨大的环形公路之于独特的巴黎环路。意识不到规模有多重要，是因为意识不到(从前的)围墙[9]外面的世界有多大，而这就是地方主义精神的特点，这是艾克斯人普遍持有的观点，越是有名望的艾克斯人，他们身上体会到的这种感觉就越强烈。左拉还写道："国王可能会篡夺王位，共和国可能成立，这座小镇却丝毫不受影响。巴黎在战斗，普拉桑则在沉睡。"[10]

不同阶层的艾克斯人住在不同的建筑里，居住的区域也有严格的区分。杏仁状的市中心由一条宽大的人行道划分成两个部分，这条人行道名叫米拉波大道，以当地最重要的政治家米拉波公爵奥诺雷·加百列·里克蒂的名字命名，他是法国大革命的英雄，稍后我还会提到他。人行道两旁栽种着悬铃树，在法国南部城市的传统中它们象征着吉祥。有了两排悬铃树投射的树荫，人们都把这里当成艾克斯的香榭丽舍大道，而这两个地方几乎都不害怕这么可笑的对称！不过人们必须承认，站在街上看，房屋正面是巴洛克的古典样式，看起来恢宏壮阔。米拉波大道北边是一座中世纪的城镇，那里的街道比较窄，也很弯曲，在17世纪经过改造，新建了广场和喷泉。这里曾是一片人口稠密的区域，但在17至18世纪，富有的贵族离开这里，搬去了米拉波大道的南部，那里的街道呈现出格栅形状。从此之后，当时的法国宰相马萨林[11]的名字就与这片区域密不可分，而装饰华丽的大门后面隐藏着很多秘密。格栅形状的街道看起来十分现代[12]。

在环城公路的外部，特别是南边，都是工人城。这座城市自20世纪50年代以来快速扩张，一直向南延伸到高速公路边上。而开放大学校园自从中世纪以来就是当地的一项传统，但自从启蒙时代开始，在几百年的时间里，城市都需要新的建筑。总而言之，人们或许会说，这座城市沉睡了两个世纪，在后文中我还会讲到这一点，这是因为这里没有工业，而且在20世纪80年代之前，这儿都选择不通火车（只有一个火柴盒似的玩具车站）。

在这样的环境下，人们喜欢的这种如此著名的甜蜜生活，在很大程度上取决于生活在这座城市的哪个区域。不过沉睡的气氛倒是无所不在。或许正是因为这一点，这种地方主义的"温和的生活方式"与意大利那种骄奢淫逸的甜蜜生活相似，其实又完全不同。罗马是曾经的世界之都，艾克斯则曾是一个省的首府，生活在罗马和生活在艾克斯，即便是相隔两千年，两者之间的差别也是很容易就能感觉出来的。甜蜜的生活具有神话的特质，在不断扩散中有了现实的意味，而这种现实的触角开始向外延伸。通过当地人自我声称的骄傲，以及满心羡慕却又不了解的外地人哄抬出来的名气，甜蜜的生活成为普罗旺斯省的法国生活标志。艾克斯确实是一个说明性的例子。

然而，这种生活方式随着时间逐渐进化——只要想一想从那时起[13]，英国人和很多盎格鲁-撒克逊人描述的有关在天堂里的懒散观光生活的陈词滥调，就会觉得进化还是很不错的。然而，只生活在过去辉煌的回忆中，并且向什么都不了解的新来者努力掩饰重大的审美错误，那向前进化的脚步就是走向痛苦、遗忘和抛弃。

对于法国的这个省所存在的甜蜜生活，尤其是在艾克斯，只有来自其他地方的人才能领略到，才能对其充分重视，正如杰弗逊总统那样，正如如今很多来自冰冷阴暗的北欧的有钱退休人员那样——包括来自巴黎的人，对当地人来说，来自巴黎的人比来自北欧国家的人更为陌生。此外，住在艾克斯并不意味着就属于艾克斯。举例来说，艾克斯的一位大学教授就住在艾克斯（用不着"通勤"，意思是不用每周从巴黎乘坐高铁坐上800公里"上下班"），也不会被当成当地人，甚至都不会被视作"艾克斯社会"的一分子。一个深有体会的同事告诉我，他的父亲是那里的一位教授，现在几乎退出了艾克斯的学术生活，也只有到了这个时候，这座城市里的一些沙龙才接受和邀请他。

一个人可能很享受甜蜜生活，但同时要忍受这种痛苦：每一个古老家族对新近访客甚至是刚刚抵达的人们怀有强烈的蔑视。如果对地方主义精神一无所知，就要通过甜蜜的生活来了解。如果你定居在那里，往往被人当成游客来欢迎，而且，这种情况将持续几十年，至少也是一代人的时间。

甜蜜生活的关键在于无视当地的地方主义精神——与《山居岁月》中的理想描述正好相反。人们会在很多方面遭遇地方主义。如果一个人没有从早期就融入艾克斯的自然精神中，那后来就会带着怪异的不安感来看待它（在早期，只有最优秀的人才会意识到这种精神，并远离这里）。下文将详述这一点。

有关艾克斯的文字都是外人写就的，不然根本就不会被写出来。我在前文引用过的左拉这样的作家倒是个例外。这座城市永远不会宽恕他写了二十多本讲述家族故事的书，即《法兰西第二帝国统治下一个家族的自然和社会历史（1851—1870）》(Saga Histoire Naturelle et Sociale d'une Famille Sous le Second Empire：1851—1870)。其中，《卢贡家族的财富》(La Fortune des Rougon，第一本，讲述了这个家族故事的起源)、《普拉桑的征服》(La Conquête de Plassans，第四本，普拉桑是普罗旺斯地区艾克斯在这套系列书中的化名)、《穆雷院长的罪孽》(La Faute de L'abbé Mouret，第五本)、《帕斯卡医生》(Le Docteur Pascal，第二十本，将读者带回到了三十年前这个故事开始的地方)、《艺术品》(L'oeuvre，第十四本，讲述了一位画家的生活和事业。画家籍籍无名，显然就是在说保罗·塞尚，而左拉和塞尚一直是好朋友，但在这本小说问世之后，他们的关系就断了)原原本本描述了普罗旺斯地区艾克斯，笔触犀利，所以左拉才会被人怨恨。左拉很清楚，这样写这座城市，本地人、舆论和当局肯定不能忍受——这是很自然的事。值得注意的是，对于现如今各个城市的分析，左拉写的城市传奇（他写过卢尔德和罗马）值得一提。

仇外、轻视现代化、不相信正义，也能为左拉的例子提供解释，并且为地方主义的含义提供更多线索。埃米尔·左拉的父亲是弗朗索瓦·左拉，一位意大利企业家，于1847年完成了一项大工程水坝，这座水坝以他的名字命名为左拉大坝，是艾克斯的第一座拱坝（水坝呈现弯曲状，可以承受更多容量的水，因为来自"圣维克多山"的水一直都对艾克斯构成威胁）。因此，水便从圣维克多山以北流向了因弗纳特[14]。人们必须记住一点：更多的水，意味着更高的水压，最终也意味着更多的能量，但这又是另外一回事了，因为艾克斯并不执行任何工业化政策，相反，从拿破仑时代到20世纪70年代，这座城市有系统地阻止工业进入，新一波的第三部门活动发现艾克斯是个适宜的环境，却也遭到了当地的阻碍。

关于左拉，还应该提到一点，犹太法国步兵中尉阿尔弗雷德·德雷福斯遭到了不公正审判，这起案件引发了20世纪法国内部的十年动荡，而左拉是德雷福斯的最重要捍卫者。他的公开社论《我控诉》(*J'accuse*)在乔治·克列孟梭等人创办的日报《震旦报》(*L'Aurore*)上发表，而该报在法国历史和司法文献中至今赫赫大名。左拉的书因为描写第二帝国治下法国真实的生活而被人看低，这个外国建筑商的儿子深受关于人道、社会正义、政治公平和文学声誉等革命思想的影响，被当成了犹太人的保护者。他被当时的社会抛弃了。

左拉对当地卑鄙政治阴谋的褊狭和无情野心的描写，只有从《普拉桑的征服》中才能看到。现在来看一段摘录，这最能说明问题：

尽管从表面上看来这个市镇平静无波，保持中立，可在深处，人们从事着秘密的活动，这很古怪，值得研究。即便街道上罕有枪声，新城和圣马克广场的议会厅里却充满了阴谋诡计。1830年之前，民众是没有社会地位的。即便是现在，也一样不受重视。一切都是牧师、贵族和资产阶级说了算。牧师人数众多，对地方政治指手画脚；他们做着秘密的勾当，在黑暗中耍手段，遵循着谨慎的战术系统，每迈出一步或退后一步都小心翼翼，即便是十年过去了，也依然小心谨慎。这些人耍阴谋诡计，最重要的就是避免反对声音，因此需要特别精明，这需要处理细小事物的特殊才能，以及只有在对所有的激情都麻木不仁的人身上才有的忍耐力。因此，这些地方主义的迟缓在巴黎遭到了肆意的嘲笑，充满了背叛、陷害、隐秘的胜利与失败。这些受人尊敬的人，特别是在利益受到威胁的时候，只需要在家里打一个响指，就能杀人，而我们巴黎人只能用大炮在公共大道上杀人。[15]

艾克斯的褊狭和落后

然而，为了说明艾克斯有意不去了解其界限以外的世界的生活，以及艾克斯天生代表落后的精神，那就不能只看19世纪，还要对现在进行分析。褊狭和势利的精神在现今交会在一起，但也有一些例外。我认为，艾克斯（迄今为止）最著名的两位代表（塞尚和左拉）所受到的待遇很有启发性：他们在他们的时代里，遭遇了乏味、盲目和固执等精神的严厉标准，而这种精神渗透在法国的这片地区中，特别是该地区最具代表性的城镇之一更是如此。我们还应该注意到，让这种精神显得极其荒谬的是，新法国高速列车车站的两扇大门上印着塞尚和左拉的名字，车站距离市中心10公里远，位于阿尔布瓦高原的乡村。这导致下了高速列车，还要等公交巴士，这就浪费掉了坐高铁节省下的所有时间，而坐高铁到800公里之外的巴黎（在铁路工人没有罢工的时候），只要三小时。除去浪费的等车时间，坐巴士还要坐上半个小时……

然而，阿尔布瓦高原上只有灌木丛，巴黎和马赛之间的真正火车站最后就建在此处。我为什么要说"真正的"呢？因为艾克斯原有的火车站看起来就像是市中心的一个微型玩具小屋，特点是只有一条铁轨。很难意识到那个车站是什么样子——但或许这要取决于你来自何处。因此，在此描述一下我对这个车站的第一印象。当时我从巴黎来到马赛，又从马赛到了艾克斯，虽然仅仅距离25公里，却要一个多小时才到达（现在依然如此，取决于更新的时刻表）。一个原因在于，火车在中转站停靠的时间过长：等待对面的火车驶过这些交叉站点。我说过只有一条铁轨，是的，正是如此。而且，来自不同方向的火车都要走这一条铁轨。我敢说，在发达世界里，没有几个城市现在会喜欢这种异想天开的工程。

所以，从火车这个方面就能充分体验艾克斯的精神，了解这座城市最具象征性的历史。坐玩具火车沿单一铁轨来到艾克斯。你觉得是玩具，但它的的确确是真实的火车（在尼斯，要去邻近的阿尔卑斯山脉，就有这样的火车，用来接送游客，而在艾克斯，乘坐这种火车的则大多是学生和当地人，很少有游客乘坐，因为不值得为此浪费时间）。艾克斯和该省的其他地区一样，但凡有一点时髦之处，就会比别具一格更显可笑。停歇时间自然比工作时间长，遇到罢工，你肯定就来不及赴约了。值得注意的是，没人觉得这会对铁路系统造成破坏，大部分不干活的时间在很大程度上都被视为理所当然，这一点比其他国家更甚。毕竟，你还是会乘坐火车周游整个国家，不是吗？况且高铁确实要比其他交通方式快，而且舒适安全。这片土地上的悖论就是多。

现在接着说主宰着像艾克斯这样的省城的城市精神，显而易见，艾克斯将这种精神发挥到了极致，因为左拉和塞尚受人憎恨，遭人排斥，并且逃离了该市。他们将这里视为最糟糕的回忆，虽然塞尚后来还是回去了。他要寻找他所需要的光和风景，而艾克斯的地理位置很偏，面冲南方，另一边是圣维克多山。塞尚的画室位于当时的市郊北部，可以看到圣维克多山，视野极佳。现而今，艾克斯观光旅游局推出了特别观光项目，游客都来追寻塞尚的脚步。游客进出这座城市都使用高铁，而高铁车站的大门边就写着这两位艺术家的大名，单一铁轨受到了冷落。

人们在艾克斯这样的城市氛围下长大，要么是长大后对生活有了意识，理解了生活的精髓，便对艾克斯感到厌烦，再也不能忍受，然后就按照法国的那句老话，"离开前往首都"；要么就是被环境完全麻醉，一直留在原处，在他们的余生中，一些感觉将变得彻底麻木，其他人通过一时的心血来潮，或是偶尔抽打一下他们的屁股，就能很容易控制他们。这座城市孕育出的为数不多的艺术家、作家和思想家属于前者，和大多数其他具有创造力和精神的人一样，他们也离开了。比如路易丝·柯莱（Louise Collet，1810年生于艾克斯），在19世纪初，她先是把诗作送到了马赛和里昂的报社，并在1835年出版了诗集《南部之花》（Southern Flowers），随后拥有了自己的沙龙，成为哲学家维克多·库赞的伙伴，与阿尔弗雷德·德·缪塞成为朋友，更是居斯塔夫·福楼拜最经常通信的对象之一：他们的通信确实非常有助于理解《包法利夫人》（Madame Bovary）的作者注。路易丝·柯莱于1876年在巴黎去世。相反的例子也有：作曲家达律斯·米约选择葬在艾克斯（1974年葬在艾克斯）。原因显而易见，他生在艾克斯，他的家人是古老的普罗旺斯犹太人后裔，但还有一个原因，那就是他从未在巴西的里约热内卢、加利福尼亚的奥克兰、巴黎和热那亚生活过。艾克斯是这个家族的长眠之地。

喷泉与露台花园

对于艾克斯这样一个艺术和文化之城，就只谈这些？不完全是这样。艾克斯及其地方主义精神体现在艾克斯人的自高自大和好出风头两个方面。换句话说，他们喜欢时髦。芭蕾舞教练安奇琳·普蕾罗卡基在马赛取得了很高的成就。港口城市马赛适合芭蕾舞吗？他们觉得一点儿也不适合。艾克斯才适合，因为这里有著名的建筑，有艺术节。但说到作为艺术之城的感觉如何，就必须理解这能使艾克斯有种回忆过去辉煌历史的感觉：那个时候法国大革命和工业革命都尚未开始，当时普罗旺斯伯爵对国王还很重要。普罗旺斯伯爵1832年建造了自己的宫殿，后来改成司法宫，至今依然存在。伯爵还在城市周围建造了堡垒和城堡，就和卡布里斯一样，这个地方见证了过去的强大力量，从如今连接高铁车站和当地机场的公路就能看出这一点（机场位于马里尼亚讷市，服务整个地区，包括马赛、艾克斯和整个普罗旺斯）[16]。

我在后文中还会谈到这一点，同时还会说到一些优美的历史景点。首先，我们先来描述地方主义的一个方面：时髦。比如歌剧节这一抒情艺术的节日，每年7月，该艺术节都在艾克斯举办出色的节目，通常都在古老的主教大楼举办，此处有很大的庭院，由此可见长久以来宗教在这座城市里的重要地位。[17]

让我们来数一数艾克斯的主要教堂有多少。首先是天主教大教堂，这里是该市宗教生活的官方中心；圣救世主教堂，这座教堂展现出了从5世纪到17世纪所有的建筑风格，这可是十分少见的；马耳他的圣若望教堂（建于12世纪，与位于古老的马耳他骑士团宫的格拉内美术馆比邻而居）；玛德莱娜教堂（建于19世纪）；圣灵教堂（建于18世纪）；修女堂，这是一座比较古老的小礼拜堂，属于加尔默罗会的女修道院，正对着阿加尔长廊，顺着长廊就可以到米拉波大道。这个地区由教会和国王共同统治，但这座城市是这个地区的关键。17世纪后半叶显然是艾克斯最繁荣最出名的时期，与此同时，它依旧是法国国王的关注对象，国王需要这片刚刚整合在一起的地区服从他的命令，为达到目的就会给艾克斯一些特权。此外，艾克斯依然是普罗旺斯的首府，具有影响力，在政治或军事上没有哪座城市可以与其竞争，不过路易十四还是选择了土伦作为法国在地中海的军事港口，所以土伦才是海军船坞。

因此，在17世纪后半叶，法国南部的城市觉得有必要引起世人的注意，而艾克斯则希望保住它的影响力。艾克斯人决定建造一座全新的市政府大厦（至今依然沿用），建筑商皮埃尔·帕维永建造了这一装饰豪华的市政府大厦，看上去特别像一栋气派的贵族公馆，配有优雅的内院，钟楼和大楼正面装饰有优美的古典风格雕塑。大厦的楼梯风格在法国称为"帝国"，意思是两侧都有楼梯，楼梯中间是壁龛，用来放置当地最有声望的领导者的塑像。

房间里装饰奢华，有壁画和方格天花板，最令人印象深刻的房间当属典礼间，里面摆放着普罗旺斯各个城市的徽章，还挂着自从古罗马创立者（一部分是传奇，一部分是历史事实）到米拉波伯爵（1789年春天革命爆发时，他在三级会议中代表普罗旺斯）时代所有主要统治者的画像。土伦和马赛的市政府大厦（由皮埃尔·普杰负责）无法与其比肩（土伦的修建于1656年，马赛的建于1665年），但它们之间的对立再次变得显而易见，比如，马赛的市政府大厦在老港，正对大海。相比之下，艾克斯则以山为傲。

人们不应该在一个将喷泉视为财富的国家里太轻视喷泉。没有水，艾克斯的周边地区就是一片不毛之地，就如阿尔布瓦高原（新高铁车站就设在那里）一般。有了水，才有了所有生活便利。艾克斯有很多美丽的喷泉，值得另辟一段文字详细描述：事实上，艾克斯观光局推出了旅行日程，还有专门的书刊介绍艾克斯的喷泉，包括米拉波大道入口处广场上那座最大的喷泉，大道最高处的喷泉（人们故意让这座喷泉长满苔藓，并将之命名为青苔喷泉），以及分布在城市各种广场里的喷泉，往往都配有雕刻，并以雕刻命名。对于所有生活在城市里的人来说，这些喷泉都成为地标，比如四海豚喷泉。这些喷泉能在炎炎夏日提供令人清爽的水，要想把这些喷泉的名字都罗列出来，名单一定很长，而且是一项很有意思的工作，而我描写喷泉，就是在重现徜徉艾克斯的最美时刻。

若是谈到乡村，水这个话题在这片土地上就更重要了（各位读者请记住，前文提到过，艾克斯就是水的意思）：谁要是拥有大山临水的一面，就会相当富有，这些地方有隐秘的泉水，足够灌溉鲜花等植物，能换来最可观的收入（比如吕贝隆的薰衣草田，但还有其他很多种鲜花，包括康乃馨、孔雀草，还有玫瑰，不过玫瑰主要在里维埃拉）。马瑟·巴纽创作了马赛三部曲《马吕斯》（*Marius*）、《范妮》（*Fanny*）和《恺撒》（*César*），他年轻时在马赛郊外的城市学校里学习，曾去普罗旺斯山区度假，并根据这些经历创作了故事。他的父亲是反教权主义的小学老师，母亲则是一位教徒，他也根据他们的经历创作了相关作品。他的丛书《山泉》（*L'Eau des Collines*）分为两卷：《男人的野心》（*Jean de*

Florette）和《甘泉玛侬》（*Manon des Sources*），描写了围绕隐秘的泉水发生的悲剧和戏剧性事件。这些小说中至少有两部被改编成为法国家喻户晓的电影，诠释了人们对淡水的依赖，在这种气候下，有水没水是攸关生死的大问题。城市都会为水资源担心：没有泉水，城市就无以为继，也就不能丰饶发展，艾克斯就是个例子。有了水，到处可见财富的标志。[18]

除了教堂和喷泉，这座城市在建筑方面显示出其依附传统的第三个元素，那就是贵族公馆。最漂亮的贵族公馆与市政厅的建造时间差不多。棋盘布局的马扎兰区于17世纪建成，此后，在这片区域里，各栋公馆纷纷建成。有些公馆位于城市中历史较为悠久的部分，在杏仁形市中心以外的并不多。

有一次，我问城区中有多少贵族公馆。得到的答案是，将近有160栋建于16—18世纪的贵族公馆依然存在：有的是在家族内部传承，赶上革命时期，这些家族就与世隔绝，不参与公共活动和生活，静待贵族的好时光再度降临，就好像天主教会也准备好静待数个世纪等待成功——相信永世，如果不能生活在其中，也会站在他们这一边。这或许碰巧是一个风险极大的赌注，人们老去，生命消逝，结果往往是家族人口凋零，建筑却不会丢失一砖一瓦。内院中曾经因为有人嬉戏而显得生机勃勃，充满了年轻人的笑声，现在则变得如墓地般冷清沉郁，而在墓地里，所有家族成员最终又团聚了。

高墙和雕刻大门隔开了从前闪闪发光的盛宴和以后沉闷的哀痛，在第二轮法国现代革命的余波下（第一轮在1789年、1793年，随后是帝国时期和王朝复辟时期，以及1830年对查理十世、1848年对路易·菲利普、1871年对拿破仑三世实行的第二次追捕），许多贵族家庭都将他们那令人难以忍受的傲慢带进了坟墓，但他们的公馆却保存了下来。现在来说说我最喜欢的三座公馆：科蒙公馆，建于1720年，现在是市立音乐学校；梅尼耶·德·奥德佩公馆，建于1757年，属于这座城市的法庭和地区法院律师的古老家族，到了漫长和轻柔的夏日夜晚，庭院里会举办私人古典音乐会，向更多观众开放（付费）；

358

艾克斯的科蒙艺术中心，原来是一座私家花园，装饰华丽的大门后面隐藏着很多秘密。

旺多姆楼，具有17世纪至18世纪艾克斯居所的特点（建造于1665年），有一个非常漂亮的"公园"（相比英国式的花园，这里是一个不折不扣的花园，而英国的花园还需要继续完善）。

乡村地产至少与喷泉同等重要，特别是考虑到我在前文中提到艾克斯另一边的吕贝隆地区和乡村公馆，其他人则把这些公馆称为"普罗旺斯的附加物"，在这里，甜蜜生活的精神与优质淡水、露台花园结合在一起。阿纳浓城堡（建于17世纪）的露台中有一个巨大的池塘，其作用不仅限于装饰。阿纳浓城堡位于艾克斯北部，几乎处在吕贝隆的地界，其所在的公路通往拉罗克当泰龙（这个地方有很著名的钢琴节）。通过这一路线，就能感受到艾克斯全部的生活方式。

7 地方主义的精神就是与世隔绝

艾克斯人或许不再对天主教感兴趣了，转而推崇艺术领域的大人物，他们假装喜欢主流，至于其他的，他们也都假意顺从。这么做或许是为了维持仪态。世界上很多城市里的很多人不都是这么做的吗？然而，他们的精神已经被装模作样感染了。马耳他的圣若望教堂所在的街区或许最具代表性，这座教堂可能是艾克斯最美丽的教堂。在南部郊外，只要有一片空地可以供人环顾四周，或是站在高处，就能看到教堂的塔尖。格拉内美术馆也在这个街区，它收藏了很棒的画作，有一幅伦勃朗和几幅安格尔的作品，以及14世纪至19世纪的一些二流画作。美术馆一直沿袭着格拉内本人的庸俗精神，也正好与这座城市的精神相符：地方主义的精神就是与世隔绝，心怀憎恨，与光明和创新为敌。

拒绝用全新的角度看待世界，拒绝用新办法创造世界，这二者是密不可分的。现代化就是敌人。从某种程度上而言，地方主义的幸运结果是保存了建筑遗产。这就可以重新利用一些很棒的地点。马赛缺乏的就是这一点［让普蕾罗卡基（法国编舞大师——译者注）给他的剧团换个地方——还要有合适的公共资助]。马赛与普罗旺斯地区艾克斯形成了对照。这两座城市相距不远，却截然不同。又或者说，要是有人了解日本，就会知道京都和大阪也是如此，它们一个是帝国和贵族的城市，另一个是商人的城市，他们之间的关系和各自的历史都与马赛和艾克斯的极为相似。不仅仅在规模上（截至2010年，艾克斯的人口大约有15万），艾克斯具有京都的所有缺点，而且很希望能拥有京都的优势。自命不凡是其最独有的特征之一。不能说马赛更好：马赛是法国第二大城市，拥有人口350万左右，拥挤、肮脏，住在那里十分危险（近些年来每周都会出现有组织的犯罪谋杀），而艾克斯则过分拘谨、自命不凡，气量还很小。

在马赛，不仅仅是整个地中海地区，就连整个世界都有宾至如归的感觉。在艾克斯，即便是同一个家族里的第二代艾克斯大学教授都像是新来的。从艾克斯来到马赛（从菲西人建造的马赛城北部进入），就是穿过了凯旋门：这里难道不是艾克斯的港口吗？值得用这样的毁灭去欢迎人们？但你已经身在马赛：事实上，当你穿过了凯旋门，你或许会感觉自己来到了阿尔及尔或奥兰，你还会觉得这里是廷巴克图。从一部分人口身上，你会觉得这里是法国土地上的伊斯兰国家。而其另一部分人口则是性工作者（有健康危险，价格很低）。

因此，马赛的生活是轻松的，人们在各个方面都融合在一起——几个世纪以来的港口生活就是如此。全世界的港口也是如此。直到最近，种族最多样化的团体和社区之间相处融洽，并且欢迎经营各种贸易的意大利人、来自邻国意大利的各个城市和岛屿的人［科西嘉（在1769年成为法国的一部分，法国最著名的皇帝拿破仑1770年出生在科西嘉岛首府阿雅克修）、撒丁岛以及更远的西西里岛］、亚美尼亚人（1915年之后亚美尼亚社区的选票至今依然在地方政治中发挥重要作用）、犹太人、西班牙人、阿拉伯人，以及来自马格利布和马什里克两个地区的柏柏尔人等。中东、次大陆（比如斯里兰卡）、东亚、撒哈拉沙漠以南（尤其是前法国殖民地），整个世界的人都汇聚在了马赛。除了到那里开办民族特色餐馆，这些人中很少有人会去艾克斯。

艾克斯接收游客，而把这里当作第二故乡的人中，只有一小部分来自英国和德国，现在这里的美国人和俄罗斯人就更少了。待在艾克斯附近乡村地区比如吕贝隆地区的外国人比较多。这些人生活优渥，有的是阔佬，他们住在漂亮的花园住宅里，周围是薰衣草田。除非你是和国际大师一起来拉罗克当泰龙钢琴节来听演奏的，否则，你只有在当地拥有庄园，才能找到其他人。法国最受欢迎的歌手德内、电视采访主持人德鲁克等人都拥有豪华公馆（用普罗旺斯当地人的说法就是乡村大宅）。毕加索在那里有一栋城堡。马赛城中最贫穷地区的城市生活（位于马赛北部，讽刺的是，那里紧邻通往艾克斯的高速公路）和艾克斯乡村豪宅所有者的生活之间形成了最强烈的对比。

在艾克斯出生、住在艾克斯、世代生活在艾克斯的人将这些群体既视为外国人，也视为陌生人：不管你是来自非洲还是北欧，不管你是穆斯林还是盎格鲁-撒克逊系的白人新教徒，只要你是从其他地方来的，就不能污染艾克斯的生活，不然就得不到宽容。公开犯罪、卖淫、用卡拉什尼科夫冲锋枪搞谋杀，都属于马赛，假期则属于游客和富有的房产所有者。在艾克斯，每个家庭都有他们自己的家族故事，而这些故事有关当地的影响力、经济和政治。艾克斯的市长就是一个例子：有关若伊桑家族和其他很多家族的许多故事她都能娓娓道来，而且，其中充满了褊狭和丑陋的细节。女市长若伊桑太太总喜欢像个卖鱼妇那样说话，而她的女儿是国会参议员，则展现出了更多魅力，像个受过高等教育的人，说起话来条理清楚，由此可见，艾克斯有很多种风格。总之，人们投票给谁，取决于谁将票给了他们。而且，人们在说这句话时，充满了隐秘的含义。

顺便说一句，有时候事情没那么遮遮掩掩：一些艺术基金专门拨出保护著名画家瓦萨雷里作品的专项基金，但收藏他作品的艾克斯博物馆却传出丑闻，对于外人而言，几乎是难以置信。博物馆馆长也是艾克斯三所大学（当时尚未按照某部门的含蓄命令进行联合）之一的校长，在做演讲时就被警方拘捕了。好像这笔基金的账目不是很清楚，还丢了一些画，这些画被从博物馆的墙壁上摘下，后来出现在了私人展览上，这其中肯定大有缘由。法国讽刺周刊《鸭鸣报》(Le Canard Enchaîné)把这些故事刊登了出来。这件事要交给司法部门去处理了，控告的人是个职业律师，据说还是个专家，所以肯定知道结果会是怎样的。

人们必须记住一点，对巴黎怀有敌意在艾克斯是一件很自然的事。然而，如果一个人意识到自己被灌输了要对任何新鲜或异域的东西产生偏见，而且这是其在艾克斯如鱼得水的关键，那这种敌意就显得不那么重要了。那些在艾克斯融入得最好的人，要么是小人物，要么是来自具有同样精神的地方，比如偏远地区的小村庄（比如意大利南部地区的梅索兹阿诺）。他们都很爱耍阴谋诡计，可想而知，这个城市中有个地方叫马萨林可不是巧合。地方主义精神拒绝所有与平时不同的生活方式，对不想去大千世界开眼界的人大加推崇。地方主义更看重大山而不是海岸，更喜欢封闭而不是开放，你可以再次感觉到普罗旺斯的两面性：自从古希腊时代以来，大海就给马赛带来优势和财富，这座菲西人建造的城市在德尔斐展示了他们自己的财富；而艾克斯背靠大山，正是以圣维克多山为背景进行建造的。艾克斯没有地中海海岸，地处内地，和马赛相比是两种截然相反的生活方式，怀揣两种矛盾的世界观，它们带着不信任、鄙视和仇恨而遥遥相望。

在艾克斯，这种传统精神因此催生出了对与世隔绝的推崇。上文提到的各种对工业和铁路的责难就是这方面的惊人事例。有时候人们用"好交际"这个词来形容普罗旺斯的生活，听起来还真是讽刺。游客通常都认为这个地方是田园世界，这么说是否只意味着要抵消"好交际"的这种看法？对于具有民主精神的法国乡村和普罗旺斯地区的小镇[19]，好交际确实是最鲜明的特点之一。在社交方面，艾克斯还不如这些比较小的镇子，这些城镇不如曾经的普罗旺斯首府那么有影响力，所以对普通人也不会那么轻视。

如果考虑到围绕基督教会的生活、法国对天主教牧师宗教生活的兴趣、兄弟会（共济会在这里也算一个，具有主要的政治关联）、徜徉在"大道上"的甜美生活或是在咖啡馆里喝上几个钟头的咖啡，好社交确实是一个可以说得通的概念。只是人们并没有融合在一起，新来的人自然不受欢迎。其他地方有所不同吗？对于同样大小、具有同样历史背景的城市而言，或许艾克斯只是个很重要的范例。然而，艾克斯展现出的共同特点，会使人们对它的研究变得饶有趣味。

与此同时，我想提醒读者注意，请注意防备很多陈词滥调。一提到普罗旺斯，人们自然而然就会说起这些陈词滥调。本文的目标不是扫兴。然而，支持者吹捧法国普罗旺斯美好的方面（比如薰衣草田），目的正是为了快乐，而且，旅游局向全世界宣传这个目的地：在世界第一的旅游目的地中（年复一年，第一旅游目的地一直是法国），普罗旺斯（包括法国的蔚蓝海岸）是第二大最受欢迎的地区（排在巴黎及其附近的凡尔赛、圣米歇尔山等地的景点，还有迪士尼乐园之后），其目的也是为了快乐。但是，一些更具深度的评论只关注当地的现实，不会为详尽论述或科学研究寻找借口，从而揭示出一种很不受欢迎的精神。当然也有例外，正如完善的规则总有例外。[20]

极端保守的地方主义精神

艾克斯就好像睡美人，虽然这样的类比有些奉承讨好的意味。艾克斯在19世纪生硬且有意识地拒绝工业发展，其学术能力也没有任何进步，而早在中世纪，艾克斯在学术界就占有一定的地位。艾克斯确实是普罗旺斯地区唯一的知识分子中心——让我提醒一下各位，尼斯并不是普罗旺斯的一部分。尼斯是尼斯县。相比法国，尼斯与意大利的联系更为亲近，后来进行了公投，尼斯才归法国所有，加富尔领导的意大利新联合政府同意这一结果，借此酬谢拿破仑三世的法国军队在1859—1860年为抵抗奥地利帝国而提供的服务和慷慨帮助，法意联军在马真塔战役和索尔费里诺战役中取得了胜利。

普罗旺斯的重要法院都位于艾克斯,所以艾克斯需要培养和教育法官,而该地的法学院直到现在都是法国的一流大学。如果有人说经济是法学院的学术科目,那这个事实对艾克斯-马赛经济学院的发展确实非常重要。事实上,后者于2012年才创立。而且,艾克斯-马赛大学在20世纪90年代才出现振兴。而在此之前,自从1968年(这个时间非常准确,也非常政治化)以来,它便被分割成三所大学,重新联合是在2012年1月1日。

全新的艾克斯-马赛大学或许确实是一个"有意思"的思考主题。在此,我只提到去这所大学时唯一一个令我印象深刻的经历。艾克斯-马赛第一大学(又名普罗旺斯大学)和第三大学(又名保罗·塞尚大学,第二大学的别称是地中海大学)比邻而居,校园都很小(按照国际标准来看),大学旁边就是单一铁轨铁路。停车场也跟其他东西一样,都是分开的(从政治倾向来看,第三大学以法律为核心,倾向于极右;而第一大学以文学和人文学科为主,倾向于中左和极左之间)。然而,只有一扇大门将其分开。要是开放这条供行人通行的巷子,就能为所有人提供便利,但如果巷道不开放,几十个每天必须从那里经过的学生和教职工就只能走铁路路基,玩具火车几乎就从他们身边驶过。有人告诉我,从1968年到2012年1月1日,那扇大门一直上着大锁和铁链,从而告诉所有人,不可能有任何妥协。一代又一代的学生和教职工走过这条小路,天气干燥时这里尘土飞扬,赶上雨天就遍地积水,还要从铁路道砟上走过,后来铁链被取掉,情况才有所改变。有很多办法可以解决这个问题,比如开锁的钥匙丢了,那就锯断铁链,但经过44年的互相理解,却没有就接受常识性解决办法而达成妥协。这是地方主义精神的另一个例子,还是纯粹的愚蠢行为?我保证这个故事绝对真实,请读者给出自己的答案。

即便新的乡间高铁车站不是前往市中心[21]最便利的途径,这样的开放确实标志着艾克斯进入了新时代。在这个时代里,工业落后不再是缺点,它对艾克斯的环境至关重要;在这里,第三部门的活动(主要是知识分子和行政管理活动)将再次变得更具吸引力。艾克斯恢复了将自身视为中心这一习惯，研究和开发大幅增加(20年来每年平均增加3%)，从而提高人口素质。新来者自然会遭遇我之前提到过的精神，然而，更多学生、学术人士和专业人士的存在，使得这座城市恢复了活力，艾克斯人喜欢将这视为"东山再起"，重新获得了他们在很久以前就抛弃的地位。这在一定程度上而言可以算是自欺，而这没什么可奇怪的。

但并非所有人都是这种错觉的牺牲品。另一件逸事，可以说明有些人是免疫的。我第一次去一所研究中心，得到的欢迎词是这样的："先生，你之前做了哪些事，现在他们把你送到这里来了？"(说这话的是职业医生的秘书，所有应征者依据法律都要面见此人)她的儿子是当地最大的超市之一的食品柜台负责人，她很为他骄傲，觉得他很成功。这就是在这座城市里学术生活的声望，而这个城市一直以它的历史地位而骄傲，认为它的历史地位毋庸置疑，并且塑造了这座城市。

如果有人喜欢使用"气质"而不是"精神"这个词，也不会改变这种深刻的感觉，而这种感觉已经扎根于法国君主制周边地区的这座首府的土地里(艾克斯很瞧不起作为交易站的马赛，尽管现在马赛的人口是艾克斯的20倍)。地方主义的精髓或许就存在于这种满足感之中。正是因为这一点，从其司法领域(法庭，包括法国东南部的最高法庭，只有该法庭能把案件送交巴黎的法庭；艾克斯还有法院、区法院和最高上诉法院)到大学生活之都这一角色，可以傲视于人的角色至今对这座城市依然重要，只是艾克斯的大学现在叫艾克斯－马赛大学[22]。

喷泉和政治，是普罗旺斯前首府的精神的关键？这个问题又回到了艾克斯最重要的人物米拉波身上。米拉波在法国革命初期扮演了重要角色，而法国大革命也让艾克斯再次被人遗忘。这个矛盾的时刻对艾克斯十分关键，而带来这个时刻的人也充满矛盾：他是一位贵族(他是伯爵，他的父亲是侯爵)，却支持第三等级，反对贵族和牧师。他被关进监狱，却谴责秘密逮捕令很不公平——大臣们就是通过这样的秘密命令，随时不经审判就可以逮捕几乎所有法国人，并把他们关进监狱。在一段时间内，就连大臣身边的人都毫不知情(包括他的妻子和亲信)。米拉波的父亲是最早的经济思想家之一,是弗朗索瓦·魁奈医生提出的重农主义原则的信奉者。受父亲影响,小米拉波游历遍了整个欧洲,一路上找了无数个情人,他是很聪明,却也奇丑无比。与其父的纯理论训练不一样,小米拉波经历了欧洲的许多政权,特别是现代化的普鲁士,而普鲁士国王腓特烈大帝也遵循了伏尔泰的思想和实验〔米拉波在1787年创作了《腓特烈大帝时期的普鲁士君主制度》(*De la Monarchie Prussienne Sous Frédéric le Grand*)〕。

他很成功,却自然称不上道德高尚。据说米拉波很清楚,言行合乎美德标准就会阻碍生活道路,妨碍获得好处甚至是荣耀,于是他视善良为粪土,而且终其一生都没有做过好事。然而,他在适当的时机展现出了很多英勇之举,可见他具有高超的政治技能,懂得把握时机(kairos 一词是希腊语,意为好时机,革命者喜欢用这个词将自己想象成古代的荣耀壮士)。1789年6月23日,第三等级大会举行,米拉波在大会上所做的最著名的行为是(自然是对法国的学生而言):在室内网球场大楼里(巴黎18世纪的皇家室内网球场),德勒-布雷泽侯爵带领皇室卫兵驱散人民代表,米拉波面对这些人,给出了世界闻名的回答:我们站在这里,是按照人民的意志,除非你们用枪上的刺刀来追我们,否则我们绝不离开。对于点燃法国革命[23],米拉波可谓功不可没。

顺便说一句,米拉波所做的令人难忘的行为是这座城市最后一点值得纪念的行动,而自此之后,它就陷入了胆怯的沉睡中,而且,正如左拉描写的那样,它醒来之后则屈服于权势。米拉波后来本着革命原则,成为路易十六的代理人,秘密接受路易十六的资助。很多人都把米拉波当成叛徒,他却依然很受人民代表的欢迎,在1791年当上了国民议会的主席,并于同一年忽然去世。他在一生中做了不少模棱两可的事,这些事却也十分伟大,他也因此得到了成功:米拉波与其家乡的精神截然相反,而且,在离开家乡后他再也没有回去过。

但除了胆怯和褊狭,还有明显的羞愧。这还要从20世纪说起。首先，在一段时间里（1940年6月法军向希特勒的军队投降之前），法国土地上唯一一个俘虏收容所就在艾克斯郊外的莱斯米勒斯，现在那里成为贸易购物中心，欢迎当地的顾客购买基础材料和植物，来建造和装饰他们的宅院和花园。在俘虏收容所，被拘禁的德国流亡者（主要是各个阶层的反纳粹人士，特别是知识分子）或西班牙人（佛朗哥在比利牛斯山脉另一边取得了最后的胜利，他们就逃了出来）会被关上好几个月。在法国投降和贝当元帅在维希夺取权力之后，有些人被送交德军，或是送到德国警察盖世太保或帝国保安部的手上。从那里到德国的灭绝集中营，这对很多德国的对手而言就是回家。法国这个省身上的污点永远都不会消失。艾克斯自然在一定程度上支持维希政权，而维希政权作为法国的一部分，始终是法国历史学家和公众舆论的主要争论点。艾克斯的旅游信息中并没有提到这一点，也没有提到距离市中心很远的一座小纪念碑。

说到纪念碑，喷泉最清楚地表达出了艾克斯这种极端保守的地方主义精神。就算是有其他的，也只是意外。举例来说，这座城市的主要街道以米拉波的名字命名为米拉波大道，整座城市只有一个纪念物——米拉波——与法国大革命有关，而且这并不是主要的纪念物，仿佛是法国大革命的建筑做出了让步：那就是建于1792年的约瑟夫·塞克的坟墓（规模适中）。即便如此，艾克斯从来都不具有革命精神。艾克斯就和法国各省中的大多数城市一样，都是极端保守的根据地。左拉在《卢贡家的发迹》（*La Fortune des Rougon*）中一语中的地说道：只有一部分乡村还很活跃，或是（按照19世纪的说法）"红色的"。地方主义则正好相反，是"白色的"，没有勇气做出勇敢行为，只支持保守的一面。

艾克斯的地方主义极端保守精神贯穿其中。举例来说，现任总统（指当时的总统奥朗德——译者注）当选的时候，市长若伊桑站在另一个政治角度说投票不合法，因此在法国爆发了丑闻。这个省提醒国家存在一些意见分歧？不，总统本人来自另一个省科雷兹省，那个地方的开放程度很高。只要地方主义精神看重当地的利益，那2012年与1851年就没什么区别，这与上面引述的左拉的描写一模一样。

因此，是否值得加入地方主义的"阴谋"？第一，如果一个人本身并没有这种褊狭的精神，就根本无法忍受这种精神。第二，对于没有直接参与的人，当然不值得。杰斐逊的认识是非常正确的，只涉及表面——享受小麦、橄榄油和红酒。在那里，能抓住的只有牛奶和蜂蜜。艾克斯并不愿意知道这个世界广阔无比，狂野无比。如果让这个世界显得褊狭、无用和恼人，秘诀自然只有怀有地方主义精神的人才知道。因此，他们自然不会欢迎任何外人，只希望外来的人以游客的身份把钱留下，拿相机拍拍艾克斯眼里有价值的东西——塞尚（不是塞尚时代的他，而是现在无所不在的塞尚）。

若是相信在甜蜜的生活之外，还有其他很多可以用来评价的东西，那就大错特错了。在甜蜜的生活之外，有的只是满心嫉妒地去故步自封，反对任何外来者。这从建造大学这件事上就能体现出来：在我在那里做研究当讲座教授的近十年中，大学教学楼的表面都罩有保护网，以免粗灰泥从高处落下，砸到学生、教职工、路人和建筑周围的汽车。如果威望随着时间产生，那艾克斯的学术历史则非常古老。坍塌成废墟的建筑并不古老，只是随着法国机构的声望一起土崩瓦解。

但仅仅是因为维护不善（尽管也延伸到了精神层面）的原因，就责怪这样一个美丽的城市并不公平：看起来好像地方主义精神留出了空间，可以实现真正的成就。这或许是地方主义精神最特别的一面，也是依旧可以在那里发现甜蜜生活的原因所在。这座城市能够世界闻名，原因也在于此。可以这样比喻，艾克斯就像是一朵花，这朵花在玻璃罩子里放了太久，一开始很虔诚，随即就变得自命不凡了。所以，新鲜空气是有好处的。往来的高铁确实带来了新鲜空气。然而，人们也害怕感冒，不是吗？艾克斯不是在靠借来的时间活着吗？就像是某些女人，她们曾经倾国倾城，成为人们的梦中情人，即使她们或许名不相符，而当她们需要新鲜空气的时候，没人能确定那是否对她们有好处。但在这一点上，像艾克斯这样的城市，已在心里和脑海里抛弃了开放，甚至它自己都没有意识到一点——地方主义精神使得艾克斯从来都不会有这种担心。

1　http://jeffersoninparis.com/jeffersonstravels.html。2014年4月28日查阅。这家网站是宣传艾克斯的，收录有美轮美奂的照片，充分表现出了这个地方的美（自然是加以修饰的）。

2　详见贝淡宁、艾维纳所著《城市的精神：全球化时代，城市何以安顿我们》中关于巴黎的章节。

3　在去基督教的法国中，这一点依然是为人们所接受的（没有任何反对）。从法国大革命到1905年法律将教会和国家分开，共和国的友善精神逐渐取代了宗教精神。这一章中将会提到此种转变带来的某些影响。在法国大革命前的启蒙运动时期，思想史家和重农主义的经济思想史家创作出了丰富的著作，而且，经济学作为一种学科诞生了。

4　法国诗歌的鉴赏家肯定认得这座湖，法国19世纪第一位浪漫派抒情诗人拉马丁曾在湖边哀悼其逝去的爱：朱莉，没有了你，世界一片荒芜。

5　并且设有为全欧洲富有女性顾客服务的全新温泉浴场。

6　为什么不翻译成德语"Stadtgeist"，表达的意思是一样的。

7　看起来很奇怪，但这确实是真的，那所学校的名字叫"Shinyou shogakko"，邻近北海道大学校园北边扩建部分，而这里是北海道整个岛屿的中心。当时我的研究先得到了日本科学促进协会的支持，之后，我接手了负责协调日本和欧盟的项目。我利用这个十分巧合的机会，让这里的人了解了欧洲绘画和法国的生活。相比孩子们，教职工和中年女性自由主义者对我的介绍更感兴趣。

8　Émile Zola, *La Fortune des Rougon*, rééd. Livre de Poche, 1985, p. 56.

注：左拉在19世纪70年代创作了这部小说，那之前发生了1848年革命，以及路易·拿破仑发动的政变（1851年12月）。政变后，他很快就成为拿破仑三世，终结了法兰西第二共和国，创造了法兰西第二帝国。

9　对于对语源学感兴趣的读者，我要说一说"boulevard"（林荫大道）这个词的起源。人们普遍认为这是一个法语词，至少在盎格鲁-撒克逊语中，依然会让人想到这个词的来源与巴黎的"boulevards"有关，特别是在19世纪末豪斯曼在法兰西第二帝国时期对巴黎进行了改建之后。事实上，这看似是个法语词，但实际上起源于德语，是baum（树）和warten（等待）这两个词的变形，意思是守护·士兵围绕种有树木的围墙行军操练，而且，部分围墙曾被拆除。这个词的起源似乎确认了一件事实：19世纪初拿破仑战败，普鲁士和奥地利士兵在巴黎巡逻（巡逻的还有俄国士兵，俄国人给法语留下了另一个词：bistrot，也就是小酒馆的意思）。

10　Émile Zola, *La Fortune des Rougon*, rééd. Livre de Poche, 1985, p. 97.

11　马萨林有意大利血统，是摄政女王的秘密情人，马萨林或许是自黎塞留之后，最具权谋的法国宰相了。

12　不过这种样式最早是由古罗马人设计的！然而，这种样式在中世纪几乎消失了，对它的重新发现代表着可以更清晰地观察城市。不过，这也表示狂风肆虐，在冰天雪地的冬天里将十分难熬。

13 有些作者将这一风格当成荒谬可笑的成功的来源，就如同《山居岁月》的作者彼得·梅尔，梅尔是著名畅销书作家，关于他的广告是这样的："彼得·梅尔的叙述诙谐机智，充满热诚，告诉我们实现了夙愿是什么感觉：他带着妻子以及两条大狗，搬进吕贝隆偏远的乡间那有两百年历史的石砌农舍。在1月里忍受了从罗纳河谷呼啸吹来的刺骨的密史脱拉风，发现了山羊跑到镇中央的秘密，还愉快地享用了当地的美食。《山居岁月》带我们体验了愉快的普罗旺斯生活，让我们间接享受到了由四季（而非时间）控制的生活节奏。"

14 对于当今的读者而言，或许有必要指出一点：这名为因弗纳特（Infernet）的河流是真实的，它是一条水流湍急的山涧，虽然与 Inferno（地狱）有些相像，但 Internet（互联网）一词并非来源于这个词。

15 Émile Zola, *La Fortune des Rougon*, rééd. Livre de Poche, 1985, p. 97.

16 这些地方都位于城市的西南边，与贝尔湖在同一个方向，但距离艾克斯很远。那些地方的很多重工业企业，毫无疑问会对环境和动植物造成很大压力，而艾克斯未受影响。自从工业革命以来，艾克斯便拒绝了一切工业，从很早就开始注重环保，而且固执地反对一切现代化的东西。

17 在左拉的时代之前（包括这个时代），为了了解普罗旺斯地区艾克斯，正如左拉的作品在引述中所展示的那样，我就不再在这里特别强调阅读法国19世纪的文学作品的作用了。

18 人们或许还注意到了，一个地方要是水资源不足，气候变化对这里的影响就不大。即使是泉水稀少，当地由来已久的泉水很少会彻底干涸，即便是气候条件有所改变——至少目前为止是这样。当地人对水资源十分关心，因此，把对水资源的善加利用都融入了他们的文化之中，这几乎成了他们的本能行为。

19 法兰西公学院的历史学家莫里斯·艾古尔胡恩对这个方面进行了彻底的研究（他于2014年5月28日去世）。从1957年至1972年间，艾古尔胡恩在艾克斯大学文学系任教（普罗旺斯大学，艾克斯-马赛第一大学，从1968年到2012年，详见后文），并在1969年成为教授。从那以后，他决定离开普罗旺斯地区艾克斯，去了巴黎大学（巴黎第一大学），代替路易·吉拉尔教授。在年鉴学派（由吕西安·费弗尔和马克·布洛赫创建）方面，他创作了著名的 *La Vie sociale en Provence intérieure au lendemain de la Révolution*（Paris, Fayard, 1968）和 *Pénitents et francs-maçons de l'ancienne Provence*（Paris, Fayard, 1968）等作品，详细阐述了普罗旺斯的社会网络。

20 因此符合法国的一句谚语是：例外才是规则的最佳证明。

21 如果我说出另一个事实，读者会相信我吗？连接车站和市中心的班车所走的公路是特意修建成那样的，至少一部分公路是如此。这条路正好经过一个很大的池塘。因为不可以打扰池塘中某种蛙类动物的平静，于是决定虽然那条路不得不途径池塘，但要尽可能把公路修得窄一点：结果，这条路的每个方向都只有一条很窄的车道（这样一来，这个地区就有很多富余的空间）。从前司机要过这片区域只能兜上一圈，现在走这条新公路就方便多了，因此，在高峰时段，这条路上有很多车，很拥堵，班车往往需要花费一半的计划时间才能赶到火车站。艾克斯人习惯了坐班车，因此，在平峰期间，常常能很早到达火车站，但有时候也会错过火车。我也坐班车，所以很清楚。青蛙的故事是别人告诉我的。也许有其他解释，但我并不清楚。

22 两个城市共有一个大学，但这所大学至少分了六七个校区，只有知道各个系的主任住在校园何处的人才能分得清各个系的位置，而外国的同事会被搞到晕头转向。然而，他们依旧很喜欢普罗旺斯经常出现的好天气。而且，这里还有一些具有国际前沿水平的实验室。

23 米拉波的哥哥米拉波子爵安德烈·博尼法斯一开始也当选为代表（第一等级，贵族），最后却带领外国军队对抗法国革命军，后来在流亡期间死于德国弗赖堡。

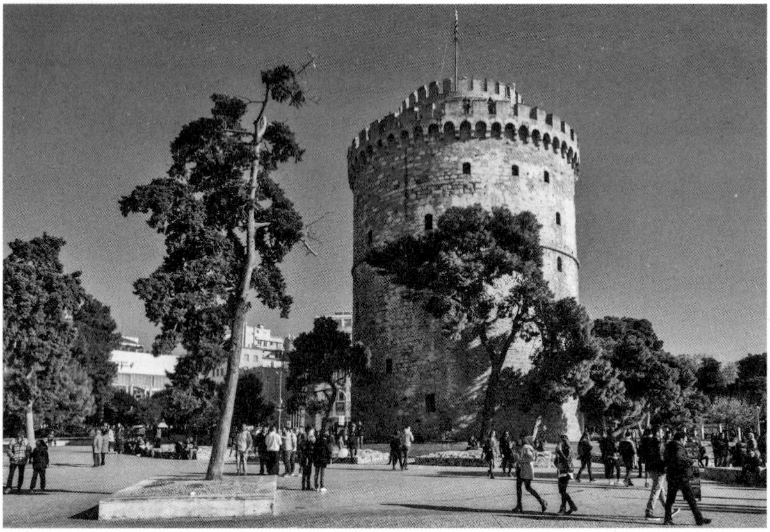

P
塞萨洛尼基
Philoxenia

爱陌生人的社会融合模式

THESSALONIKI'S MODEL
OF
SOCIAL INTEGRATION

by 德斯伯纳·格拉罗 Despoina Glarou 塞萨洛尼基亚里士多德大学法学学士，柏林自由大学法学博士，柏林自由大学的常务董事兼高级讲师。德斯伯纳目前为希腊教育、研究和宗教事务部副部长以及希腊外交部高级特别顾问。

by 艾维纳·德夏里特 Avner de Shalit

2015年夏天，欧洲经历了一场难民移民潮。难民大多来自叙利亚和阿富汗，多由欧洲的东南角，即希腊及希腊诸岛拥入欧洲。彼时的希腊正经历财政危机，时局动荡，10个月内还将举行第二次全国大选，同时国内分裂为两派，一派支持配合欧盟的要求，另一派则反对继续留在欧盟。在此困境下，希腊确实无力应付每日拥入的成千上万的难民。

根据《都柏林规则》(Dublin II Regulation, 2003)，欧盟成员国通常只允许难民向入境的第一个欧盟国提出庇护申请。根据经济合作与发展组织（OECD）的官方记录(2016年)，当时希腊的失业率之高，史无前例，49%的青年劳动力失业，因此该国实在无力应付如此巨大的难民潮。多个城市及小岛爆发反对接纳难民的游行示威，米哈洛里亚科斯领导的排外极右翼政党"金色黎明"趁势推行扩展其反移民竞选活动，鼓吹"古希腊荣耀"复兴说[斯密塔克斯(Tsimitakis), 2015]。

然而，希腊国内的态度并不一致。事实上，一批欧洲知名大学的学者提名希腊六个岛屿的居民为诺贝尔和平奖候选人，这六个岛分别为莱斯博斯岛、科斯岛、希俄斯岛、萨摩斯岛、罗德岛和莱罗斯岛[卢卡斯·阿敏(Lucas Amin), 2016]。他们面临着如此严重的经济危机，却仍旧愿意伸出援助之手，这其中必有一股强大的思想动因。本篇文章便旨在探究这个动因。

爱陌生人（Philoxenia，希腊语为 φιλοξενία）是对这一思想动因的最好描述。

爱陌生人（φιλώ 意为"爱"，ξένος 意为"陌生人或外国人"）这一概念历史悠久，与排外（意为对难民或移民的恐惧，ξένος 意为"陌生人或外国人"，φόβος 意为"恐惧"）这一态度针锋相对。通过研究塞萨洛尼基居民对每日拥入的成千上万的难民的态度，我们认为，在那个城市的居民眼中，爱陌生人是一种美德、一种指导精神。在德行伦理学中，若某个行为是正义的，有道德之人便需遵守，在塞萨洛尼基亦是如此，受人敬重的正直之人应以爱陌生人为准则行事。

将好客与当代对移民的态度联系起来并非我们首创。陶拉·尼古拉科伯罗斯与乔治·瓦萨拉科伯罗斯（2004）最先将"爱陌生人"与移民政策合并提出，从对不请自来的陌生人的"无条件款待"这一角度，来看待澳大利亚对上岸寻求庇佑者的道德责任感，他们将这种态度与爱陌生人的概念联系在一起。

不过，我们的研究与尼古拉科伯罗斯与乔治·瓦萨拉科伯罗斯的研究有三点不同：首先，他们将国家视为研究单位，而我们将城市视为研究单位（以下会详细解释原因）；其次，他们的研究仅限于澳大利亚，而我们则探问，爱陌生人这一概念可否延伸至任一城市；最后，他们认为爱陌生人可以作为公民的一种政治原则（比如，"假装没有国境存在"），而我们则认为，这种美德既塑造了个体的个人行为，也可应用于公民社会。

而为何我们聚焦于城市而非国家？首先，我们注意到，同一国家里的不同城市对于移民及难民的态度亦不尽相同，其背后缘由值得我们探讨。在希腊，虽然"金色黎明"日益受到拥戴，但在塞萨洛尼基，正如许多受访者告诉我们的，"我们都是移民和难民的后裔"，"'金色黎明'根本不在我们的考虑范围之内"。两年前，塞萨洛尼基的市长曾提议将一条街道以出生于此地的穆斯塔法·凯末尔·阿塔图尔克命名，市民们欣然接受了这一提议，但这件事在塞萨洛尼基以外的城市却受到了强烈抨击。在2014年荷兰的地方选举中也曾出现类似情况，由基尔特·威尔德斯领导的排外政党自由党在阿尔梅勒和海牙进行游行示威，口号为

"更少、更少、更少摩洛哥人"，在这两地自由党为第二大党派，在阿姆斯特丹却无一席之地，而且还爆发了由基督徒、穆斯林和犹太人组成的反对自由党游行活动。

聚焦于城市的第二个理由则是，近些年来，许多城市，特别是大城市都在发展自己独有的城市特质和精神（贝淡宁、艾维纳·德夏里特，2011），而大量外来移民其自身的文化、宗教及行为准则对此构成了挑战。在一些城市，市民要求加强边境和国境管控。但在塞萨洛尼基，情况则正好相反，受访者声称，接纳移民与这座城市的精神气质相一致，爱陌生人构成了他们集体及个体的身份认同。

在对"爱陌生人"这一概念进行描述之后，我们探寻了它深深根植于塞萨洛尼基的原因，提出其背后的历史、社会及地理因素。我们又继续探问，爱陌生人这一品德是否可以输出至其他城市，并成为一项政治原则。我们对于这两个问题的回答是否定的，在这一点上，我们的研究与尼古拉科伯罗斯、乔治·瓦萨拉科伯罗斯的研究有差异。

我们的研究手段也与众不同。有人认为，徘徊于城市的大街小巷，与随机偶遇的城市居民进行深入集中的交谈，能够揭示一座城市的精神气质，我们对此表示认同。我们设想，城市居民对于其定居的城市自有其一套理论与直觉判断，他们可以谈论在自己眼中这个城市的公民，如慕尼黑人、马赛人或格拉斯哥人，在我们的举例中，是塞萨洛尼基人应遵循的重要价值准则。也许他们会觉得难以准确表达心中的观点，所以我们在采访中采用了公众的反思平衡这一技巧。据此，我们不仅进行了采访，还与学生在课堂上进行了政治方面的讨论。这些讨论或长（40分钟甚至1小时）或短（大约10分钟），但其目的不仅是为了获得分析用的数据，更是为了参与哲学方面的讨论，希望能从受访者的理论和论据中得到启示，从而成为我们分析这座城市的精神气质（塞萨洛尼基爱陌生人的概念）的起点。

因此，我们在叙述与塞萨洛尼基市民的对话时，传递的不仅仅是接收的信息，还有当时的对话氛围，我们有提及采访的语境，包括时间、地点及环境布置等。例如，采访于2015年9月在塞萨洛尼基进行。D(名字省略以进行盲审，下同)在塞萨洛尼基长大，目前定居于柏林，供职于某大学。A并非希腊人，但来过希腊多次，正在研究塞萨洛尼基的历史。

我们的讨论大多在希腊进行，其余的在英国进行。我们每日走街串巷，与人们交谈至少10小时。我们接近人群，询问他们是否愿意与我们谈论关于这座城市的一些话题。一些讨论是在咖啡厅、海边进行的，其余的则大多在街上。

什么是爱陌生人

从词源学上讲，Φιλοξενία(爱陌生人)这一概念起源于两个古希腊词语，φιλώ(爱)与ξένος(外国人)，深深植根于古希腊的精神、文化及哲学之中，它常被翻译为好客，但其内涵绝不仅限于此。来看一个案例，朱迪邀请卡罗来家里做客，热情款待，令她如在家般舒适——这是好客。但如果卡罗只是个陌生人呢？倘若她衣衫褴褛地突然出现在朱迪家门口请求收留，还要求享受与朱迪同等的物质与福利特权，又该当如何？许多人会认为，在此情况下，朱迪绝无接纳款待她的义务，而爱陌生人却意味着，她有此义务，并且应无条件付出。换句话说，爱陌生人便是指对任何陌生人的无条件欢迎，包括那些不请自来的不速之客，也能享受与挚爱的受邀之人的同等待遇。这些道德责任将爱陌生人延伸至任何国籍、不同社会地位或政治信仰的任何人。这个概念暗示着享有相互尊重的权利，包含了人格尊严的普遍内涵，它与排外是相互对立的两极。在古希腊，爱陌生人是神圣的责任与文明的表现。荷马创作的史诗《奥德赛》(Odyssey)中将爱陌生人称为εθιμοτυπικό(依据习俗的过程)，也就是说这是一种严格的礼节，因此，哲学家雷内·谢勒(René Scherer)将《奥德赛》称为"爱陌生人的圣经"绝非巧合。

在荷马的《奥德赛》(123–150)中，一个陌生人出现在忒勒马科斯(国王奥德修斯和珀涅罗珀之子）家中的庭院，事实上，这位外国人是女神雅典娜所扮。荷马描述了忒勒马科斯的反应：他一见到这位陌生人，想到竟有人在门前久立，心中立即充满羞愧（记住，他可是国王的儿子），马上跑到门口，牵起她的右手，解下她身上的古铜长矛，将她迎进门："这位陌生人，欢迎你！来到这儿，你便是我的贵客，待你用过晚餐，你再细细告诉我你的需要。"(123-124)享受过晚餐之后再探问来人身份和其他事宜，这一点很是重要。然后，他将她的长矛与自己的放在一处(127-129)，让她坐上王座，搬来脚凳，吩咐下人准备丰盛的宴席，女仆捧着盛满清水的大口金壶让她净手，摆好餐具，女管家端上面包、食物和好酒(136-143)，晚宴期间更有歌舞助兴(152)。飨宴结束后，忒勒马科斯方才开口询问客从何而来，之后他坚持让她留下洗了个澡，并送上珍贵礼物。

爱陌生人循着以下礼节进行：

1. 对陌生人及其所有物衷心地欢迎并发出正式邀请。

2. 提供橄榄油、热水澡和干净衣物。

3. 提供食物，并保证客人获得最好的食物、在席上享受最好的位置。

4. 只有步骤1-3完成之后，主人才能询问这位陌生人的身份、来自何处及来意。爱陌生人意味着主人放弃了决定此人是否能得到款待的权利。

5. 尽力满足客人的心愿。

6. 只要需要就提供膳宿。

7. 临别时赠送礼物以彰显友谊，这一方式传承自祖先，包括了绝不兵戎相见的义务。[1]

爱陌生人的重要性还反映在"xenoi（外国人）由宙斯（众神之父名叫 Xenios Zeus，可见这一概念在古希腊的重要性）和雅典娜守护"这一普遍信念中。斯多葛派伦理学将爱陌生人视为一项由宙斯神授的神圣责任，象征着通过人性纽带关爱整个宇宙的完美灵魂（路易·亚科特，第314页，1765）。而且，爱陌生人在古希腊不只是责任，更是一项作为主人的荣耀特权。

据荷马诗中所言，践行爱陌生人时自有一套仪式，既是道德责任，又是习俗惯例，若不循着爱陌生人行事，则会被视为傲慢之人，是对神和社会的极大侮辱。然而爱陌生人又不仅仅是人与神之间的关系，更是一种凌驾于权力关系之上的社会安排。上面描述的无条件接受，意味着主人和客人之间在政治权力上的平等，而这并不意味着主人失去了其作为房子主人或首要定居者的地位（相反，他是获得了授权）。这其中的内涵是，主人作为房子拥有者的地位与"客人是否有权得到宾至如归的温暖"这一问题之间并无关联。所以，家里最好的床铺通常都是由客人享用的。

主人献出家中最好的床铺，这一想法在许多采访中被反复提及，既有其字面意义，也有一种隐喻意味，暗藏着主人费尽心思让客人感到宾至如归的意思。

阿加佩（希腊语中"挚爱"的意思）是塞萨洛尼基白塔博物馆的向导，遇见她时她正和着广场上的大众音乐"悲提科"。我们询问她是否愿意接受采访，征得同意之后，与她讨论了关于她所在城市的精神气质和对难民以及移民的态度，讨论持续了将近一小时。她声称，只要塞萨洛尼基存在，人们便有归处。当我们问及原因，她答道："在雅典，如果你跌倒了，没有人会上前扶起你或伸出援手；在这里，人们根本都不会让你跌倒。这是一个温暖的城市，不管认识与否，人们都会友善待你，如果你来到我家，我会让出床铺，自己睡沙发。这就是我们的爱陌生人。"两天后，我们和一群党派积极分子坐在一起，其中一位如此解释塞萨洛尼基的爱陌生人："在这里，我们把床铺让给来访者，自己睡沙发。"

阿加佩用"给予一个家"来描述爱陌生人这一概念在塞萨洛尼基的历史，不过很难在英文中找到一个十分恰当的词来表达，它既有"提供庇护"之意，又表达了"提供家的感觉"的内涵。爱陌生人既是给陌生人提供食物饱肚和一瓦遮头，又要予其家的感觉，而后者意味着不要求陌生人解释他来此的动机。

需要注意的是，在古希腊，爱陌生人总是被视为一种美德，那些值得成为社会一分子的正派人便是其具体象征。有爱人、尊敬人甚至是陌生人的能力绝对是一种品质，因而成为一种美德。美德描述的是道德上的完美，是集体及个人的道德理念。

最后，爱陌生人还表现在接受他人的行为及不同之处。放弃权力关系是礼节所需，如同我们的受访者所言，拥有决定他人（难民）命运的权力，则意味着对真正爱陌生人概念的背离，因此是不可接受的。

今天人们如何构想爱陌生人

我们在斯弗洛·亚历桑德罗大街上漫游，走进一家咖啡馆享用咖啡和果汁，隔壁桌坐着一位牧师，我们询问他是否愿意接受采访。在确定了他是本地人之后，我们问他何为塞萨洛尼基"爱陌生人"的独特之处，他旋即答道：它是一种美德，这表现在当地的宽容意识中，比如他们从不介意他人的宗教信仰。考虑到塞萨洛尼基人也曾经历过一些褊狭的历史时期，于是我们问他是否担心穆斯林难民的拥入会对当地基督徒构成威胁，他的回答很是直率："宗教信仰不该是人们担心的事情，你应该将他们视为公民，而非某个宗教的信徒。"他又补充道："这就是我们的爱陌生人。"

天色渐晚，海平面与奥林匹斯山之间晚霞绚烂，炽红似火，我们在海滨长廊与成群的本地人一同漫步，享受清新海风，似乎整个城市就伫立在海边。我们时不时停下脚步和行人闲聊，还碰见了一个渔夫，他刚捕到一条大肥鱼，我们试着与他攀谈，不过这并非易事，因为他是个波斯人，英语和希腊语都不好，他之所以离开伊拉克只因为宗教信仰"并不适合我"。他的妻子现在定居于德国，尽管他很喜欢这里，因为这里的人们温暖而善良；但他最终还是会前往德国与妻子团聚。在即将离开时，他执意要将他唯一捕获的大鱼送给我们，我们很是感激，不过最后还是拒绝了。我们思忖着,也许他还没有证件,这条鱼可能就是他仅有的晚餐,而他自己对爱陌生人的表达,也许就是他为何在塞萨洛尼基过得如此舒适的最好解释。其实,正如本地人所言,爱陌生人便意味着他们会将家中最舒适的床铺让给陌生人。

塞萨洛尼基的爱陌生人

爱陌生人在塞萨洛尼基是如何体现的?为何它如此特殊,能够成为融入塞萨洛尼基生活的一个美德?我们的受访者给了三个理由:其一,这个城市本身的城市与空间结构——它依港口而建,虽然规模较大,但"看起来像、举止也像村庄";其二,这个城市拥有一段特殊的集体记忆,塑造了城中人的行为,也构成了这些美德;其三,它曾是一个世界性大城市,汇聚了许多不同种族与宗教信仰的人。

接下来我们将详细阐述这三个理由。

正如其中一位受访者所言,爱陌生人已深深地烙印在塞萨洛尼基的城市印迹中,而这座城市正处于各种文化交汇的十字路口。"它作为拜占庭帝国的陪都时,聚集了许多来自不同文化、拥有不同宗教信仰的人,这对它产生了深远的影响,并且成为一个代代相传的传统。"好几个采访者认为,这与城市的港口有关。"这个港口带来了很多不同种族、宗教信仰和文化背景的人。"一位受访者如是说。不过,比雷埃夫斯与雅典同样也有港口和国际来访者,但为何塞萨洛尼基会**如此特别呢**?"嗯,"她说道,同时也再次强调了其他人所说的,"这肯定与来自小亚细亚的移民[2]有关,是他们赋予了塞萨洛尼基如今的气质,他们的集体记忆是基于被驱逐出家园的创伤。"

所以,港口只是其中一个因由。除了昔日的大都市历史和集体记忆,我们的受访者还认为,其特殊的社会学条件也是其中一个必不可少的条件。雅典作为南方的对手城市,规模太大、太过紧张忙碌,因而没有适合同情滋蔓的土壤。塞萨洛尼基规模不小，人口亦不少，却像一座极富社区意识的大城镇，弥漫着暖意、尊重与欣赏："我们不介意与他人'赤诚相对'，我们有商有量，即使悲伤时，也可以自在地向朋友倾诉，从不担心她会不自在……在这里，你可以自在地倾诉你的感觉，这也是你对朋友的期待之一。"

于是又有了一个疑问：一个近距离的社区是否为爱陌生人的先决条件？塞萨洛尼基并不是一个真正的城镇，它的人口超过了一百万，所以，为什么人们总是认为，雅典过大不适合爱陌生人的发展，但对于塞萨洛尼基却没有持同样的观点呢？人们所指的雅典过大，其实指的是雅典太没有人情味。塞萨洛尼基虽然有几个次中心，但它有一个公认的中心：海边的利奥佛罗斯·尼吉斯大街。

一个受访者补充了这座城市（或许也适用于希腊其他城市）的另一个特点："若外部气候温暖，人也容易变得热情，在欧洲北部，天气越冷，越少有人愿意开口，这也是塞萨洛尼基人容易表达对陌生人的爱的原因。"这个理论也许有些牵强附会，但天气对于爱陌生人的贡献还有其他解释。塞萨洛尼基能够处理经济政治危机，是因为"我们不需要心理学家，外出喝杯咖啡或者啤酒，大家都能相互聊天"。

第二天早上我们在集市的咖啡厅同邻桌的年轻人攀谈了起来。结果发现他就是咖啡厅的老板，他也做进口咖啡豆和茶叶的工作。我们注意到，所有的当地小贩和早晨消费者都会停下来和他闲聊几句。"这就是我钟爱塞萨洛尼基之处，"他随后说道，"你拥有一个城市能赋予的机遇，但这个城市给人的感觉就像一个村庄。"十八岁时他考上大学，但并不享受大学生活，于是他转而参军，驻扎在塞萨洛尼基东北部山中的一个村庄里。在那里，他立即感觉到就如在家中一般自在。他是军人，但当地人会邀请他到家中进餐、喝咖啡。他想定居在那里吗？"哦，我不需要这么做，塞萨洛尼基虽然是座城市，但这里弥漫着暖意，还有对陌生人的爱，就好像村庄一样。"

人们也提到，集体记忆的意识亦是爱陌生人的一个来源。一位受访者说，那是"做一个陌生人感觉如何的集体记忆"。他认为，在雅典鲜少有人拥有这样的记忆，但在塞萨洛尼基，不管你是一个刚来不久的陌生人，还是移民的后裔，抑或你的邻居是迁徙而来的外地人，你都会对这城市中的外来人、移民和少数族裔的历史非常熟悉。其他一位受访者说："你想知道为什么在雅典对陌生人的爱会少得多吗？当一个外来人走在雅典的大街小巷，当地人望着他，眼睛里流露出'我知道他是外地人'的神情，而在这里，我们已习惯了陌生人的到来，也不将他们视作外地人，而把他们看作创造了这个城市社会结构的一分子。"

"我们都是移民或者移民的后裔"，这一说法一再出现。塞萨洛尼基人不将难民问题视为额外负担或者某些人道主义援助，而是认为这是一件理所应当的事情，因为它是正确之举。玛利亚说："这座城市深知饱受迫害是什么滋味。"玛利亚和家人从小亚细亚来到希腊，以捕鱼为生，他们最先到达雅典，后来又迁往伯罗奔尼撒，但都无法被当地人真正接纳，最终他们在塞萨洛尼基定居，重新找到一个家，为什么呢？"这个城市，"她重复道，"知道备受迫害是什么滋味。"

另一位受访者跟我们提到她儿时读过的一本希腊书《狼群将至》(The Wolves are Coming)，讲述了一个小亚细亚移民的故事。当移民来到，狼群便会在群山间嚎叫通知人们，而人们就会打开门户迎接难民。

玛利亚告诉我们，她仍记得孩提时，每当有难民上门，父亲总会慷慨地提供食物，看到他们用刀叉进食，就会说："不，不，用手吃吧。"他的分享是发自内心的。那些难民来自非洲、伊拉克等地，他们不懂希腊语，但能以手语沟通。玛利亚说道："当一个人想要吃喝时，并不一定需要言语，菲达奶酪、柠檬和水，他们不需要说我们都能明白。"

当告知阿加佩我们对塞萨洛尼基的精神很感兴趣，她的第一反应是"哦，那就是爱陌生人了"。我们询问她，爱陌生人意味着什么，她答道："只要塞萨洛尼基存在，每个人都会有故乡。"但为什么呢？"哦，"她说着，叙述人称渐渐转变为"我们"，"显然，这座城市的每一段历史中都有少数族裔、客人、移民和难民的身影，所以我们自然知道它的内涵。"

我们采访的一群激进分子争辩道："我们塞萨洛尼基人很清楚成为难民意味着什么。"他们还提到采访进行的前一天，也就是12月22日，恰好是士麦那（今称伊兹密尔）灾难纪念日。他们也承认，如今的希腊确实并不富裕，难以援助难民。"但是，在我们这里，"其中一人骄傲地说道，"我们愿意让出自己的床铺给来访者，自己睡沙发，这就是我们对陌生人的爱。"

玛利亚在一家小咖啡店当侍者，她的父母于20世纪60年代搬到德国寻求更好的工作机会，她三岁时全家人又回来了，她深知移民是怎样一回事，她很自豪塞萨洛尼基的爱陌生人哲学能得到他人的认可。"当人们脸上露出对爱陌生人的认同微笑，对于我来说，那是一个美好的时刻。"她说道。

莉娜同样来自一个移民家庭，她的曾祖父奇拉克斯·马吉尔帕勒斯于1912年自小亚细亚搬到塞萨洛尼基，在靠近港口的拉达迪卡区盘下了一家小商店，他尝试过在希腊的其他城市定居，然而并没有感到受欢迎。他会在商店的楼上做传统甜点，不过他的正职是一名理发师，客人可以一边理发一边享用来自他家乡的咖啡和甜点。某一天，国王来到港口，想要理发，于是找到了马吉尔帕勒斯先生的理发店，莉娜的曾祖父受宠若惊，并将那把为国王理发的剪刀郑重地珍藏起来，如今由莉娜的侄子保管。我们笑着问莉娜，她会不会妒忌侄子拥有了那把剪刀。她说，她很幸运，得以继承那家理发店，不过理发店已不复存在，她将其重新改造，现在只提供食物、甜点、咖啡和酒品。考虑到店面就在港口对面，所以我们很好奇她是否遇到过一些难缠的客人。"没有所谓的难缠客人，"莉娜答道，"只有要求很高的客人，但这是好事，他们追求完美，而这鼓励我们不断改进，创造出更好的产品。"随后她又立即补充道："这就是我们所说的爱陌生人。"

好几个受访者都认为，爱陌生人的践行是代代相传的。其中一位这样说道："我和家人初到这里时，先前从小亚细亚迁徙而来的移民给予了我们家的温暖。现在，我们作为定居下来的移民，也会为如今的移民奉献同样的爱。"

一位受访者声称，当地人要么是移民，要么是移民的后裔，所以他们十分理解作为流亡者的感受。事实上，这里近一半人口是当地人后裔，并非逃难而来的移民后裔，但几乎每一个受访者都会提及"我们塞萨洛尼基人皆为难民后裔"，这实在令人印象深刻——相互同化过程也许能解释这一不可思议的现象。不仅新来者被期待和邀请融入塞萨洛尼基这座城市，移民后裔和当地人也吸收了新来者、被同化进城市的难民的心理和文化。维多利亚·希斯洛普（Victoria Hislop）的小说《线》（The Thread）描述了当地的基督徒、穆斯林和犹太人是如何接纳外来的基督徒、穆斯林和犹太人的习俗、音乐和文化的。

两位街头音乐人（弹吉他与布祖基琴）在维达尔罗左大街表演大众音乐乐悲提科，他们声称，爱陌生人还存在于更广泛的政治价值中。尽管他们的音乐悠扬动听，但清晨的人们脚步匆忙，不曾驻足聆听。不过，我们停下了。若一个人说他对乔治·达拉勒斯的音乐非常熟悉，人们会向他投以鄙夷的目光，因为那是与富人紧密联系在一起的，而大众音乐乐悲提科则是属于痛苦之人的音乐。他们认为，"只有过着平凡接地气的生活，才能弹奏好这种音乐"。其中一位音乐人的吉他上贴着一张小贴纸，写着"受压迫之人"。他在塞萨洛尼基的西部长大，那是城中不太富裕的地区，他说他从未在其他地方生活过。"这个城市弥漫着对陌生人的爱，"他打了一个比方，"我们的心是由港口组成的，我们喜欢那些进来的人。"至于难民，他宣称："我们都是地球之子。"

事实上，塞萨洛尼基的爱陌生人至少部分来源于一个教训，只有亲自经历、融入过这座城市的历史和共有的集体记忆，才能得到这个教训，学会思考人类的处境。所有人都是脆弱的，都有可能成为逃难者，因此，若我们此刻生活无忧，我们应该感到幸运，但必须对难民的需要感同身受，尊重、款待他们。比如，首先提到"因为我们曾是难民，所以现在也该对他们伸出援手"的莉娜补充道："我们也有可能再次成为难民，我们永远不应该忘记这一点。"在莉娜看来，人总是易受伤害的。"未来充满了未知，但当中某些也许并不令人愉快。"她的曾祖父曾在小亚细亚快乐地生活，从未预料到家园竟会顷刻崩塌，自己会沦为难民。

一位接受采访的牧师解释，经济危机使得很多人无法怀揣热情与同情对待难民，尽管他们自己正处于困难之中，但普通人还是应该对难民怀有同情。塞萨洛尼基人应利用社会网络和组织，为难民提供医疗救助和其他援助。

除了作为难民的集体记忆，塞萨洛尼基人还坚信，孕育自多个民族的"社会能量和社会氛围"，令他们可以对这个世界敞开心扉。他们认为，这个城市的国际都市性质与他们对陌生人的爱是密不可分的。

历史学家马克·马佐尔（Mark Mazower, 2005）认为，移民塞萨洛尼基的犹太人有一种世界精神，这种精神一直传承，反映在这个城市与不同征服者（穆斯林与基督徒、希腊人与非希腊人）的关系之中。1492年颁发的"阿兰布拉诏书"明令将所有犹太人驱逐出伊比利亚，大批犹太人就自伊比利亚拥入塞萨洛尼基，但在此之前，就有犹太人在这里定居了。拜占庭时期，定居于此的犹太人有几百个，他们与地中海周边的城市进行贸易活动，以此为生。之后的犹太难民大多来自法国和德国，再之后，更多犹太人自伊比利亚拥入。土耳其帝国当局对此很是满意，因为他们将犹太人视为圣书的子民与技能型人才。16世纪，越来越多的犹太人来到这里，参与城市建设，使得这座城市成为世界贸易中心。

之后，塞萨洛尼基的世界城市性质频繁受到宗教和种族群体的挑战，他们试图强迫为这座城市烙上各自的身份烙印，比如，20世纪初期，人们不得不决定自己到底是"希腊人""保加利亚人"还是"马其顿人"，但是大多数城市居民认为自己是塞萨洛尼基人或者是世界主义者

（马佐尔，239）。由生于塞萨洛尼基的穆斯塔法·凯末尔·阿塔图尔克领导的土耳其青年党革命，也受到了塞萨洛尼基的世界主义精神的启发和鼓舞（马佐尔，256，261）。马佐尔讲述了来自雅典的官员希波克拉底·帕帕瓦斯勒罗的故事，他向妻子如此描述塞萨洛尼基："这座城市90%的人口都是犹太人，其社会氛围却极世界化，怎么会有人喜欢呢？它一点儿都不像希腊，也不像欧洲，什么都不像。"（马佐尔，277）

阿加佩生于俄罗斯，是俄罗斯的希腊移民的后裔，她的父母于1991年流亡到塞萨洛尼基，不过她的父亲称之为归家之旅。她告诉我们，一开始的适应过程并不简单，尽管在俄罗斯时祖父母跟她讲的也是希腊语，但她还是觉得自己是个外来者。好在班级里有同学的父母早年前往德国寻找工作机会（所谓"客籍工人"），后来又搬回希腊，这令她的适应过程容易了一些。她解释道，事实上，塞萨洛尼基的学校里有很多移民的孩子，所以她不大会觉得自己是个外来人，而且他们对她也很友善，比如有时她会说错希腊语单词，也不会遭到嘲笑。阿加佩补充道，现在学校多了很多来自中国和阿尔巴尼亚的移民。

那是一个非常炎热的午后，人们似乎都待在家里躲避热浪，等到微风轻拂。我们碰到了四个激进分子，他们隶属于一个名叫人民阵线的小党派。当时他们正坐在一个简易的小帐篷前，等待有心的过路人加入他们的讨论，他们试图说服人们，希腊应该脱离欧盟。我们与他们进行了长时间的探讨，他们对于这座城市的世界主义精神很是自豪，于是我们抛出了那个无论如何都绕不开的问题：既然你们对这座城市的世界主义非常自豪，那你们为何又认为希腊应该脱离欧盟？他们解释道，欧盟是个官僚主义浓厚的组织，他们之所以希望希腊脱欧，是从将希腊同样视为一个组织的角度来说的，而不是将其视为一个世界性文化。就其本身而言，希腊不单单是应该留在欧盟，而是不得不留在欧盟。"不要忘了，"他们说，"欧罗巴（Europe）[3]这一名称正是我们发明的，我们需要脱离欧洲的银行家们，而非脱离欧洲的文化。"

我们还讨论了这座城市的历史。塞萨洛尼基是北部门户，连接希腊与巴尔干半岛。由于其地理位置、海港和世界主义精神，塞萨洛尼基是联通东部、西部、北部和南部的干道，是旅人、商人、政治领袖和传教士聚焦的要塞（比如使徒保罗）。390年左右，它是伊利里亚（罗马帝国的一个行政辖区）的首府，当时的罗马君主狄奥多西不希望它继续保持其世界性，因为他担忧会影响到帝国，于是他残忍地屠杀了7000多名塞萨洛尼基居民（一些学者认为实际人数更多）。塞萨洛尼基遭此劫难的另一个原因在于，它是各方消息流通汇集的要塞。尽管历史学家们大多认为中世纪始于500年左右，但我们的受访者们认为，此次屠杀象征着"欧洲黑暗时代"的开端，因为"那时，他人的意见之声第一次被完全镇压，并从此隐没"。

不过，多元主义也不总是广为接受。那天清晨我们来到集市，在还鲜有顾客时，采访了一位店主，他于20世纪90年代从阿尔巴尼亚移民到这里，他的孩子如今在火车站旁的学校上学，那所学校的学生基本上都是移民一代或二代。不过，他的孩子仍未取得公民身份，因为虽然总理帕潘德里欧同意给予出生于希腊的婴儿公民身份，但其继任者废除了这一法律。我们询问他，是否感觉到塞萨洛尼基与雅典或其他大城市有些不同。"不一样，"他说道，"这里的政治问题在于到处都是'巴尔干政治'，都与混合宗教、混合政治有关。然而，这就是问题的起源。"来自阿尔巴尼亚的移民大多是穆斯林，他们对于自身的融合问题不抱乐观态度［柯卡利（Kokkali），2013］。当地人告诉我们，来自阿尔巴尼亚的移民喜欢抱团，较少与当地人接触交流。先前提到的受访者莉娜称，来自小亚细亚和保加利亚的移民多居住在港口附近，因此必须与其他人接触，而阿尔巴尼亚人总是选择住在山里的小村镇，就算居住在塞萨洛尼基，也大多选择抱团建立自己的社区，很少与当地人接触。

阿尔巴尼亚人是否遭到了排斥？排斥意味着不同人的事物分配也相应地有差异［斯万斯托姆和阿特金森（Swanstorm and Atkinson），2012］，但它也指不同相关群体之间关系的质量。从分配层面上讲，阿尔巴尼亚人并未被排斥在外，因为他们并未拒绝任何权利。他们与其他难民和移民的区别是在关系层面，因为他们选择拒绝同化，因此在实践中他们遭到了排斥。事实上，社会机构一直对他们敞开怀抱，而当地的受访者也表达了希望阿尔巴尼亚人真正成为社会一分子的真挚冀望。

但是，在完整意义上成为塞萨洛尼基人到底意味着什么呢？在我们的采访中出现了三个概念：放松、快乐和讲究。

我们在咖啡厅遇见了七个学生，五个男生和两个女生。我们询问是否可以加入他们的谈话。他们中有一些是塞萨洛尼基人，有些只是在这座城市求学。"不过，"他们补充道，"我们都走过同一道门。"他们所指的那道门是伽列里乌斯拱门，是当地的一个地标和年轻人聚会的碰头地点。其言外之意是，尽管他们来自不同地方，但他们自觉他们都是平等的。他们之所以喜爱这座城市，是因为他们可以来去自如。他们说，正如其他城市一样，真正重要的是人与文化的融合，而塞萨洛尼基的特质则体现在它的温暖与热情。说完，他们都笑了。事实上，他们钟爱的是轻松的氛围，或用当地人的话来说，指的就是佐巴（希腊作家卡赞扎基斯小说《希腊人佐巴》中的主角，其性格特点是热爱生活、宽宏大量——译者注）的生活方式。

塞萨洛尼基的亚里士多德大学之所以能成为伊拉兹马斯学生中最受欢迎的欧洲大学，至少部分应归功于爱陌生人。外国学生声称，在这座城市里，他们如在家般自在，在轻松的氛围中，他们对外来人的爱体现得淋漓尽致。

轻松与不受人操纵是相辅相成的。A是一名英俊的中年男子，碰见他时他正在比萨店里忙碌。他生于塞萨洛尼基，但会在夏季前往各个岛屿工作，余下的时间则在各地旅行。我们问他为何选择回到塞萨洛尼基，他如此解释——"因为人到了一定的年纪，就会想安定下来"，而他想不出有哪个地方能比这里更好。"哪里都有蠢人，但他们不是问题所在，真正的问题在于那些凶恶的人。在塞萨洛尼基，也有蠢人，但你很难找出一个会做出伤天害理的事情的人。"我们聊着聊着都忘了烤箱

塞萨洛尼基的露天咖啡馆。在完整意义上成为塞萨洛尼基人，意味着放松与快乐。

中还在烤着比萨,以致比萨最后都烧焦了。

有一位受访者声称,她对塞萨洛尼基怀着满腔的"爱国情",她热爱"人们在街上行走的方式",这一切都与轻松密切相关。"它指的就是佐巴的生活方式——从容不迫,关注生活积极的一面,活在当下,享受生命的每一分钟,珍惜遇见的每一个人。"然后她笑言:"雅典人嘲笑我们塞萨洛尼基人,甚至他们讲'轻松'一词的方式都充满着嘲弄。当我们提及轻松,我们都会身临其境,因此我们是满怀热情、拖着长音讲的!"

我们运用了"意大利浓缩咖啡测试":观察不同文化背景下、不同城市中的咖啡供应与服务是一件很有趣的事情。在美洲城市,人们通常在下单时也一并付款,若是外带服务,人们大多一拿到咖啡便离开咖啡馆。在巴黎,人们习惯同咖啡师聊上几句,然后在吧台处站着喝完意式咖啡,离开时再付款。不管你点的是哪种咖啡,意式咖啡或是冰咖啡(在塞萨洛尼基最受欢迎的是冰咖啡)的制作时间都是五分钟左右。在某些咖啡店,即便只有一个客人,也得过了五分钟,侍者才会端上咖啡。在某些城市,这样的做法也许会被视为低效率之举,但在塞萨洛尼基,它传递了一个信息,那就是你是一位客人,而不仅是一个消费者,店家很欢迎客人在店里多停留一会儿。冰水则上得很快,而你唯一要做的,便是安坐着享受咖啡。

拉达迪卡这个地区很有趣。清晨时,它看起来似乎是遭人抛弃的荒凉之地,只有零星几个渔夫缓步慢悠地前往海边,海平面处一艘船正驶往港口,港口距离拉达迪卡的卡托尼广场几百米远。我们沿着小巷漫步,欣赏着路旁的两层建筑,其中一些是在1917年的一场大火中幸存下来的。这些年中,仍旧开着的店铺都是售卖橄榄油的。正午,这一片地区方才苏醒,到了夜晚,这里便是城中最繁忙、最有生机的处所。那天极其炎热,我们无意间光顾了莉娜的咖啡店,当我们向亲切的侍者陈述了我们的研究项目,他立即喊来了莉娜,尽管那时店里还有客人,但莉娜还是耐心地坐着回答了我们所有的问题。在一天中最繁忙的时候,忙碌的咖啡店老板与两个不可能成为常客的陌生人聊了一小时，回答了他们所有的疑问，试问世上还有哪个地方能有这样的事情？我们询问莉娜，这是否就是"轻松"。

她给予了肯定的回答，并补充道，这一切都与爱陌生人有关。她突然起身，对我们说"请你们先坐一会儿"，然后端来了一碟她亲手做的甜点，自是十分美味。"你看，这就是我们所说的'讲究'。这个字词是用来描述一种做事情的状态，即很用心地做一件事，将你身心的一部分融进这个过程，因为你很钟爱你在做的这件事情。""所以这些甜点便是'讲究'的一种直观表达吗？""是的，"她骄傲地笑言道，"不过你也明白，所有的事情都需要时间的酝酿，并且需要在正确的时间发生。"她的曾祖父于1969年离世，而莉娜也正好出生在那一年。拉达迪卡是塞萨洛尼基的红灯区。"这个地区生机蓬勃，夜晚更甚，你应该懂我的意思。"说完她笑了。12岁那年，她和母亲一起来到这个地方，当时这个店铺已经荒废，那时她便下定决心，日后要盘下这个店铺。"所有的事情都需要时间的酝酿。"她再次重复道。她于2010年买下了这间店铺。

我们乘坐出租车前往城市的上部。交通有些拥堵，所以我们趁此机会同出租车司机攀谈起来。他坚信，塞萨洛尼基最突出的特质便是快乐（对他人友善积极）与轻松："这里对于时间的'感觉'与雅典不同，对于我们而言，时间是用来遇见不同的人、体会不同的经历的，这里的生活不像雅典的生活那样忙碌。"他笑道："雅典人总是低头看表。"这种生活方式是孕育爱陌生人的绝佳土壤，它包含了一种对他人生活的真挚兴趣，因此愿意为此奉献宝贵的时间。所以，时间在爱陌生人中扮演了一个至关重要的角色，这一点在爱陌生人的对立面排外中也非常明显。如果你愿意付出时间去了解那些未知，那么那些未知也就不足为惧了。

爱陌生人可以延伸至政治领域和其他城市吗

我们认为,爱陌生人是文明社会中的一种美德,深深地烙印在塞萨洛尼基的城市足迹中。但是尼古拉科伯罗斯与瓦萨拉科伯罗斯觉得,它可以成为移民政治中的一个准则,而且可以被推广至其他城市。在此篇文章的最后一节,我们将立足于我们进行的研究,来探讨它究竟是否可能。

首先,爱陌生人很有可能已被习俗化。在我们的研究中有一个令人惊奇的发现——塞萨洛尼基人使用的语言。塞萨洛尼基的高等学府表现出了一个信念,即语言也应兼收并蓄。

塞萨洛尼基的白塔原先是个监狱,而今被改造为五层高的博物馆,每层都有一个主题,主要展现这座城市的历史,反映城中来自不同文化背景、拥有不同宗教信仰和出身的普通人的日常生活。我们翻阅得知,亚里士多德大学创立于1925年。遵循塞萨洛尼基的"自由"思想,当时教授们决定以现当代希腊语($δημοτική$,译为"人民的")授课,彼时雅典的姐妹大学(亦是对手)较为保守,授课语言形式上更为靠近古希腊语($Καθαρεύουσα$),书面语则采用希腊语变音符号系统。向现代希腊语靠拢的深层原因在于,塞萨洛尼基是一个多种族融合的城市,当时许多城中居民讲拉地诺语(犹太人)或巴尔干语言(保加利亚移民或者北部山民),从小亚细亚拥入的新移民则讲现代希腊语,而非古希腊语。这一勇敢举措极富象征意义,塞萨洛尼基表明了它乐于拥抱所有种族群体和不同宗教信仰的态度。塞萨洛尼基的教授们令教育与民众更为贴近,而他们的雅典同行们却为他们感到羞愧,并讽刺地为他们贴上"世界主义者""共济会成员"的标签。

然而,爱陌生人能否成为一个政治原则,即公正机构的要素和特质?能够成为转型正义的一个原则,支持移民和难民的融合?

一位激进分子乐意与我们进行交谈。"显然,"他说,"我必须给予难民支持,这关乎团结。"我们询问他为什么叙利亚难民与团结问题有关?对于我们的不解,他很惊讶:"这不是同情的问题,而是与正义、转型正义有关。"

不止他一个人将爱陌生人解读为一种源自转型正义的责任。毫无疑问,在这个层面,它的含义与古希腊语中的原意不尽相同,而是当代一种更为广泛的解读。一个政治激进团体曾向我们提及:"因为欧洲参与了叙利亚战争,对目前的状况负有一定责任,因此应该敞开胸怀对难民热情相待。"

但是要从一项美德中提炼出一个政治原则并非易事。不遵循美德伦理的道德哲学家(功利主义者)常声称,美德伦理旨在指导人们如何成为一个善良、有道德的人,但很难将其转化为制度建立的原则。作为回应,崇尚美德伦理的学者强调,有德者应成为榜样。美德对环境极为敏感,伦理亦是如此,道德行为与地理环境息息相关。美德伦理能指导个体行为(观察榜样并依据道德准则行事),但不太可能作为一个政府或城市当局的行为指导准则。事实上,大多数公民不希望政府采取和个人一样的人际关系处理方式。

大多数受访者相信,爱陌生人与个体的自发行为有关。"比如你碰到了我,然后我们俩站在这里畅聊了半小时,这是爱陌生人,很自然地发生,没有任何障碍。"当被问到招待行为是如何发生的,另一位受访者思忖了片刻,将香烟放到一旁,低语道:"你望着那些眼睛,与他们对视,然后你便明白了。"

我们认为爱陌生人无法成为一项政治原则,而且不可能成为社会行为的典范。参与塞萨洛尼基团结运动的人们表示,尽管仍没有为难民服务的正式机构,但人们对他们的关心一直都在。2000年8月,塞萨洛尼基难民及寻求避难者接待中心正式成立,市长和当局领导出席开幕庆典,由非政府组织负责其管理与日常运营,然而,2010年2月,非政府组织不再提供支持与援助，于是该中心自此关闭。激进分子认为，这是由于希腊政府缺乏连贯一致的难民政策，过于依赖随机无定的资金援助。自2010年2月起就不断有民众努力，想要依靠自身努力和国际人道主义援助来恢复难民中心（他们委婉地称之为庇护所），但自从希腊债务危机爆发蔓延，中心的日常需求便无以为继。

如果爱陌生人无法成为制度原则，它也可以为政治家和高级公务员所用。许多受访者令我们想起这座城市政治生活中一个极具象征性的片段。其市长杨尼斯·布塔利斯对"金色黎明"的意识形态进行了苦涩的争辩，在市政厅进行宣誓就职仪式时，他特地穿上一件印有大卫星图案的衣服，以示对一位"金色黎明"党员当选议员的抗议。领导者作为个体做出的这些姿态都反映了这座城市对外来者的爱。

爱陌生人可否作为一种指导公民社会行为的美德伦理，推广至其他城市？能够作为制定融合政策时依据的一项基本理念？塞萨洛尼基的市民们坚信，践行爱陌生人是需要几项必需的环境土壤的。大多数受访者认为，虽然爱陌生人在塞萨洛尼基的城市生活中扮演了一个至关重要的角色，但在希腊的其他城市，尤其是南部城市却难觅其踪。而且，我们了解到，在新西兰，当局允许甚至鼓励移民在本地选举中投票［勒纳（Lenard），2012，2014］。加拿大的几个省也决定采取和新西兰一样的政策，不过加拿大最高法院驳回了这一决策。

我们在海边的利奥佛罗斯·尼吉斯大街上漫步，日落时遇到一个乐于与我们聊天的渔民。我们的对话以希腊语进行，她耐心地等待D为A翻译。谈及这个城市时，她富有热情，满心自豪。我们询问她，这座城市最令你倾心的地方是什么，她如是答道："塞萨洛尼基在现在和过去都是穷人最伟大的母亲，并且未来亦是如此。"因此，爱陌生人或许真的很难推广到其他城市。这位渔民还补充道："就算接纳再多的移民，也没有人会说伦敦、慕尼黑和布鲁塞尔是穷人最伟大的母亲……"

塞萨洛尼基的旅行信息标语是"故事很多，心却如一"。我们走进位于亚里士多德广场的游客信息亭，遇见了妮基和安德里亚斯。他们不过二十来岁，妮基是塞萨洛尼基人，小伙子则来自另一个城镇，不过他自学生时代便住在塞萨洛尼基。当我们问妮基将来是否会离开，她立即回答"不会"。她的母亲曾移民至德国，不过很快便重回这片故土。塞萨洛尼基的温暖是无可取代的。我永远都不会离开这里——她如是说。

1 也可参见 Rhapsode in 23-347 and υ in 375-383。
2 主要指1923年希腊和土耳其之间的人口交换。
3 在古希腊神话中，欧罗巴是宙斯的情人。

References

Mathhaios Tsimitakis, "Greece's Fascists Are Gaining," *The International New York Times*, October 5, 2015

Lucas Amin, "Lesbos: a Greek island in limbo over tourism, refugees – and its future," *The Guardian*, 24 March, 2016.

Todd Swanstrom and Atkinson Rob, "Poverty and social exclusion," in Mossberger Karen, Susan E.Clarke, Peter John (eds.), *The Oxford Handbook of Urban Politics*, Oxford University Press, pp.333-350.

Ifigeneia Kokkali, "Being Albanian in Greece or elsewhere: negotiation of the (national) self in a migratory context," in F. Tsibiridou and N. Palantzas (eds.), Myths of the Other in the Balkans, *Representations, social practices and performances*, Thessaloniki, 2013, pp.197-209.

Patti Tamara Lenard, "Democratic Self-determination and Non-citizen Residents," *Comparative Sociology*, Vol.11, 2012, pp. 649-669.

Patti Tamara Lenard, "Residence and the Right to Vote," *Journal of International Migration and Integration*, Vol 16, 2014, pp.119-132.

Photograph © Yong Check Yoon

P 槟城
enang

东方之珠与物质主义精神

A PEARL OF A PLACE
AND
THE SPIRIT OF MATERIALISM

by 彼得·扎别勒斯克伊斯 Peter Zabielskis 在纽约大学获得了博士学位，现在中国澳门特别行政区澳门大学担任人类学副教授。他的研究范围包括物质文化、艺术、建筑、宗教、公民社会、发展、澳门和东南亚(尤其是马来西亚)的城市空间。他曾在马来西亚槟城乔治城的市中心做过两年多的实际教学。他最近的出版物包括在《国际发展规划评论》中发表了《发展道德生态城市：马来西亚槟城的全新地方型身份和社会行动》，以及在《澳门：全球城市的形成》一书中，编写了文章《信仰和财产：澳门氹仔岛关帝－天后庙发展和变化带来的压力》。他进行的其他项目包括从理论上阐明中国民间宗教的法术文化，对澳门和巴西圣保罗的城市公共空间的意义、使用和体验方面近来发生的变化进行人类学对比。

1 地缘上的一颗明珠

若说槟城人十分自负,恐怕并不十分恰当,或者应如此表述:定居于槟城这座位于马六甲海峡西岸、隶属马来西亚的海岛小城的人们,对这片土地的认同感与归属感,从某种程度上来说,可能在很多方面超越了其他任何形式的认同感,这种地方自豪感是一种情绪,已然凌驾于其他感受包括骄傲之上。槟城是全世界的中心——并不是在开玩笑,我只是在陈述一个事实。这句话并非某个人的自鸣得意,因为他同样承认,这个地方也有许多缺点;这句话其实可以理解为:在这个地方,万事规律运转,万事皆有可能;长留此地,全心感受,并成为此地的一分子,实为一件乐事。对于槟城是世界的中心这一事实,我并不恼火,因为我来自纽约,而纽约同样也是众所周知的世界中心。一个世界有两个中心又有何不可呢?毕竟我们身处的是一个有趣的时代,不是吗?最有趣的是,这两个城市几乎就在地球的两端,尽管这两地的居民对彼此的城市多少有些了解,但心底对彼此并不关心,或者他们也无须关心。纽约是其他城市难望项背的存在,在我个人看来,只有城市密度极高与极富野心的中国香港可能与其媲美,温哥华也勉强能称得上其镜像,不过临海的温哥华比纽约多了一分优美的自然气息。不——本来就不该有这样的比较，因为筑就世界中心的并非城市规模或景色。

　　槟城则另有一番风味。世界中心并不一定十分漂亮。和纽约一样，槟城同样不大，也不是所有地区都灯火辉煌、令人兴奋，但在我看来，这世上许多值得发生的事情都在这两个城市轮番上演，这才是令它们成为世界中心的根本。规模在这里并不重要。有时，当我自称来自世界中心的中心——曼哈顿（抱歉布鲁克林，现在还不是提起你的时机）时，心底不由得会升腾起一股认同感与自豪感。我的研究项目要求我要尽量多地与槟城人交流，所以，我常被问起从哪里来，而大多数时候，我会回答"曼哈顿"，而非"美国"或者"纽约"，然后静待提问者的反应。有时，我会得到这样的回应："哦，曼哈顿呀。"听起来像是他们对曼哈顿并不太了解。每每听到这样的回答，我都无比欣慰，因为这说明我如今身处的城市确实与我的故乡很不一样；有的人会反问我"是在纽约吗"。对于我来说，这代表着，我已经实现了我的一个人生目标，那就是远离故土，周遭的人只将纽约视为远方的某个城市，与他们的生活没有多大关系。有一次，在入住新西兰某小镇的一家汽车旅馆时，前台人员在看过我的入住登记卡后，温和地询问我，为何在家庭住址一栏，我写了两遍"纽约，纽约"，是否为笔误——发问者似乎忽视了纽约这个世界轴心的某些精致细节。不过，在槟城，对于这个情况，大多数人都只是冷漠而礼貌地一笑置之。

　　在槟城当地——也就是槟城占据的这部分世界，若你声称你来自槟城，那意味着你是一个固执己见的人，并且乐于向人谈起你的观点；那也意味着你很有可能是个脾气火暴的人，尽管在遇见不如意之事时，你已经在非常努力地按捺心底的怒火；那同样意味着，你很有创造力，而且极富独立思维。生活在世界另一个角落的纽约人也大多具有这些特征。这便是这两座城市间的某种联系。我不仅很享受这段在故土另一端的生活，而且，这个地方感觉很不错，至少对我而言就是如此。我终于邂逅了与故乡纽约极其相似的另一座城市，它们都能带给我启发，都是特大城市，十分相像。当然了，它们绝非竞争关系，因为它们并非同类。这个平行世界的存在令我很是开心。

槟城与纽约，纽约与槟城——这世上还有其他城市能以如此难以置信的方式相提并论吗？我将它们联系在一起，但我绝非在暗示它们是世界上最好的城市——我只是认为，它们是世界的中心，至少于我而言，这两座城市有许多值得我思考和探索的地方。这是我心目中的平行世界，你也可以说说你心目中的平行世界。

我有一个相对长期的目标，就是远离故乡，现在我实现了这个目标，而带给我最大成就感的事情之一，便是一个长期居住在槟城的本地居民认为我也算得上是槟城人了（要得到如此认同可不是一件易事），因为我与他们的思维模式一致，关心他们所关心的事务，热爱槟城这个城市，而最重要的是，我发自内心地享受当地居民热爱的食物。当地有个街头食品摊，专售一种"杂碎汤"——之所以如此怪异地称呼它，是因为此汤的食材用的不是更好更贵的猪肉，而是余下的内脏，有猪肾、猪肠、猪肝甚至猪血等，放在深色的猪血中煮熟。摊主负责服务和售卖，他可称得上是一位特别的美食艺术家，他只在特定的日子特定的时间在特定的地点摆摊售卖。并不是说你一定得去品尝，但它的确极富当地特色，而且，仅仅是了解远远不够，还得衷心热爱。这汤算不上什么美味珍馐，我自然也不会天天光顾，但我确实觉得它很有趣，兴致勃勃地一心想要品尝一番。这仿佛是一场冒险，准备好在飞行途中超越（并且依然承认）固有的模式。授予我槟城人这一荣誉称号的，是一个具有特立独行的性别表达的朋友，但这并没有什么问题，毕竟他也没有烦扰别人。从某种角度来说，其实我和他很像，同样是个脱离常轨、特立独行的人：我做了许多白人通常不会做的事情，而且乐在其中。这些对另类行为的认同、尊重甚至是欣赏，虽然在别的城市也可能存在，但不得不说，这真的非常具有槟城特色。

我当时的任务是在当地做文化人类学的田野调查，这意味着，我必须关心思考甚至是亲身实践许多并不熟悉的事情，最后我做到了。在政府的资助下，我在槟城待了两年半，当我启程回纽约时，不禁潸然泪下。槟城的每一位居民，其行为和创造无不在清晰地彰显着他们强烈的独立精神，以及对文化、建筑及城市空间的热爱，而这些都是我所珍视的，就连城市本身都在以"志趣相投"这个标语，温和地表露这份气质。我将这个城市称为"东方之珠"，虽然这个老套而又索然无趣的称呼已被用来指代其他许多城市，但我依然深深地觉得，这个称呼用在槟城身上是再恰当不过了！[1]

科技、历史以及都市生活的艺术性

从社会科学的角度来说，我认为我应该指出，当我提到槟城人是如此做、如此感觉或者如此思考时，我的潜台词是，所有的槟城人一直都是这样做的，并且未来也会如此，不会改变，亦无例外——不，当然不是！凡事皆有例外，特别是在槟城。有时，有人会在咖啡馆里争论，二加二并非在所有情况下都等于四（至少在某些政府官员眼中是如此），也许你会发现他周围聚集了一批流露欣赏眼神的群众。这些都是我的同类人，或者说，我是他们中的一员，所以我希望读者们能明白，我所陈述的并非只来源于第一手经历，以及带有个人色彩。

我在这里追求的是对槟城人所思、所讲、所为的最大限度的真实总结。虽然不是每个人都像我这般书呆子气十足，但或许偶尔需要变得更具哲学气息一些。其中某些真相实为逸闻，但简明扼要，听起来叫人舒服开心，富有吸引力，绝非"有趣"一词能简单概括，它们是我从与槟城人成百上千次对话中淬炼出的精华。也许有些人不觉得真相诱人，但我认为，只要是存在于槟城的，我就要将它们一一找到。我口中的真相，大概指的就是槟城人生活里的一言一行，包括对过去昂扬生活的享受、对眼下社会的思考、对幸福与自我满足的道德性思考，这种思考事实上是与这座城市的社会物质环境，或者说是这座城市的气质，紧密相连的。

实际上，槟城并非这座城市真实的名字，而是槟岛和马来西亚威斯利省的共同称谓，是马来西亚半岛上的一块狭长陆地。[2]不过，大多数人都有一种都市地区共识，自发地将这座城市称为槟城，或更为具体和口语化地称其为丹绒（在马来语里是海角的意思），因为那是旧城的所在之地。这座城市的真正名字是乔治城，以英国国王乔治三世命名，他一生有许多功绩，却失去了美洲殖民地。[3]尽管有人了解乔治城与槟城的确切分界，但这并不重要，除非你很忧虑到底是谁来给你开停车单和罚款单。这座城市四通八达（想要切断交通也很容易），除了岛上的丘山，其他地方不是在城市范围之内，就是距离城市很近。是的，在槟城有一座非常漂亮的山，叫槟城山，山上建有马来西亚最古老的索道缆车，从1923年开放至今，直到最近才停运做彻底检修。不过，对于大多数旅人来说，登上山顶并不在于享受自然，而是想从高处俯瞰乔治城的全景。

乔治城于1957年根据英国皇家宪章，在被英国殖民的马来西亚联邦中第一个升级为城市。等到马来西亚独立之后的1972年，才有其他城镇升为城市。乔治城的其他第一还包括以英国岛屿命名、于1805年创办的第一份国家报纸《威尔士王子岛公报》(The Prince of Wales Island Gazette)和由孙中山先生于1910年在槟城创办的第一份中文报纸《光华日报》(The Kwong Wah Yit Poh or Kwong Wah Daily)，这份报纸至今仍未停刊，是世界上最古老并一直发行的中文报纸。

在马来语中，"槟城"（马来语中拼写为pinang）一词指的是槟榔子，过去的地理书上称其为该岛的"主要物产"，同肉豆蔻、胡椒、榴梿和椰干一样，是一个公认的地区认同词目。在这些书中，槟城或者乔治城是进出口贸易中心，因为它是别处的其他产品如橡胶、锡、鸦片、古塔胶（一种价值很高的树液，是塑料的前身）等的贸易站和中转中心，这里无疑是个能让人暴富的地方。一些愚蠢的作者有时会把它的名字写成"Georgetown"

（实际应为 George Town），误以为它同北美的许多城镇一样，是以另外一位乔治命名的。[4]这显然是不对的，似乎人们总想要把这些术语变得更具现代气息，而忽略了背后的历史依据。槟城按照正确的英国方式，应该写为"George Town"两个单词和两个句号，并以一个句号结尾，如同一些殖民时期建筑的山角墙上镌刻的那些由多个单词组成的名字。

乔治城始建于18世纪，差不多正是现代化的起步时期。弗朗西斯·莱特是与英国东印度公司有着松散联系的独立冒险家、企业家，他于1786年在沼泽地区兴建了一座直伸大海的木质堡垒，并就此宣布建立了一座新的城市，并以当时的英国国王命名，还以威尔士王子岛来命名这座城市所在的岛屿。遵循欧洲现代城市的设计理念，他很快规划以格栅状的街道作为城市外延发展的核心（他的儿子也以相同的方式规划兴建了澳大利亚一座叫阿德莱德的城市，不过他的儿子完成得更好，因为他选择的地点要干燥得多）。后来莱特因此被授予爵位。据说，为了使志愿劳工们更快地清理掉灌木丛，他朝灌木丛里扔了许多金币。从世界各地而来的人们定居于此，并为这座城市的兴起贡献了自己的力量，包括中国人、印度人、马来西亚其他地区的人以及暹罗人、缅甸人、菲律宾人、锡兰人、亚美尼亚人、日本人、欧亚混血儿、苏门答腊人、阿拉伯人、德国人，还有一些苏格兰人。[5]

最初的领土争夺由吉打州的苏丹发起，他实际掌控着这一地区，却向莱特寻求增援，以击退暹罗人的进攻，保住他作为伊斯兰教领主对这片土地以及对这片大陆其他地区的掌控。槟城此前从未有过属于自己的首领，在此之后被苏丹交由莱特管理，之后又被迫让与东印度公司，最终，经过一轮不成功的竞价投标之后，1790年由莱特的官方赞助商将其收回。后来，槟城相继成为英属印度的一个部门（他们将印度犯人运到此地参与城市城建）、英属海峡殖民地（同属的还有马六甲和新加坡）中的一个独立管理的殖民地、马来西亚联邦的一分子。马来西亚联邦于1957年独立建国，槟城岛由此成为新国家的一个州，就算在1963年联邦正式更名为马来西亚，即使1965年新加坡脱离联邦之后，也未曾改变。

今天，很少有人对城市名字的殖民起源产生争论，甚至有人认为，在后殖民时代，一直以来，英国人遗留下的种族主义隔膜与精练的个性类型被认为影响了民族认同，但他们在某些市政服务比如雨水道的维修等方面效率卓绝，独立之后的政府做得不如殖民时期的英国人。新生的独立国家成立之后，原来的各类英式称谓被抛诸一旁，为当地的马来名字所替代，于是乔治城的居民又再次以从前的称呼来命名这座城市。我想，大概很少有人了解或关心这位乔治究竟是何人，但在那些反对改名的人中，有一位是镇上大地主阶层中的佼佼者，财大气盛，为土生华侨，或者称之为"巴巴娘惹"（当地出生之意）。这些土生华侨将其家乡的中国文化与当地的马来西亚及英国殖民文化交融为一体，创造出了独属于他们的巴巴–马来语言及文学、烹饪风格和受到广泛认同、闻名于世的物质文化，如建筑、家具、瓷器、刺绣、金属制器、纺织品与服装等。而且他们皆为亲英派人士。除了英文（大多数槟城人都懂多种语言），他们大多还懂马来语以及多种中国方言，但他们不支持只以马来语来称呼这座城市，尽管在国家层面，大多数国民都是马来人。同时，无论是人口抑或文化，槟城都已被深深地打上了"华人"烙印。从中国不断拥来的新移民作为社会经济的底层，承担了城市发展中的大多数体力活。不过，即使华人身份认同强烈，槟城依然是座多种文化交融的城市，每一种文化都在这座城市里彰显着各自的仪式、传统和外显的物质文化形式。

城市该不该祈求差异化

我相信许多人或绝大多数人都会对他们的居住地和出生地有一种强烈的归属感和认同感。从城市层面上来说，这与其所属的国土无关，而是一种社会心理需求，似乎可以催化出比对"祖国"忠心更强烈的情感，那就是对一座城市作为"城市"的认同感。我认为城市之所以成为焦点，其中一个原因是尽管城市是一个国家权力、财富以及现代性的重要标志（现在比以前更甚），但它们通常代表和吸引着那些与国家有着相反立场的人。所有这些都是国家自身无法轻易实现的。"9·11"恐怖袭击是世界上最惨的悲剧之一，至少纽约人认为惨遭这场灾难的是纽约城，而不是美国其他地方。出于同样的恐惧控制需求，美国其他地方的所有人似乎都在创建、分享这些恐惧并将它们投射到纽约。以前，人们待在城市的一个重要原因是希望避免所有的灾难，不是因为城市人多势众，而是能从对中心地带或家乡的过分夸赞中获得慰藉。所以在一段时间里，对某些人来说，纽约不再是一个安全的避难所，因为到处都是象征性的过激行为、高度政治化的令人震惊的学说以及盛行的排外民族主义。[6]

一个城市可以在它的束缚中体现自由，并且能竭力不受集权民族主义猛烈冲击的影响——这种想法在槟城得到普遍的认可。比如对于纽约人而言，纽约应该不同于美国其他地方。槟城人也同意这种看法，在他们看来，槟城就应该跟马来西亚的其他地方不一样。这与人们如何看待这些地方有很大关系。在马来西亚独立后不久，在槟城人们曾发起一场脱离国家联盟，宣布独立的运动。这不仅仅是政治言论，也触动了大众的神经。另一种情绪也在槟城广为流传——实用主义。作为马来西亚最大的城市（自新加坡独立出去后）以及最大的赚钱工具之一（如今依然是），槟城上缴给国家首都的税收远远超过了其所得利益回报的感知价值。但是我不得不猜想，推动这一实用主义的是一种更基本的观点：槟城如此独特，为何不建立自己的独立政府来匹配其独立精神呢？我听说过许多类似的观点，说的是槟城在很多方面展现出的独特性与实际的政治独立想法并没有必然的联系。如果没有被彻底颠覆，或者没有准备好抗议，要求任何军队或警察部队采取行动，我认为许多纽约人去美国的其他地方，都会这么想。在其他方面与这座城市的对比无处不在，并具有不同的体验层次，还会带给人深刻的感受，以至于除了纽约，美国的其他城市跟澳大利亚一比，看起来都很像堪萨斯州。也正是这种反差成就了城市及其居民的特点，并且有助于解释为什么人们会在一个地方具有如此强烈的凝聚力。

通过上千次的谈话以及其他多种方式（最常用的方式是我的主动提问），不同肤色和条纹服饰的槟城人都向我传达了他们对槟城作为一个地方特别是一座城市的极度忠诚以及认同。这种传达无处不在，令人震惊，甚至是让纽约人都吃惊。这种传达具有强大的潜力优势，能推翻其他任何认同感，比如种族认同（至今在马来西亚仍被提及）、民族认同、宗教认同或性别认同。[7] 人们可能会在政治上失意，或者觉得政府没有充分关注他们，或者对真正参与民主所需的基础设施的缺乏而感到沮丧，但他们都不舍得逃离。他们没有想过这些事情在其他地方可能会更好，因为这里或多或少还是有许多正式组织的或者官方认可的场所，可以表达他们的心声以及实现自我。这些场所与日常生活中的重要方面息息相关，从而确保每个人都能接触这些场所。

在包括纽约在内的大多数城市，或者特别是在纽约，人们通常很容易找到被剥夺公民权，对社会不满以及阶级观念相对根深蒂固的底层人士，原因则可能是由于他们遭受了外来的经济或政治压迫，也可能是移民或刚移民不久，可能是渴望逃向别处。他们无法明白他们对这个地方产生如此强烈认同感的特殊原因。城市可以是这个地方或者其他某个地方，那么从它是否提供机遇的角度来看，城市真正在意的什么？槟城却是一个特例。社会动荡加剧会激发出人们对城市的强烈认同感，但可能不会为社会经济平等创造更多的可能，尽管人人平等的观念广为接受，特别是在文化方面。如今赤贫已被消除，也不存在任何严重的自然灾害；近几十年来，财富的增长直接转化为教育水平的全面提高，这些都使得一个地方变得美好：人们开心地出生或者搬迁到这里，在这里幸福地生活，享受城市的美好。

这是一个重要的地方，人们也了解这一点。它不仅是旅途中的一个停留点，更是各种各样的人的家园。至今，槟城有着几百年的移民传统，这些移民主要来自亚洲、欧洲以及中东地区；关于岛上土著居民在建成城市之前的历史细节记录过于简略而作用不大。可知，槟城的独特在于这座城市的所有人或者他们的祖先都完全来自外地。在这个地方，祖先对所有民族都非常重要，我认为这一历史事实是一个重要的统一要素：它激发人们根据城市本身这一真实共同点联合起来。所有人都在城市这条船上。我相信人们都能敏锐地发现这艘船以及船里所有人和所有群体的状况，因为槟城的所有人，即使是土生土长的，都有在他们创建的地方成为某种意义上的少数民族，以及归属于多种不同民族的共享体验。与此同时，每个人也可以了解到成为社区一部分的好处，那样一来，社区的人多了，就可以在城市地图上彰显出该社区，并且主张他们的特定文化和(或)民族身份。没有一个群体能够或正在从各个方面成为槟城的主导者——因为需要考虑太多的群体，而且，有很多场所可以让人们弥合他们之间的差异。像这样的事情不会在所有地方出现，一旦出现，这个地方就会变得特别。我相信人们会觉得，这份独特值得他们赋予这个地方情感。它已经在这里出现了很久，并且很可能会继续存在，所以你不妨在这里驻足，然后继续把这里变成自己的家园。

跟美国一样，马来西亚由不同的州组成，而世界各地的州都有响亮的宣传语。比如纽约就很适合"帝国"这个口号。槟城的宣传语就是"东方之珠"，"东方"这个词似乎有点儿老气。但是这个标语在殖民时期就出现了，比目前在国家层面上使用的更现代、政治上更加正确的旅游口号"马来西亚：真正的亚洲"更为悠久。或许只是人们在这里拥有更加真实的时机成为自己，因为在原来的家园，他们饱受战争、革命以及其他政治和经济动荡的摧残，这些也是他们逃到这个新地方的真实原因。珍珠是牡蛎对外来物容纳的产物，也就是外来物进入珍珠蚌壳内被珍珠质包裹，最后变成了宝石。槟城也是这样，在这里人们有时会觉得有些东西比中国更具中国特色或者比印度更具印度特色。这座城市不仅接纳外物，还提供了实现转换珍珠质为金钱收益所需的条件。槟城或许是该区域里第一个让人们觉得在这片单一从地理或者政治角度来定义的疆域中，会聚了来自亚洲各大主流文化以及边界文化的人，这些人不但拥有发言权，还能蓬勃成长。

马来西亚的每个州都有不同的起源和统治历史，有些州有首领，有些州没有，有些州是英国殖民地，有些州则不是，有一个州在英国统治之前先后由葡萄牙和荷兰统治，各个州都有不同比例的种族融合。

槟城的历史及其特有的民族融合都是独特的，那么该如何与其他城市进行对比呢？是什么让槟城如此特殊和不同呢？这就需要考虑到很多因素。岛屿环境就是其中一个。像同样地处岛屿的曼哈顿的大部分居民一样，在槟城，很少会有人花大量时间思考大海是大多数的祖先来到这里的媒介，尽管对这两座城市而言，有了大海，才有了这两座城市。岛上的多数活动通常都是远离海洋向内陆转移，这样可以比较容易做出差异行为并加强差异，而很多方面都存在这些差异，不再与大部分国家甚至世界其他地方的利害产生瓜葛，尽管世界是它们的起源。今天，很少有人会认真思考地理决定论，但我认为如果到了紧要关头，曼哈顿岛和槟城岛的差异在任何大陆共性方面的冲击或者缺乏个性这两个方面将受到重大挑战。也会有些人来充分论证海岛分离是一种荣誉象征，也是保持意义深远的差异感的一种重要手段。然而，虽然文化与地理不可分割，但这二者差异的最重要原因在于文化而非地理。

文化表达形式和道德立场

说槟城具有多元文化，实在是比较委婉——因为乔治城自1786年建成就已拥有多元文化。但多元文化主义本身只是描述性的——如何对多元文化主义进行管理，它又体现了什么，可以从多个方面使两者之间的每一个细微差别成为现实或将之麻痹，而且这种现象甚至可以在人们的心中成为一根刺，阻止他们对他们认为适合或舒适的地方产生认同。2011年，挪威发生了多起大屠杀，这些屠杀都是以想象的反多元文化的纯洁性名义，或类似高度政治化以及不那么直接的暴力表达，如随着不同文化的不断涌入，"法国正变得越来越不像法国"或"英国越发不像英国"。与世界上许多其他地方一样，槟城无法在跨文化包容方面持续得到高分。1969年，马来西亚许多地方发生暴乱，主要是由在议会选举中马来西亚华裔新近获得多数席位引发，槟城也不例外。自从形成高度基于族裔的政治文化以及有利于马来人的积极政策，这种创伤就在马来西亚的政治上留下了印记。

槟城以及马来西亚早期殖民历史的另一个关键时刻同样也都与暴力相关，历史学家们将1867年槟城暴乱用大写字母编纂为特定事件。敌对的秘密社团、与一些马来人结盟的中国不同民族的人，在乔治城的街道战斗了十天，暴乱、炮火和死亡不断。同样，这对更高层次的治理带来广泛的影响：此后，英国在统治区域明令禁止所有秘密社团。最近，印度的印度教徒和穆斯林之间的冲突破坏了阿约提亚的巴布里清真寺，起因则是印度教徒声称这座清真寺就建在罗摩神的出生地上。这也引发了槟城的系列宗教冲突，不过场面没有那么暴力。在这种情况下，作为政治派别打民族牌所关注的目标，华人群体只能被看作独立观众，因为这些冲突与他们无关。因此，类似于许多或大多数其他地方，有些槟城人真的相信他们的生活方式、文化、宗教、族群（在马来西亚被称为"种族"）都高人一等，应该具有影响力。槟城可能特殊，拥有独特的多元文化，但不是圣城。

然后，作为槟城的焦点，乔治城当然为多元文化价值的表达提供了舞台。有些人认为这代表城市本身的某种道德立场，或这至少也算是居住在该市的一个好理由。但这仅限于重视多元文化的人，而并不是每一个人都重视多元文化。而且，这也不是自然而然地表示宽容。在多元文化环境里，有些人采取极端方式，其他人就会有充分的理由感到压抑或想逃跑，但是这些不满的理由在槟城从未出现过。相反，解释性的挑战为社会动态提供了明确的原因——纵观历史，尽管经济高点和低点相继出现——这种社会动态继续影响着一个地方。在这种影响下，无论你是谁，这个地方都值得高度忠诚和认同，并且也会更具吸引力。宽容是高尚的美德，但我不知道它能否让许多人获得动力去感受和完成所有的任务，就如同在情感上对城市多元文化自我认同那么牢固。对此，我有不同的解读重点：正是城市自身的特点为公共文化表达提供了适当坚实的场所，推动公共文化表达的制作和复制，以及多个特定群体文化表达的公共意识。这样，城市就如同难以抗拒的盛宴，它提供物质和社会手段，以实现这些过程的延续以及在当下的转化。城市本身在不同层次和规模上提供了一个自我认同的理由和立场，因此人们可以不用过度疏远自己特殊的过去就可以迎接更美好的未来。这里并没有熔炉。不同历史的方方面面都已经在这个地方融合，人们存在或生活在这里的体验，以及分享一个共同城市结构的体验，都能满足人类最基本的需求——那些同一时期具体和一般的需求，也主要是通过虽然不同却重要以及普遍认可的方式来证明和实现。

受机遇、金钱、冒险，或者至少工作诱惑，以及想摆脱战争、贫困、政治迫害、家庭的烦扰，数百年来人们纷纷离开南亚、东亚和东南亚，来到槟城，并且建立了自己的家园。在这里，他们不仅发现并且帮助建立了宽容的氛围，还发现并帮助创造了许多相关动力，比如具体的文化团体不仅有能力在很大程度上自我定义、自我决定甚至还能自由地去追求他们自己的命运和成就。丰富的多样性似乎已被接受并得到发展，所有人都以这样或者那样的方式来分享成为某种少数群体的体验。文化表达和组织的最初目标可能比较简单而世俗化，包括安全和生存，金钱和物质繁荣，或汇款回家等。但在这个过程中——准确来说就是在这个城市里——人们开始依附于这个能够找到自我并深爱的地方。因为在这里，没有人或者组织要求他们忘记值得铭记的过去。政府——最早是英国，随后是目前高度集权的国家和国家政府——有权力对所有人对应的大类进行定义（比如马来、印度等），但必须让他们以自己的方式快乐生活。不仅如此，槟城一直以来都有更详细而清晰的规定。从日常生活中更亲密的程度来看——也许这是唯——直都很重要的社会或政治动态，人们仍然有喘息的机会去开创他们的生活，通过许多比世界其他地方更令人满意的方式，并且城市也为他们提供了相关的物质手段。槟城人很久之前就明白随着每一个人在城市追逐财富，他们的需求以及志向会不断变大。我认为，这（而非金钱）才是美好生活的真正特质。槟城人不断了解、运用以及爱上这座城市的方式——甚至明白这座城市的每一部分在某种程度上而言就是他们自己的一部分——就是他们的共同道德立场，而这种道德立场也是生活的标志，虽不是全部都好，但也应该是生活的标记。这是槟城作为一个城市的精神：它是个体和集体自我实现或者自我满足的地方，谈不上平等，也谈不上宽容，甚至存在冲突，甚至不是一个全面实现政治参与的地方；它只是实现全面参与的市民社会的一条途径，而不是已经完全实现。但是槟城的这种精神不是疏远、个人主义和肤浅，也不是情感上的空白或愚钝。难怪大家都喜欢这里。

解读民族

文化人类学家很高兴地发现，一些普通的事在槟城就是日常生活中和谐美的一部分，槟城的民族表达形式也是如此细致入微和充满活力——当地的鉴赏和无休止讨论的问题——都会令那些从未以这样的方式思考以及体验这些事情的人感到震惊。例如，对华人来说，"是华人"是最不重要的问题，当被问到他们是谁以及晚餐喜欢吃什么样的食物，他们不一定会首先想到他们是华人这个自我标识。华人分为福建人、广东人、潮州人等，不同地方的人有不同的食物、建筑和语言。每个群体都有自己的传统和物质文化的公开参与形式，用来向自己或其他人表明身份，进而使之得以真正推广。不同的群体有一套不同的东西。这些都很美好，即使你不这样认为，你也可以很开心地跟其他人讨论为

414

一个古老传统的新造型：在槟城的大游行中举着一面巨大的旗帜。起初，为了纪念中国神灵，槟城的华人社区、马来人社区和印度社区都参与了。
Photograph©Yong Check Yoon

什么不美好。有些人依然说母语，烹饪他们的菜肴，拥有他们的寺庙，庆祝他们自己的节日，或者按照他们的方式结婚。然而，与此同时，也没有人会受限于原来的民族部落：每个人都可以采取与其他人一样或相似的方式做事情。例如，这里的华人可以按照华人的方式办事，也可以不用。同上，一种类似的非常广泛的文化差异通常隐藏在具有误导性的大类别里，比如"马来"和"印度"在马来西亚国家政治层面似乎依然显著。不是每一种文化特性都能准确表达出同类型的事物或行为——例如，一些语言在逐渐消失，也不再广泛使用——但关键是槟城的所有人，不论是个体还是群体，都有很多机会与其他人不同，当然，如果他们愿意的话，也可以成为其他人那样。不管怎样，每个人通常喜欢做的显然就是谈论，人们经常谈及各种文化的具体行动和产品，尤其是那些不属于他们文化的方方面面，以便寻求更精确的对比点，获得有经验的鉴赏家说服对手的那种感觉，这就如同侍酒师谈论葡萄酒的微妙之处。大家都深陷其中。

结果就是，你能在某种程度上基本明白你在做什么，甚至在不喜欢你的人群中发现你是谁。这可以很容易转化为尊重——不一定需要和谐或容忍——弄清楚沟通和积极参与的界线，有助于保持至少理论上的开放。这样的事情在槟城随时都会发生，它并不是任何人自觉地计划去"理解"，而是一件理所当然的事，属于日常生活范畴。在这里，跨文化接触以及参与具有深刻的意义，通常远非去民族特色餐馆用餐或参加政府偶尔资助的文化节这种较浅层次所能比。它是一种生活方式和普遍关注，以及对他人和他们的艺术怀有好奇。这难道不就是城市生活应有的样子？或许，通过定义来看，城市不就应该是不同人的家园？槟城人也这样认为，他们相信这主要靠自己，而不需要被教导或者被告知要具有"文化敏感性"。

许多城市、州和国家政府，一方面要维护文化多样性社区和利益群体，另一方面要承担着营销城市的任务，其中包括吸引投资和游客，这就催生出一种对所谓的"传统"文化表现形式的虚假或肤浅的欣赏，有时甚至要在一定程度上支持复兴和再发明甚至完全虚构。文化销售，当下许多文化商品通常没有完全实现文化价值，例如"和谐"被重新拾起来随意包装后就被拉入服务行业，加上一些拉斯维加斯风格的表演和服饰，以及一些空洞的流行词汇，如"多元文化""传统""古代""现代的"，甚至是"民间"。这是某种物质文化类型的活动，在其范围内已实现了全球化。各大城市以及州都诉诸尝试制造活跃的形象，举行各种活动，以及花费政府已经分配好的预算，尽力从游客以及中产阶级的钱包里赚取钱财。槟城也采取同样的方式，但关键在于它其实不必这么做。

槟城可能也躲不开近来全球文化营销这种趋势，但是所有人包括乔治城的游客都应该明白，与"真实"的活动相比，国家所举办的什么活动是无价值的。所谓真实的活动，就是依旧活力四射的街头文化，包括人们创造的节日和公共活动，而它们的起源和关注点往往都与宗教有关。这个问题与"真实性"无关——国家活动跟其他活动一样都是"真实的"，只是被国家以及国家利益所控制。根据定义，这与本土产生的"精神"无关，并且可能需要小心避免真正的宗教气息。槟城有很多这样的例子，比如中秋灯会包括游行以及表演，这种活动似乎世俗但在政治上正确，能够获得国家赞助的国际风格的花车和游行乐队。此外，庆祝马来西亚独立的国庆阅兵仪式有时也会在槟城举办。但是，槟城也有很多活动是不需要精心组织和装扮的，而只需要这个城市按照自己的方式进行。有一次，我和槟城文化、旅游、体育、妇女联盟部长一起在街上散步，谈及槟城旅游牌的标语——"天天都是庆祝日"，我认为的确是这样。在那一刻，我们都有点吃惊，这样一个必要的营销工具，如此肤浅、强制而又虚假的标语竟然揭示了一个基本事实。城市总会发生各种各样的事情——街道上会有很多活动可以免费欣赏——所以国家不需要担心没有活动以及营销推广问题，相反，国家应该减少干预，让这些活动自由开展。

槟城是世界上罕见的地方之一，这里的人不需要电视来定期娱乐。待在槟城的这两年半，我从来没有想过要买电视（那个时候，我也没有火炉——稍后会详细说明）。这一点很像纽约，或者至少类似于我最喜欢的那段纽约时光。在槟城生活的时候，我有很大一部分时间是待在大街上。这里会公开举办很多文化活动，人们不需要对人类学有持久的兴趣，甚至不需要任何的历史意识，都可以欣赏这座城市的魅力——只要有享乐主义就行了。

穆斯林是个例外，因为自从上街庆祝伊斯兰历正月这个传统在19世纪消失之后，他们就不再上街举办公共宗教节日游行，但是槟城所有其他宗教还是会举办公共庆祝活动。通常，每一个寺庙或每一种传统，每年都会有一天以上的时间，在当地城镇周围进行祭拜或者公开展示宗教和民族身份。不用说，这些活动场面是多么壮观，锣鼓齐鸣，音乐喧天，灯光璀璨，有人烧香或打开椰子作为祭品，人们穿着各种传统或者非传统的衣服跳舞。也许这里所有的活动比其他地方的类似活动更加丰富多彩，因为槟城人都知道这里有许多的关于公众感官关注的文化竞争。诸如此类的活动在乔治城至少每周举办一次，而我也努力去参加和享受所有的活动。槟城不仅仅给出了允诺，也的确是这样实践的。有时，不同群体或寺庙的重要仪式碰巧是同一天，政府就会毫不犹豫地封闭整个或部分城市给他们让道。记得有一天晚上，一个重要的印度教节日与华人的神的生日正好碰到一起。那一晚，至少有两个香火旺盛的寺庙进行庆祝。与此同时，所有的群体都在城镇里游行庆祝。此时，尽管狼狈不堪的警察们尽最大努力维护治安，游行仪式还是造成了交通瘫痪，但景象极为壮观，各种声音充盈了所有的主要街道。这就是槟城。槟城就是那些真正令人兴奋的文化/宗教进行自我表达的场所。这些活动都是公开的，所有人都可以看到，或者在某种程度上参与其中。有些人或许会觉得他们的参与会违背自己的意愿，例如堵塞交通，就宁愿做一些其他事情。但即使那些文雅而不愿意参与其中的居民也不得不承认它极其壮观，令人兴奋异常，超过了任何国家或者企业为国家或者商业贸易所举办的表演秀。不论如何，电视是给失败者准备的。因为相比文化产业创造的媒介，还有其他更有效的方法来帮助我们消除无聊、孤独、异化或厌倦。

7 人口意识和城市空间的自我占有

尽管任何人都有可能成为守财奴，或者因为太忙而无暇顾及任何事情，我认为了解槟城或者生活在槟城的人都会承认，槟城的确是一个非常好的地方。在槟城，各种身份不仅仅是被狭义以及专门定义为代表特殊商业利益或经济地位的人，都能够并且确实在城市的温暖包容下表现他们自己。世界上存在适合万物的地方——甚至容得下激烈的争论和非议。并非一切事物都整齐地放在适当的位置上，当然不可能所有的东西都存放在室内，这世上的事物都是向外发展的。文化的公共性和因自信而产生的泰然自若，都是城市的力量之源。大多数城市，我想特别是纽约，有许多地方和场所，即便不是来自特定地方的人甚至城里人都将之视为禁忌或者禁区——他们绝不会想到那里去。暂且不考虑人身安全的问题，这或许是一个比较大的排除，我认为其中的原因是文化鸿沟太深而无法跨越：也许是因为认知差异和文化差异上的挑战让人觉得太陌生，外来者在那里会感觉不舒服。但是，槟城的日常生活并不是这样。人们很了解身边的人和事情，因此他们并不害怕。

在槟城生活期间，我想不起有人会仅仅因为有些地方的人跟自己不一样而不愿意去。我认为没有去的主要原因，是与他们没有业务往来或者没有理由前往。但是槟城的所有地方都不封闭排外，他们就如同一本摊开的书本等待来访者欣赏或者翻阅。是的，某些地方拥有一些特定的身份。比如一个"可爱"、优雅或受过高等教育的年轻华人女性，出身有地位的家庭，就不会想去咖啡馆闲逛。因为咖啡馆所在的区域是以一系列数字编号的"跨河"街道，人们希望在这里遇上适合约会的对象。并且这个地方主要是那些近期从中国移民过来的工人阶级的聚集场所。但是，如果那里的面条确实美味，或是有其他原因，她去那里永远都不会犹豫，甚至是经常到那里去，甚至还会独自前去。

同样的，这当然不同于西方，这里的认知门槛所守卫的隐私边界比其他城市的更狭窄，并且可以激发一种不寻常的意识，即邀请外界进入一个广泛的可用公共空间。我住的地方有一排建造时间相对较短的房子——大概是20世纪30年代至50年代——这意味每幢房子的前门对着街道，矮墙围着小院子，院子有的有门有的没有。这条街道，无论是从建筑还是人口结构上来看，在这里居住的几乎都是华人，即使槟城的街道无论从设计还是从居民民族成分上来看，都谈不上"纯粹"。然而，这里很少能看到马来人，他们只是没有理由来这里或者经过这里。有一天，我吃惊地看到我的马来人研究助理就在对面房子的前门口等我，她甚至走进了人家的院子和院门。这个私人空间难道可以任由陌生人使用吗？显然，她没有发现隐形的界线。在这里，没有人谈论概念上的分界，从而告诉她，她或者其他人在这里或者在市内大多数户外空间是不受欢迎的——一个强大的国家政治文化在种族方面持续分裂政策，怂恿马来人和华人互相提防。那么一位女士，尤其是一位戴着马来头巾的女士，究竟在想什么呢？身为美国人，我肯定不会在那里等人，尽管我认识这个邻居。但她非常镇静，泰然自若地在那里等着，显然是因为那是唯一有些阴凉的地方。为什么不呢？这是她和所有人共有的城市。任何户外空间都是公共空间，她这样做是合理的。所有人都应该觉得自己有权利自由自在地使用公共空间。再者，这又不是纽约。这一方面有着独特的城市（既不是郊区也不是农村）元素，而这是这个独特地方所具有的独特特点。

将这件事与我收到的警告相比——我不止一次收到来自不同市民的警告——假如在农村地区驾车穿越村庄时发生意外，撞伤他人或撞坏什么东西了，我应该继续行驶，等出了村庄再停下来报警，以免被村民们自然而然地认定为有罪，而且，我又是个外人，暴民们很可能会对我动用私刑。或许，城市可以采取一些合理的制约措施，限制集体团结意识影响个人行为的程度或者他人被合法排除在边界之外的范围。自由可能有所不同，至少实现的方式因地而异。这大概与当今世界趋势有关——还是那样，不仅是经济层面的，还是文化层面的——城市所为是为吸引，乡村所为则是排外。

英裔美国人或欧洲人的种族主义和族裔成见的后遗症是后殖民空间的标志，它在后殖民社会留下印记，仍然受到自身历史的负面影响。很多殖民政权（特别是英国）从物质和概念两个方面强制推行种族隔离，因此，学者在这方面的担忧理由充足，并且会寻找具有长期影响的痕迹。英属印度就以设立防疫封锁线而"闻名"，防疫封锁线是一条实实在在的栅栏，将英国人和当地人的居住区域隔离开来，以防双方跨越这条异族线进行生理或社会上的接触。人们的担忧——细菌和落后的社会规范可能会由当地人传播给他们的主人——是十分狭隘的。即使殖民时代结束了很长时间，这类行为仍会继续对被殖民者的后代造成心灵伤害。18世纪，弗朗西斯·莱特在乔治城街道铺设了第一张电网。当时，电网有意要成为现代的秩序和控制形式，然而它仅仅是一个范围而已。在电网范围以内，只要有土地和金钱，谁都可以随心所欲，依个人喜好建造任何风格的电网。随着财富积累的加快，许多人都开始这么做了。难以置信的是，种族隔离依然是一个争论未决的问题，至少那些有能力且有钱（可能不多）修建了象征自身群体的建筑的人对此是认同的。这样的设计手法否定了槟城的一些物质条件，从而维系已黯然失色的种族隔离。在后殖民时代，种族隔离却继续折磨着其他城市。

早期城市中的许多街道是以来此定居并建造城市的不同人群命名的，但并没有证据表明任何一条街道是专门为与其同名的某一人群的定居而修建的。是啊，民族聚集的确存在，而且是一直都有的。人们喜欢和自己相似的人住在一起或比邻而居。比如，新的住房工程最初向所有人随意开放，之后便因种族差异产生了内部分化。不过，在我看来，如果一个人仅仅想把镇上的任何角落立刻变得与众不同，那并不是真正的种族隔离。在槟城，异化这样的角落是人们日常生活的一部分，是不可避免的。"眼不见心不烦"至少在多数老内城区是不大可能的。我认为，企图分化人们思想的管理模式常常会失败，难以实现地理、建筑和空间上的真正分化，因为地点因素往往比思想因素更棘手。最近，阶级分化可能更突出，然而，就城市规划控制而言，乔治城从未力图去支持任何形式的文化隔离。这样的隔离可能是殖民地的理想状态，但与此同时，英国实际奉行的殖民政策中的间接管治，即分化和征服，意味着分裂的文化有着成长空间，而且得到了法律和物质上的支持。每个主要族群都有一位首领，这是专门为以前没有这类官职的族群设立的。族群的多数事务均由首领主管，包括法律、秩序和具体法律案件的裁定。尽管这打乱了已有的社会组织，但确保了多样文化价值的延续，强调了差异的合理性。在城市的物质结构中，人们可以发现和体验文化效度的多重来源。

最初吸引我来槟城做研究的是这里独具历史、民族和本地特色的建筑。它们太棒了！有的人对建筑的文化和设计都颇有兴趣，对他们而言，就像是欣赏一出街头戏剧。它们就像是一扇窗，透过窗口，我试着理解槟城如何在不同地方表现出不同的民族风情，以及这种现象产生的原因。不同的民族性聚合成一个更大的整体——城市。它有着明确的自我身份和意识，用我们现在的说法就是后殖民、后现代和多元文化。每个族群依据自己的知识、资源、需求和愿望修建建筑，既保留了脑海中故乡的传统，又创造了新的形式，还混合了不同的成分。

中国店铺、排屋和府邸林立，风格各异；马来西亚、苏门答腊式马来、印度和英属印度式的木屋坐落在木桩上，与地面分离以抵御洪水之灾；有的建筑则融合了印度和印尼大农舍或宫殿的风格；这里还有奢华的英国殖民政府总部、海景大厦和大酒店。金钱使世界运转，所以，人们能经常向他人或自己虚荣炫耀，显摆自己的身份和财富。亚洲人十分重视向四周的开放性，许多设计理念都以此为基础，大概是因为他们生活在炎热的气候中，同时，我认为这也是为了表达一种明确的文化价值——一定开放的社交能力。这与英国的建筑理念不同。英国式的大宅子，顶楼设计得很高，有利于通入凉风，但是院子、门和墙却使自己和外界隔离开来，或许从根本上说，这样的建筑是失败的。任何时期任何地点，建筑表达的是关于人的思想，也可以是实现高人一等地位的工具。在槟城，一栋栋新建筑拔地而起，它们的设计都是一个类型的，比较国际化，却缺乏地区特色，未能反映出当地风情。然而在此之前，建筑物总有着深深的民族烙印，就像其政治一样。豪华的英国娱乐会所只允许英国会员出入，甚至连腰缠万贯的华人都不让进，许多英国人的资产加起来都还没有那些华人多。于是，华人就建造了自己的娱乐会所，同样的风格，但是更大，不接待英国人。

正如许多槟城人一样，许多了解和在乎的人相信，一砖一瓦、屋顶轮廓以及各道山墙都有自己的风格。无数其他风格的设计也如雨后春笋般涌现，可以肯定的是，它们中必定有广东式、闽南式、客家式，等等。这样的物质文化曾在槟城盛极一时，形成了清晰的文化表现，在马来西亚甚至全世界都独具一格。[8]在此领域，至少英国的不干涉政策曾有着深远的积极影响。人们抓住并利用这一机遇，在地球上建造自己的天堂，那里有着完备的社会经济体系。地产商和开发工程似乎处处都有——一排排一模一样的商店和房屋违背了建筑商的历史——不过，即使一个人没钱为自己建造房屋，还是有充分的机会通过视觉手段向他人表现自己的身份。华人中有个传统，那就是在家门口挂一个纸灯笼，灯笼上题写着家庭或宗族的名字，或许还会题上当年祖先在中国居住的村庄的名字。印度人仍在改良旧时中国式的房屋，使其更加适合自己的生活方式。这当然不是什么问题。为了向全世界宣告自己的印度教徒身份，他们在前门挂起一幅小小的装裱过的神灵画像，并在旁边串起一些杧果树叶，以这种方式来辟邪。一些华人也有类似的做法：让进入恍惚状态的灵媒在一张纸符上用墨水描出神灵的样子。穆斯林通常会在门上挂一幅摘自《古兰经》的经文，或者直接放到主室里，这样从门外就能直接看到了。抬起头，仰望任何一栋高楼，你会看见华人家门外神龛上的灯泡散发着红色的光芒，宛如一片红海。就叫它物质文化和历史的视觉经济吧：人们没有必要远离自己遗产的物质标志，也没有必要在活跃的身份象征的公共市场中失去信念。

简而言之，人们有表现和意识到自我身份的物质途径，也就是自己与他人的相同与相异之处，这在一定范围内使适当的自我生成与自我实现带来的满足感成为可能。当这发生时，过程和结果总会变得有趣、迷人甚至给人带来感官上的刺激，从而吸引他人的重视，或者至少能赢得其他身份群体的尊重。这里的人们就是这样做的。他们接受他人的自我表达。但弊端是，当这样合理增长的表达获准发展时，或许来自高层的实际但隐形的政治控制会得到过多的认可，但是这种情况正在改变。槟城和它的人民吸引着他性，同时也为他性所吸引，至少在基本的物质美学水平上是如此。这里的政治潜力也不容小觑。许多非政府组织和其他政党的工作基地都设在槟城。如果你喜欢，可以称之为世界主义。槟城有把握接受不同人的不同表达，并以此丰富你的个人经历，使其成为你的世界的重要组成部分。这是行之有效的，因为这座城市的历史培育了人们怀揣一个愿望，即从文化特性与力量而非文化否定与隔离出发，对城市进行管理。

这样的文化表达会并且已经产生了惊人的创造性和惹人注目的产物。庙会便是一个很好的例子，从我在乔治城的住处向街道望去，一片热闹景象。这样的节日通常是某位神灵的生日。人们供奉食物以飨神灵，并举办表演来取悦他/她和其他观看、参与其中的观众。人越多，神就越开心，因为人多意味着对他/她的力量的尊敬和崇拜。传统上，表演的是中国戏剧，一般只由男性出演，但是这个规定已经过时了，对吧？当寺庙坚持要上演中国传统戏剧时，观众就逐渐减少了。因此寺庙转而表演世界流行歌曲，特别是女歌手的作品，不仅给予女性更多机会参与其中，而且还确保了更大范围的欣赏和更多的捐赠。在这个特殊的夜晚，由六人组成的唱跳班子用闽南语演唱了《玛卡雷娜》(一首墨西哥歌曲)，不过舞者在表演中加入了阿尔卑斯式和巴伐利亚式的扭动。她们身披长发，发色金亮，头顶编制假发，身着皮质短裤，真假音转换自如。我相信神灵得到了愉悦，我非常肯定，观众们也同样开心，其中包括许多难以取悦的印度和马来西亚年轻人，他们骑着摩托车恰好经过时，会驻足观看表演。槟城的另一天：没有人会强制他人顺应自己的道德秩序，政府也不会给予一分一毫的拨款，也看不到任何游客。这就是为自己而活的人们。或许，向神灵坦诚自己的贪婪，保留寺庙和宗族联系的历史遗产，使其成为陷入困境中的人实施自救的组织，神灵就会把大量供奉给自己的食用油和生米赐给年老和贫穷之人。

人口意识和义愤

再强调一遍，这并不意味着一个宽容、和谐或者没有冲突的理想世界，这一点十分重要。人们可能会创造性地接受，但这也并不意味着他们能保证认可任何人和任何事，或者保证他们能保持特别宽容的态度。我一直熟知的多数槟城人很容易激起义愤，至少私下就重要的公民问题进行过十分激烈的争论。我有一个具体的研究项目，就是调查城市空间利用中的传统和经年累月形成的模式，特别是日常生活的私人与公共空间，并探究城市发展通过哪些方式影响那些传统和模式。每个人对此各持己见，但我鲜有必要向他们提问，只要坐在后面听就好了。人们对某些官员和任人唯亲的制度进行了最恶毒的谩骂，那种制度置百姓的需求于不顾，腐败不堪，或者概括地说，金钱至上，唯利是图，毫无道德价值可言。争论这些事情不就是生活吗？但问题是，这种情感道德立场很难渗透到更高的管理层，也很难促进更多大众参与到政治进程与决策中，特别是有关城市发展的议题中。很少有人敢有理有据地公开说出自己的想法。国内安全法（颁布数十年后于2012年废止）不用控告和审理就可以将危害公共安全的人无限期关押；另一项安全法（并非时时有效）规定超过三人的公共集会需要批准并且事先获得许可。

回到我之前引入的人口意识的概念，槟城的每个人都有这样的体验：一方面，在某种程度或某个系统中，自己是少数群体中的一员；而另一方面，自己又是多数群体的一员。许多物质文化里充满生气和令人激动的表达帮助了每一个人，因而他们知道这两种体验的感觉。人口意识是殖民主义的产物。听起来就十分幼稚的行政程序，比如英属印度延伸到英吉利海峡殖民地和马来西亚的人口普查，助长了自发的民族分化。如今，那些亡灵的第 N 代后人继续歌唱着，他们的声音不只遍布槟城，还回响在已经宣告独立的整个马来西亚的土地上。结果就是出现了独立国家的后殖民政治体系，这一体系有着突出的民族色彩，马来人、华人和印度人（以后代市民人数多少排序）都有自己的政党。政治上，槟城常常竭力抵制这样的分化，但是却保留了明确的人口统计意识。这种人口统计意识以种族划分为基础，并通过地域差异表现出来。在槟城，华人属于多数群体，但从整个国家的人口来看，则是少数民族。有些人甚至以此为国家偏好的理由，借机从槟城抽走发展资金去支持吉隆坡，因为作为马来西亚首都，吉隆坡有着更强的马来身份。

但是，槟城在马来西亚的独特地位，体现在深厚的历史积淀和充足的人口的临界质量，因而，我前文提到的那些不同的群体能够表达出强烈的物质文化。对世界其他地方的所有人而言，身份同样是多样的。但是，在槟城，这类表达的物质途径非常丰富而且都已发展得十分成熟。每个人都表现出玩家的姿态。身为"华人"只是其中一个选择罢了，过于简单，而且并没有什么明显的特征。出于国家政治目的，认同这一大类（"华人"）有时大有裨益，但是，说闽南语，吃福建面（在槟城好像每个人都喜欢)，到寺庙拜佛，或许能带来更多的即时快感。他们参拜的寺庙传承中国祠堂的香火建造而成，是与时间和空间上都相距甚远的文化根源颇为直接和形象的联系。一个华人的身份是无法改变的，但成为华人的方式却有很多种，而且，这通常是一个很大很抽象的范畴，以至于很难理解自我生成和再生成的意义。有一种安慰更具体也更当地化，那就是有机会接触当地的多数群体（在更大的华人体系中仍是少数）并与之产生认同感，以及享受其遗产的伟大力量，而这股力量仍继续塑造着日常生活中一切事物的意义与风格。

槟城人固执己见，喜欢在是非问题上侃侃而谈，特别是当某一事件影响了他们深爱的大都市区时。但是，让义愤仅仅停留在口头表达或抱怨上而没有实际的行动，这并不能使他们满足。有一个志愿者协会，一直为各行各业提供服务，如金匠、人力车夫、理发师或退休的阿妈（家庭女佣），服务范围当然还涉及我们更熟悉的民族、年龄、语言群体、宗族、姓氏、宗教、清真寺或寺庙。文化和贸易特性的表达场所，要比没有民族特点的其他场所要多。槟城是社会实践主义的温床，也是联系全球非政府组织网络的区域中心。[9]他们处理的问题和部分不分国界。槟城消费者协会就是最著名和最活跃的非政府组织之一。他们常常在反对党领袖做得不够或无法推进时，会主动站出来，比如为那些被强制征用祖传宅地的人们挺身而出。槟城消费者协会还建立了第三世界网络，连通了发展中国家的各个非政府组织。世界母乳喂养行动组织就将总部设在了槟城。其他非政府组织涉及公民、社区或与健康相关的活动，其中包括纳税人协会。此外，还有许多社会团体旨在帮助女性、老人、孤儿、未婚母亲和家庭暴力的受害者。国民觉醒运动是一场有关国家改革与人权的运动，它始于槟城，如今则以此地为中心。

不难想象，人口统计意识、坚定的道德信仰和对槟城这个地方的紧紧依附，是如何转变成对周边城市的负面评价。槟城人说，吉隆坡和新加坡并不适宜居住。他们对新加坡人和新加坡的态度十分清楚和明确——为这个国家和它的人民深感遗憾。去新加坡建一栋自己的房子，或者至少把房子外面适当地装饰一下？这并不大可能！对槟城人和许多其他马来人而言，新加坡是一个整洁干净但又野蛮的实例，比如，政府要管控太多生活里的细枝末节。或许，如今世界上每个人都知道新加坡一直禁止嚼口香糖，就连随身带着不嚼都不可以。而且，在街上扔太多诸如用过的火柴梗之类的东西都可能遭到传唤。马来人不止一次地告诉我，靠近新加坡边界的每一家马来商店都在显眼的地方陈列着口香糖和火柴，并愉快地销售着。

相比之下，新加坡则强调民族性的多样表达，那种民族性有着深刻的历史根源，且仍能够在槟城找到。更概括地说，它是与可持续利用的自决权与相对自治的场所相结合的。在新加坡，许多旧建筑被拆毁，为毫无特色、疏离人际的现代主义腾地。新加坡的马来社群受到了严重打击，曾经充满活力的社群遭受破坏，取而代之的是中产阶级化、狂热的商业主义和文化传统的博物馆化。尽管新加坡的商业更为成功，并因其国际声名、富足生活和金融中心的地位，被誉为"世界之城"，但马来人并不羡慕其财富。我从未期望过自己能成为百万富翁，但在槟城，我有幸遇见和采访了几位，他们比较了新加坡和马来西亚，并表示还是对家乡情有独钟。与新加坡相比，马来西亚特别是槟城，总是有点儿瑕疵，还有点脏，但这正是它的魅力所在。即使槟城的富人有钱去追寻和实现现代化的生活——整洁干净，远离乡土音乐，可他们明白，新加坡虽在其强硬的再发展政策和物质文化表达控制基础上，愿意准许一些日常的行为，但相较之下，对日常生活事物的较少干预则更重要。一位槟城人曾带着一丝悲伤告诉我，新加坡著名的红灯区武吉士街遭到清理、整顿和改造，越来越远离其破烂的历史。因而，她质疑武吉士街如何能恢复往日的乐趣。他们并不会在武吉士街的繁荣时期去到那里，但那不是重点，而是原则问题。就如同人们需要呼吸，人们应该去那些能放下头发做自己的地方。槟城仍为人们提供了许多释放自我的场所。新加坡强迫人们变成并非自己所选的样子，这是不明智的，甚至可以说是错误的。

有关马来西亚的许多事情的确而且应当让学术界大吃一惊。需要铭记的重要一点，是马来西亚和新加坡是亲近的兄弟，当后者离开马来西亚联邦成为一个独立国家时，他们才分开。原因又与人口有关，对马来人而言，新加坡太"华人化"了，于是在当时，槟城扛起了马来西亚最大城市的大旗，但对于一些民族主义者，它还是太"华人化"了。其余的是政治历史方面的原因，但也有文化历史方面的因素。马来西亚和新加坡在生活方式与公共空间利用上的差异在1965年以前并不突出，但在此之后，却越来越明显。就好比仔细观察那些曾经很亲近的兄弟姐妹，会惊诧地观察到这一差异。

我总是借助历史去理解当今的矛盾。每个地方的城市化都有奠基人，他们为一切设定了最终遵循的标准。或许，他们的性格特征仍影响着马来西亚和新加坡。乔治城的创始人弗朗西斯·莱特是一位独立的企业家和探险家，还是一位叛教者，因喜欢挑逗当地女性而为人所知。尽管最初英国东印度公司对他百般阻挠，更别说英国政府了，他仍致力于建立定居的地方，即"城市"。不妨将他与斯坦福·莱佛士做个对比。斯坦福·莱佛士一开始是莱特的同伴，既是学者又是绅士。他更多的是沿着现代早期大企业的路线建立新加坡的，相较之下，槟城人称为"家"的那个地方温暖、舒适、安逸但又非常复杂。虽然两人最后都被国王封为爵士，但就其精神或实践中的性情而言，他们似乎水火不容。

将我带到那座桥梁：饕餮盛宴

谈一谈关于食物的问题。或许，真正令世界转动不息的是食物——美味的食物，而非钱财或文化。我们似乎可以肯定，食物就像一把钥匙，能够叩开人心，能够令游子与千里之外的故土紧密相连。当然了，这种说辞肯定会有争议，但是在很多人看来，在这样一个自我意识高度沸腾、美食鉴赏家盛行的地区，槟城无疑可称得上是美食之都。我在这篇文章里所说的每一个观点，都能透过食物的镜头一一呈现，不过我得先就此打住，把最精华的留待最后。我的一个主要观点是，解析"槟城精神"和由此产生的深厚归属感的关键因素，可能在于其赋予了人们许多机会去创造、表达和欣赏自身独有的物质文化，也允许人们从其他不同的人身上得到欣赏和尊重。这些融合在一起，构成了独一无二的物质社会结构，而食物自然是其中的组成部分。这就是大多数槟城人了解其文化地理的方式，而且我认为，这是个好方法，它很个性化，又极富社会性，大多数观点都是发声于大街小巷。

槟城有许多社会/文化/种族群体，他们至少都有一道深刻打上他们的印迹的菜肴，而且大多是他们自己也很喜欢吃的。福建人、广东人、海南人、客家人、潮州人，甚至是新加坡华人，都很喜欢各类面条、汤品、饺子、蒸肉、烤肉和卤肉。马来西亚的咖喱同样叫人惊艳，通常以椰奶打底，对其不了解的人常将其描述为印度咖喱和泰国咖喱的混合体。南印度人常做一些美味的小吃，还有蕉叶咖喱——就是将美味多汁的咖喱倾倒于新鲜蕉叶上，作为一种一次性又环保的餐具。咖喱饭（扁担饭）是一种全世界风行的美食，热辣开胃，最初常有南印度穆斯林将咖喱和煮好的米饭装好，用扁担（担在肩上，两端有两个竹篮）挑在肩上，挨家挨户上门售卖。比较少见的还有一些北印度和欧洲风味的菜品，比如克什米尔咖喱、鱼、炸土豆条等。而最受欢迎的饮品则当属拉茶，一种酷似卡布奇诺的茶饮品，由浓茶与炼乳调制而成，待稍微冷却，倒入杯子，上头浮有泡沫。还有许多独特的马来西亚美食，比如印度煎饼——一块浸泡在一小碟鸡肉咖喱中的薄圆面包，通常会搭配拉茶一起食用。

描述这些美食有以下几点意义。首先，这些种类繁多的食物是跨地区的历史底蕴的象征，代表了那些从不同文化背景来到槟城的人坚持对故土传统的延续，并将之视为一种荣誉感。所以，它们不仅是食物，还散发出一种普世的诱惑力；作为槟城身份认同的一部分，它们极大地

专心烹饪美食的老人。美食在槟城人的身份认同中扮演着极为重要的角色。

吸引着许多人来此观光。这或许也称得上是一种美食外交？其次，做饭的厨师们通常都只专门烹饪一或两道菜，他们都可称得上是艺术家。他们和其他领域的艺术家一样，享受着这个过程带来的荣誉感、尊重以及自豪感。其中的一些人甚至会受到政府邀请，代表槟城参加文化推广活动。专程驱车到很远的地方，只为品尝喜欢的街边小食如福建炒面和潮汕炒粿条，这样的事情时有发生。昂贵的装饰不能用来吃，而这里的氛围是周围的街道，此时只有食物才是最为重要的。最后，不管是在出品方面抑或是消费角度，它都是平等主义的体现。要获得艺术上的认同道阻且长，但要开始这趟旅程却并不困难。在槟城，只需食材和支起小摊的基本设施，通常是向临街卖饮品的商家租一小块空地便可开卖。从这个意义上说，只要愿意，任何人都可以做小生意，成为独立商户。一旦摊点固定，欣赏的食客自会招呼起同好。食客的身份背景各不相同，也许是百万富翁，也许是街边乞丐，也许是上升的中产阶级，皆有可能。这些小摊条件自是十分简陋，棚屋搭上铁皮顶，外面再摆上几张折叠塑料桌凳，却常有开着梅德赛斯轿车的人前来觅食，而经过的人都明白，这是因为这里的食物十分美味，对它的欣赏是不受任何社会地位或者种族限制的。在槟城也有一些快餐店或者高档餐厅，而且随着时代的发展会越来越多，但大多数当地人却认为不值得一去，因为它们既无当地特色，价格又贵。

我想强调的是，这些美食在槟城人的身份认同中扮演着极为重要的角色。在烹调的过程中，民族的自我意志得到满足，同时又是一个既可表达自我又能收获认同的机会，而且，这些在槟城不过是稀松平常的生活常态罢了。食客既不以消费者自居，也不为自己刻上某个阶层的烙印。大家出门不仅仅是为了用餐，还为了看风景并成为别人眼中的风景。这也是让槟城成为一个很特殊地方的重要原因。有这么一条经验法则：墙壁越少，食物越好。高墙既带来诸多不便又让人讨厌，不是吗？那为什么还要筑墙？在一些情况下，墙壁也承担了一些麻烦的负面后果，比如租金。食物才是"璀璨之星"，而不是房产。在这一点上，我认为将槟城许多古老而美丽的遗产建筑物改造成豪华饭店是可行的解决方案，这些豪华饭店消费高，因而能支付整治与保存费用，也能满足大量昂贵的再开发项目。尽管一些保存项目已经很成功了，但是这个想法的普及度并没有预期中好。槟城人务实、节俭，思想也很传统。他们觉得气氛再好、装饰再美都不能拿来食用，尽管许多槟城人负担得起在上佳的环境中用餐。与此同时，他们也深知并且很欣赏那些在简陋环境中创造出来的伟大的食物艺术。既然如此，为什么要为一些不必要的东西多付额外的钱呢？

举个例子作为对比，新加坡不鼓励这种创意性的小规模企业，它将以前的街头小摊贩都改造成室内美食馆，这使得租金变得更高，食物变得更贵。在我以及许多槟城人看来，这无疑掠夺了一些艺术性、参与性以及趣味性，而这恰恰是认同并钟情于槟城的人所在乎的——记住，那些只会数数的小人物和他们不同的个性化表达以及产品也很重要。想要占领槟城吗？它已经被占领了。是的，正如多数城市地区，槟城有大老板、大企业，也不乏商业城市的发展以及重建滥用，但政府在面临治理挑战时，似乎却仍在努力不干涉某些特定领域，比如方才提及的街头美食，甚至对一些修复破损建筑的城市改造项目有轻微抵触，因为它们大多着眼大局，却忽略了美妙的细节。

结语：中国式的民间宗教伦理与物质主义精神

作为结语，我必须提及另一个对槟城的城市精神影响至深的元素，那就是槟城华裔间盛行的多重形式的中国传统民间宗教。如今，全球一体化为大势所向，一切以经济发展为导向，城市化进程加快，在这样的时代背景下，发现日常生活中还有如此具有民族特色的具象活动存在，实是十分欣慰，至少对于我而言，见到仍有人依据神话里的道德原则规范自己的所想所行，我会不禁动容，并且开始深思。我知道，这样的行为现今在世界各地依然存在，而且我并不以"槟城人"的名义进行概括，因为并不是每一个槟城人都这样做。它之所以引起我的注意，是因为这样一个有好有坏的多神教世界观于我实在陌生，更别提它还对人们的日常生活有着真切的影响，但我知道它很值得我去深思——因为它是如此与众不同。槟城是马来西亚中国民间宗教最为盛行的城市，从这个意义上来说，如同其他宗教都有各自的圣地，槟城也算得上是中国民间宗教的一个中心了。在20世纪，定居槟城的印度人、印度尼西亚人和其他马来人都常有机会回去探访自己的故乡，但是由于当时中国国内的政治原因，槟城华裔很难回国探亲，直到近期方才有机会回乡。所以，许多至今仍盛行于槟城的宗教仪式如今在中国国内已难觅踪影，虽然现在这些节日、仪式抑或灵媒在中国国内有复苏的迹象，但在槟城，它们从19世纪和20世纪初伊始便一直存在。当然了，它们并非一成不变的，但如果你想要了解1910年中国的民族宗教状况，大可来槟城，它们在这里延续了下去，唾手可得。关于这方面的研究，我的经费只够我做一些起步探索，仍有许多方面值得深度挖掘。[10]不过仍有几点值得简略陈述。

这些宗教传统注重行动而非内在的思想情绪或信仰信念。人们通过仪式行为——包括制作供品、履行特定的仪式、膜拜某些有形可触的圣物圣地或圣人——来从事宗教活动。在世界上的其他宗教中，物质世界和精神世界是可以切实区分的，中国民间宗教则不然。于是，转喻便在其中扮演了至关重要的角色：一个在分享与参与具有强大力量的更大整体的物质组成部分。这样的动态体系部分造就了充满生气的多样物质文化——所有美好的东西，那些供奉给神仙、祖先和神灵，以祈求世上的每一个人健康快乐美满的供品宝物与仪式。任务艰难，但它们是人们与精神世界沟通的物质桥梁：纸扎供品，包括捎给过世之人的纸钱；食物与娱乐供品；神灵附体，于是便可与神对话。这些都佐证了我在本文中所谈到的：一直以来，槟城人很喜欢利用物质手段，来完成相当程度的个人和集体的自我制造和表达重要的文化内容，从槟城的角度来说，这一文化内容就是精神意识。正因为这些皆为真实可触的物质性手段，因此，如同其他艺术形式一般，它们很有潜力能够吸引世界各处具有不同文化背景的人，至少能与他们沟通，即使他们并不是十分了解，也很有可能得到他们的尊重。

也许，如此复杂的动态体系也只能、或者说最适宜在文化思想碰撞十分频繁显著的城市里生根发展。这类中国民间宗教的核心要点是保佑。在中国的乡村，保佑意味着保佑村里百姓的平安与地里的收成；在槟城，保佑则有更为广泛的意义，与这里广泛的社会关注层面及他们自身多元的文化经历相对应，他们对于保佑的关注，将许多日常生活里本来互不相干的社会活动连接了起来。比如，在槟城有许多灵媒，他们的仪式行为已经超出了日常职业的范畴。一个汽车修理工人或者电工或者其他行业的工人，在结束一天的工作之后，可能会前往一座寺庙或者某人的客厅或院子，这些将成为他进行神灵上身的宗教仪式的场所。他们在进行这些行为时从不遮遮掩掩，神赐的保佑也不是只给个人，而是给众生的。通过灵媒，他们能够与神灵直接亲密对话，询问一些关于已故亲人的信息，咨询关于爱情的建议，祈求治病的中药方，或者请求帮助驱邪。在目睹了成百上千次这样的仪式之后，我可以说，从宏观的大都市角度来看，在受众方面，它们与先前提及的槟城饮食文化十分类似——不管是何血统、来自何处，都可以参与其中，甚至都不需要是信徒或者定期参观任何礼拜场所，许多人从很远的地方专程前来拜访某个声名远播或自己喜欢的灵媒，所以重点是广泛的城市，而不是仅仅局限于本地。保佑既可以发生在个人身上，亦可降临在某个空间，神灵上身的人有时会跑到附近的某个路口发出怪响，警告漫游的精怪不准伤害附近的任何人，不管他们是否在仪式中出现过。这些灵媒在大多数节日都会表演类似仪式，在大街小巷游行，祈求保佑这座城市里的每一位居民和每一处事物。

我想再说一次，这里并不是纽约，但它是一个与纽约平行的世界？

也许吧。又或者，它只是一个内在联系更为密切的城市。与平日里我们用来评价自身与审视他人、充斥着分离与割裂的眼光大相径庭，与我自小受到熏陶、以犹太基督教为体系的思维习惯也相差甚远，比起认为只要在礼拜天去教堂便能管理好精神世界、比起以原罪与原谅为思想核心进行的生活，槟城人的思维行为更加吸引我，它更为包容迷人、更具参与性与公民意识。我在槟城学到的另一件事便是，在伊斯兰教义中并无"原罪"一说，或许其他宗教亦是如此。其他人与我一样，都生来为善。想象一下！我们共同生活在这个一体化的地球村，尽管不是每寸土地、每个城市都是完美的，但我们无法否认人与人之间、事物与事物之间存在的物质和精神上的联系——这便是槟城精神的部分体现。槟城，世界的中心。

1 东方之珠也被用来称呼菲律宾、中国香港和胡志明市。

2 槟城岛总共293平方公里，威省（全名威尔斯利省，是马来西亚槟城州在马来半岛上的属地）则有753平方公里。

3 世界上将城镇命名为George Town或者Georgetown的数不胜数，但并不都是以同一个乔治命名的。维基百科显示，除槟城外，亚洲尚有两处，此外，非洲两处、大西洋群岛两处、澳大利亚四处、加拿大四处、欧洲两处、南非一处、加勒比海域两处以及美国四十三处。此为维基百科网址：http://en.wikipedia.org/wiki/Georgetown（accessed 5 May 2012）。

4 北非的乔治镇是以乔治三世的敌人——乔治·华盛顿命名的。

5 至今未有关于槟城完整社会历史的著作问世，或许是因为工程太过浩大，至少亚洲的每一次大的文化潮流都应该被包含在其中。关于槟城的历史，可以参见Nordin Hussin, *Trade and Society in the Straits of Melaka: Dutch Melaka and English Penang, 1780-1830*。

6 在 *The Shock Doctine*, Picador / Metropolitan Books（2007）一书中，娜欧蜜·克莱恩（Naomi Klein）将其描述为"灾难资本主义"的崛起。

7 引自 Peter Zabielskis, "Towards a moral ecology of the city: A new form of place-based identity and social action in Penang, Malaysia", *International Development Planning Review*, 30（3）2008, pp.267-291。

8 经过不懈努力，槟城的旧城与其在马六甲的对应城市被联合国教科文组织认证为世界遗产。

9 引自 Meredith Weiss and Saliha Hassa, editors, *Social Movements in Malaysia: From Moral Communities to NGOs*, Routledge Curzon, 2002。

10 强烈推荐 Jean DeBernardi, *The Way That Lives in the Heart: Chinese popular religion and spirit mediums in Penang*, Stanford University Press, 2006。

致谢
ACKNOWLEDGMENT

本书中关于上海、成都、东京、槟城、孟买、阿姆斯特丹和伦敦的早期版本的文章曾在上海交通大学做过推介，在此感谢上海交通大学艺术和人文学院的慷慨帮助，感谢致远讲席教授的支持。有关曲阜、迪拜、丹佛、伊斯坦布尔和普罗旺斯地区艾克斯的早期版本的文章曾在耶路撒冷的希伯来大学进行过推介，在此感谢以色列高级研究所的鼎力相助，感谢政治系教授马克思·坎佩尔曼的支持。此外，我们还要感谢山东大学政治学与公共管理学院、清华大学哲学系和苏世民学院、凯风基金会的支持，以及重庆出版社诸位工作人员的辛勤付出。

图书在版编目（CIP）数据

城市的精神.2，包容与认同 /（加）贝淡宁，（以）艾维纳主编；刘勇军译. -- 重庆：重庆出版社，2017.10

ISBN 978-7-229-12430-4

Ⅰ.①城… Ⅱ.①贝… ②艾… ③刘… Ⅲ.①城市社会学－研究－世界 Ⅳ.①C912.81

中国版本图书馆CIP数据核字（2017）第160441号

城市的精神2：包容与认同
CHENGSHI DE JINGSHEN 2：BAORONG YU RENTONG

[加] 贝淡宁　[以] 艾维纳　主编
刘勇军　译

策　　划：	华章同人
出版监制：	伍　志　徐宪江
责任编辑：	陈　丽　何彦彦
责任印制：	杨　宁
营销编辑：	张　宁　胡　刚
装帧设计：	视觉共振设计工作室

重庆出版集团
重庆出版社　出版
（重庆市南岸区南滨路162号1幢）

投稿邮箱：bjhztr@vip.163.com
北 京 中 印 联 印 务 有 限 公 司　印刷
重庆出版集团图书发行有限公司　发行
邮购电话：010-85869375/76/77转810

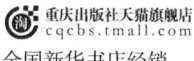

重庆出版社天猫旗舰店
cqcbs.tmall.com
全国新华书店经销

开本：787mm×1092mm　1/16　印张：27.5　字数：365千
2017年10月第1版　2017年10月第1次印刷
定价：58.00元

如有印装质量问题，请致电023-61520678

版权所有，侵权必究